U0101113

The
Fall of
Carthage

布匿战争

罗马、迦太基与地中海霸权的争夺

The
Punic Wars
265-146 BC

Adrian Goldsworthy

[英] 阿德里安·戈兹沃西 著 李小迟 译

广东旅游出版社
GUANGDONG TRAVEL & TOURISM PRESS
中国·广州

序

"噢，我知道，汉尼拔，还有他的大象。"——当我告诉别人我在写一本关于布匿战争的书时，几乎所有人都是这个反应。很多人都会想到阿尔卑斯山，还偶尔会有人提到罗马人，但这似乎就是大多数人所了解的极限了。只有少数人知道这一系列旷世大战发生在何时、交战双方都是谁，又是谁取得了最终胜利。极少数人，通常是古代史或军事史爱好者，知道得更多一些。他们一般对某些特定战役的战术细节，或是迦太基宗教的奇异之处了解颇深。也许更令人吃惊的应该是，尽管只剩很少的人依然了解这场爆发于22个世纪前的战争，但布匿战争淡出欧洲和北美的大众视野，不过是最近几十年间发生的事。20世纪前，古希腊和拉丁语言以及文学都一直稳居西方教育的核心位置；希腊－罗马世界的主要事件和人物，特别是被伟大的古代作家描述过的，常常会出现在艺术和文学作品中。

这一切已然今非昔比。现在很少有学校会在基础教育中包含拉丁语和古希腊语，"古典文化是现代文化的根基"这一意识正在逐渐消退。现在拥有熟悉恺撒的《高卢战记》、被动态、虚拟式、独立夺格的遥远的（往往也是苦涩的）童年记忆的人越来越少了。自我9岁起，拉丁语就是学校的必修科目，这种情况在我那一代人中可能已经很少见了。我仍然记得当时自己是如何绞尽脑汁地研读第一本拉丁语教科书（相应地只涉及少数简单的时态）上的一篇关于马库斯·雷古卢斯（Marcus Regulus）宁愿被酷刑折磨至死也不肯违背誓言的故事。这种情况在20世纪

70 年代末已经很罕见了，并且还在继续减少，但是诸如关于雷古卢斯、辛辛纳图斯（Cincinnatus）和贺拉提乌斯·科可勒斯（Horatius Cocles）的传递道德价值的故事，长期以来都是公认的非常适用于儿童教育的。如今，即使在学习古代史、古典学或哲学的大学生中，也鲜有人在上大学前就具备希腊语和拉丁语知识。在普罗大众之间，提起《斯巴达克斯》《宾虚》等好莱坞史诗电影，远比提到波利比乌斯（Polybius）、李维（Livy）或塔西佗（Tacitus）更有可能得到回应。想逆转这种趋势无异于痴人说梦，但很明显，人们对遥远的过去仍然保有一丝兴趣，电视上频繁出现的历史和考古题材纪录片便足以证明这一点。若问人们为什么持续关注古代史，原因有很多。古典世界见证了众多波澜起伏的事件，涌现了许多个性鲜明的风云人物。这些魅力不凡的领袖的生平常常既是英雄式，也是悲剧式的。简而言之，古典世界孕育了许多仍然值得反复讲述的精彩故事，它和基督教都对塑造当今的文化发挥了无与伦比的影响。

　　本书是一本军事史，目标受众并不以专业人士为主，而是旨在以通俗易懂的方式，准确结合两座城市争夺霸权的前因后果和该时期的军事背景，描述并分析公元前 3 世纪至公元前 2 世纪罗马与迦太基之间的三场战争。我并不打算征引关于这三场战争各个方面的所有史料，也不准备囊括 19 和 20 世纪学者们提出的每一种理论和阐释。我关注的重点在于古人对每起事件的记载，这些作品几乎都有现代译本，也都是进一步研究这一主题不可或缺的文献。一般读者完全可以选择略过本书提到的所有古代或现代参考文献，有兴趣深入了解的读者可以通过查阅本书援引的现代专著的参考书目，找到有关布匿战争各个方面的大量书籍

和论文。关于第一次和第二次布匿战争的最佳叙述性著作当数
J. 拉赞比（J. Lazenby）的《第一次布匿战争》（*The First Punic War*，伦敦，1995）和《汉尼拔战争》（*Hannibal's War*，沃明斯特，1978；俄克拉何马，1998，更新序言并重印），书中深入探讨了一手史料。若想深入研究这两次战争，上述作品无疑是良好的开端。

　　任何人若想认真研究这一时期，都应该仔细研读 F. 沃尔班克（F. Walbank）的《波利比乌斯史评（共 3 卷）》（*A Historical Commentary on Polybius*，牛津，1970，最近已再版）。我在创作本书时就引用了其中许多内容。要研究这一时期各场主要战役发生的地点，由阅读 J. 克罗迈尔（J. Kromayer）与 G. 法伊特（G. Veith）的《古代战场》（*Antike Schlahtfelder*，柏林，1903—1931）和与其配套的《战役地图》（*Schlahtenatlas*，哥达，1922）开始再好不过。不过我们必须承认，很多战场的确切地点已不可考。在本书中，关于战场的位置，除非我曾经亲自考察过这些地方，否则不会给出确切的意见。再精确详细的地图也比不上亲自走一遭让人印象深刻。不过总体来说，战场位置是否精确对于整体理解这些纷争并没有太大影响。

　　本书中的不少观点都来源于此前数年间我与他人进行过的讨论，其中尤具参考价值的是我与路易斯·罗林斯主持的有关第二次布匿战争的一系列研讨会，是 1996—1997 年加的夫大学一硕士项目的一部分。感谢所有曾阅读本书草稿并给予宝贵意见的家人和朋友，特别是伊恩·休斯和凯文·鲍威尔。最后，我要感谢此前卡塞尔出版公司的尼克·查普曼，正是在他的建议和委托下，本书才得以最终成形。

目　录

第一部分　第一次布匿战争
公元前 264—前 241 年

第二部分　第二次布匿战争

公元前 218—前 201 年

第三部分　第三次布匿战争
公元前 149—前 146 年

导　言

从公元前265年的初次交锋到公元前146年迦太基的灭亡，罗马与迦太基之间的争斗历时长达一个多世纪。在现代之前，鲜有战争的规模能与前两次布匿战争匹敌。在第一次战争中，双方动用了超过300艘划桨战船和搭载了10万余名船员的庞大舰队；第二次战争期间，数十万人被征召入伍，上阵厮杀。建造如此规模的舰队、支付工钱军饷、为这么多人提供装备和补给极大消耗了这两个地中海西岸最强大国家的资源。人力的损失甚至更为巨大，仅在公元前216年的一场战役中，罗马及其盟邦便有约5万人战死沙场。在第二次布匿战争期间，罗马成年男性中有相当大一部分死亡，其中大多数死于最初几年的战斗。伤亡者并不限于士兵，当一方军队洗劫另一方的乡镇或城市时，大量平民也会惨遭屠戮；袭扰部队扫荡敌方控制的田地和村落时，受害者也不在少数。此外，尽管还未有充分的证据，但我们能够推断，还有很多人死于疾疫和饥馑，幸存者则沦为战俘和奴隶，在又脏又累的苦工中度过悲惨的余生。

战争结束时，迦太基已成了一片废墟，它作为一个国家的历史宣告终结，它的文化几乎不复存在。在公元前265年至公元前146年这一个多世纪里，罗马从一支局限于意大利境内的势力成长为地中海世界无出其右的巨头，同时也在缔造帝国的征程上稳步前进，最终成了控制西欧、北非和近东超过5个世纪之久的大帝国。插手西西里事务以及进而与迦太基狭路相逢成了罗马军队首次走出意大利的契机。然而，罗马帝国的扩张并非始于布匿战争，因为在公元前 265 年之前，罗马就已经将波河以南的整个意大利半岛纳入了其势力范围，与迦太基人的战斗只是大大加快了这一进程。布匿战争使罗马变得习惯于开展超大规模的战争，派遣部队开赴越来越遥远的战场，在多个相隔甚远的地点同时作战。布匿战争的最终胜利强化了罗马人根深蒂固的决心。正是凭着这份决心，罗马人不断发动战争，并变得愈发不可战胜。倘若罗马人输掉了布匿战争，那么世界历史有可能会完全不同。这场战败可能至少会严重阻遏罗马扩张的步伐，甚至可能彻底终结这一进程。罗马几个世纪的统治给其治下的帝国带来了深远影响，尤其是在西欧，其影响不仅直接由它的统治造成，还通过文艺复兴复苏。随着欧洲人在美洲殖民，建立起庞大的海外帝国，他们将以拉丁语为基础的语言、拉丁法律系统和文化也传遍了世界。假如罗马人在公元前 241 年失利，或是在汉尼拔的猛攻下屈服了，那么这一切都将无从谈起。

在罗马的历史及其作为一个帝国崛起的进程中，布匿战争是一个重要的阶段。这场跨世纪的大战可能是古代世界规模最大的战争，也是记载最为翔实的之一。即便如此，我们所掌握的现有资料依然存在着难以还原的空缺。在这两座伟大城市之间爆发的三场战争的规模、激烈程度和戏剧性都是史诗级的。此外，还有众多风云人物活跃在当时的历史舞台上，例如在罗马一方，法比乌斯·马克西姆斯（Fabius Maximus）通过避战挽救了共和国；玛尔凯路斯（Marcellus）与法比乌斯同代，但比前者激进得多，曾单挑杀死了一名高卢王；此外便是西庇阿家族的群英，最著名的莫过于攻下了西班牙、侵入了非洲的普布利乌斯·西庇阿·阿非利加努斯（Publius Scipio Africanus），以及继承了他名字的养孙，普布利乌斯·科尔内利乌斯·西庇阿·埃米利亚努斯（Publius Cornelius Scipio Aemilianus）。埃米利亚努斯于公元前146年主持摧毁了迦太基城。看着变为废墟的迦太基，他思忖着，同样的命运是否会有朝一日降临到自己祖国头上，不禁流下了热泪。与这些英雄形成鲜明对比的是那些丑角和无能之辈，诸如阿庇乌斯·克劳狄乌斯·普尔喀（Appius Claudius Pulcher）和盖乌斯·弗拉米尼乌斯（Caius Flaminius）之流，他们无视鸟卜和常识，将自己的部队引向了灾难的深渊。还有些人的事迹一经发生便被迅速渲染成了神话传说，以至于我们很难查明他们真正做了什么。传说马库斯·雷古卢斯被迦太基人俘虏，后者先让他发了毒誓一定回来，然后派他回到罗马，游说元老院罢兵讲和，然而雷古卢斯却力劝元老院奋战到底，直至胜利，随即返回了非洲，受尽折磨而死。至于迦太基一方，最有魅力的人物都出自巴卡（Barcid）家族——在第一次布匿战争中，哈米尔卡（Hamilcar）在西西里顽强对抗罗马人，在战场上未尝一败。然而，最具传奇色彩的当属他的儿子汉尼拔。汉尼拔和拿破仑、罗伯特·李这种军事天才一样，拥有一种独特的悲情光环——他们取得了无数惊人的大捷，但最终都输掉了战争。汉尼拔率部从西班牙翻越阿尔卑斯山进入意大利的奇袭，以及他取得的一连串胜利，本身就已是传奇。除了罗马与迦太基，其他势力也人才辈出。希腊人中有西西里岛叙拉古城的统治者，精明狡黠的希耶罗（Hiero）；他的亲戚、制造了精妙绝伦的战争器械的几何学家阿基米德（Archimedes），传说他在被杀前的最后一刻还在求解数学问题；还有努米底亚（Numidia）国王马西尼萨（Masinissa），他在近90高龄时仍在生儿育女，并在战斗中一马当先，身先士卒。

　　正是布匿战争促使了罗马人开始撰写他们自己的历史，起先用希腊语，之后用拉丁语。其他人也同样认识到了这场战争意义非凡。很多希腊作家记录了这番争斗，试图解释罗马迅速崛起的原因。时至今日，这一系列发生在 22 个世纪之前的战争仍然未从人们的视线中淡出，尤其是坎尼（Cannae）会战，它是少数能吸引现代军事学院的 18 世纪之前的古代战例之一。拿破仑列举过数位他认为其作战事迹仍值得当代将领学习的旧时"伟大指挥官"，汉尼拔就名列其中。19 世纪德国的学者和军人们深入学习第二次布匿战争，有时甚至执迷于各种细节。冯·施里芬（Von Schlieffen）元帅，1914 年闪击法国计划的缔造者，更是有意在广阔的地理范围内再现汉尼拔的战略精粹。英国 20 世纪上半叶的杰出军事理论家李德·哈特（Liddell Hart）和富勒（Fuller）同样对这场公元前 3 世纪的战争多有评论，并从中收获了灵感。第一次与第二次布匿战争在爆发了两次规模空前的世界大战的 20 世纪显得尤其有参考价值。1939 年二战爆发的直接原因正是 1918 年一战结束后战败国对终战条约的不满情绪。同样，迦太基之所以在公元前 218 年与罗马再启战端，显然也是因为怨恨公元前 241 年签订的苛刻的条约。最近的例子有 1991 年的海湾战争。联合国军的司令官声称，自己迅速且极为成功的军事部署得益于从汉尼拔的战例中所获得的灵感。布匿战争依然不断吸引着经验丰富的军人去研究、记述、运用自己实践得出的知识提出新的见解，并为现代战略战术提供参考。至于其他人，无论军人还是平民百姓，依然被汉尼拔率领部队与战象翻越阿尔卑斯山的传奇长征路线所吸引，并就此展开热烈的讨论。相关的新书不断问世，老书也一再再版。[1]

在当今的西方大学里，军事史已不再流行，有关罗马战役的学术研究也较少。大部分最具影响力的研究古代战争的战略战术及战场地点的著作都诞生于 19 世纪末或 20 世纪初。在政治、社会和经济史领域，新的研究成果则不断涌现，更新或是推翻了那个时代的著作，有的甚至已更迭多次。然而，尽管目前古代史学者的注意力不在军事史上，每年仍会有与布匿战争直接或间接相关的新专著或论文出版。本书有些内容参考了新取得的考古成果，但大部分还是对现有史料的新解释。法国人对迦太基文化仍特别感兴趣，这在一定程度上源于他们在迦太基城遗址上的各种激动人心的考古发现。这项工作始于法国统治北非期间，至今仍在继续。19 世纪的法国人，如同他们以及其他国家痴迷古埃及文化一般，一度对迦太基的一切都怀有浓烈的兴趣，古斯塔夫·福楼拜的小说《萨朗波》(*Salammbô*) 便是这股风潮的产物。

描写布匿战争的著作数不胜数，这不禁令人琢磨这一领域还有何添写的空间。有几个方面的各种研究和探讨已然很全面，确实很难再添新意，但仍有某些方面尚未得到应有的重视。很少有囊括全部三场战争的研究，大部分著作只着眼于其中一场——通常是第二次布匿战争。把第一次布匿战争单独拿出来研究是比较合理的，因为第二次和第三次战争都直接源自它，即使它获得的关注其实少之又少，直到最近才有一本英语研究著作面世。这三场战争是罗马与迦太基之间历时持久、经年不断的斗争中的插曲，我们应该将其置于这个大背景下进行考察。每场战争爆发的原因、双方的目标和随后的进程都是由前一次战争的结果直接决定的。有少数作品涵盖了全部三场战争，但是都有缺憾。这些作品与其他讨论布匿战争某些特定方面的作品犯了很多同样

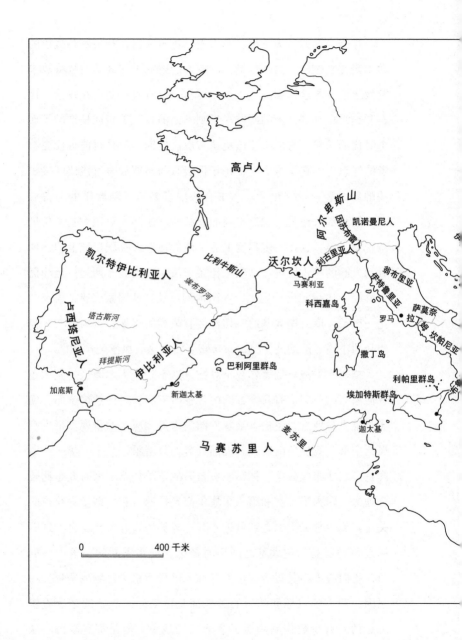

公元前 3 世纪的地中海世界

比提尼亚

加拉太

色雷斯

伊利里亚
马其顿尼亚

伊庇鲁斯

帕加马

弗里吉亚

塞琉古帝国

埃托利亚

吕底亚

卡里亚

潘菲利亚

• 安条克

亚该亚

吕基亚

罗得岛

塞浦路斯岛

• 西顿

克里特岛

• 推罗

亚历山大里亚

• 拉菲亚

托勒密埃及

的错误，譬如在他们笔下，罗马的政治局面是由几个边界明晰的政治派系主导的，而现今研究这一时期罗马政治史的主流学界已不再认同这一观点。更重要的是，在分析这些战役时，他们往往倾向于假设古代的战斗都遵从和现代一样的战略原则。有战斗经验、为打好现代战争而学习古代战争的军人通常倾向于采用这种理念。基于这种理念的研究不可避免地将注意力集中在了从古至今战争的一致——或看起来一致——的方面上。因此，在他们笔下，历史上各个阶段的将领似乎都在以几乎同样的方式做同样的事，以至于他们认为，用来评价腓特烈大帝、拿破仑或隆美尔的标准也可以拿来品评罗马或迦太基的将军。李德·哈特的著作，《超越拿破仑的将才——西庇阿·阿非利加努斯》(*A Greater than Napoleon—Scipio Africanus*, 1930)的标题就表明，作者假定了这种比较是合理的。[2]

毋庸置疑，数十个世纪以来，战争在某些方面上变化甚微：如何调动数目庞大的军队、为其提供给养和装备、传达命令、克服自然条件和地形造成的障碍是人们自石器时代以来便一直面对的实际问题。相比一辈子待在大学里的学者，亲历过战场的军人往往能更加切实地品评这些方面。然而，尽管问题不曾改变，不同的社会群体解决问题的办法却可谓大相径庭，这绝不仅仅是由技术层面的限制所支配的。具备同样技术水平、掌握资源相当的群体不一定会按同样的方式作战。和人类的其他活动一样，战争也深受文化的影响。罗马人从政者中选拔指挥官的方式在现代西方民主社会看来是完全不可理喻的，因为后者看重军事领导人所接受过的专业训练，而那时的罗马人却并不理解政治才能与军事领导才能之间有什么显著的区别。罗马元老既不是政客也不是军人，但却自动具备管理、控制两者的权力。尽管现代人因此对罗马军事制度颇有微词，但这套系统对于罗马人来说却很行得通。每一个社会组织军队和进行战斗的方式都不尽相同，更重要的是，每一种文化对于战争是什么、为什么战斗、仗该怎么打、如何做出决定，以及胜利和失败分别意味着什么都持有不同的理念。[3]

　　本书致力于将布匿战争置于公元前 3 世纪到公元前 2 世纪军事理论与实践的大背景下进行考察，将探讨罗马人与迦太基人对待战争的态度、双方的军事制度，以及孕育这些制度的政治结构与社会组织形式，从而论证，正是它们塑造了这次战争的形态，以及罗马与迦太基在上述方面的不同最终决定了战争的结果。本书主要是一部军事史，只会简要带过战争的经济与社会影响。本书并不打算按顺序详述每一年的每一场战役。很多事件的史料过于单薄，因此我难以对其做出有把握的描述，而且即便在史料充分的情况下，这种记叙方式最终只会变成一连串陌生地名的罗列。本书将分别叙述在不同战场上同时展开的战斗，也将分别分析不同类型的战斗，比如第一次布匿战争期间的海战与陆战就各成一章。本书会详细考察某些事件，例如汉尼拔在公元前218—前216年参与的战役。这些事件本身意义非凡，理应得到重视；另一方面，相关的史料比较翔实，能为人们理解那一时期的正式会战提供有价值的参考。全书旨在考察那一时期的陆军和海军运作的方式，以及每一种类型的战斗对战争全局发挥着什么样的作用。本书分析了将军们做出这样或那样的决定的原因及其后果，但并不会提出别的可能的或所谓更好的行动方案，毕竟一个空想战略家所提出的任何一种假设汉尼拔能以别的方法轻易取胜的说法都只是纸上谈兵，说服不了他自己以外的任何人。

史　料

　　研究古代史与研究年代更近的历史之间的最大区别在于，前者的史料严重匮乏，对史料的解读也众说纷纭。我们无法确定很多重大事件是发生在这一年还是之后那年，甚至无法判断有些事件，包括某些战役，是否真实发生过。我们也不清楚三次布匿战争中最主要的战船——五列桨座战船是如何设计和建造的。此外，我们现有的关于双方的，尤其是迦太基军队的武器装备、组织形式、指挥结构和战术战法的知识也存在着许多缺口。有时候在彻底理解各个事件之前，想给它们排出先后顺序都成问题，这与 18 世纪以后的军事史研究有着大壤之别。再者，各个时期史料的记载和保留程度差异较大。现存的有关第二次布匿战争的史料较为详细，但关于第三次，以及尤其是第一次战争的史料数量和质量都不尽如人意。绝大多数史料来自希腊和罗马作家的记述。考古发掘可以告诉我们某些城市的布局和防卫情况，其中最具代表性的便是迦太基和叙拉古，此外还能提供有关西西里和西班牙境内迦太基文化和殖民地的信息。然而，考古学虽然有利于揭示一个地区长时间的发展趋势，却不适合复原军事行动。纵观古典时期，考古能为研究战争提供的直接材料非常有限。

　　历史往往是由胜利者书写的，而当失败者被彻底消灭时，这种情况就会变得更为极端。现今没有任何来自迦太基人视角的战争记载流传下来。有些希腊作家在书中偏向迦太基人一方，最著名的便是跟随汉尼拔远征意大利的两名历史学家，其中一名是汉尼拔曾经的导师索西鲁斯（Sosylus）。[4] 他们的作品都已失传，但是一些现存史料的作者显然知道并参考过他们的记述。但即便是这些佚失的史料也都是由作为外人的希腊作家用希腊语书写的，他们未必完全理解迦太基的制度和文化。因此，我们只能从已知罗马最终大获全胜的希腊人或罗马人的视角了解布匿战争。我们不可能写出迦太基版本的战争史，因为想当然地否认一切赞扬罗马人的记述并采信所有对迦太基人有利的故事，与全盘相信罗马所宣称的迦太基人奸诈狡猾、背信弃义一样，都是不明智的。说到底，正如标题《布匿战争》所揭示的，本书的主题是罗马如何与迦太基这个敌人战斗，毕竟迦太基人不会与自己为敌。[①]

　　古希腊和罗马史家的写作宗旨与现代史学家大相径庭。在他们看来，历史是一种文学形式，除了记录信息和启发后人，还旨在娱乐大众。放到现在，这种观念定会被众多学者斥为离经叛道。古代的史学传统允许作者在叙述中给重大事件的主要人物安排虚构但恰当的演说，并且鼓励作者在描绘城市陷落或大战过后的种种情景时加入广为人知的典故或主题。我们无法断言，这究竟意味着某些事件纯属编造，还是史家偏好记述这类事件。在古代史家的理念中，史实与文学价值同样重要，因此我们有理由相信，至少他们的部分叙述是基本贴合史实的。反正我们除了这种观点也别无他选。如果我们一概否定古代史家的全部记叙（这是一种极端的态度，但有些学者的态度接近于此），那么我们就没有其他任何可用的史料了。有的史家显然比另一些史家更可靠，而且我们有必要分别了解一下这一时期主要的史料。

　　目前最重要的作者当属古希腊历史学家波利比乌斯。他是一

---

① "布匿"（Punic）一词源自拉丁语"punicus"，意为"与迦太基有关的"。——编者注

名亚该亚贵族，曾在第三次马其顿战争中对抗过罗马人。根据停战协定，公元前167年，他作为1000名亚该亚同盟人质之一被带去了罗马。在那里，他与一位年轻的罗马贵族，即后来毁灭迦太基的普布利乌斯·科尔内利乌斯·西庇阿·埃米利亚努斯成了密友，并得到了他的特别关照。波利比乌斯伴随西庇阿·埃米利亚努斯参加了非洲和西班牙的战役，并且与他一起走遍了地中海西部。我们不清楚他开始撰写《历史》的确切时间，也不知道这部著作最初计划涵盖的范围，但它显然包含了在公元前146年结束的第三次布匿战争和第四次马其顿战争。这一著作开篇详细描述了第二次布匿战争和同时期希腊的情况，因为波利比乌斯的目标是撰写一部"普世史"，记录同一时期内整个文明世界的所有重大事件。他的主要目标是向希腊读者解释罗马人能在如此短的时间内征服地中海世界的原因。完整的作品共有40卷，头两卷记载的是汉尼拔战争之前的事情。第一卷是现存的关于第一次布匿战争最完整、最可靠的史料，尽管远不如他对第二次布匿战争记述得详细。遗憾的是，全书只有很少一部分流传了下来，完整的记叙止于公元前216年，之后只有残篇尚存。

波利比乌斯致力于还原史实，并且严厉批判不这样做的其他作家。他能够向某些经历过汉尼拔战争的人直接对话取材，并且亲历了公元前146年迦太基的陷落。他与罗马贵族家族的亲近关系让他在理解罗马的政治与军事系统时具备独一无二的优势。波利比乌斯的普世史理念让他在解释某些事件时过于刻板，但总体而言，他一直保持着清醒和冷静分析的态度。尽管波利比乌斯对罗马人赞赏有加，但这并不妨碍他在某些情况下批判罗马人，揭露他们时不时的奸诈和无能。波利比乌斯与西庇阿·埃米利亚努斯关系甚密，因此他在描写后者的亲属时总是不吝溢美之词，突出他们在战争中发挥的作用。西庇阿·埃米利亚努斯是西庇阿·阿非利加努斯的养孙，最终在扎马（Zama）击败了汉尼拔。阿非利加努斯是第二次布匿战争中最出色的罗马将领，完全担得起波利比乌斯的大部分赞誉。阿非利加努斯的父亲的表现远不如儿子耀眼，但波利比乌斯提到他时也予以了极大肯定。埃米利亚努斯的亲生父亲是埃米利乌斯·保卢斯（Aemilius Paullus），在坎尼阵亡的执政官老保卢斯之子。尽管波利比乌斯尽力为老保卢斯开脱了他在这场灾难中的责任，但没有说得像其他史家那样夸张。最后，埃米利亚努斯的哥哥被法比乌斯·马克西姆斯的后人收养了。法比乌斯在公元前217年担任独裁官和此后带兵作战的事迹都得到了称赞。公元前205年，法比乌斯反对将非洲战场的指挥权授予西庇阿，但遗憾的是，波利比乌斯对这一时期的描述失传了。[5]

　　当不同史书的记载之间出现差别时，我们通常偏向波利比乌斯的说法，但他的作品大多只剩残篇，因此我们不得不经常求助于其他作家，其中最重要的是李维，他的史书创作于公元前1世纪末至公元1世纪初，罗马帝国第一个君主奥古斯都统治时期。他的《罗马史》始于罗马城的建立传说，终于奥古斯都，整本书弥漫着强烈的爱国情绪，旨在讴歌先辈们的美德，并将罗马遇到的所有问题归因于道德的沦丧和几个不明智的、煽动民众的政客的行为。李维的作品准确呼应了奥古斯都统治时期的社会风气，那个时代有着极端化的精神实质，号称复兴了罗马人传统的虔诚和美德，自认是公元前3世纪乃至更早时期强大的罗马共和国的合格继承者。不同于波利比乌斯，李维并没有参战或从政的经历，选用史料时也鉴别得更不严格。他的作品原本有 142 卷，但也只有少数流传了下来：记叙到公元前 293 年的 1—10 卷、记叙公元前 218—前 201 年第二次布匿战争的 20—30 卷，以及叙述到公元前 167 年的 31—45 卷。其他部分，包括对第一次和第三次布匿战争的描述，只有简短的概括尚存。

李维对汉尼拔战争的记载是最长、最完整的。波利比乌斯对公元前 216 年以后的战争的记载只有少量被保存了下来，因此我们不得不依赖于李维的记述。李维的描写极富戏剧性，包含大量与战争有关的传奇故事。他极有可能在某些篇章大幅度借鉴了波利比乌斯笔下的历史，因为他创作时手头有后者的完整作品。然而，即便拥有如此优秀的资料，李维还是犯下了很多严重错误。比如，他对于公元前 197 年辛诺塞法利（Cynoscephalae）之战的描述的某些部分读起来就像从波利比乌斯的作品直接翻译过来的（波利比乌斯的这段记述原文现保存完整），但有一处，波利比乌斯描写道，马其顿方阵士兵把长矛从扛在肩上的行进姿势放了下来，换成双手持握、与地面平行的战斗姿势，李维却错误理解了古希腊语文本，说马其顿人扔下了长矛，转而拔出了剑。在别的部分，李维引用了一些非常不可靠的史料，比如罗马元老贵族夸大了自己祖先功绩的记载。他有时会将几个以前的作者写的同一个故事的不同版本罗列出来，让我们得以对这些失传的作品有所了解，但在大多数情况下，他只留给我们一段单一的叙述。在罗马政治上，尤其是在一些富有争议性的选举，以及国家宗教上，李维提供了比波利比乌斯更为丰富的细节。不过他的所有描述，尤其是跟军事相关的，我们都需谨慎使用。[6]

其他大部分史料写于李维之后。狄奥多罗斯·西库鲁斯

（Diodorus Siculus）是在西西里岛出生的希腊人，与李维生活的年代很近，在公元前 1 世纪晚期写了一部普世史《历史集成》（*Library of History*），全书有至少 40 卷，但关于布匿战争时期的部分就只剩残篇了。他折中引用了许多已经失传的早年史料，比如菲利努斯（Philinus）对第一次布匿战争倾向迦太基一方的描述。阿庇安（Appian）是在亚历山大里亚出生的希腊人，也是罗马公民，著有一部 24 卷的罗马史，其中关于布匿战争的章节被完整保存了下来，但是风格起伏较大。他笔下的扎马之战有恢宏的史诗感，仿佛出自《伊利亚特》一般，而他对于第三次布匿战争的描述是现存的最佳记载，其中很多极可能是引自波利比乌斯已失传的篇章。公元 3 世纪早期，在希腊出生的罗马元老狄奥·卡西乌斯（Dio Cassius）写了一部 80 卷的《罗马史》，虽然只剩残篇，但是公元 12 世纪的一位名为佐纳拉斯（Zonaras）的拜占庭僧侣记录了此书的梗概，保留了相对连贯的叙述。除了这些史书，于公元后 2 世纪早期生于喀罗尼亚（Chaeronea）的希腊人普鲁塔克（Plutarch）为一些著名的罗马人写下了传记。虽然普鲁塔克相比于详细记叙传主的生涯事迹，更热衷于描写他们的性格品质，但他依然提供了大量有价值的史料。公元前 1 世纪末，利尔内利乌斯·涅波斯（Cornelius Nepos）也为哈米尔卡和汉尼拔撰写了简短的传记，为我们留下了其他作品未曾包含的信息。

　　大多数史料都是在布匿战争发生很久以后成书的。波利比乌斯亲历了第三次布匿战争，还与参加过汉尼拔战争的人对话过，但当他回到罗马时，已经没有经历过第一次布匿战争的人在世了。我们不禁发问，有多少有关历次战争的信息能为当时的史家所用？前面提到，有些希腊史家的记述中会流露出对迦太基人的同情，其中尤为突出的是记载第一次布匿战争的西西里人菲利努斯，和记载第二次战争的斯巴达人索西鲁斯。罗马人在公元前 3 世纪末开始书写自己的历史，在很大程度上是因为他们开始意识到了战胜迦太基人的重要意义。昆图斯·法比乌斯·皮克托（Quintus Fabius Pictor）和卢基乌斯·秦奇乌斯·阿里门图斯（Lucius Cincius Alimentus）都是著名元老，用希腊语写史。公元前 2 世纪的马库斯·波尔奇乌斯·加图（Marcus Porcius Cato）则是第一个用拉丁语散文写史的人。波利比乌斯注意到，这种作者都会偏袒自己的阵营，因此有时候他们对同一事件的记述是彼此矛盾的。除了以上文本资料，罗马的一些大家族也保存了很多相关的记忆，尽管其中有相当大的一部分是夸大的宣传。此外也有一些更为可靠的文件，例如波利比乌斯引用过的罗马与迦太基之间的条约，以及汉尼拔竖立的拉齐尼亚记功柱（Lacinian column）上的碑文。有关第二次布匿战争的史料远比更为久远的第一次布匿战争的更加丰富。波利比乌斯提到，他甚至读过一封阿非利加努斯写给马其顿国王腓力五世的信，信中介绍了自己在西班牙的作战计划，但第一次布匿战争就没有这样的一手材料。[7]

　　我们可以基本认定，关于第二次布匿战争的现有史料记述是完整可靠的。质量较好的作品所记载的大多数细节都来自同时代或相近年代的史料，但是公元前 265—前 241 年间战役的情况则不能完全确定。我们所知的重大事件的大概轮廓应该是正确的，但大量的细节仍存在争议。读者们会注意到，相比于讨论公元前 218—前 201 年的战役时我们得以依靠波利比乌斯和李维的记载，在探讨这一时期的情况时，我们更为频繁地用到了那些真实性更

低的史料。对于第三次布匿战争，我们几乎全部以阿庇安的记载
为基础，辅以为数不多的波利比乌斯的著作残篇。关于同一时期
的多种不同的叙述，我们有时可以对其进行比较，判断哪位作家
提供的信息更为可靠，但如果只有一种记述，那么只要这一描述
有合理之处，我们就必须接受，因为我们若不接受，也没有其他
能够选用的史料了。在本书接下来的很多章节中，我都会提醒读
者，某些事件的相关描述仍存疑点，即便面对最可靠的著作，我
们也必须谨慎对待其提供的数字。因为数字，尤其是罗马数字，
经过几个世纪一遍遍的手抄，是最容易出现错误的。不过即便如
此，现代的历史学者在提出新的更为"合理"的数字前，也要三
思而后行。

I
对阵双方

在详细考察罗马与迦太基首次交锋前的政治结构与军事系统之前，我们有必要了解一下公元前 3 世纪地中海世界的大致情况。公元前 323 年，亚历山大大帝逝世，在没有明确成年继承人的情况下，他庞大的帝国顷刻间分崩离析。最终，三个主要的王朝诞生了——埃及的托勒密王朝、控制叙利亚和亚细亚大部分地区的塞琉古王朝，以及马其顿的安提柯王朝。这些王国彼此争斗不断，它们与希腊和小亚细亚的其他小王国、城邦及城邦同盟间的冲突也时有发生。占据了西西里的大部分地区和意大利南部，即人们熟知的"大希腊"（Magna Graecia）地区，以及星罗棋布地分布在西班牙和南高卢的海岸的希腊社群（其中便有著名的大城市马赛利亚［Massilia］，即今马赛）在文化上都属于希腊化世界，但在政治上彼此独立。西班牙南部是伊比利亚人的地盘，占据北部的是西班牙人与高卢人混血的凯尔特伊比利亚人（Celtiberians），西部则由卢西塔尼亚人（Lusitanians）控制。希腊人称高卢和北意大利的居民为凯尔特人（Celtoi），罗马人称之为高卢人（Galli）。上述各族基本上都还处于部落阶段，然而其各自内部团结程度、领导人的权力，以及各个部落的实力各有高下。有些部族的聚落已经发展到了近似古代城邦的规模，而意大利西北部的利古里亚人（Ligurians）社会组织依然十分松散，几乎没有首领的势力范围能超过自己所在的狭小村落。在以上各族中，领导人的地位主要由他的武力所决定。劫掠与小规模的战事屡见不鲜，但具备一定规模的战争较少。[1]

在公元前 3 世纪初，迦太基无疑是地中海西岸的最强势力。在公元前 280 年至公元前 275 年间，罗马人顽强抵抗并最终战胜了皮洛士（Pyrrhus）。至少在古希腊的学者们眼中，罗马人在这之后才第一次真正崭露了头角。然而在那时，他们的势力仍然局限在意大利之内，因而我们应先将目光投向迦太基。

迦太基

自公元前 1 千纪起，起初以纯桨为动力的腓尼基商船便在地中海上很常见了。位于今黎巴嫩海岸的两座伟大城市，推罗（Tyre）和西顿（Sidon）是闪米特人建造的，腓尼基人是闪米特人的一支，他们建立了遍布地中海的贸易据点。考古证据表明，早在公元前 8 世纪，腓尼基人就已出现在西班牙，但他们很可能在这之前就已活跃于该地，因为这里正是传说中那座因矿藏而富甲一方的城市，他泰苏斯（Tartessus），即旧约中的他施（Tarshish）的所在地。迦太基并非非洲的第一个腓尼基人聚落，乌提卡（Uttica）出现得更早，但迦太基似乎自建立之初便具备非凡的意义。后世传说，埃莉莎特（Elishat），或称狄多（Dido），在其兄长皮格马利翁（Pygmalion）国王杀害自己的丈夫后逃离了推罗，并于公元前 814 年建立了迦太基。利比亚人同意给她一张牛皮所能覆盖的土地，于是埃莉莎特将牛皮割成细条，圈占了面积远超利比亚人意料的土地。迦太基人在建城伊始展现出的狡诈被罗马人和希腊人视为了迦太基人的天性。后来，埃莉莎特在火葬堆上自焚，宁死不嫁给利比亚王希耶博斯（Hierbos），此举既保全了她的人民，又维护了对亡夫的忠贞。[2]

我们无法确定这个传说是否包含任何史实，因为在希腊－罗马世界中，有关建城的传说屡见不鲜，而且大部分都是虚构的。我们无从得知迦太基人是如何描述自己城市的起源的。还没有考古发掘证据表明此地在公元前 8 世纪末前有被占据的痕迹。很明显，纵观迦太基的历史，它一直与推罗保持着紧密的联系。迦太基每年都派遣使团前往推罗，在美刻尔（Melquart，意为"城市之主"）神庙进行祭祀。即便在强盛起来并开始建立自己的殖民地之后，迦太基也仍然保留着这一传统。迦太基在文化上保有腓尼基独特的语言和文化，虽然也吸取了部分希腊和利比亚风俗，但并未改变其内核。至少在一个宗教习惯上，迦太基人比推罗人更加尊崇旧俗：他们依然保持着摩洛（Moloch）祭祀中献祭婴儿的可怕传统。在祭祀中，婴儿被杀死并火化，献祭给巴尔哈蒙（Ba'al Hammon）神和他的配偶塔尼特（Tanit），而推罗在迦太基建立时就已经废止了这一习俗。位于萨朗波的陀斐特（Tophet of Salammbo），即举行这一仪式的祭坛，是迄今为止考古学者在迦太基遗址中发现的最早的建筑。出土证据表明，这种祭仪一直持续到了公元前 146 年。另一个令人难受的发现是，在那几个世纪里，用羊羔或其他动物代替儿童的比例在祭祀活动中不升反降。类似的祭坛在迦太基人的其他居住地点也被发现了，但几乎从未在腓尼基人自己建造的居住地被发现过。在迦太基，宗教事务由国家牢牢掌控，高级官员身兼政治与宗教的双重角色。[3]

同腓尼基人的海外据点一样，迦太基人的海外据点主要起

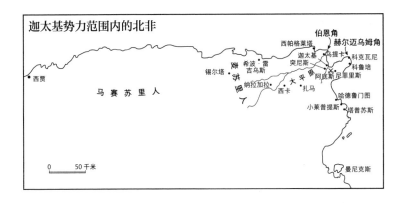

到了贸易中心的作用。但是自公元前6世纪起，他们与新兴的希腊殖民地之间出现了直接竞争。希腊殖民扩张的主要原因是与日俱增的人口规模所带来的物资与耕地的短缺。希腊人建立的殖民地往往是希腊自己的城邦（poleis）的翻版。在这种社群中，土地所有权决定一个人的社会地位。希腊人与迦太基人为了自身利益都积极扩张领土，两方的竞争逐渐发展成了公开冲突，争夺的焦点最初是西西里岛的控制权。希腊在人数上占有优势，而迦太基的殖民地往往规模较小，但希腊人的弱点在于政治上不统一。双方宗教信仰的差异极大，这无疑使冲突变得更激烈，双方时常亵渎、破坏对方的圣祠与神庙，不过这种态势在迦太基人开始接受某些希腊神祇后略有缓和。公元前396年，迦太基正式开始信奉德墨忒尔（Demeter）与科莱（Kore，即珀耳塞福涅[Persephone]）。此前，他们曾在西西里破坏了这两位女神的神庙，该地的迦太基军中随即爆发了可怕的瘟疫，迦太基因此通过信奉女神以求对其做出补偿。

在争夺西西里的长期战争中，双方都各有胜负。公元前480年，希腊人在希麦拉（Himera）取得了大捷。与这场胜利遥相呼应的是希腊人在同年和次年分别在萨拉米斯（Salamis）与普拉提亚（Plataea）击溃了薛西斯（Xerxes）的侵略军。东西方均大获全胜，希腊化世界为之振奋不已。迦太基人虽然经历了数次失败，却依然坚持抵抗；希腊人为了继续战斗，则不得不逐渐将领导权拱手让与僭主们，如著名的狄奥尼西奥斯（Dionysius）和阿加托克利斯（Agathocles），或雇佣军首领，如皮洛士。公元前 310 年，叙拉古僭主阿加托克利斯率军在北非的伯恩角（Cape Bon）登陆，直接威胁到了迦太基人的大本营。迦太基城内一片恐慌，还产生了政治动乱。阿加托克利斯以少胜多击败了迦太基军队，牵制住了一些本应加入迦太基远征军的兵力。然而，他终究没能攻克迦太基城，也无法煽动足够多的利比亚人发动一场能令迦太基元气大伤的暴乱。最后，阿加托克利斯抛下军队返回了叙拉古，在那里统治着西西里大部分地区，直至公元前 289 年去世。皮洛士插足西西里争端，起初遏制了迦太基人卷土重来，但后来被盟友背叛，其舰队又于公元前 276 年在与迦太基人的交锋中战败，最终没有取得任何长久的战果。因此迦太基在与罗马开战时，还牢牢掌握着西西里西部和南部的所有地区。[4]

公元前 5 世纪，迦太基在非洲的势力稳步增强，这也许是被西西里战事的失败所激励的后果。迦太基城不再向当地的利比亚统治者缴纳贡赋，并开始控制附近的其他腓尼基城市，其中最出名的便是哈德鲁门图（Hadrumentum）和乌提卡。公元前 5 世纪中叶，迦太基舰队沿北非海岸进行了一系列大型考察，穿过直布罗陀海峡，沿西海岸继续航行了数百英里。这些远航为迦太基人带来了更为持久的回报——他们得以在非洲建立更多贸易据点，同时他们在西班牙的殖民地也持续发展着。迦太基人的选址通常紧依良港，使其占据海岸线的关键位置。配合强大的舰队，迦太基城控制了西地中海上所有的主要贸易路线。无论在哪里进行贸易，迦太基商人总能获得最优的待遇。同时，外籍商人缴纳的税费和通行费进一步充盈了迦太基的财库。迦太基城所积累的巨额财富直接体现在了其稳步增长的规模以及恢宏气派的防御工事与建筑物上。遗址显示，当时的迦太基新城区是依照一套明确的城市规划建设的，几乎可以媲美同时期最先进的希腊化城市的规划水平。[5]

　　迦太基的繁荣并不完全倚仗贸易，它的财富还有很大一部分来自极有组织、有效率的农业。迦太基贵族马戈（Mago）的《农业志》可能写于公元前 4 世纪末，在公元前 146 年被译为希腊文和拉丁文后，对世界其他地区产生了深远的影响。马戈撰写了经营大规模地产的方法——在庄园中，至少有一部分劳动力得是奴隶，再补充以利比亚农民。时至公元前 300 年，迦太基人已直接控制了约一半今突尼斯的领土，其中大多归贵族所有。和包括罗马在内的其他城市一样，迦太基的统治精英阶层也是地主贵族。当时的土壤比现在肥沃，气候适宜，高产量预示着阿非利加行省日后将成为罗马帝国的大粮仓。这些庄园不仅出产大量的谷物，还出产非洲驰名的木本作物，譬如葡萄、无花果、橄榄、杏仁以及石榴。阿加托克利斯的军队在非洲登陆时，想必是对迦太基人富饶的农场惊叹不已。这些作物不仅能满足迦太基城的需求，大量富余的农产品还能用于出口。[6]

　　到了公元前 300 年，迦太基人控制的土地面积已经远远超过了"罗马土地"（ager Romanus），几乎相当于罗马及其盟邦的土地面积总和，而且迦太基的作物产量更是遥遥领先，因为意大利的大部分土地较为贫瘠。然而，迦太基并未公平地分享这些丰富的农业收益，其中大部分留给了迦太基人自己，尤其是贵族享用。迦太基不愿将公民权益和政治权利授予它下辖地区的居民。迦太基和腓尼基社群的公民，以及被希腊人称为"利比亚－腓尼基人"的混血种族享有特权，其他部族则是低一等的同盟或附庸。因此，尽管迦太基霸权在非洲、西班牙、西西里和撒丁岛扩张，但迦太基的公民群体并未随之扩大。大型庄园里的利比亚人被圈禁在迦太基贵族的地产上，几乎没有自由可言。与迦太基结盟的利比亚社群享有一定的内部自治权，但最终还是要服从迦太基人的意志。在第一次布匿战争时期，除了对抗罗马人，也有许多迦太基士兵在为征服更多的利比亚社群而苦战。与罗马和解后，迦太基雇佣军发生兵变，立刻获得了众多利比亚社群的支持。迦太基的其他盟友，譬如非洲的各个努米底亚王国，也享有或多或少的自治权，但它们作为迦太基帝国的一部分，分得的利益很少，还要向迦太基缴纳贡赋，且必须为其提供士兵。

迦太基最初是君主制，其君主亦扮演着重要的宗教角色。但到了公元前3世纪，迦太基最高级别的行政官员已变成了两名年选的执政官"苏菲特"（suffete）。我们尚不清楚这一官职是由君主制演变而来的，还是取代君主制出现的，但是希腊人用"王"（basileus）来称呼这一职位，所以二者间应该存在一定关联。关于迦太基人君主制的性质，学者们多有争论，但迦太基的王也许是由选举产生的。竞选苏菲特时，财富和功绩都很重要。苏菲特在内政和宗教事务上享有最高权力，但并不领兵。"三十长老会"（gerousia）的成员很可能是从"一百零四人议会"中选出的，前者行使参议建言职能，并受制于后者。某项决议如果得到了苏菲特和长老们的认可，即可实施。如果三方无法达成共识，那么提案将交由公民大会定夺。在上述会议中，任何公民均有权提出异议。议会显然是由少数贵族家族支配的，后者还有可能垄断了苏菲特的人选。我们对迦太基的内政细节知之甚少，尽管有显示政治异见和派系斗争的蛛丝马迹，但无法确定准确的细节。希腊的哲学家们，尤其是亚里士多德，对迦太基的政体赞誉有加。他认为，迦太基的政体融合了君主制、贵族制和民主制，三股权力相互制衡，使其避免了大多数希腊城邦长期政治动荡的弱点。虽然我们很难说希腊人是否了解迦太基政治稳定的真正原因，但迦太基的公民，尤其是富人，在这种稳定的制度中受益匪浅。[7]

迦太基的军事制度

地中海东部的希腊化王国均以腓力二世和亚历山大的军队为模板组建军队。军队由职业军人组成，都是从军事殖民地的较小的公民群体中选拔而来的。各支军队的核心都是训练有素的长矛兵组成的方阵，辅以用于冲击敌阵的密集队形骑兵。但亚历山大当年的骑兵规模是其后人难以复制的。这些训练有素、纪律严明的战士非常善战，但众王国难以迅速补充替代伤亡人员的新兵。各个王国间战争频繁，在这种背景下，交战的两支军队往往由同样的兵种组成，使用的战略相似。因此，这些军队开始试用一些非常规的兵种，譬如全覆甲骑兵、战象和镰刀战车，寻找面对与自己相似的敌军时能取得优势的手段。早在公元前 4 世纪，有关军事理论的著作便已出现，到了公元前 3 世纪更是多如雨后春笋。皮洛士本人写过一本关于指挥作战的书，可惜没流传下来。

他的论著主要针对相似的希腊化军队之间的战争。然而，布匿战争的参战双方都没参照这种希腊化的模式组建军队。[8]

迦太基的公民群体数量很少，为了避免这一群体出现重大伤亡，迦太基很早就不再把公民兵当作军队的主体了，只有在迦太基城面临直接威胁时，公民才会上阵。在战场上，他们以紧密的步兵队形行进，带盾牌和长矛，组成方阵作战。但由于缺乏战斗经验，他们的战斗力较弱。公元前309年，阿加托克利斯就以少胜多，击败了一支包含大量公民持矛兵的迦太基军队。这类公民兵在与罗马人的前两场交锋中也表现平平。

更多的迦太基公民应该是加入了海军，但是我们所掌握的关于迦太基人征募船员的史料记录很少。与遇战则招、战毕则散的陆军不同，迦太基海军属于常设军队，因为他们必须时刻保护为迦太基城带来财富的贸易航线。迦太基著名的环形军港可停泊180艘舰船，还拥有全套维护设施。根据此地的考古发现，环形军港的历史可追溯至公元前2世纪，但尽管证据不确凿，迦太基很可能还有更早的军港，环形军港则是公元前2世纪建造的一座新港。虽然旧军港不在该处，它应该拥有与环形军港同样宏大的规模。舰队很有可能只有在战时才会配备满员。然而，只有船员定期出海训练，舰队才能保持高效的状态，因此迦太基可能长期保有几支大型海军中队。迦太基最贫穷的一些公民可能通过在海军担任桨手来维持生计。倘若事实果真如此，那么这种现象可能帮助维持了迦太基城政治局势的稳定性。因为在其他城市，没有工作、债台高筑的穷人常常愿意支持反叛军，指望能有机会改变自身悲惨的命运。[9]

由于公民兵源不足，迦太基的军队必然要招募外籍军人。在大部分军队中，利比亚人一般是最可靠、纪律最严明的。他们组成密集的步兵阵列，手持长矛、圆盾或椭圆盾，戴头盔，可能身穿亚麻胸甲。利比亚骑兵同样队形密集，他们以刺矛为武器，能在战场上发动精准且威力巨大的冲锋。一些利比亚人可能还在步兵散兵的队伍中，即波利比乌斯笔下的标枪兵（lonchophoroi），他们的装备是小盾牌和一小捆标枪。努米底亚的各个小王国以其出色的轻骑兵闻名。他们骑没有缰绳和鞍的矮种马，一同掷出标枪骚扰敌军，只在占据绝对优势的情况下进行近战。努米底亚军队中也有散兵，装备标枪以及和骑兵相同的圆盾，有的可能被调入了迦太基军队中效力。西班牙提供轻装步兵和重装步兵，一般穿镶紫边的白色束腰外衣。重装步兵（scutati）作战时组成紧密的方阵，手持长护身盾，配有重投矛和剑。他们的剑有两种，有些拿的是适合捅刺的短剑，后来出现的罗马短剑（gladius）就是仿照它；还有些拿的是适合劈砍的弯刀（falcata）。轻装步兵（caetrati）每人配有一面小圆盾和数支标枪。高卢步兵以大规模的密集阵形战斗，配备盾牌和标枪，但主要武器是适合劈砍的长剑。西班牙人和高卢人还提供骑术精湛、勇敢好战的骑兵，但他们缺乏严格的纪律，主要的战术就是不顾一切地冲锋。欧洲的部落民族士兵极少穿戴甲胄，戴头盔的稍多一点，但也很少见。据古代作家记载，这些部族的勇士在发动第一波冲锋时凶猛无比，但是如果没能迅速打开局面，便很容易疲惫和灰心。有时候事实确实如此，但也有很多时候，这些战士远比这种刻板印象中所描述的更坚韧。[10]

我们的史料大多依据国籍来描述迦太基军队的构成。战场中往往只有非常小的分队是由单一国家或部族的人组成的，一些部队则由许多不同的民族组成。迦太基军队在各地作战时，通常有意避免过分依赖当地兵源，以降低士兵叛逃的可能性。汉尼拔在远征意大利之前曾将一大批西班牙士兵派往非洲，替换在当地招募的部队。在各支军队中，担任最高统帅的迦太基人是军队凝聚力的唯一来源。[11]

　　迦太基军队通常被描述成由雇佣兵组成，但这一观点过于简化了事实，因为这些部队的士兵是通过许多不同的方式、带着多种多样的动机被召集的。有些部队不是被雇来的，而是由一些与迦太基结盟的王国或城邦按照和约义务提供的。努米底亚的各个王国就一直如此，他们的王室与迦太基的贵族家族关系密切，这一纽带时不时通过政治联姻得以加强。努米底亚部队通常由他们自己的国王率领。与之类似，西班牙和高卢的许多部落也与迦太基存在正式的盟约关系，为其提供与自己军队中一样的部队，由部落首领亲自率领。某些迹象表明，迦太基的将领与当地的贵族保持着紧密的联系，也许会允许他们以传统的方式向己效忠。我们能确定，哈斯德鲁巴（Hasdrubal）娶了一名西班牙公主，汉尼拔有可能也是。很明显，相比遥远的迦太基，西班牙部落的忠诚更多集中在巴卡家族身上。在此之后，这些部落也以类似的形式依附西庇阿家族，而不是罗马，并且在听闻西庇阿·阿非利加努斯离开了西班牙后发动了叛乱。[12]

　　我们不清楚利比亚部队被招募的确切过程。有些部队也许和努米底亚的类似，是由同盟城市提供的，其他的可能是从在迦太基人广大的地产上劳作的农民中收编的。这一地区日后成了罗马帝国重要的兵源地之一。即便是雇佣军，其士兵的征召方式也不尽相同。有些士兵是以一整支部队为单位被招募的，他们的首领或酋长率领自己的整个战团加入并收受报酬，用拿到的钱维持部队开销和奖励属下。在欧洲的部落制社会中有这样一种传统，即战士们通常会为能供养自己并赢得财富和荣耀的首领效力，因为不管在哪一方，自己获得的勇武善斗的威名都是被看重的。雇佣军首领与其麾下士兵之间的关系十分个人化。战士们为领袖而战，所以无论领袖选择投靠还是对抗迦太基，他们都会为其出力。曾经有一个首领率领他的高卢部队接连为好几个雇主效命，对每个雇主的忠诚都比较可疑。这种雇佣军的忠诚度显然有别于迦太基将领直接征召并付饷的部队。迦太基军中的某些部队，尤其是包括罗马和意大利的逃兵及逃亡奴隶的那些，当中的人员国籍是多种多样的。[13]

我们掌握的文献很少提起迦太基军中的各支部队是怎样编组的，只告诉我们来自不同国家或部族的士兵在战斗中的站位，因此我们不能断定是否所有部队规模都一样。李维曾记载过一支 500 人的努米底亚骑兵，不过这支部队的人数编制也许只是个例，没有其他证据表明这是一个常规建制。另一段文章提到了公元前 218 年在萨贡图姆（Saguntum）的一支 500 人的利比亚步兵。在公元前 212 年占领塔伦图姆（Tarentum）的战斗中，2000名高卢士兵被分成了 3 支，不过我们无法确定这些是常规还是临时建制。高卢人通常以部族为单位，像为自己的部落作战那样，由自己的首领指挥，西班牙人有时也是如此。然而，在坎尼会战中，汉尼拔的中军是由西班牙人和高卢人间隔组成的，这无疑打破了他们原有的部落部队的结构。波利比乌斯用和描述迦太基军队单位的相同希腊术语指代 120—160 人的步兵支队（maniple），同一个词也被后来的作者用于指代 480 人的共和国晚期和帝国时期的大队（cohort）。由此看来，这些军事单位的人数规模大概为数百人，但肯定不会超过 1000 人。[14]

多国部队混编的制度通常能使迦太基军队保持各个兵种间的良好平衡，既有步兵又有骑兵，既有密集队形又有疏开队形。他们的军纪标准不大统一，但许多部队拥有相当高的作战水平。不管是盟军还是雇佣军，士兵们往往热情高涨，极少发生兵变。迦太基军队的另一个特征是使用战象频繁，不熟悉它们的敌军有可能会被吓得惊慌失措。迦太基人的战象可能是非洲森林象，它们的体形比印度象略小，但是比今天的非洲象更容易驯化。战象是军队的主要武器，它们以庞大的体形和力量惊吓或踩死敌军，但希腊化的军队还常常在象背上安置座塔，骑象的战士可以从上面投掷或发射远程武器。我们找不到直接证据证明迦太基战象也背有座塔，但是波利比乌斯在记述公元前 217 年的拉菲亚（Raphia）之战时，提到非洲象可以负重。使用战象的主要危险在于，大象容易受惊，然后无差别地踩踏周围的敌军和友军。据说，哈斯德鲁巴给驾象人或驯象师配备了锤子和凿子形状的利器，一旦大象出现受惊并冲向友军的趋势，就刺进它的脊椎，让其毙命。[15]

迦太基指挥官手下的军队通常兵种平衡，但统筹协调这些不同兵种的活动却很难。将军用布匿语发布的命令要翻译成各种语言才能让士兵们听懂。迦太基的政务官员，比如苏菲特，并不掌握军队的指挥权。相反，将军是被直接任命的（虽然不清楚具体是谁任命的），他们的指挥权是半永久性质的，有人替换或某场战争结束后，他们的任期就结束。尽管他们并不是政务官员，但这些指挥官必然与出任官员的人属于同一社会阶层，而且他们被选中多半是因其家族关系和财富，而非能力。在第一次布匿战争期间，迦太基人延续了严惩战败将领的传统，有一些将领因作战不力被钉死在了十字架上。这些案例中的很多将领都是因为失去了手下高级官员的信任，才招致了这种惩罚。

不过，指挥官较长的任期意味着许多迦太基将领的经验很丰富。一个将军带领一支军队的时间越长，这支军队的作战能力就越强，组成军队的各个兵种会越来越适应协同作战，他们的首领与指挥官也会彼此越来越熟悉，并且至少在一些程度上减少语言沟通障碍。汉尼拔在公元前218年进军意大利时麾下的军队可能是迦太基有史以来最精良的，部分是因为汉尼拔自己出色的实力，但更多是因为这支军队曾在哈米尔卡、哈斯德鲁巴以及汉尼拔的先后率领下在西班牙历经长年累月的苦战。在这一时期，军队的指挥系统提升到了一个新的高度，再加上行军时的纪律和灵活性，其素质已经远远超过了当时与之对抗的罗马军队。有了这支优秀的军队作为核心，加上新征的高卢人和意大利人，汉尼拔得以发挥自己的军事天赋，在战争初期就将敌人打了个措手不及。

汉尼拔的军队不是一支典型的迦太基军队。其实我们也说不准这种典型到底存不存在，因为每支迦太基军队都各有特色，且并无证据表明所有将军都试图用同样的方式控制和指挥自己的军队。他们与来自各个国家的部队有着不同的关系。各支独立的部队在作战中逐渐学会了彼此协作。新部队往往难以在战场上与他们高效地协同作战。即便是一支经验丰富的部队，在受命与其他部队共同行动时也会出现问题。在扎马之战中，汉尼拔的军队中有由三名将军在不同时期征召的部队。三支部队分别单独行动，在战场上也没能有效地相互支援。[16]

迦太基财力雄厚，因此能迅速征集大量的雇佣兵和盟邦军队。通过这种渠道募集的单兵和分队的素质普遍较高，但要将他们整合成一支高效的军队则需要投入大量时间和精力。这意味着经验丰富的军队是非常宝贵且难以取代的，因此不能轻易让其冒风险，因为迦太基人的军队总量远远不及罗马人。由于精良的军队难以被替代，迦太基将领普遍比较小心谨慎，很少像罗马将领那样喜欢主动攻击，只有少数特例。

罗　马

　　在后世的传统说法中，罗马是于公元前 753 年建立的。关于罗马建城的故事有许多，但最著名的当数罗慕路斯（Romulus）与雷穆斯（Remus）的传说——二人是战神玛尔斯的双胞胎儿子，靠一只母狼哺乳活了下来。罗慕路斯建立了罗马城，但雷穆斯嘲笑他的规划，于是罗慕路斯在盛怒中杀死了弟弟。罗慕路斯起初如同一个强盗头子，他的追随者都是无家可归或被放逐的人，他们想娶妻的话，就只能绑架萨宾妇女。罗慕路斯是罗马的七王之首，七王中的最后一位在公元前 509 年罗马共和国建立时被放逐。我们无法确定这些神话是否与史实有一丝一毫的关系。罗马早年确实是君主制，其改行共和制的时间很可能与传统认知相去不远。考古记录表明，早在公元前 10 世纪，这一地区便已有人居住了，不过直到公元前 6 世纪，当地的村落才聚合成了城市的规模。罗马城的地理位置十分优越，是台伯河的天然流经地，有众多小山丘为其提供有力的防守位置，还位于一些重要的贸易路线上，其中最知名的便是从滨海地区通往意大利中部的"盐道"（via Salaria）。罗马逐渐崛起成了拉丁姆地区最强大的城

意大利半岛

阿 尔 卑 斯 山

麦迪奥拉努姆

克雷莫纳

波河

克拉斯提乌姆
普拉坎提亚
穆奈那
塔奈图姆

波诺尼亚

利古里亚

伊特鲁里亚

阿里米努姆

费苏莱

塞纳加利卡

梅蒂奥兰农姆

阿列提乌姆
科尔托纳

特拉西梅诺湖

皮切努姆 萨莫奈

弗拉米尼乌斯大道

亚平宁山脉

武拉蒙

科西嘉岛

罗马
奥斯提亚
拉丁姆

普莱奈斯特

格鲁尼乌姆
埃凯

卢凯里亚
阿尔皮
普利亚
赫多尼亚

萨拉庇亚

坎尼
卡努西乌姆

卡西里努姆
法莱努斯
卡普阿

贝尼文图姆

坎帕尼亚
维努西亚

布隆狄西乌姆
塔伦图姆

撒丁岛

那不勒斯
派斯图姆

努凯里亚

麦塔彭图姆

韦利亚

图里伊

布鲁提乌姆

克罗吞

洛克里

利吉乌姆

黎里贝乌姆

西西里岛

迦太基

0   200 千米

市和拉丁同盟的头领。它抵挡住了来自亚平宁地区的奥斯坎语民族（该部族在公元前 5 世纪晚期和公元前 4 世纪早期席卷了意大利中部大部分地区以及坎帕尼亚）的强大攻势，并于同期击退了从北方来袭的高卢人。公元前 390 年，一支罗马军队在阿里亚河

（River Allia）惨败，高卢人洗劫了罗马城，但并未伤其元气，只是暂时遏制了罗马的发展。

公元前 338 年，在经历了一场艰苦卓绝的战争后，罗马粉碎了拉丁城市最后一次大规模的反叛。在这一场叛乱之后，罗马奠定了其扩张的基调，并加速了吸收意大利剩余地区的进程。有些土地被归为罗马国有，用来为罗马和拉丁公民建立殖民地。很多来自坎帕尼亚（Campania）的贵族家族依然效忠于罗马，被授予了罗马公民权，加入了精英统治阶层。拉丁同盟被解散，罗马没有与战败的城市统一谈判，而是分别与每一个社群缔结盟约。各个城市直接与罗马建立联系，拥有向罗马军队提供士兵的义务。法律清晰地申明了这些社群的地位：有些人民获得了完整的罗马公民权，有些拥有几乎完整的罗马公民权，但不能在罗马担任官职或投票（即"无投票权的公民权"[civitas sine suffragio]）；其余的人仍为拉丁公民，但享有与罗马公民通婚和通商的权利。绝大多数坎帕尼亚人民获得了完整的公民权，他们的肥沃土地大大增加了罗马的繁荣。公元前 312 年，罗马的第一条大路，阿庇亚大道（via Appia）破土动工，直达卡普亚（Capua），为罗马与它的新领地提供了物理连接。[17]

罗马积极发放公民权的态度在古代世界可谓独一无二，这也是它获得成功的主要原因之一。不像在别的城市，被释奴在罗马经常能获得完整的选举权；到了公元前 3 世纪，罗马公民中已有很多人，甚至包括元老家族，都将被释奴纳入了家谱。罗马有一种独特的天赋，那就是吸收外族人，并令其效忠自己。公元前 338 年，罗马第一次将完整的公民权授予了母语非拉丁语的社群。同盟城市丧失了政治独立性，不过在内部事务上仍保持自治，同时从与罗马的同盟关系中获益。这些城市的士兵需要响应号召为罗马而战，但是也能在获胜后分得战利品。拉丁公民与罗马公民几乎都能在新领地上的殖民地获得一席之地。在公元前 4 世纪晚期到公元前 3 世纪早期之间，罗马扩张的势头更盛，萨莫奈人、伊特鲁里亚人和高卢人纷纷被罗马人击败，但罗马也在这期间遭遇过重大失利，最惨痛的一次是公元前 321 年在卡夫丁峡谷（Caudine Forks），一支罗马军队屈辱地向萨莫奈人投降了。尽管伊庇鲁斯王皮洛士干预了塔伦图姆的战事，但被众多希腊化社群殖民的"大希腊"地区的城市最终也被罗马人降伏了。皮洛士先进的军队中有由职业士兵组成的长枪方阵，他们和战象一起两度重创了罗马军队，但最终还是败于罗马之手。这场纷争中尤为引人注目的是，罗马人在皮洛士取得大胜后拒绝与其谈判，这无疑让后者颇感意外，因为他本以为，所有战争都会像希腊化地区的战斗一样，以和谈告终。罗马不断扩张，在击败对手后将其转化成了忠诚且服从自己的盟友。在扩张的同时，它的公民人数也随之增长，庞大的公民基数和同盟一起让罗马在战争时得以掌握充沛的人力资源，军事动员能力远在迦太基之上。[18]

罗马公民的人数稳步增长，时至公元前 3 世纪，已有很多公民住到了离罗马很远的地方，但是政治生活依然只在罗马城内部进行，公民只有身在罗马才有资格投票或竞选官职。允许罗马人民表达共同意愿的大会主要有三个：百夫长大会（Comitia Centuriata）负责投票决定是否开战或接受和平条约，选举执政官（consul）、大法官（praetor）以及监察官（censor）等国家高级政务官员；保民官大会（Comitia Tributa）选举大多数级别低的政务官，并有权通过立法；平民会议（Concilium Plebis）的功能非常相似，但其成员不包含人数稀少的氏族阶层。在这些大会上，罗马人民只能就某项决议投票表示支持或反对，普通公民没有机会发起讨论或提出不同的议案，而且往往是富有的公民的意见占据主导地位，百夫长大会尤其是如此。它的投票体系以古时的军事组织为原型，最有权势的成员先投票，而且每个投票组（即百人队）的人数较少。这类富有的公民在战争时期曾提供了地位最崇高的骑兵和重装步兵。旧时的高级重装步兵阶级和比他们更富裕的骑兵在百夫长大会的 193 支百人队中占了 88 支，拥有毫无疑问的数量优势。我们须谨记，在罗马获得民意支持，尤其是在执政官选举中脱颖而出，意味着这个人不光得到了穷人的支持，也赢得了罗马大部分富有公民的好感。10 名平民保民官在创制之初旨在保护平民，防止后者受贵族，特别是氏族的压迫，但此时，保民官已基本成了年轻元老踏上仕途的第一步。这一职位的潜在权力非常大，因为他们主持平民会议，还可以提出动议。保民官还拥有一票否决权，可以否决任何一名政务官的议案，无论对方的级别有多高。

上述大会均不能对议题展开讨论，只在需要投票时才召开会议进行表决。元老院是常设的理事会，负责讨论国家事务和向官员提供建议。元老院有 300 名监察官记录在册的成员，每 5 年选出两名高级元老，负责监管公民人口普查。很多元老都担任过政务官，并且都必须拥有可观的财产，但是监察官在增加或筛除元老时十分谨慎。元老院的法令并不具备法律效力，并且需要经人民批准才能生效，但其常设性使其能在外交政策、接待外国使节、从自身成员中选派特使等方面发挥主导作用。元老院每年都要决定把高级官员派往何地，以及把他们分配到哪个"行省"

（在这一时期指负责的领域，而非地理上的区域）。元老院还负责为各行省的官员分配军事、财政资源，决定派往战场的每支军队的规模和构成，还有权将官员的职权延长一年，但这种情况在布匿战争之前很少见。

元老院是常设机构，其人员构成相对稳定，但是国家的主要行政官员全都由每年一度的选举产生。在这之中，最重要的是两名执政官，他们要在 12 个月的任期内处理国家面临的所有重大问题，包括起草法案和领军出征。罗马连年不断的战争意味着两名执政官肩负着格外重要的军事使命。分派给执政官的行省往往都有当下亟待解决的重要军事问题，因为交给他们对付的敌人都是最棘手的。在极个别情况下，两名执政官会被派去对抗同一个敌人，这意味着此时罗马面临着极大的威胁，需要全力以赴。执政官和其他官员在任期内会获得至高统治权（imperium），即军权以及主持司法正义的权力。象征至高统治权的是其随行的扈从（lictor），扈从们手持"法西斯"（fasces），即一束中间捆着一把斧头的挞棒，意指该官员有权处罚他人，甚至判处死刑。执政官配有 12 名扈从，其他官员随着级别降低，扈从人数也相应减少。

尽管执政官充当着罗马最高级的军事指挥官，但他们并非职业军人。一个罗马人在其政治生涯中往往要兼顾军事和民政职务。在正式竞选官职前，他必须要在军中参加 10 场战斗，也许是充当骑兵，但更多的是担任军事保民官或在亲戚的军队中任职。到 30 岁上下，他有望当选财务官（quaestor）。财务官主要负责财政事务，但有时也担任执政官的副手。待到 35 岁左右，他能出任营造官（aedile）。营造官的职责大多在罗马城内，主要负责组织节庆和娱乐活动。大法官每年只选举一名，在第一次布匿战争之前，只负责处理司法事务。一多半执政官从未担任过大法官，即便是担任过的，往往也是在卸任执政官后才出任大法官的。后来，随着前两次布匿战争的胜利，罗马的领土迅速扩张，需要处理的事务随之增多，因此大法官以及其他低级政务官的数量和职权范围也随之增加了。到了公元前 2 世纪，罗马人的晋升体系（cursus honorum）受到了更严格的管理，比如法律对各个官职的最低年龄做出了更严格的限制。

在罗马，政务官的候选人不会因来自某个特定的政党（因为当时还没有政党一说）而当选，也很少有人因拥护某一特定政策而当选。选举往往看重候选人之前的成就，或者当年轻的低级政务官还没有建立功勋的机会时，考查其家族的功绩。罗马人坚信，品德与能力是会遗传的，如果一个人的父亲或祖父曾担任执政官，带领罗马军队赢得过胜利，那么人们便有充分的理由相信，这个人同样堪此大任。贵族家庭很注重宣传自己的先辈取得的功绩，他们会将前人的胸像和担任过的官职的标志，与当代族人的纹章一并陈列在门廊上。贵族家庭成员的葬礼就像一场公开演出，悼念演说不仅复述死者的成就，还要追溯所有祖辈的辉煌事迹，现场还有戴面具的演员，身穿祖辈们当时的官服，佩戴他们相应的纹章，象征他们在场。罗马的选民都已很熟悉克劳狄乌斯或法比乌斯这些知名家族的能力，因此更可能投票给他们的候选人，而不是其他不出名的家族的。除了这项优势，贵族还拥有大量门客，后者接受过贵族恩主的帮助，因此现在理应支持他们。如果过去的恩惠还不够有分量，那么贵族们还会利用财富来拉票，并发起竞选活动鼓吹自己的优秀品质。一个没有从政的先辈的人的仕途一般会十分黯淡，这样的人倘若能跻身执政官之列，会被称为"新贵"（novus homo，拉丁语意为"新人"）。每一代都有少数新贵脱颖而出，以这种方式让自己的家庭跻身贵族行列，所以尽管这种成就很难实现，但也并非绝无可能。这些新贵，包括老加图和之后的西塞罗，都喜欢夸大自己经历过的阻碍，由此使自己的成就看起来更瞩目。[19]

为追求高官职及其带来的荣耀和财富，罗马的元老们竞争十分激烈。大多数元老从来没当上过执政官，因为这一职位基本上被少数富裕且有权势的大家族垄断了。在共和国早期，执政官一职只向数量稀少的氏族阶层开放，但此时，很多平民也当上了执政官，有些资历老的平民家族的权势已经与氏族无二。到了公元前3世纪，每年由一名氏族和一名平民担任执政官已是很普通的情况。这些根基稳固的家族拥有大量财富和庞大的门客关系网络，并因许多祖辈曾为共和国做出贡献而声名显赫。在叙述布匿战争的过程中，我们总会看到同样的名字接连不断地出现，因为这些家族每一代都有人荣膺高官。出任执政官代表着指挥罗马最重要的战事的机会，而罗马贵族最渴求的便是军事荣耀。取得了一场伟大胜利的主帅有机会举办凯旋式，这一荣耀是由元老院投票决定的。在庆典中，该将领会将脸涂成和朱庇特雕像一样的赤土色，身穿神祇的盛装，驾车穿过罗马城中心，展示缴获的战利品，他的士兵也一同列队游行。唯一比凯旋式更高的荣誉是向卡庇托山供奉最高战利品（spolia opima，与敌方将领一对一决斗时夺得的武器战利品）的资格，这是只有在单人决斗中杀死敌人首领的将领才能获得的荣誉。在公元前265年之前，只有两个人（其中一名是罗慕路斯）获得过此殊荣。前任执政官和获得过凯旋式的人在元老院资历较老的政治家中居于首位，享有特定的威望（auctoritas），在元老院讨论中会被要求发表意见。他们相互竞争，力图在荣誉和声望上超越自己的同僚。他们的凯旋纪念碑上的颂词都使用了非常多最高级，因为他们每个人都声称自己征服的敌人最多、攻陷的城市最多、赢得的战役最多、奴役的战俘最多。元老之间的竞争促使他们在任职时更加勤于政务，但在这一时期，他们的竞争规模仍是可控的，也有利于国家的稳定。罗马贵族并不会有推翻共和国的想法，而是想顺应它的规则缔造功业。只有元老院和共和国存在，他们的卓越功绩才能被见证，从而显示出自己的出类拔萃。罗马元老绝不会为图日后攫取大权而叛变投敌。

　　人们曾一度认为，罗马元老院分成了由某些大家族主导的几个政治群体或派系，认为这些家族分别秉承各自一贯的政策，譬如以罗马最古老的氏族之一，法比乌斯家族为核心的派系主张向意大利南部扩张，而埃米利乌斯家族的势力则倾向于海外扩张。这是一种有吸引力的观点，因为每当有执政官和这样的大家族存在血缘、姻亲或其他联系时，历史学家就会直接假设他倾向某种特定的政策，哪怕我们对这个人知之甚少，也并不清楚他究竟做了什么。按照这种视角，罗马的对外政策仿佛存在某种规律，并能用某个家族集团的兴衰沉浮来解释。然而，没有一条古代史料能支撑这种观点，它们只会总结某些家族一贯的性格特点，而从来不会因一名成员属于某个家族就给其扣上特定的政治观点。罗马元老院，尤其是占据主导地位的少数大家族，是一个非常小的群体，他们之间互相通婚，所以任何时期的重要人物基本上都彼此沾亲带故，而堂表兄弟政见相左的情况并不罕见。"派系"对于罗马人来说是个贬义词，一般都在批判政治对手时使用。元老们自然会在元老院中尽可能多地结交盟友，但由于他们最终都要竞争同样的官职和荣誉，所以这些小团体必然十分脆弱多变。元老们也许会在追求共同利益时团结起来，在选举或法律纷争中相互支持，但这种关系并不恒久。联盟一旦失去了价值，就可能会瓦解，只有最亲近的家庭成员才是永远值得信赖的。罗马人的政治目标是积累个人与家族的成就，而非制定长期的政策。它的节奏与每个执政年的选举和行省分配相吻合。[20]

贵族间的竞争十分激烈，但是被共和国严格控制，而且事实证明，罗马共和国与迦太基一样，其政治稳定性远远高于大多数希腊城邦。希腊史家波利比乌斯认为，这得益于罗马所采用的混合政体，即希腊政治理论中理想的兼具了三种文明国家的自然政治体制——君主制、贵族制和民主制的模式。在罗马，政务官员，尤其是执政官，握有巨大的权力，代表着君主制；更为恒定、负责建言献策的元老院代表贵族制；有权宣布战争、选举官员和通过法案的公民大会以及 10 名平民保民官代表民主制。三股力量相互制衡，没有哪一股能获得压倒性的权力。几乎没有现代评论家认同波利比乌斯所描述的完美状态，大多数学者认为，代表寡头制的元老院在罗马拥有主导地位。然而，罗马政治的基础原则之一的确是不允许个人获得至高无上的权力，因此执政官有两名，二人拥有相等的至高统治权，任期只有 12 个月，之后就变回普通公民，因为连任同一职位是违法的，而且理论上要至少 10 年以后才被允许再度出任同一官职。在元老们的激烈竞逐下，很少有人能担任两次执政官，两次以上的更是少之又少。只有面临重大危机时，罗马人才会暂时弃用这一规则，任命一名独裁官，赋予他高于执政官的权力。然而这一职位并不意味着长期的国家掌控权，因为它的任期只有 6 个月。在一般情况下，如果时任的执政官在选举期间不在场，那这时就会产生一名独裁官主持下一年的选举，在几天之内完成任务后就卸任。[21]

罗马的政治结构还不足以充分解释罗马人具备如此强烈的集体意识、各个阶层都团结一致的原因。以现代的眼光来看，罗马社会可谓相当不公平，权贵阶层享有不成比例的政治影响力，少数精英垄断着重要的官职。但是没有证据表明，贫穷的公民认为自己处于劣势。尽管贫穷公民对富人似乎的确毕恭毕敬，但他们仍会毫不犹豫地在某些特定场合对自己的领导者们发表意见，这就好比在凯旋式上游行的士兵们会按照惯例唱拿他们的将领编的粗俗歌谣一样。在罗马社会中，赞助制度盛行，这种互相依赖的紧密关系将所有阶层联系在了一起。赞助人期待门客们的拥护和尊敬，比如元老们还会要求他们在政治上和选举中提供支持，但作为回报，门客们也期望自己可以得到赞助人的援助。可能是通过他的赞助人的赞助人的赞助人，无论关系有多远，大多数较为贫穷的公民也都和权力中心有间接的关系。提升社会地位也是可行的，并且也许比我们想象的更容易。罗马公民对共和国怀有强烈的归属感，自认是国家的一分子。每到战时，所有阶层都会参战，根据各自的财产水平发挥不同的作用，共同面对危险，也分享所有胜利的回报，尽管富人获得的奖赏更多。

罗马军队

与希腊城邦一样，罗马起初也拥有一支重装步兵军队，由有钱为自己置办全套重装步兵盔甲的富裕公民组成。大多数重装步兵都是农民，只能抽出几个星期来参战，之后就得回去料理农事。因此，两个城邦之间重装步兵的对战时间很短，通常一场方阵对垒便能决出胜负。当其他国家开始依靠职业军人之后，罗马在很长一段时间内仍保留着公民兵的传统。然而，由于战事发生的地点离罗马城越来越远，罗马人也根据需要对公民兵制度做出了相应的调整，重装步兵战与农业时令之间不再有密切的联系。从公元前 4 世纪初期起，罗马开始给士兵发放军饷。这份收入不高，自然无法使当兵成为一项长期稳定的职业，但至少在服役期间给了士兵经济上的支持。在这种制度下，罗马公民兵须持续服役，直至战事结束后被遣散，服役时间可能会达到一年以上。一年之中一般不需要很多公民同时参军，所以罗马尽量将兵役的负担均匀分摊给所有公民。罗马法律规定，每个男性公民最多参加 16 场战事，很多人在布匿战争以前应该还未达到这一上限。这种措施有效地使罗马的兵制从纯粹的公民兵制转变成了一种与法国大革命后盛行于欧洲各国的征召兵制度类似的新型体制。国家可以征召公民参军，在其服役期间提供粮秣和军饷，但同时要求他们服从军法和严苛的纪律。罗马公民自愿服从上述要求，因此罗马人得以组建比其他任何城邦规模更庞大、训练更精良、成分更复杂的公民兵军队。[22]

波利比乌斯提供的对罗马军队的记载最为详细，但我们很难确定他所描述的各种情况是否贯穿了整个布匿战争时期。他描述的应该是第二次布匿战争时期的军队，但也有人认为那是公元前 2 世纪中期的情况。我们不清楚第一次布匿战争的军队在组织与战术上是否与波利比乌斯笔下的军队存在显著区别，但有关第一次布匿战争的简短描述中并没显示出这一点。[23]

"Legio"（军团）一词最初的含义仅是军队或征兵，指罗马人在一年之中召集的所有兵力。然而，随着定期应征入伍的公民数量与日渐增，军团成了军队中最重要的分部。到了公元前3世纪时，军团下已包含了五个兵种，其中的主力是三线重装步兵，这些士兵都出自同一财产等级，并根据年龄和经验划分位置：第一线是最年轻的士兵，被称为青年兵（hastati）；30岁上下是罗马人眼中的壮年，这个年龄的士兵在第二线，被称为壮年兵（principes）；组成第三线，也就是最后一线的叫作后备兵（triarii），是最年长、经验最丰富的老兵。

三线重装步兵中的每一线都分为10个支队。青年兵和壮年兵每个支队约为120人，但在危急时刻可能会扩大至160人之多。后备兵的支队人数固定为60。每个支队又分为2个百人队，每个百人队各有一名百夫长指挥，但是百人队并不独立作战，因为支队才是军团中最基础的战术单位。如果战场上有两名百夫长，则右侧百人队的百夫长位高一级，指挥整个支队。百夫长通常是从经验丰富、在战场上表现优秀的士兵中选拔而出的。一名百夫长应当稳重而非蛮勇，还必须有读写能力，因为此时军中的事务已经涉及相当多的文书程序。百夫长之下还有一名副官（optio），他可能站在队尾，协助百夫长保持阵列整齐。分队中的其他军官还包括负责扛军旗的旗手（signifer）和夜间监督哨兵站岗、白天分发写着口令的陶片（tessera）的口令官（tesserarius）。波利比乌斯曾两次提到军团中的步兵大队，告诉我们这是一种罗马军队的编制，包含3个支队，但他用的希腊词语有些模棱两可。在共和国晚期，每个大队下辖青年兵、壮年兵和后备兵的支队各一，取代步兵支队成了军团的基本战术单位。其他作者若在布匿战争中提到了大队，那他们可能犯了年代错误，因为并无证据表明大队在公元前 3 世纪就是军团中常设的军事单位。也许"大队"这个词只是用来指代任何规模大于支队的临时建制，虽然 3 个支队一起作为一个作战单位的情况可能很常见。[24]

上述三个兵种使用一样的防御器材，其中最重要的是椭圆形、半圆柱状的长护身盾（scutum），约 4 英尺（1.2 米）长，2 英尺 6 英寸（76 厘米）宽，由至多三层木板粘合而成，外面蒙着小牛皮，这种组合使其同时具有弹性和韧性。盾牌顶端和底端边缘包着黄铜边抵御剑砍，且盾牌中央的木头比外围的更厚实。盾牌的把手与地面平行，位于背面中央，通常是青铜或铁制的，有的也可能是木制的。根据一面埃及出土的公元前 1 世纪盾牌的复原成果看来，罗马椭圆盾非常沉，约有 22 磅（10 千克）。在战斗间隙，士兵们可以把盾牌垂直搁在地上，但在战斗中，他们牢牢把盾牌举在身前，使自己从躯干到膝都能得到良好的保护。除了盾牌，军团士兵还戴青铜头盔、青铜胫甲和一些身体护甲。有钱的士兵会穿由一个个铁环穿成的环锁护胸甲，虽然较沉，但很灵活且有良好的防护性。穷一些的士兵会戴一块圆形或方形的护胸甲，其实就是一块挂在皮绳上的铜板，只能遮住前胸。不同于希腊样式的用青铜弯曲制成、扣在腿上的胫甲，罗马式的胫甲是绑在腿上的。有时士兵只有左腿穿胫甲，因为在传统的罗马作战姿势中，士兵身体左侧朝向敌人，尽可能让身体的大部分躲在盾牌后面，因此左腿离敌人更近。最常见的罗马头盔应该是蒙泰弗尔蒂诺式（Montefortino）或伊特鲁里亚 - 科林斯式（Etruco-Corinthian）的，这两种头盔都能很好地保护到头顶。据波利比乌斯记载，这两种头盔顶部都有两根黑色羽毛和一根紫色羽毛做成的顶饰，让士兵看上去更高大，更能震慑对手。[25]

罗马军团士兵都会用剑，很有可能在第一次布匿战争期间或之后开始使用了被他们称为"西班牙剑"的适合切割和捅刺的短剑，这种武器在公元 3 世纪前一直是罗马军队的标准装备。罗马短剑可能是仿制于迦太基军中西班牙雇佣军的武器，长 20—24 英寸（51—61 厘米），末端是三角形的尖头，用以刺穿盔甲。大部分证据表明，这些短剑制作精良，刃部相当锋利。后备兵仍使用旧式的希腊重装步兵刺矛，不过青年兵和壮年兵装备的是著名的罗马重标枪（pilum）。这种武器的起源和开始使用的时间都不可考，但我们能确定，它在公元前 3 世纪晚期就已经被使用了，而且很可能在第一次布匿战争时就已经出现了。波利比乌斯告诉我们，每名军团士兵携带两支重标枪，其中一支比另一支沉，但我们没有足够的证据对现存的标本准确分类。在不同情况下，每支标枪的木枪杆长约 4 英尺（1.2 米），前端有一个窄窄的长 24—30 英寸（61—76 厘米）的铁枪头，其尖端是一个棱锥形的小枪尖。被投掷出的重标枪的大部分重量都集中在枪尖，能产生足够强的动能，使其在刺穿敌人的盾牌后还能继续向前威胁敌人的身体。即便盾牌后的敌人没有被刺伤，他们也很难把标枪从盾牌中拔出来，继而常常不得不扔掉盾牌，在失去保护的情况下战斗。[26]

较贫穷的公民以及年龄尚不足以充当青年兵的年轻公民以轻装步兵（velites）的身份作战。尽管有人认为，轻装步兵在公元前 211 年才出现，并取代了装备质量与能力都较差的后备散兵（rorarii），但这种观点是从李维的一段文章推测而来的。这两个词有可能表示同一个意思，只不过后来前者成了常用代称。波利比乌斯称，轻装步兵每人装备有一把短剑和一小捆轻标枪，持一面直径 3 英尺（40 厘米）的圆盾作为防护，大多头戴有兽皮（一般为狼皮）覆盖的头盔，以便于自己的长官看见。我们不清楚轻装步兵具体是如何组织的，因为他们肯定不能直接单独组成支队。至少出于管理目的，他们也许从属于重装步兵支队。在战斗中，他们作为散兵以疏开队形作战，协助三线重装步兵或骑兵。一个军团中一般有 1200 名轻装步兵协助 3000 名重装步兵，但局势危急时会有更多。[27]

　　和后备兵一样，军团中骑兵的人数是固定的，总是有 300 名骑兵分为每组 30 骑的 10 个骑兵支队（turmae），每队由 3 名十夫长（decurion）率领。骑兵们出自全国最富裕的公民群体，包括百夫长大会中优先投票的 18 个骑士阶级（equo publico）的百人队。若他们的马匹在服兵役期间死了，国家就需要出钱为他们置办一匹新的。后来，加图夸耀其祖父曾在战斗中损失五匹战马，国家每次都偿还了他新马。骑士阶层当中有元老们的儿子，他们中很多人是作为骑兵参加完了竞选政务官所需的 10 场战斗。作为骑兵服役是一个扬名的好机会，对一个人日后的政治生涯大有帮助。因此，罗马骑兵通常十分英勇，甚至常常为了出风头而过于鲁莽，并且喜欢单兵作战。他们主要的战术便是不顾一切地埋头冲锋，却不擅长在战役中发挥侦察巡逻的作用。遗憾的是，波利比乌斯只提到了罗马人采用希腊式装备之前的装备，却假定自己的读者对希腊式装备已经很熟悉了，就没描述。但我们推测，罗马骑兵应该配备了圆盾，头戴青铜头盔，身穿环锁胸甲或鳞胸甲，拿着矛和可能比短剑稍长的剑。他们可能已经开始使用了四角马鞍（许是模仿高卢人的发明），在没有马镫的情况下也能稳坐于马背之上。[28]

　　率领每个军团的 6 名军事保民官是由选举产生的，通常是有抱负的青年政治家，但偶尔也有经验丰富的前任官员。每两名保民官为一组，每组轮流指挥全军。当军团开赴战场时，通常会有来自盟邦的辅军（ala）支援，其步兵人数与军团大致相同，骑兵约为 900 人。我们可以猜测，辅军的装备和战术与军团区别不大，但我们掌握的有关辅军的史料非常少。每个拉丁殖民地都提供了一个步兵大队和一个骑兵支队，我们不清楚这些步兵大队是否都是按统一规格组建的。在史料记载中，有些大队人数在 400 到 600 左右。盟军步兵中的精锐会被编成特选大队（extraordinarii），驻扎在将军的营帐附近，直接由将军差遣，在前进时开路，撤退时殿后。辅军由 3 名拥有罗马公民身份的盟军长官（praefecti sociorum）率领。至此，我们可以明显看出，罗马没有由单人领导的军事单位——一个军团有 6 名军事保民官，一支辅军有 3 名长官，一个步兵支队有 2 名百夫长，一个骑兵小队有 3 名十夫长。如前所述，唯一的例外是步兵支队中有一名百夫长级别更高。在其他军事单位中，罗马人显示出，他们在军队治理上也极其抗拒将权力托付给单人，而是倾向集体领导。以现代眼光来看，这套系统有瑕疵与漏洞，日后也的确被罗马的专业军队弃用了，但对这一时期罗马军团相对简单的战术来说已经足够了。

　　军官的数量众多无疑使控制军队变得更容易了。百夫长们选自于最英勇的战士，但波利比乌斯强调，被选出的百夫长经常是有天赋的领导者，而非单打独斗的勇士。百夫长应当与自己的手下并肩作战，并且身先士卒、以身作则。顽强坚守阵线是罗马军人最重要的美德。罗马军队通常也推崇个人的英勇表现，并有一套复杂的军勋和奖励体系。在战斗中挽救了同胞公民性命的士兵会得到最高级别的嘉奖——公民之冠（corona civica），得到它的人可以在罗马的所有节庆中佩戴这顶桂冠，使之为其赢得崇高的敬意。战斗或整个战事结束后，军队的主帅会举办正式的游行，当嘉奖表现英勇的士兵时，每个人的光荣事迹都会被大声宣读，得到众多同袍的称赞。表现格外勇武的战士，譬如在不必要的情况下进行单挑的勇士，能得到最高的奖励。由此可以看出，罗马军队鼓励每个人都带着很强的侵略性去作战。罗马军中对士兵有着明确的行为规定，赏罚分明，一支部队如果惨败或者临阵脱逃，会被处以"十一律"，也就是每十人中抽出一个打死，活下来的也要被羞辱，其口粮从小麦被换成牲口吃的大麦，并且营帐要扎在驻地的围栅之外。有一条史料称，战败的士兵一度被罚站着吃饭，不能像罗马人所习惯的那样斜靠着进餐。服役的罗马公民自愿服从的这些军纪极其严苛，不亚于职业军队。哨兵如果被发现打瞌睡（通常是撑着他们的长盾打盹）会被处死；偷窃战友财物和同性恋行为也面临死刑。[29]

　　罗马的军纪在这一时期十分严格，平时法律给予公民的各种保护到了军中大多不再作数。罗马军队甚至此时就已形成了相当烦琐的官僚机制与严苛的每日流程，其中最突出的便是行军过程中对扎营的要求，一支出征的军队每天晚上都要按照相同的样式搭建极为规整的营寨：四座大门，两条垂直的主路在主帅的营帐之前相交。从每支部队的帐篷和行李的安置，到不同部队履行的日常任务，比如后备兵总是负责保护马道，一切事务都遵从规章制度。各级军官监督哨兵、巡视营寨和传达第二天行军的命令的任务都有明确的安排。

罗马共和国在多数时候拥有 4 个军团，两名执政官各自率领一支由两个军团和两支辅军组成的军队。在战斗中，军团在战线中央，辅军在两翼，因此辅军也常被称为左翼军和右翼军。军团通常都有番号，一名执政官指挥第一和第三军团，另一名指挥第二和第四军团。所有服役的军团应该每年都会被重新编号，所以这些士兵不太容易形成长久的团队意识和集体认同感。在公元前264 年之前，很少有军队是由大法官带领的，不过这一情况在布匿战争期间变得越来越普遍。一名大法官率领的军队通常只有一个军团和一支辅军。每年最重要、规模最大的战役会首先分配给执政官，较小的战斗则交给大法官。一个罗马军团刚组建时通常下辖 4200 名步兵和 300 名骑兵，但人数并不是固定不变的。根据元老院对敌军力量所做出的判断，通过扩编青年兵和壮年兵支队以及轻装步兵，一个军团的规模可能扩充到 5000 人，5200 人，甚至 6000 人，但军团的组织形式和战术不需要因此做出重大的调整。依照完全同样的方式，辅军的规模也可相应扩大，这或许能解释史料中拉丁人步兵大队的人数浮动。在军事形势极其危急时，每名执政官掌管军团的数量可能会增加到 4 个。[30]

这一时期，罗马最高效的军队是执政官指挥的两个军团和两支辅军。这支至少 2 万人的军力兵种分配均衡，大约十分之一为骑兵，各级之间管理关系明确，层层递进到执政官毋庸置疑的最高指挥大权。这种军队足以胜任大部分任务，但是当一支军队汇集了两名执政官的军力时，权责关系就变得不够清晰了。临时的独裁官有凌驾于所有官员之上的权力，但极其少见。当两名执政官合并军队作战时，二人会每天轮流指挥。这种制度并不理想，后来有作者以此解释了罗马军队在第二次布匿战争早期遇到的麻烦。然而，早在公元前 3 世纪，就偶尔有两名执政官合并军队作战了，似乎也没出过什么大问题。公元前 225 年，罗马军队在忒拉蒙（Telamon）取得胜利时，也是两名执政官的军队同时作战，不过两支军队并未事先计划好协同作战，而是偶然会合，因为两位执政官在战斗打响之前均不知道对方也已抵达了战场。尽管这种分权指挥的制度并不理想，但可能也只有像汉尼拔一样出色的将领才有机会利用这一弱点来对付罗马人。[31]

组建一支罗马军队并将士兵训练至合格的标准不是一夜之间就能办到的。纵观其历史，罗马人心目中理想的将领必须认真操练士兵，帮助他们在上战场奔赴险境之前做好准备。军团和辅军士兵服役的时间越长，就有越多受训的机会，同时经验会日渐丰富，战斗效率也会越来越高。几乎全程参加了第二次布匿战争的军队的水平到最后已与职业军不相上下。罗马军事制度的弱势在于，每当旧军团解散，新军团组建时，就不得不从零开始培养军队，因此征兵时经常会招募有参战经验的公民，但尽管这能加快培养军队的进程，也并不意味着可以省略训练这一步骤，因为这些老兵之前并未在同一支部队或在同一名军官麾下服过役。有少量证据表明，公元前 2 世纪时，罗马已经出现了半职业化的军人阶层，他们往往是以当兵为职业的低级军官和百夫长。但我们不清楚他们的人数有多少，也不知道这种人在公元前 3 世纪时出现了没有。[32]

罗马的将军都没有接受过正式的军事指挥训练，因此在现代人看来显得很业余。短短 12 个月的任期使他们很少能享有像迦太基将领那么长的领兵时间。但事实上，只有哈米尔卡·巴卡和汉尼拔表现得明显强于他们的罗马对手。第一次布匿战争末期，罗马的选民似乎倾向于推选有经验的指挥官连任；这种情况在第二次布匿战争中变得更为普遍，元老院经常利用自己的权力将官员的兵权延长一年甚至数年，如此一来，很多出色的指挥官都得以留任，很多将领得以多年率领同一支军队。然而和罗马的政治选举一样，一个人能否延长自己的统兵权，有时是由他的政治影响力，而非军事才能决定的。罗马的这种体制产生了一些把军队引向覆灭的无能之辈，但也培养了一些杰出的天才，最著名的莫过于西庇阿·阿非利加努斯。普通水平的罗马将领至少与一般的迦太基将领能力相当，而阿非利加努斯则更具侵略性，尽管伴随着鲁莽的风险，但这种作战风格的确创造了更多辉煌的胜利。过去的观点认为，罗马军队之所以在业余将军的带领下还能连连取胜，是因为低级军官，尤其是百夫长们的出色弥补了高级将领经验不足的缺陷。但实际上，罗马的指挥官在战斗打响前要做出许多至关重要的决策，在战斗期间也始终参与各项事务，对战局的每一处细节都要十分关注，这是一种对技术要求很高的指挥方式。尽管他们没接受过正式的训练，但我们不要忘了，罗马的高级官员在从政之前都已具备丰富的军事经验，他们还都来自一个把军事荣耀看得高于一切的阶层，也很清楚自己应当如何面对战斗中的危险。一位元老应该具备拉丁词语"virtus"所蕴含的各项品质，当中不仅包括不畏惧亲身作战的勇气，也包括战略谋划的能力。[33]

　　罗马军队标准的布阵是基于军团的三线重装步兵组成的三线战阵（triplex acies），青年兵支队可能会部署 6 至 8 排，每个支队之间左右间隔相等；壮年兵的阵形与之相同，但他们的支队

位于青年兵各支队间的空隙后方；同样，后备兵较小的支队站在
壮年兵支队之间的空隙后，这令罗马的步兵支队呈棋盘格一样分
布。波利比乌斯说，每个士兵前后左右间隔 6 英尺（1.8 米），但
从后来一史料来看，每个士兵更有可能左右只间隔 3 英尺（90 厘
米），而前后间隔 6—7 英尺（约 2 米），这个距离使士兵有足够
的空间掷出重标枪。假设每个士兵左右间隔 1 码（90 厘米），每
个支队有 6 排，那么一个青年兵或壮年兵支队的正面会有 20 码
（18 米）宽，前后超过 12 码（11 米）长。加上各个支队之间的空
隙，整个军团的正面会有近 400 码（约 365 米）宽；假设辅军的
阵形与军团类似，那么一名执政官率领的步兵军队总共长达一英
里。我们并无直接证据判断三线步兵之间的距离是多少，上述估
算仅是一个推测，不过能给大家提供一个粗略的罗马军队的规模
的概念。[34]

史料文献明确指出，军团中每个步兵支队彼此左右间隔很
大。这种开阔的阵形在越野行军时优势明显，每个支队可以自行
绕过障碍物而不扰乱整个军团的阵形，而密集阵形就难以做到这
一点。然而，大批学者坚信，军团实际开战后不可能仍留有这么
大的空隙，因为冲锋的敌军能进入其中，包围打击各个支队，学
者们因此构想出了许多罗马军队在触敌前变换成一种不易攻破的
新阵形的可能性。与此相关的另一个问题是，三线战阵中的三线
士兵是怎样互动的。显然，罗马的战术系统建立在各线步兵彼此
能够互相支援的基础之上。位于青年兵后的壮年兵和后备兵能够
以某种方式加入战斗，甚至可以到最前线替换下前面的士兵，但
我们很难想象这在实际中是如何实现的。如果我们接受各个支队
遇敌时会集结成密集阵形的观点，那这个问题就变得尤其复杂

了。实际上更有可能的是，罗马士兵不重组阵形，而是保留各线间的空隙。但为了理解罗马的战术系统，我们必须首先了解一下这个时期的战争与战斗的性质。

公元前 3 世纪的战争

在布匿战争之前，军事理论与实践的主要发展全都集中在希腊世界。希腊城邦最早发明出了重装步兵方阵，这种密集的战阵能够扫清行军道路上的一切敌人。事实证明，在公元前 4 世纪前，这种希腊持矛兵在平地上所向披靡。这套作战系统也非常适合希腊的农民士兵，因为战士们希望能快速结束战役，回家耕作。它对技术和训练的要求很低，因为除了斯巴达人，希腊公民没有时间用于军事训练；这种系统需要足够的勇气和团结精神，而这些正是希腊城邦的重装步兵所富有的品质。希腊军队的战术很简单，尤其当两支来自敌对城邦、彼此相差无几的方阵在战场上相遇时，保留后备军这种细致的战略手段是不在他们的考虑范围内的。很多战争只持续几个星期，并会在一天之内由一场在希腊半岛上为数不多的平原上展开的交战分出胜负。希腊的战争随着社会的变化而发展，在公元前 5 世纪末和公元前 4 世纪，越来越多职业士兵出现了，战役的持续时间越来越久，与农业时令的关系变浅了，而统军者的指挥才干和战术则变得愈发重要了。马其顿的腓力二世和亚历山大麾下都是训练有素的职业军人，他们构建起的军队包括重骑兵、轻骑兵、轻装步兵和重装步兵方阵，其中重装步兵开始使用两手持握的长枪取代旧式的矛。亚历山大正是凭借这样一支军队，在短短十几年内横扫近东并踏足印度。

希腊式军事系统证明了它当时在世界上无与伦比的优越性，但亚历山大死后，他的帝国分裂成了数个王国，这些王国的马其顿式部队经常和与自身相似的敌军交战。在双方都使用同样的战略系统和装备的情况下，谁都很难取得决定性的胜利。在这种背景下，各王国的军队开始尝试各种非常规的武器，譬如镰刀战车、战象以及重甲骑兵，试图另辟蹊径取得优势。指挥官的作用也得到了越来越多的重视，他们在于自己有利的形势下会试图强迫对方应战，反之则避免交战。

罗马和迦太基都没有参照希腊化模式组建新型军队，但是二者之间的战役在很大程度上是按照同时期希腊化战争的方式展开的。尽管相比以往的重装步兵战斗，这一时期的劫掠和攻城战所发挥的作用变得越来越重要了，但在战争中最具决定性作用的仍然是正式会战。一场大规模会战的大捷能最有效地向敌人施加压力，但是战斗必然也伴随着失败的风险，所以任何一场战斗都容不得轻易冒险。重大的人员伤亡损失是难以被快速弥补的，因为无论是迦太基的雇佣军还是罗马的公民兵都需要经历一段时间的训练才能上战场。失败一方即便有时大多数人得以幸存，士气也会遭到沉重的打击，要过一段时间才能重新带着取胜的信心面对上次打败自己的对手。除了消灭敌方部队，他们往往没有其他更深远的战略目标。因此，一名优秀的指挥官会在自己认为很有希望获胜的情况下开战，反之则会避免交锋。

布匿战争中战场覆盖的地域极广，而参战军队的规模却相对较小。两军相距较远时，能收集到的战略情报相当匮乏，有时甚至会一无所获，因此双方只有到离得很近时才能清楚敌军具体在什么位置。这一时期，军队在行军时往往毫无顾虑，用最快的速度前往预期的交战区域，只有当敌军距离自己仅有几天路程时才变得谨慎起来。庞大的军队在行进时很难逃脱侦察兵的眼睛，因为成千上万的人足与马蹄扬起的尘土在几英里外就能一目了然。一般来说，敌军在达到能构成直接威胁的距离之前就会被发现。罗马军队往往不看重侦察工作，一部分原因在于，他们的贵族骑兵对艰苦的巡逻工作不感兴趣，因此罗马军队在公元前3世纪和公元前2世纪总是频繁遭遇伏击。即便是有经验的职业军队，也会出现一方甚至双方都跟丢对手的情况，与敌军不期而遇而触发战斗的情况也时有发生。一名出色的将领在做出决策之前，会尽力搜集有关敌人位置、战斗力和意图的种种情报。[35]

一旦两支军队靠近，双方移动时就会变得极其小心谨慎，甚至可谓犹豫不决。行军的速度会降低，直到双方相隔数英里安营扎寨。对阵双方经常这样对峙，在战斗打响前，他们可能在仅隔半英里的位置上持续几天甚至几个星期按兵不动。在这期间，双方主要展开轻装步兵的散兵战和骑兵间的单挑，同时一方或双方的指挥官可能开始排兵列阵，准备开战。这种姿态有很强的仪式性，一支军队的战线向敌方的军队或营地推得多近，就说明这一方有多大信心取胜。军营一般安扎在高地，所以当军队部署得靠近营地时，就拥有居高临下的优势，使敌人难以进攻。如果一方挺进时，敌方部队没开出营地多远，甚至躲在防御工事后面，拒绝迎战，这一方的将领便能告诉部下，敌人畏惧自己，这是一种鼓舞本军士气的方式。在战斗开始之前，指挥官的主要任务就是激励麾下的士兵，并且尽可能地创造优势。任何微小的优势，譬如适当移动战线位置，让敌人逆风或被阳光直射眼睛，都不能放过。这些小优势积少成多，就会让胜利的天平向己方倾斜。有时，尽管两支军队已经对峙了数星期之久，但可能由于一方或双方都不愿冒险，最终未经一战便各自撤离。当两支军队距离如此之近时，撤退是一项困难又危险的行动，但仍然好过在不利局面下开战。在这一时期，战斗的打响往往需要双方都同意。事实证明，即便是实力很强的指挥官也很难迫使不情愿的对手应战。[36]

一旦战斗真正打响，双方都会出营迎战，像之前挑衅对方时一样摆好阵形。这么做当然会有危险，因为一方也许只是想展现自信，但敌军可能会当真，从而接受挑战，加入战斗。军队布阵的常规程序是，各支部队先按照自己将抵达战线的顺序排成纵队，离开营地，行进到计划的战线的大致左翼位置，随后沿着与敌军平行的方向向右前进，直到队首到达战线的最右端；队首的作战单位排列成为战线的右翼，其他单位以其为基准在周围列阵。罗马军队通常排三条纵队，三线战阵的三个兵种各为一队。如果在列队前进时有遭遇敌军的可能，那么罗马军队可能会保持这种队形行进一段距离。这种布阵方式耗时很久，等到完成布阵时，很多士兵可能已经走了数英里，再加上每当前面的一个单位由疏开的行军队形变为战斗阵形时，他们都要被迫停下脚步等待，因此这个过程简直是一种折磨。布阵也是对高级军官的一大考验，他们要确保各环节顺利进行，最终军队以正确的排列处于正确的位置。有些史料表明，罗马军队中的这项工作主要由保民官负责。在大多数情况下，当一方布阵时，敌方也在忙着布阵，不过双方通常会各自派出骑兵和轻装步兵保护己方在布阵时容易被偷袭的队列。[37]

罗马和迦太基士兵大多都携带投射武器，譬如投矛和标枪，或是射程远的投石索或弓箭。但即便这些武器也很难对 100 码以外的敌军造成有效打击。在古代战斗中，用远程武器作战的时间比近身格斗要长，但通常后者起到了决定性作用。更愿主动接近并用矛和剑攻击敌军的一方最终会取得胜利。我们很难想象大规模近战的场面，一部分原因在于，在最近两个世纪，即便主要装备了近战武器的军队之间也极少发生这种短兵相接的对战。我们手头没有详细描述布匿战争中某场特定战斗中的打斗的记载，但是结合所有的现有描述和同一时期有关其他战斗的记载，我们可以拼凑还原出步兵交战的情况。这些史料显示，古代军队的近距离交锋其实常常远比我们所想象的或电影中所呈现的要谨慎踌躇得多。

对战双方也许会在远至一英里或近至几百码的地方开始行动。除非所处位置非常有利，两军一般会向前行进，因为这样能鼓舞军心。在双方士兵走向对方的过程中，他们都会尽可能表现得自信和骇人，以达到震慑敌人的目的。他们发出战吼，吹响军号，用武器敲打盾牌，意图比对方制造出更大的声响。每个士兵头盔上高高的羽饰、色彩鲜艳的盾牌和磨得锃亮的盔甲都能让他们更加自信，同时令对手感到不安。在最理想的情况下，军队张扬的外观和巨大的声响就足以摧毁敌人的斗志，让他们开始撤退，甚至弃阵逃命，但这种毫不费力的胜利只有在一方军队的士气远盛于对手时才会出现。一般两军会行进到彼此远程武器的射程内，大约相距30码，然后开始朝对方发射自己手头的一切投射武器。在他们投掷时，队伍很可能会暂停前进。每个罗马军团士兵都携带两支重标枪，最大射程都不超过100英尺（30.5米），而有效射程只有这的一半。士兵在向前奔跑的时候没有充足的时间把两支标枪都掷向行进中的敌军，而且当他们左手拿着一支沉重的标枪时是无法有效地使用同样也很沉的盾牌的。

我们不知道双方的投射攻击具体会持续多久，但在某个时刻，一方或双方会建立起足够的信心，然后发起冲锋，不再与敌阵留有距离。同样，猛烈进攻的士气、军号声，以及前一轮投射攻击所造成的伤亡或许已经足以瓦解对方的斗志，迫使敌军溃逃。如果双方都没逃跑，那么两方的前线士兵就会厮杀在一起。一时间，战场喊声沸腾，混合兵器的碰撞声响成一片。每个阵列中，只有第一排的士兵能打到敌人，但在长矛阵中，第二排持矛的士兵可能也会越过前排战友的肩头用长矛刺向敌人。此时的战斗几乎不会造成致命伤，士兵们通常都伤在右臂或小腿，尤其是离敌人近的左腿。头部不受盾牌保护，所以最为脆弱，受到重创会令士兵瞬间失去战斗力，因此头盔是仅次于盾牌的最重要的护甲。这一阶段的目标是击倒、杀死或逼退敌军的第一排士兵，然后就可以在其原来的位置上打开突破口，进入敌军的阵形中，虽然进入敌阵是一件危险的事。一支部队的信心在极大程度上取决于阵形的稳固，当一个士兵相信自己身边环绕着值得信赖的战友时，他就更有可能坚守自己的位置。如果敌人突破了一个阵列的前排，那么全队的士兵都会变得紧张不安，很有可能陷入恐慌并四散逃命。战场上最大规模的伤亡往往发生在一方转身溃逃的时候，优势方会毫不留情地从背后砍杀逃命的人，来不及逃跑的与之前受伤（尤其是腿部受伤）的人通常都会被追上并杀死。

用剑和矛近战非常耗费体力，同时也伴随着极大的精神压力。这样的战斗持续不了多久，因为前排士兵很快就会体力不支，无法再战。大多数情况下，这种近战都不会超过15分钟，大多数可能比这还要短得多。也许在绝大多数此类战斗中，没有任何一方能在结束前突破敌阵、击溃另一方，所以分不出胜负。在这种情况下，一方或双方可能会后撤几步，使原本接触的两条战线间隔开几码的距离，两军面对面喘息片刻，恢复体力和信心，此时他们也许会喊叫或将剩余的投射武器掷向对手。最后，一方会先重整旗鼓，发起新一轮冲锋，再次展开近战。

两军的每一次交手和未分胜负后的暂时退却都会使鼓励疲惫不堪的士兵在休息后发起新一轮进攻变得越来越难。双方都会渐渐精疲力竭，前排的人因为战斗而耗尽体力，后排的人则在紧张的等待中耗费心神，因为他们看不清前面发生了什么，只知道自己所在的阵形随时都可能会崩溃，随后复仇心切的敌军会把跑得不够快的人赶尽杀绝。伤亡者相对来说比较少——从希腊的战争情况来看，在一方败逃之前，伤亡率不会超过百分之五——但死伤最多的是表现最英勇的、首先突入敌阵的战士。不那么自信的人会慢慢往后挪。希腊的军事理论建议将最勇敢的人部署在最前排和最后排，因为前面的人可以直接参与战斗，后排的人则可以防止其他人逃跑。罗马人将百夫长副手安排在队尾，如果有士兵试图逃跑，他们会迫使逃兵回到自己的位置上去。无论是官方认定的将领或军官，还是特别勇武、愿意向前突进、率领新一轮冲锋的士兵，这类领导者的数量在战斗中都非常重要。罗马军团中大量低级军官的作用以及推崇个人勇武的效果就在此彰显出来了。我们从史料中得知，有的战斗总共进行了至少 2 到 4 个小时，因此步兵的对垒可能会持续一个小时或更久。有时，一支部队被逼退了几百码，但依然保持阵形不破。归根结底，最终影响战局的主要因素有两个：耐力和进攻的意愿。军队要具备很强的耐力熬过一场漫长的战斗，严明的纪律、丰富的经验和较深的阵形都能增加一支部队的耐力，因为只要后排不崩溃，前排的人就无法逃跑；军队同时需要强烈的进攻意愿去驱使士兵再次发动攻击，因为近战是最有可能最终击溃敌方的途径。[38]

以上这幅画面与人们所设想的古代战争迥然不同，但却更能让我们理解这一时期的，尤其是罗马军团的战术。在这种谨慎的战斗中，一条战线上的不同部队之间是否存在间隔其实就不那么重要了。事实上，史料表明，当时的所有军队都会在各作战单位之间留有一定的距离。据记载，在公元前218年的特里比亚河（River Trebia）之战中，罗马和迦太基军队的轻装步兵分别从己方重装步兵战线的空隙出击，进行完散兵战后又从原路撤回到重装步兵后方。并且就实际情况而言，如果不把队列明确分隔开来，那么即便是在平坦开阔的道路行军也会很困难，因为不同的部队很容易挤作一团，变得难以指挥。罗马式阵形与其他军队的主要区别并不在于各支队间存在空隙，而是在于这些空隙特别大。发起冲锋的敌军，哪怕是"狂野的蛮族人"，也不会直接突入这些间隙并包围第一排的支队，因为现实中的冲锋远没有人们想象的那样快速而严整，而且冲锋而来的敌人也不是一个坚固的阵列，而是彼此有间隔的多个边界分明的作战单位。更重要的原因在于，罗马前排步兵支队间的各个空隙后就是第二排的支队。[39]

除了罗马人，其他军队都倾向于将步兵的全部力量集中在一排，比如希腊化军队更喜欢增加方阵的纵深，而不会布署第二条战线，并且几乎不设后备部队。这样布阵部分是因为，希腊军队的指挥官通常是该国的君王，依照传统，他们必须率领自己的卫队，亲自打头阵，因而在战场上不便发出命令调遣后备部队。方阵的纵深越深，耐力也就越强。在每一场战斗中，罗马军中都有半数以上的步兵位于第二条和第三条战线，不与敌人接触。虽然越深的战阵耐力越强，但如果战斗持续的时间太久，后排的士兵也会精疲力竭。罗马的阵形能把精力充沛的后排士兵换到前面，给前排重新注入活力，发起新一轮攻势，如此一来便更有可能击败愈发疲惫的敌人，各个步兵支队间较大的空隙也令这种加强方式更容易实现。调遣后备部队上阵十分考验罗马指挥官的判断力，因为如果太早派出，那他们可能就会跟最前线的士兵混在一起，同样早早把体力消耗殆尽；但如果派出得太晚，那此时前线可能已经崩溃了，败逃的部队甚至可能冲散第二和第三排士兵的队形。一名优秀的指挥官会严格支配后备部队，防止他们擅自加入战斗，因为过于兴奋且紧张的战士和百夫长都迫切地想加入战局。按照传统，位于第三排的后备兵都是蹲坐或跪着待命，这种姿势让他们能更容易地把长矛戳在地上，把矛头指向前方，组成一道屏障，也可能是为了防止他们过早地冲锋。后备兵的数量不到第一线青年兵或第二线壮年兵的一半，一般负责为后撤的士兵提供保护，因此便有了那句罗马俗语"得靠后备兵了"（res ad triarios venit），形容局势十分危急。[40]

罗马的战术直指一个目标，那就是通过持续输送生力军向前线的敌人施以源源不断的巨大压力。第二和第三线其实不同于现代意义上的后备部队，而且只有最富经验的军团中的这两线士兵才能熟练地执行各种战术调动。罗马军团的训练和战术完美适应了这一时期正式，甚至近乎仪式化的战斗。行军途中营帐的正规布局，以及帐篷之间和壁垒后留有的宽阔空间使军队得以在营内排成组阵前的纵队，然后分别从各个寨门走向战场。军中大量的军官能够在这个过程中有效维持秩序和控制队伍。由此看出，罗马的军事制度赋予了将军和高级军官们相当重要的责任，从而证明，认为罗马将领缺乏经验、对于军队可有可无的旧观点是错误的。由于大量士兵在战斗之初处于预备状态，因此适时地派遣他们上场尤为重要，这一决定通常由指挥官负责。罗马的指挥官并不会像亚历山大大帝及其后继的希腊化诸王那样，骑着战马、手持长矛带头冲锋。虽说有些时候，特别是在紧要关头，罗马将军也会率队冲锋，但并不会整场战斗全程如此。罗马将军一般会待在战场旁边，不会亲自参战，而是骑着马在战线后方奔走，这样他们既能激励自己的士兵，还能通过战场上的声响和战士的表现判断情势，并据此下达命令，派出预备部队。尽管战线各处都有保民官、盟军长官，以及将军的直属副官压阵，但将军需要预判哪一处的战斗将左右战局，并前往此处督战。这种指挥方式对高级军官的要求极高，并常常将他们置于危险之中，因为他们与交战的战线距离极近，所以就会暴露在远程武器和独自杀入己方阵营的敌人的威胁之下。罗马指挥官需要不停移动，从一个危机点迅速抵达下一个危机点。在面临紧急情况无暇传达命令时，他需要亲自回到后方调遣后备部队，因此罗马指挥官经常骑马。即便是依据古时的禁忌而不被允许乘马的独裁官，到了这一时期也顺理成章地获得了骑马的资格。当罗马士兵相信将军与自己同生共死，能够目睹自己的表现并给出相应的赏罚时，往往会表现得更出色。[41]

罗马军队很适合正式的会战，因为他们可以摆好阵形，正面向敌军发起进攻，并不断将后备部队派上前去加强主战线的战斗力，顶住敌人对己方战线的攻势，或者突入敌阵的缺口。直到与汉尼拔充分交手前，罗马指挥官都倾向于尽快寻找这种正面对抗的机会。汉尼拔的战前调动军队的策略远胜罗马将军们一筹，他能充分利用罗马人急于开战的本能冲动，巧妙地使战斗在有利于自己的地点和条件下展开。然而，罗马人身上值得令人刮目相看的一点是，他们愿意并且能够向自己的对手学习，吸取其长处，这在军事方面尤为明显。

第一部分

第一次布匿战争

公元前 264—前 241 年

2

大战的爆发

修昔底德曾试图从雅典战胜波斯后膨胀的野心入手来解释伯罗奔尼撒战争的爆发，自那以后，历史学家们便一直热衷于发掘重大战争背后的长线原因，但它们往往很难被孤立地提取出来。[1] 古代战争更是如此——我们不知道何人何时基于何种情报和判断做出了那些诱发战争的决定。根据战争的过程，通过后见之明重构它的起因是一种很吸引人但极不可靠的研究思路。任何一个罗马人或迦太基人在公元前 264 年都不可能想到，他们之间即将爆发一场长达 24 年、伤亡无数的大战，他们更不会想到，第一次布匿战争只是两个民族间三次战争的开端。起初，双方几乎不可能相信彼此会展开一场全面战争，因为在公元前 264 年之前，罗马和迦太基的关系基本上是友好的。

不管战争的深层原因有多难挖掘，引爆战争的关键事件往往显而易见，比如 1914 年普林西普在萨拉热窝刺杀斐迪南大公，将欧洲拖入了第一次世界大战。对于罗马和迦太基，引发战争的一系列事件发生在西西里的麦撒那（Messana，今墨西拿 [Messina]），源起于叙拉古僭主阿加托克利斯在位时期。阿加托克利斯于公元前 315 至前 312 年左右占领了麦撒那，在长期对抗迦太基和扩张势力的过程中非常依赖雇佣军。他的兵力中有一支部队是由坎帕尼亚人组成的，讲奥斯坎语，其祖先是在公元前

5世纪的最后二十几年占据了肥沃的坎帕尼亚平原的部落民。阿加托克利斯于公元前289年去世后，这支部队没能在政局混乱的叙拉古找到新主人。几年后，这些后来自称为马麦尔提尼斯人（Mamertines）的雇佣兵获许进入了麦撒那，却不讲信义地血洗全城，屠杀公民，霸占了他们的妻子和财产，并以这座城市为基地，劫掠周边地区，强迫其他社群进贡，利用岛上的混乱局面为祸一方。[2] 雇佣兵们为强调自己的勇武，自称为马麦尔提尼斯人，意为意大利战神马迈尔斯（Mamers，罗马人称之为玛尔斯［Mars］）的追随者。

麦撒那位于西西里东北岸，占据着西西里岛与意大利本土间狭窄的海峡的一侧。对面的意大利海岸上坐落着利吉乌姆（Rhegium），这座城市是罗马的同盟，曾请求罗马派遣卫戍部队协助他们抵御皮洛士的威胁。[3] 罗马应邀派出了一支4000人的部队，由一名叫德奇乌斯（Decius）的军官率领，其具体官职不

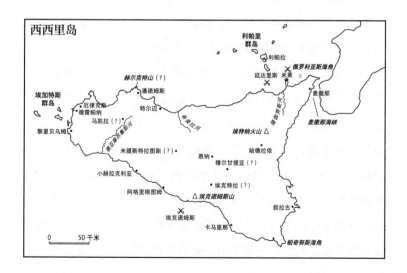

西西里岛

详。这些士兵也是讲奥斯坎语的坎帕尼亚人，享有投票权以外的所有罗马公民权利。他们模仿其同族在麦撒那的所作所为，也转而对自己本该保护的城市下手，杀死或驱逐了利吉乌姆的男性公民，夺取了他们的财产。此时，罗马人正忙于与皮洛士和塔伦图姆作战，无暇惩处这等背信弃义的行为，所以一直拖到了公元前271年才派兵南下，围攻利吉乌姆。占领塔伦图姆后，罗马进一步控制了被希腊人占据的南意大利。对于罗马人而言，此时很有必要向新盟友们昭示如此有辱罗马人信义（fides）的行径是不可饶恕的。罗马人在长时间的围城后夺回了利吉乌姆，300名坎帕尼亚人被押回罗马公开处刑，按照叛国的公民应受的惩罚，在广场上受鞭笞后被杀头。有一篇史料称，德奇乌斯当时已经失明，所以没被严格看管，因此他在接受上述惩罚前偷偷自尽了。[4] 此时罗马人还未与麦撒那有过任何联系或接触。

皮洛士曾经应叙拉古的召唤，率兵来到西西里岛上保卫这里的希腊城市，展开了一段短时间内战果辉煌，但以失败告终的突袭。马麦尔提尼斯人当时尚未加入皮洛士对抗迦太基的队伍，然而随着他们在海峡对岸的盟友被消灭，叙拉古的新领袖希耶罗对他们造成的威胁与日俱增。希耶罗是一名出色的军人，也是一名精明的政客，他对意大利侵略者的有效反抗是他赢得支持的基础。他最初通过军队的推选获得了权力，之后又通过迎娶城中一位政要的女儿巩固了自己的地位。希耶罗与马麦尔提尼斯人作战的详细年代顺序难以确认，但对我们影响不大。他最初在赛亚摩苏鲁斯河（River Cyamosorus）击败了后者，还借此机会解决掉了手下一小支不可靠的雇佣军。之后，也许在公元前268年到前265年之间，希耶罗在隆伽努斯河（River Longanus）取得了一次决定性的胜利：战斗中，一支麦撒那的本土公民部队与一支叙拉古的精兵分队在敌军阵后设下埋伏，偷袭了对方。[5]

马麦尔提尼斯人的军队被击溃后，他们的头领，或者波利比乌斯记载中的领导阶层中的不同派系，眼看不请求外援便只有死路一条，在公元前 265 年同时向迦太基和罗马派出了使节，请求援兵。同样，我们不清楚这些事件的具体时间，只知道迦太基首先做出了回应，一名在西西里的迦太基指挥官派出了一支部队以示响应，进驻了麦撒那的卫城。有一个版本的记载称，这位指挥官，也就是汉尼拔，此时恰巧在附近的利帕里群岛（Lipari Islands）率领一支舰队。他赶到希耶罗的军营，表面上祝贺他取胜，其实是为了争取时间说服马麦尔提尼斯人与迦太基结盟，并乘机安插一支迦太基卫戍部队。希耶罗不愿与迦太基公开为敌，于是撤回到了叙拉古。这可能又是一个旨在刻画迦太基人奸诈秉性的故事，波利比乌斯并未提到此事，但这个插曲与他自己的记述也并无太多矛盾之处。迦太基对插手西西里事务的兴趣并不令人意外。在长达数个世纪的西西里岛争夺战中，迦太基所面对的来自希腊城市的主要阻力总是由其中最富有、势力最大的叙拉古所领导。倘若坐视另一个强势的僭主出现在叙拉古，放任其摧毁一支攻打了岛上的希腊城市的外来势力并以此赢得荣耀，显然对迦太基不利。控制麦撒那就意味着控制通往意大利的最近要道，这必将增强迦太基的实力。至于这一行动是否将如同后世史家所断言的那样，促使迦太基最终降伏叙拉古，进而征服全西西里，则有待讨论。[6]

介入麦撒那之乱对于迦太基来说算不上什么新鲜事，因为他们早已在西西里活动多年，但对罗马来说就完全不同了。尽管后者在过去的一个多世纪里稳步扩张，但在此之前，他们还从未踏出过意大利半岛。波利比乌斯告诉我们，面对马麦尔提尼斯人的请求，元老院的意见分成了两派。虽然我们不知道波利比乌斯及其信息来源是否知晓元老院辩论的具体内容，但他记述的观点都很合理。马麦尔提尼斯人在麦撒那的行径与德奇乌斯的部队在利吉乌姆的恶行如出一辙，倘若严惩后者却与前者结盟，会让罗马看起来明显很虚伪；另一方则认为，罗马插手的话将会从中获益，而坐视不管反会给罗马埋下祸根。迦太基已经控制了北非、西班牙的部分地区、撒丁岛和西地中海的一些小岛，倘若他们再控制麦撒那，那么整个西西里都可能落入迦太基手中，进而为他们进入意大利铺平道路。如此一来，罗马新近在意大利南部的统治便可能面临威胁，因为当地的希腊化城市一贯与西西里的希腊人保持着密切的联系。[7]

波利比乌斯说，元老院无法做出决定，但是公元前 264 年的执政官们却渴望抓住这个出手干预的机会。他们向公民复述了自己在元老院强调过的理由，还许诺会赢得丰厚的战利品，以此说服了公民投票支持出兵西西里。执政官之一，阿庇乌斯·克劳狄乌斯·考戴克斯（Appius Claudius Caudex）被任命为远征军的指挥官，而且很有可能是他在背后促成了此次行动，因为此时他的执政官同僚，马库斯·弗尔维乌斯·弗拉库斯（Marcus Fulvius Flaccus）已经抵达伊特鲁里亚平息沃尔西尼（Volsinii）的骚乱，并凭此在第二年赢得了凯旋式的荣耀。对于克劳狄乌斯而言，马麦尔提尼斯人的请求是一个绝佳的让他能在任期内赢得所有元老都梦寐以求的荣耀的机会，而这场战斗尤其具有吸引力，因为他将以此成为率领罗马军队跨海远征的第一人。尽管在波利比乌斯笔下，罗马人民比元老院更看重战利品和物质利益，但我们也不能忘了，当罗马人民在公民大会上投票时，其结果总是由最富裕的公民决定的，且服务于他们的利益。这种现象在百夫长大会中表现得尤为明显，而这次投票很可能就是在该大会进行的。倘若没有一定数量的包括骑士阶级在内的富裕公民同意，这项决议不可能被通过。比起战利品的收益，这些人从与国家签订的为军队提供装备补给的合同中，以及通过把大量战俘售卖为奴所赚取的利益更大。[8]

罗马人民不太可能直接投票表决向迦太基正式宣战。罗马人确实面临着与迦太基人发生冲突的潜在可能性，与叙拉古更是难免一战，但罗马人可能觉得，自己的军事实力已经很强，即便不能轻易取胜，也能阻遏任何西西里岛上的敌人的攻势。亲迦太基的史家菲利努斯称，罗马出兵西西里违反了两国之前订立的条约，即两国共同承认罗马在意大利的主权和迦太基对西西里的控制权。波利比乌斯驳斥了这一说法，并列出了罗马和迦太基在公元前264年以前签订的三项条约。他见过刻有这些条约的铜板，这些铜板当时仍保留在罗马卡庇托山上的朱庇特神庙旁的财务官金库中。这些条约的细节和真实性引发了许多学术讨论，不过我们不必关注这些，因为到目前为止，我们还没有足以否定它们的确凿证据。最早的条约要上溯至罗马共和国成立的那一年（公元前508年或公元前507年），由古风时期的拉丁文写成，此条约严格限制了罗马商人在利比亚和撒丁岛的活动，但在迦太基人控制的西西里地区给予了罗马人平等的贸易权利，且对拉丁姆地区的罗马人及其盟友提供了保护。波利比乌斯没有给出第二次条约具体的签定时间，但它可能就是李维和狄奥多罗斯所提到过的在公元前 348 年订立的协议。条约中，利比亚与迦太基结盟的地区扩大了，条约还重复了对罗马人在当地和撒丁岛从事商业活动的限制以及对罗马在拉丁姆的权益的保护，并确认了罗马人在西西里的贸易地位。波利比乌斯并未提到李维笔下公元前 306 年的条约。在前者笔下，第三次条约的日期是公元前 279 年至公元前 278 年，主要内容是关于罗马和迦太基在对抗皮洛士的战争中互相予以援助，但这份条约事实上似乎没有什么实际意义。（据说，公元前 272 年，在罗马围攻塔伦图姆的最后阶段，曾有一支迦太基舰队参与战事。我们很难判断这个故事的真伪，因为有关此事的记载明显都被后来的政治宣传所歪曲了。）我们没有充分的理由否定波利比乌斯的判断，并去认同菲利努斯的说法。然而，罗马与迦太基中的一方或双方可能在订立条约时或者之后认可了对方的势力范围。至少这些条约能清楚地告诉我们，罗马和迦太基曾有长期相对友好的关系，以及那时的贸易活动范围很广，而且第一次和第二次布匿战争结束、双方的敌意消散后，贸易活动又恢复了。[9]

在波利比乌斯笔下，罗马人出兵西西里的决定是无耻的投机行为。他们虽然意识到，援助马麦尔提尼斯人会令自己显得伪善且言行不一，但对战利品和荣誉的贪婪最终占了上风。而且，他们还担心迦太基在全面控制西西里，且能够轻易进入意大利后会对罗马造成严重的威胁。狄奥认为，第一次布匿战争爆发的真正原因在于，此时罗马征服了南意大利，两个帝国直接隔海相望，双方都畏惧对方日益增强的势力。二者都认为，自己若想保证长久的安全，唯一的办法就是削弱对手的力量。[10] 很多 19 世纪和 20 世纪的学者认为，罗马从来没有主动实施过侵略行为，它的帝国扩张只是一系列自卫反击战争取胜的结果。罗马一次又一次通过战争维护自己的利益、保护盟友的安全，这些都是再正当不过的理由了。征服敌人只是为了确保未来的和平。因此，罗马的扩张看起来没有计划性和连贯性，几乎看不出任何长远的战略考虑。罗马意外获得的广大的版图使其需要统治众多行省，这对于罗马共和国来说是其花了很长时间才适应了的负担和难题。这种观点很受德国学者青睐，尤其是著名的特奥多尔·蒙森（Theodor Mommsen），他认为罗马建立帝国的行动使其忽视了将意大利纳入统一的文化共同体这一首要任务。莫姆森的观点预示了，在他自己的时代，德国将形成一个统一的民族国家的趋势。而这一观点对于殖民帝国的，比如英国的学者们而言，具有更大的吸引力。这些学者所处的社会环境相信，由文明开化的民族统治其他蒙昧落后的民族，对征服者和被征服者都是益事。在此观点中，这些大帝国是一种进步力量，它们把教育、法治和基督教信仰散播到世界上黑暗的角落，因此说这些扩张是单纯源自帝国的好斗和贪婪的本性，是难以令他们接受的。"大英帝国的形成是无心插柳"这种观点也被果断套用在了罗马人身上，尤其鉴于罗马文化借鉴、传承了希腊文明的精华，罗马显然优于当时世界上其他任何国家。[11]

　　第二次世界大战结束后，欧洲的几大帝国迅速瓦解，随之而来的是新一代历史学家迅速展开的对帝国主义的批判。他们坚定地认为，帝国从本质上就是错误的，强调帝国势力的贪婪和残忍、对本地居民的压迫，和对本地丰富多元的文化的摧残。最终，古代史学者们开始以类似的批判眼光审视罗马的帝国主义扩张。他们认为，从罗马最终征服了已知世界的大部分的结果来看，罗马发动战争主要是为了自卫的假说并不具备充分的说服力。有人强调罗马发动战争的经济动机，因为战争尤其能带来众多的奴隶，为贵族家族用战争收益购买的大量地产提供劳动力。其他学者则关注促使罗马扩张的社会内部因素，尤其是元老阶层对于建功立业的渴望，而实现这一成就的最佳方式便是率领国家的军队击败外敌，因此每年都会有一批热衷于发动战争的政务官就职。与此同时，罗马社会的各个阶层都能从军事行动中受益。罗马与其意大利盟友之间的主要纽带就是同盟国为罗马提供士兵，随罗马人作战，这也推动了罗马的扩张。基于这种理论，罗马人确认盟友忠心的唯一手段便是不停地令其跟随自己出征。即便不扩张实际领土，罗马人也是公认的热爱打仗和扩张自己的势力，但也有些强调罗马的好战性的观点过于夸张了。得出这种观点的研究一般忽视了罗马侵略的目标势力，而很多目标势力其实本身就极其好战。最近的研究指出，罗马的扩张并不是一个稳定而持续的过程，其强度变化很大，一些爆炸式的扩张之后是相对平静的间歇期，战争减少，罗马公民在此期间也只有很少一部分会被编入军团。同时，我们也不能把罗马对强大邻国的畏惧从其发动战争的动机中排除，哪怕以我们的后世视角看来，一些部族或国家根本不是罗马的对手。如果罗马人真如某些学者所言那样好战，那么他们会认为，其他国家也以同样的敌对态度看待自己，并理所应当地对此做出回应。[12]

　　罗马执政官对荣耀的渴望是他们向人民许诺战利品，以求煽动后者投票支持援助马麦尔提尼斯人的战争的主要原因。这是罗马政治休系中被视为有利于扩张的因素实实在在地发挥了作用并导致战争爆发的一个典型案例。然而，至少有一位学者挖掘了更深层的原因。哈里斯主张，在罗马征服意大利南部以后，它与迦太基的冲突是不可避免的。他援引的证据包括：罗马于公元前273 年在派斯图姆（Paestum）和科拉（Cola）建立殖民地、与埃及的托勒密二世菲拉德尔菲斯（Philadelphus）结盟、从布鲁提人（Bruttians）那里征收了锡拉（Sila）森林，从而收获了大量用于造船的优质木材。然而，支持这一理论的学者也认为，罗马也有向意大利北部扩张的潜在机会。我们不该强行揣测罗马元老院有如此详细的长远计划，只能说，击败塔伦图姆后，罗马和迦太基之间爆发冲突的潜在可能性确实存在，但绝非不可避免。我们一定要记住，在公元前 264 年，罗马人基本上都以为他们与迦太基之间只会迎来一场小摩擦，而非一场大战。[13]

罗马人决定出兵西西里之后，还要等待很久才能行动。首先，为执政官征召并集结一支军队需要时间。其次，他们需要向罗马的海军同盟城市洛克里（Locri）、塔伦图姆、埃利亚（Elea）和那不勒斯（Naples）索要三列桨座战船（trireme）和五十桨战船（pentekonter），以搭载士兵从利吉乌姆渡过麦撒那海峡。与此同时，迦太基人的一支舰队到了佩罗利亚斯海角（Cape Pelorias）附近，以便监视海峡并阻击试图渡海的船只。我们无法确定这一阶段的精确年代顺序，但在某一时刻，一小支迦太基卫戍部队被马麦尔提尼斯人赶出了麦撒那，指挥官哈农（Hanno）因为这次失利被钉死在了十字架上。狄奥描述了罗马保民官盖乌斯·克劳狄乌斯（Gaius Claudius）率领先锋部队挺进利吉乌姆的过程。他们起先在白天尝试过海，遭到了迦太基舰队的拦截，被迫退回。然而，迦太基人很想避免公开冲突，也可能是出于自信，认为展示海军实力能震慑罗马人，并使其打消在没有舰队支援的情况下在西西里岛上作战的愚蠢念头，于是迦太基人归还了俘获的船只和战俘。克劳狄乌斯两次趁夜驾小船渡海，开始与马麦尔提尼斯人谈判，向他们承诺，罗马将给予直接援助，帮助他们驱逐迦太基的卫戍部队。最终，克劳狄乌斯在夜幕的掩盖下带领自己的主力部队成功渡过了海峡。[14]

波利比乌斯没有提起过这件事，也许整件事都是后来的编年史家虚构的，或者是因为名字相似，和阿庇乌斯·克劳狄乌斯的作战行动搞混了（阿庇乌斯·克劳狄乌斯渡海时也受到了迦太基船只的阻挠）。波利比乌斯后来记载，有一艘迦太基五列桨座战船在阻击罗马舰船时行动过于鲁莽，以至于搁浅并被对方俘获了。最后，阿庇乌斯·克劳狄乌斯同样在夜间成功带领他的大部分兵力渡海到达了麦撒那。所有史料都证实，在这一早期阶段，各方势力经常展开谈判。狄奥记载了哈农和盖乌斯·克劳狄乌斯之间著名的谈判：在前者向后者交还船只和俘虏时，迦太基强烈要求罗马求和，不要与迦太基海军为敌，并威胁道，他甚至不会允许罗马人的"手碰到海水"。在狄奥多罗斯的版本中，阿庇乌斯·克劳狄乌斯向希耶罗和迦太基人派出使节，强调罗马人需要对自己的马麦尔提尼斯同盟守信。这一回应是可以理解的，因为如果背弃帮助罪恶的马麦尔提尼斯人的约定，罗马人就会被谴责自私自利。这几轮谈判唯一的实际结果是，希耶罗统治下的叙拉古与迦太基人打算联手攻下麦撒那，并可能协定了一起阻止罗马干预。此前不久，迦太基人刚在麦撒那一事上诓骗过希耶罗，但后者此时如此轻易地同意了与迦太基合作，说明各方势力的决策动机都围绕着自身利益。[15]

希耶罗率军从叙拉古出发，在一支迦太基军队旁扎营，并开始封锁麦撒那。谈判破裂后，罗马人采取了下一步行动，阿庇乌斯·克劳狄乌斯向希耶罗的营寨发起了攻击。战斗相当激烈，最终罗马人获胜，控制了战场并掠夺了死者身上的财物，这在古代世界是取得胜利的重要标志。希耶罗放弃围城，撤回到了叙拉古。菲利努斯称，这一仗取胜的是希耶罗而非罗马人，波利比乌斯正确地指出了他的错误，而佐纳拉斯则称，叙拉古骑兵起初战胜了罗马骑兵，直到罗马的军团步兵下场才挽回了局势。考虑到运马渡海的困难，以及克劳狄乌斯还面临着的迦太基军队的拦截，罗马的战马可能并不多；同时不要忘了，历史上叙拉古的骑兵享有盛名，远优于它的重装步兵。第二天黎明时分，克劳狄乌斯攻击了迦太基人，将其击退。佐纳拉斯说，起初迦太基人占了上风，但在追击罗马人的过程中掉以轻心，被对方打败了。这一系列战斗最多只是大规模的散兵战，但罗马人由此打破了以麦撒那为中心所建立的同盟。[16]

克劳狄乌斯乘胜追击，突袭叙拉古，掠夺并蹂躏了其领地。这次行动可能只是在展示武力，因为他并没有时间和资源详细计划这次围城或袭击。佐纳拉斯称，克劳狄乌斯在执政官任期结束离开前和希耶罗的军队进行过一些散兵战。值得注意的是，尽管克劳狄乌斯打了很多场胜仗，但他回到罗马后并未得到凯旋式的殊荣，可能是因为他在元老院人缘不佳，但也可能说明这些战斗的规模都不大。公元前 263 年，罗马决定将两名执政官——马库斯·瓦列里乌斯·马克西姆斯（Marcus Valerius Maximus）和曼尼乌斯·奥塔齐里乌斯·克拉苏斯（Manius Otacilius Crassus）一齐派往西西里，二人均率领标准规模的执政官军队，即两个军团和两支辅军，如此，在西西里作战的罗马士兵将达到 4 万人左右。面对如此强大的军力，当地的很多城市都背弃了迦太基或叙拉古，其他城市则在被罗马突袭后被占领。在战争期间，大多数城市的态度都非常务实，尽可能与最强大的势力结盟，以求保全自己的土地和家园，没有多少迹象表明他们偏爱哪一方。马库斯·瓦列里乌斯·马克西姆斯的功劳最大，结束了与希耶罗的战争，也因此在第二年举办了凯旋式。可能正是因为他在麦撒那赢得了胜利，才获得了"麦撒拉"（Messala）的称号。[17]

在这次军事行动中，叙拉古是罗马的主要攻打目标，并被后者视为首要敌人。面对两名执政官压倒性的兵力优势，希耶罗决定求和。罗马人立刻接受了他的请求，因为他们的大军已经开始面临补给短缺的问题，一部分是因为迦太基一直封锁着海峡（这也是迦太基人在这一阶段唯一的作为），也是因为罗马人没准备好在如此遥远的地方作战。直接进攻一个设防坚固的大城市是很危险的，一支军队在长时间的围城期间很难保证自己的给养。虽然他们能坚守包围圈，阻止供给品进入城市，但这在没有罗马舰队封锁叙拉古的港口的情况下很难实现。根据双方随后签订的条约，希耶罗成了罗马的盟友，无条件归还了手上的罗马战俘（可能是在与克劳狄乌斯的战斗中俘虏的），并且支付了罗马100塔伦特的赔款。公元前248年，双方确认盟约永久有效，罗马允许希耶罗独立控制叙拉古及大量周边领地。希耶罗的统治得到了波利比乌斯的称赞，他说，从希耶罗的希腊臣民的反应可以看出他深孚众望。希耶罗此后一直忠于罗马，哪怕在最艰难的时期也依然忠诚，而且若没有他维持罗马军队的给养供应，罗马根本无力在西西里发起后续的战役。[18]

与迦太基和罗马相比，叙拉古是三者中势力最弱小的，这也解释了为什么希耶罗如此轻易地投诚于罗马。如此，即便他自己无法征服麦撒那，但是他也达成了自己最初的目标，即解除马麦尔提尼斯人来犯的威胁。叙拉古与迦太基之间短暂的结盟实属怪异，毕竟双方本身就是死对头，而且迦太基不久前还在麦撒那安插了一支守军。假如叙拉古与迦太基合力攻下了麦撒那的话，他们会怎么做，这是一个很有趣的问题，但我们永远都无法知晓答案了。迦太基人的所作所为不过是他们长久以来攻略西西里的行动的延续，他们不希望看到一个重新崛起的叙拉古占领麦撒那，但更不愿意看到罗马人在岛上立足。以前，众多外部势力曾来到西西里，代表希腊城邦攻打迦太基人，最近的便是皮洛十的军队。尽管这些外来领袖都曾取得过辉煌的胜利，但是迦太基人总能渡过难关，最终将他们赶走。无论早先条约的具体内容是什么，罗马此次登陆西西里显然是在挑战盘踞西西里已久的迦太基势力。罗马人没有舰队，而迦太基有强大的海军，二者巨大的差距使迦太基人坚信，罗马人难以在岛上久驻。他们原本就没有理由允许罗马势力入岛，现在更是相信，早期的这一点失利仅仅是暂时的。

叙拉古、迦太基和罗马都是为了自身利益而行动，但是我们千万不能以现代人的眼光去评判他们的行为。在希腊－罗马世界，一个国家追求凌驾于别国的霸权是一件再正常不过的事，而且这也不与维护自身自由的政治理想冲突。然而，罗马在西西里不曾有过一席之地，因此他们投机取巧的行为难以被正当地解释，与马麦尔提尼斯人结盟也根本不是什么光彩的事。罗马和迦太基都相当自信，可能甚至天真地认为，自己的实力已经强大到足以震慑任何对手，即便有必要动武也能迅速将其击败。正是怀着这种轻松乐观的情绪，他们即将迎来一场长达23年的大战。

3

陆　战

在古代世界的战争中，陆军军队与海军舰队的行动是紧密联系在一起的，尤其是像第一次布匿战争这种战斗大部分发生在岛上、岛屿周围或海岸附近的情况。然而，将海军与陆军的活动分开考察，分别聚焦海上和陆地战场上的行动，能让我们更轻松地理解战争中的事件。这一章将描述陆地上的战斗。

西西里（公元前 262—前 258 年）

叙拉古为罗马在西西里的军事行动提供了一个可靠的基地，粮秣和各种补给可以都囤放在这里。麦撒那被保住了，被罗马人当作出兵的借口的目标已经实现了，然而史料表明，双方都没有就此收手并坐下和谈的打算。迦太基人认为，自己只是暂时失利，没有理由被迫同意罗马人从此永久进驻西西里，并在岛上组建一支强大的驻军。前者在西班牙征募了大批雇佣兵，其他部队则由高卢人和利古里亚人提供。对罗马人而言，除非迦太基人承认失败，愿意像希耶罗一样签订有利于罗马的和约，否则他们不会改变对迦太基的敌意。对于荣耀的渴望和对于掠夺西西里各个城市的财富的欲望最初吸引罗马人来到了这里，现在又给了他们将战斗继续进行下去的动力。波利比乌斯称，在希耶罗投降后，罗马撤走了四个军团中的两个，因为他们相信希耶罗的协助，以此减轻补给上的压力。后来，为应对迦太基的备战动作，两名执政官和四个军团在公元前262年再次被派往了西西里。[1]

迦太基人打算把阿格里根图姆（Agrigentum，希腊语中为阿克拉伽斯［Acragas］）这个位于西西里距离非洲最近一侧的海岸上大约中间位置的城镇作为主要基地。然而，公元前262年夏天，当罗马军队兵临城下时，迦太基一方新募集的军队却迟迟没有到来。两名执政官卢基乌斯·波斯图米乌斯·麦伽卢斯（Lucius Postumius Megellus）和昆图斯·马米利乌斯·维图鲁斯（Quintus Mamilius Vitulus）同时行动，他们的军队在合并后理论上有约4万人，并且在收获季（可能是六月左右）到达了城外。阿格里根图姆的指挥官是吉斯科（Gisco）之子汉尼拔，他让周围的许多居民都聚集到了城内。波利比乌斯告诉我们，此时城中人口猛增至5万人，然而他的卫戍部队人数却相对较少。汉尼拔拒绝在城墙外作战，这在罗马执政官眼中可能是懦弱的表现，因为起码在地中海西岸，有信心的守城者哪怕在人数处于劣势的情况下，通常也会率军在防御工事外与敌军交战一段时间。罗马人在离阿格里根图姆约1英里的地方扎营，随后，军中大部分人马都四散去收割附近成熟的庄稼。对于一支主要由农民和小农场主组成的军队而言，这是他们再熟悉不过的工作了。然而，这再一次暴露了罗马军队在后勤方面惊人的不足。罗斯（Roth）在他关于军队后勤的卓越研究中指出，这一时期的军队总是对长时间、远距离作战缺乏准备，无力供给一支人数庞大的军队，[2]而带四个军团在同一地区作战又几乎是罗马历史上前所未有的。此时只有少数驻守在营外的警备队，他们依照罗马军队还将沿用好几个世纪的标准，由配备武器的正规部队组成，宣誓绝不离开岗位，渎职的人会依照罗马严苛的军纪被处死。[3]

汉尼拔趁这个机会发动了一次大胆的突围。在外搜寻粮食的士兵们彼此分散，而且很可能多数人都没带武器，所以难以有效地抵抗袭击，四散败逃。当迦太基军队攻至罗马军营时，罗马人的情况不容乐观，唯一的反击力量来自警备队，这些人尽管人数远远少于对手，但仍然奋力作战。罗马军队伤亡惨重，但最终还是击退了来敌，并且击败了另外一支已经攻入营防的迦太基军队，一路追击，将他们赶回了城中。经此一战，双方都心有余悸，在此后的行动中也变得更加小心谨慎。汉尼拔不愿再以损失兵力为代价冒险，因而不敢再主动进攻；罗马人也不再轻视自己的对手，日后在收集粮草时变得更有组织，并增加了许多兵力随队掩护。

在这一时期，攻取城池最容易的方式是奇袭或偷袭——在夜色的掩护下进攻，或从对方意想不到的方位进攻。如果守城者当中有内应帮忙，那么突袭成功的可能性就更大。城市内频繁的政治内斗容易滋生心怀不满的人，这种叛徒愿意打开城门接应敌军，在守军意识到敌人的到来之前，就让攻城方占据战略要地。在布匿战争期间，因内奸出卖而陷落的城市的数量几乎与在传统攻城战中陷落的一样多，但是攻方其实很难提前计划这种偷袭，只能在机会出现时尽量把握。然而对于防守方，哪怕他们下了再多功夫，也很难杜绝内奸，甚至公元前4世纪的埃涅阿斯·塔克提库斯（Aeneas Tacticus）专门写了一本书讨论这个问题。罗马人在攻打阿格里根图姆时没有遇到内应暗中相助或发动奇袭的机会，摆在攻城队面前的只有两个选择：强行进攻或长期围困。

在古代战争中，攻城战是受技术因素影响最大的战斗形式。攻方要从防御工事的上方、中间或底下找到通过的方式。最简单的方式就是翻越，攻方的步兵将高过城墙的梯子搭上墙壁，然后往上爬，但是这种方法总是伴随着惨重的伤亡，而且除非城墙上没有守军，否则将很难成功。移动攻城塔的基本思路与此相同，这一器械能放下一架吊桥搭在敌方堡垒上，让士兵从桥上过去，同时塔顶的弓箭手或投石手可以提供掩护火力。其他攻破城墙的主要方式有用攻城锤把城墙撞出缺口，或挖地道破坏城墙。这些方法需要投入大量的准备工作、技术知识与人力才能让攻城锤这类器械越过所有防御壕沟抵达城下。在敌方做这些时，守方会一直用远程武器进行阻挠，挖对抗地道破坏对方的地道，并且出城发动突袭，烧毁攻城器械。双方会竭尽全力斗智，想尽办法克制敌军的行动。一旦城防被突破，技术就不再重要了，因为攻方的步兵此时需要涌入城中发起猛攻，但是依然可能遭受惨重伤亡，并且有可能失败。强攻大城市如此麻烦且胜负难料，因此都是深思熟虑后做出的决定。根据惯例，守城方只能在攻城锤第一次撞上城墙前才被允许按条件投降，在这之后，城市就只能任人宰割了。在这一时期，罗马军队缺乏足够的技术，不太可能攻克阿格里根图姆这样的大城市。[4]

这意味着，在公元前 262 年，摆在两名执政官面前唯一行得通的选项就是长期围城，切断城市与外界的联系，直到他们粮食耗尽、不堪饥饿而屈服。如果城内有事先为应对围城而囤积的粮秣等必需品，那么所耗费的时间将相当长。然而，罗马的军队人数众多，足以对阿格里根图姆形成有效包围，他们开始挖掘沟渠，搭建小堡垒，牢牢围住了城市。两支执政官军队建起了各自的营寨以支援这道封锁线以及另一层向外的用于阻止敌人的补给队伍突入的防御工事。阿格里根图姆不像许多迦太基要塞那样拥有自己的港口，而是坐落于离海岸数英里的一处内陆高地上。如果它有自己的海港，那么罗马人将根本无法在没有舰船的情况下封锁那个港口，最终就不能编织严密的包围网。长期的围城会对攻方的后勤补给造成极大的负担，因为一支驻守不动的军队会很快将当地所有食物消耗一空。好在罗马的盟友为其提供了粮食和牲畜，这些补给就囤积在不远处一个名叫赫贝苏斯（Herbesus）的供给站，具体地点不详。[5]

经过 5 个月的困守，汉尼拔开始担忧城中的给养，并开始请求紧急援助。迦太基人把新征的士兵用船运往西西里，在阿格里根图姆以北 20 英里的小赫拉克利亚（Heraclea Minoa）登陆集结，接受哈农的部署。波利比乌斯没有明确描述这支援军的规格，只在后来提到过当中有 50 头大象。狄奥多罗斯显然援引了菲利努斯的记载，称迦太基援军一共有 60 头大象、6000 骑兵和 5 万名步兵。若此数字属实，那么哈农的兵力基本与围攻阿格里根图姆的罗马执政官军队及其盟军持平，甚至还略占优势。他采取的第一步行动是向赫贝苏斯发动突袭，夺取了罗马的补给站，切断了其前线与后方的联系。阿格里根图姆城下的罗马军团很快就因补给断绝而开始挨饿。在虚弱的状态下，士兵很容易生病，拥挤的军营又使疾病传播得更为迅猛。哈农信心十足地率领主力军离开了小赫拉克利亚，让他麾下的努米底亚轻骑兵打头阵，命令他们去与罗马骑兵交手，然后假装撤退。罗马骑兵果然中了圈套，莽撞地追了上来，努米底亚骑兵与主力军会合后，重整队形杀了个回马枪，冲散并重创了罗马骑兵，打乱了对方的阵形，并一路追击，杀到了罗马的战线，对其造成了重大损失。在第二次布匿战争中与罗马人作战时，这些出色的轻骑兵正是以类似的战术扮演了重要的角色。[6]

在这场胜利之后，哈农率军移动到了距罗马人约 1.25 英里（10 斯塔德）的地方，在一个名为陶鲁斯（Torus）的小山丘上建起了有坚固防御的营寨。佐纳拉斯称，哈农曾摆开战线，试图引罗马人迎战，但罗马慑于骑兵不久前的失败，不肯出战。随着日子一天天过去，罗马人的粮食短缺问题愈发严重，两名执政官决定出战，但罗马军队突然高昂的信心反倒让哈农不敢正面交锋。这种犹豫不决的行动、将领们在没有必胜的把握时不愿开战，以及哪怕两军的军营相距不过 1 英里，一方也很难迫使另一方接受战斗，都是这一时期战争的常见状况。波利比乌斯没有详述这段时间发生了什么，只说了在长达两个月的时间内，双方的军营离得很近，但除了时不时用远程武器攻击对方，并未有直接冲突。最后，因为汉尼拔不断发送信息并燃火为号，强调城中粮食已经耗尽并不断有士兵叛逃，哈农才不得不与罗马人一战。罗马人的粮草同样即将告罄，于是接受了挑战，在两军军营之间的平原上摆开了战线。[7]

波利比乌斯对这场战斗着墨不多，但迦太基军队的战线可能不止一条：第一线是步兵，第二线是用于支援前方的步兵和大象。迦太基人的这种安排可能是为了消耗罗马步兵的体力，削弱他们的阵形，破坏他们冲锋的势头，但这仅仅是猜测。罗马人可能排出了传统的三线战阵，骑兵位于两翼。经过长时间的交战，罗马人逼退并击溃了迦太基的第一线步兵。当这些雇佣兵溃散时，其余的部队也陷入了慌乱并四散奔逃。罗马人占领了迦太基军营，捕获了大部分战象。狄奥多罗斯称，哈农手下有 3000 名步兵和 200 名骑兵被杀，4000 人被俘，8 头战象当场毙命，另有 33 头失去了作战能力，不过这一数据也包含了之前骑兵交战中的伤亡。然而，他还说，罗马人在攻城和会战中一共损失了 3 万名士兵和 540 匹战马，不过他称，罗马总共招募了 10 万兵力。他似乎把总兵力和伤亡数字都高估了，但是后者是相对可信的。[8]

佐纳拉斯提供了这一战役的另一个版本。他说，哈农希望配合汉尼拔来个前后夹击，但罗马人得知了他的计划，伏击了他的主力部队，并靠军营与包围圈内的警戒部队轻松击败了从城中出击的迦太基守军。佐纳拉斯暗示，战斗是在那天稍晚些时候开始的。弗隆提努斯（Frontinus）也这么认为，还把这一妙计归功于罗马执政官波斯图米乌斯。他之前一连几天拒绝应战，并要求军队留在军营附近。迦太基人以为罗马人避而不战甚至开始撤退，满意于自己展现了比罗马人更为强烈的斗志，但罗马人此时发动了突袭，将其一举击溃。我们不知道这些说法有多确切，但可以确定的是，这场战斗以罗马人的大捷告终。哈农此次对战象的运用在后世经常受到诟病，因为他没能让战象有效支援第一战线。然而，这是现存史料中最早的关于迦太基军队使用战象的记载，所以这时迦太基人可能还不习惯在战斗中使用战象，也不知道正确的战术。[9] 而由于缺乏更详细的记载，我们无法确切知晓哈农的作战计划，或者究竟哪一环节出了问题。他军中各支部队无法有效地互相支援，也反映了迦太基的军队成分：士兵们大多是新近招募的，他们既没有时间学习如何作为一支军队协调配合，也没有时间熟悉自己的指挥官。[10]

汉尼拔意识到已经无望被解救，于是率领守军在夜晚大胆突围。他们用一篮篮泥土填上了罗马人挖的壕沟，趁罗马军队休整和庆祝胜利时避开了他们的注意，成功出逃。第二天早上，罗马人没能追上多少汉尼拔的士兵，但他们终于在约7个月的围城后不受任何抵挡地进入了阿格里根图姆。城市遭到了洗劫，居民被卖为了奴隶。罗马此役大获全胜，然而放眼这场战役，有好几次他们都差点遭受灭顶之灾，特别是当围城大军的补给线被切断时，若不是足智多谋的希耶罗设法将勉强够罗马军队维生的少量给养送到他们那里，后者将难以存活。迦太基守军的成功逃脱也让罗马人的胜利失色不少。值得注意的是，两位执政官都因此没有获得凯旋式的荣誉。然而，根据波利比乌斯的记载，攻克阿格里根图姆让罗马元老院振奋不已，他们将战争目标升级成了把迦太基人彻底逐出西西里。为此，他们做出了一个至关重要的决定——打造一支舰队。沃尔班克（Walbank）认为波利比乌斯的描述太过简略了，不过我们至少可以确信，攻下这个迦太基要塞使罗马人受到了极大的鼓舞。[11]

在为期23年的第一次布匿战争中，只有4场大规模的战斗，哈农在阿格里根图姆外大败的战役便是其中之一。在第二次布匿战争中，激烈的会战则十分常见，与此形成了鲜明对比。上述的4场战役中有2场发生在由雷古卢斯领导的短暂的非洲远征中。虽然双方都将大部分兵力部署在了西西里，但仅有两场会战发生在这里。一部分原因是地形限制，西西里中部大多地形崎岖，不适合大规模的军队调度。这里有很多易守难攻的要地，如果一方拒绝战斗，另一方的指挥官很难迫使他们参战。更重要的是，岛上的居民都住在有城墙环绕的城市及其附属的乡村中，这些社群是西西里的关键，只有控制了它们才能确保控制整个岛屿。叙拉古和迦太基所掌控的地区缺乏统一性，下辖的形形色色的小城邦大多保持着自治。从最初解除麦撒那之围的行动开始，各方军队的主要目标就都是控制这些独立的乡镇和城市。一场大规模会战的结局总是难以预料的，失败一方往往伤亡惨重，剩余部队的士气也会备受打击，而即便胜利，也只能让胜方更加容易地达成降伏城市的目标而已，因此一场大战的潜在收益一般不足以促使双方冒险投入战斗。值得注意的是，西西里岛上的两场主要战斗均发生在城市外，其目的也是控制该城市。部署在岛上的一大部分士兵可能被分成了小卫戍部队，分散去驻守不同城市。

正如我们所见，在攻城战中，守方更具优势。战争开始时，罗马人缺乏正面攻破一座防守坚固的城市的技术经验，而迦太基人则缺少攻城所需的人力，也没有足够的人数承担攻城战可能带来的重大伤亡。一个城市有时可能会因为其领地反复遭到劫掠而被迫投降，周围的其他城市见某一方获胜后倒戈也是很常见的。狄奥多罗斯称，公元前263年罗马得胜后，有67座城市倒向了罗马一方，这也是推动希耶罗主动求和的因素之一。对于罗马和迦太基来说，夺取一座城市最常见也最有效的手段便是长期封锁，但这并非易事，因为这需要一定规模的兵力长时间驻守一个地区，但并不能保证会成功。公元前263年，阿庇乌斯·克劳狄乌斯没能攻下埃克特拉（Echetla），而且在与叙拉古讲和后，罗马人经过长时间的围攻依然没有攻克马凯拉（Macella）和哈德拉侬（Hadranon），尽管据狄奥多罗斯描述，后者不过是一个村庄。公元前261年，罗马人围困米提斯特拉图斯（Mytistratus）长达7个月后一无所获，最后不得不放弃这里。如果有内应，攻城方能实现更多辉煌的胜利。据狄奥多罗斯

所说，哈农就是这样轻松夺取了赫贝苏斯。他的继承人哈米尔卡
夺回了卡马里那（Camarina）和埃那（Enna），这两座城市可能
在公元前263年投向了罗马，而在公元前259年，城中的某一派
系把城市出卖给了哈米尔卡。罗马人次年得到城中反叛团体的接
应，重新入主埃那，虽然当时城中有些卫戍部队已经逃散了。公
元前258年，罗马人利用也许是希耶罗提供的攻城器械和工程专
家，对卡马里那展开了全面围攻，收复了这座城市。随着战争推
进，罗马人的攻城技巧越来越娴熟，但他们和迦太基人的攻城战
术都无法媲美专业的希腊化军队。[12]

　　依靠叛徒和内应有时确实有奇效，但不可避免地也要承担
相应的风险。罗马新建成的舰队的第一位指挥官，执政官格奈乌
斯·科尔内利乌斯·西庇阿（Gnaeus Cornelius Scipio）在公元
前260年轻信了有人将把利帕拉（Lipara）出卖给他的承诺，鲁
莽地率兵进城，结果落入了敌手。对于此事到底是不是迦太基人
精心设计的圈套，史料众说纷纭。即便有内应相助，制定并实施
计划也依然十分困难。狄奥多罗斯称，公元前253年一支罗马先
锋部队被内应偷偷迎入了特尔迈（Thermae），但是他们进城后
关上了大门，想要独吞战利品。防守部队发现进城的敌人人数不
多后，把他们屠杀殆尽了。还有一次，哈农或哈米尔卡打算处理
掉一支桀骜难驯的高卢雇佣军，就派他们去占领一座被罗马控制
的城市，号称城中有人接应，并许诺他们进城后可以任意劫掠，
高卢人就兴高采烈地出发了。然而，迦太基将领派人假冒逃兵，
把这一计划透露给了罗马人，于是罗马人布下了伏兵，把这支高
卢人一举消灭了。在第一次布匿战争中，战利品扮演着重要的
角色。[13]

我们掌握的史料非常有限，因此试图将西西里的大小战役按年代顺序详细描述是十分困难且没有多大意义的。波利比乌斯记录的重点是公元前261年后的海战，而其他史料支离破碎，还充斥着很多奇闻轶事，大多不可信。这场战争的性质使这些作者难以提供连贯清晰的记载，因为高频率的劫掠穿插在围城、奇袭和出卖之中，且它们大多数都规模甚微。我们的史料更中意描写辉煌的大胜，譬如哈米尔卡在公元前260年奇袭单独驻扎在特尔迈的罗马的叙拉古盟军，让4000多名敌兵丧命。迦太基军队的指挥官和军队构成相对固定，这给他们带来了一些优势，因为一旦雇佣兵应征入伍并被送往西西里，他们会在同一批军官手下效力相当长一段时间，还能积累很多作战经验。追溯罗马军团在战争期间的部署则异常困难，因为我们不知道是否每个新执政官上任后都会带上新征募的士兵，也不知道旧官解任返回意大利时会带走多少部队。不过总体来说，罗马在西西里部署的军队更多，并能不断填补部队的伤亡。相比之下，迦太基将领获得的援兵就少得多。但正如佐纳拉斯所说，罗马指挥官一年一换的制度确实降低了其军队行动的协调性，也给其造成了一些小阻碍。[14]

非洲（公元前256—前255年）

罗马海军的发展及其取得的一连串大捷会放在下一章中讨论。迦太基舰队早在公元前261年就劫掠了意大利沿岸，但在公元前256年，西西里的战争还在继续时，罗马人不光劫掠，还全面入侵了非洲。在埃克诺姆斯海战大获全胜后，罗马舰队做了短暂的休整和重组，之后两名执政官卢基乌斯·曼利乌斯·乌尔索（Lucius Manlius Vulso）和马库斯·阿提利乌斯·雷古卢斯（Marcus Atilius Regulus）率舰队驶往伯恩角，并在阿斯庇斯城（Aspis，即之后罗马人所称的科鲁培［Clupea］，两个地名都是"盾牌"的意思）附近登陆，把舰船拖上了岸，置于壁垒和沟渠的环绕保护之中。一举攻下阿斯庇斯后，罗马人在城内安插了卫戍部队，执政官遣使向罗马回报，并派出部队大肆掠夺了这一富饶的地区。牲畜被成群地牵走，迦太基富户的农舍被付之一炬，超过 2 万名奴隶被俘或归顺，据佐纳拉斯讲，这其中也包括之前在战斗中被俘的罗马人和意大利人。在科克瓦尼（Kerkouane）被发掘的沿海村落可能正是在这个时期被占领的，其城防被摧毁了。元老院接到报告后，命令一名执政官带领舰队返回意大利，另一名率军驻守在非洲。乌尔索带领俘虏和大多数舰船返回了，留下了 40 艘舰船支援雷古卢斯的陆军。[15]

如同希耶罗和哈米尔卡·巴卡这些第一次布匿战争期间的重要人物一样，雷古卢斯也有许多围绕自己的传说，以至于我们现在很难知晓他究竟是个什么样的人。他显然是一名有才能的指挥官，也许有些过于好斗，不过这是当时罗马将领的普遍特点，算不上缺点。有一种说法称，从元老的标准来看，雷古卢斯很穷，直到元老院向他保证了国家会供养他的妻子儿女，他才勉强同意受命出征非洲。这则故事的道德说教语气强烈暗示了之后有关雷古卢斯的诸多故事中的虚构成分。雷古卢斯在非洲的军队包括1.5 万名步兵和 500 名骑兵。尽管人数有些不足，但他带领的应该是一支标准的执政官级别的军队，因为波利比乌斯之后提到了"第一军团"，说明他应该至少拥有两个军团。骑兵不成比例的低数目想必是海上运送战马的困难所致。[16]

迦太基人在意识到无法阻止罗马人登陆非洲后，便立即着手部署迦太基城的防御。他们选派了两名将军——哈农之子哈斯德鲁巴和波斯塔尔（Bostar），同时从小赫拉克利亚召回了时任西西里军队指挥官的哈米尔卡与其麾下的 5000 名步兵和 500 名骑兵。这三人可能是联合指挥，不过我们不清楚他们军队的规模，只知道其中包括一定数量的战象和骑兵。他们的兵力应该没有多出罗马人太多，因为我们的史料未曾提及两支军队存在规模悬殊的情况。公元前 256 年末，雷古卢斯开始进军，沿途劫掠市郊村落，到达阿底斯（Adys，可能就是罗马人所称的乌提那［Uthina］，今奥德纳［Oudna］）后开始围城。迦太基人决定必须采取措施，不能让罗马人在他们的土地上肆意妄为，于是率军来救援。抵达阿底斯后，他们采取了类似于哈农在阿格里根图姆城外的策略，在一座山丘上扎营，俯瞰阿底斯和罗马的攻城部队。在取得明显优势之前，他们的指挥官很显然并不急于与罗马人交手。[17]

波利比乌斯强烈批评了迦太基将领在地势不平的高地扎营的策略，认为这样不利于骑兵和战象的行动，等于白白浪费了与罗马人对阵的最大优势。他说，罗马指挥官们根据以往的战争经验，意识到了迦太基人的失误。我们不太清楚波利比乌斯此处指的是哪些罗马军官，因为他用的古希腊词语比较模糊，不过可以确定的是，他们决定立刻袭击迦太基军营。这个计划非常大胆，与当年在阿格里根图姆城外两军小心试探的姿态形成了惊人的反差。当时，哈农和罗马人先后发起了挑战，当对方拒绝迎战时，他们都未曾强迫对方开战，而是仅仅满足于看到对方不敢应战的精神胜利。然而，公元前 256 年的情况却大相径庭。双方在西西里的战斗目标是控制城市，都试图尽可能地维持或建立常驻势力，且争夺的地区与任意一方都没有天然纽带。雷古卢斯的军队人数太少，又缺乏同盟的支持作为基础，因此无力逐个降伏迦太基控制的非洲城市。阿加托克利斯在同一地区耗费了多年，最终也没有取得重大进展。罗马此次进攻非洲只是在全面战争中给迦太基施加更多压力，目的在于击败迦太基，而非为建立新行省而征服新领土。在战场上打败迦太基主力部队是向迦太基城的精英阶层施压、促使他们求和的最佳方式，因此罗马军队对城镇和乡村的一系列洗劫，虽说能补充军队的粮草补给、为罗马各阶层人民夺得他们渴望的战利品，但最主要的目的还是激怒迦太基人，引他们前来交战。这个目标在迦太基军队来到阿底斯时就实现了，但我们无法解释雷古卢斯为何不静待战机，而是冒险奇袭了迦太基军营。也许是近期在西西里作战的经验（尽管雷古卢斯并未亲自参与）让罗马军队习惯了迅猛的劫掠和对城镇发起突袭，从而促使他们在此时也计划使用相同的策略。若真是如此，那么哈米尔卡对此毫无防备其实是有些出人意料的。[18]

　　波利比乌斯说，罗马人在黎明时分偷袭了迦太基在山顶的军营，而佐纳拉斯则称，袭击发生在夜间，还说很多迦太基人在睡梦中被杀死了，这一点不太可信。罗马人很可能是在夜间出兵，在破晓时发起进攻的，因为迦太基人似乎没有得到充分的预警，只组织起了部分军队进行还击。罗马军队兵分两路，从两侧夹击迦太基军营。有一支雇佣兵集合成队，在阵形相当混乱的情况下击退了第一军团，但是他们草率地追了出去，另一支罗马部队从后方发起进攻，击败了他们。他们的溃败标志着迦太基军队的有效抵抗就此结束。其余部队仓皇逃出了军营，好在骑兵和战象到达平地后成功逃脱，伤亡不大。罗马人这次的大胆出击取得了出奇制胜的效果，不过第一军团被击退也印证了这次行动的风险。罗马的两路攻击应该不是同时开始的，也许是由于夜间行军步调不一致，不过这也致使第二支罗马军队意外地出现在了出营追击的雇佣兵后方。如果罗马军队在进军途中被发现了，他们就将不得不面对严阵以待且居高临下的迦太基军队的攻击。然而值得注意的是，一支新近组建的迦太基军队（即便哈米尔卡手下的雇佣军也是与不熟悉的部队和将领为伍）再一次没能有效地调度其中的各个单元，一度在反击中占据上风的雇佣兵也没能得到友军的支援。[19]

罗马人乘势攻占了突尼斯，将其作为劫掠迦太基城周边地区的基地。这下迦太基人彻底丧失了斗志：前一年，他们引以为傲的、有史以来规模最庞大的舰队在埃克诺姆斯（Ecnomus）遭遇了致命的失败，而今负责保卫都城的军队又被雷古卢斯轻而易举地击溃了。同时，由于他们一直寻求在非洲扩张势力范围，因此他们在与罗马人作战的同时还不得不与努米底亚诸王国苦战。家乡被努米底亚军队和罗马军队扫荡的大量难民涌入了迦太基城，散播了恐慌，并造成了一定程度的粮食短缺。根据波利比乌斯的记载，此时雷古卢斯猜测，眼下迦太基人可能愿意和谈，结束战争，于是派遣了使节。使节们果然受到了迦太基人的欢迎。据说，鉴于自己为期一年的任职即将结束，雷古卢斯开始担心自己无法在继任者到来之前结束战争，从而把即将到手的胜利拱手让人。同样的动机也显然影响着其他罗马将领的行动。而我们所掌握的其他史料都称，和谈实际上是最近接连战败的迦太基人发起的。[20]

只有狄奥声称自己保留了雷古卢斯拟定的条款，但早先的史料都没有相关记载，这使其可信度大打折扣。总而言之，这些条款要求迦太基人将西西里和撒丁岛拱手让给罗马，无条件释放所有罗马俘虏，但需为迦太基俘虏向罗马支付赎金，同时还要向罗马支付一笔战争赔款，每年缴纳贡赋，只有得到罗马的许可才能开战或议和，只许保留一艘战船为己用，另需提供 50 艘战舰随时听从罗马人调遣。这些条款在很多方面，尤其是包含了撒丁岛这一点，比双方在公元前 241 年实际缔结的停战条约更苛刻。不管具体条款是什么，雷古卢斯显然是想签订一项让迦太基承认全面战败的条约。所有的史料都称，迦太基人认为这些条款过于苛刻，因为他们认为自己在战争中还远未落魄至此，尽管最近遭到了挫败，但还没到走投无路的境地。罗马人拒绝做出任何让步，于是谈判破裂了。[21]

公元前 255 年冬，迦太基人重编了自己的陆军，据狄奥多罗斯记载，其中包括了从希腊征召来的 50 或 100 名士兵。这之中有在斯巴达接受过训练的克赞提普斯（Xanthippus），一名拥有一定经验和才能的雇佣军将领。波利比乌斯在描述这位希腊战士的成就时明显十分自豪。克赞提普斯的行动印证了希腊化世界对斯巴达军事系统深深的钦佩。菲利努斯在记载相关事件时可能也使用了类似的论调。克赞提普斯的有些故事可能是后来杜撰的，波利比乌斯自己也怀疑克赞提普斯被心怀嫉妒的迦太基人暗杀这个前后矛盾的故事是否真实，但这段插曲的大致过程还是经得起推敲的——克赞提普斯曾公然批评过一些迦太基指挥官，指出他们的骑兵和战象本可以在开阔的平原上轻松击败罗马人，但他们却选择带兵在不利的地形上开战。在详细解释了自己的见解后，克赞提普斯被授予了类似军队高级参谋的职位，并密切参与了士兵的训练。波利比乌斯强调，他在迦太基城墙下练兵时使用了专业的军事命令和演习策略。士兵们恢复了信心，迦太基将领们也发表了鼓舞士气的演讲，随后出城迎战雷古卢斯。迦太基人此役集结了1.2万名步兵、4000名骑兵和将近100头战象。步兵中包括西西里军队中幸存的哈米尔卡的雇佣兵、一些新招募的希腊士兵，还有一队由迦太基公民组成的长矛兵方阵。尽管军队规模不大，但至少应该与雷古卢斯的军队不相上下。这场战役的场面与第二次布匿战争中的正规会战十分相似，也是迦太基人在第一次布匿战争中取得的唯一一次陆战胜利。[22]

　　罗马人很惊讶地发现他们的对手重拾了信心，不过基于第一轮谈判已然失败，他们急于再度击败敌人，前进到了距迦太基营地仅1英里（10斯塔德）的地方扎营。第二天，当迦太基人出营列阵时，罗马人积极地接受了挑战。战斗的具体地点不详，波利比乌斯只笼统地说战场地势平坦。这一场战斗常被称为突尼斯之战，因为这是波利比乌斯记载中罗马军队占领了的地方。克赞提普斯将公民兵方阵安排在主战线上，其右侧是一队雇佣兵，骑兵分列两翼，且伴有更多雇佣兵作为支援，其中有些可能是散兵。战象位于步兵前方，与之相隔一段"适当的距离"，排成一条单线，但似乎没能完全掩护右侧的雇佣军。[23]

　　罗马人显然担忧大象的威胁。雷古卢斯相应地调整了阵形，把轻装步兵派到了主战线前方骚扰敌人，因为大象很怕投射武器的攻击，所以即便没有受到重伤也很容易陷入慌乱。骑兵按照惯例居于两翼，军团士兵居中，但这次军团士兵的阵形纵深特别深，用波利比乌斯的话来说，"有好几个支队深"。我们不清楚这种表述的确切含义，但是波利比乌斯肯定认为这是一种适合对抗大象的阵形。罗马军团的三线战阵中的各支队通常就是排成三排，但雷古卢斯可能把支队排了超过三排。拉赞比认为，罗马人可能排出了六条战线，而且取消了通常在各个支队之间留有的空隙。这与西庇阿在扎马一役中在主阵中留出能让大象穿过的通道的阵形形成了鲜明对比。然而，在公元前 1 世纪前，步兵支队一直是主要战术单位，在此之前没有其他罗马军团部署超过三线的案例。在公元前 2 世纪早期，也许是汉尼拔战争期间，罗马人曾让整个军团的士兵组成三线战阵并在主战线后作为后备兵等待，但这样的安排通常是因为突发情况，或因为人数大大超过敌军。对于波利比乌斯的描述，更可靠的解释是，雷古卢斯的军团还是按照三线战阵排列的，但每一个支队的排数增加了。对战大象的一大危险是，这些巨兽可怕的外形可能会令待命的士兵惊慌失措，弃阵逃散。更深的阵形会让前排的士兵更难逃跑，而后排的若想逃跑，也只能向前跑。倘若部队能在被大象攻击时坚守阵地，那么就更有机会用远程武器击退它们。此外，罗马的各支队间似乎还是留有了一些空隙，因为罗马的步兵战线至少和迦太基的步兵战线一样宽，如此，罗马的左翼才得以避开了大象的冲击。这样解读罗马人的军事部署可能不完全符合希腊语的规则，但更能让波利比乌斯其余的记载内容讲得通。他指出，罗马人阵形的最大要害在于不能充分保护处于明显数量劣势的骑兵。也许雷古卢斯希望在迦太基发挥出两翼骑兵的优势之前迅速靠步兵击溃敌方中军。[24]

　　经过正式开战前的常规等待后，克赞提普斯命令战象出击，罗马人随即上前迎战，发出战吼，有节奏地用武器敲击盾牌——据波利比乌斯记载，这是罗马人的作战习惯。罗马骑兵很快被数量至少是自己 4 倍的迦太基骑兵击退了。罗马步兵战线左翼的

2000人——一般是盟军部队——表现得相当出色。他们急于避开大象，且带着对上次被自己击败的雇佣军的蔑视，向敌阵右翼发起了进攻，击溃了雇佣军，并将其一路赶回了营寨。别处，罗马的步兵承受着象群的猛攻，不过尽管有所伤亡，但因为队伍纵深很长，所以阵形尚未崩溃。有几个支队和小股部队穿过了象群，重新集合后攻向了迦太基方阵，但因为他们已经疲惫不堪，标枪也几乎全丢了，而且人数上还被压制，所以被对方轻松击败了。与此同时，迦太基骑兵开始包抄罗马步兵的侧翼，罗马侧翼的支队不得不转过头来抵抗新一轮的攻势，罗马军队因此丧失了最后的前进力。在迦太基骑兵的远程武器攻击与大象的践踏下，罗马人无论是坚守阵地还是弃阵逃命都难逃被击垮的命运。雷古卢斯和500名士兵起初成功逃离，但又迅速被抓获，只有击败了雇佣军的2000名士兵得以有秩序地撤退，最终返回了阿斯庇斯，与留守在城内的部队会合。他们成功守住了城池，于下半年被罗马舰队接走撤离，这也是罗马唯一一支成功逃脱的大部队。波利比乌斯称，迦太基损失了800名雇佣兵，但没有记载其他伤亡情况。[25]

这场战役是布匿战争期间通过战象取得的最大胜利，也对在西西里的罗马军队造成了极大的震慑。在接下来的几年内，出于对大象的畏惧，罗马人都不敢再在开阔的战场上与迦太基人较量。然而我们必须指出，迦太基的胜利不仅仅是战象的功劳，而是在很大程度上也归功于骑兵对罗马步兵的成功包围。如果雷古卢斯的计划是发挥步兵的优势，在迦太基数量占优的骑兵发挥作用前迅速击败敌军的主战线，那么就是大象造成了他的失败。在公元前218年的特里比亚河之战中，另一支罗马军队的两翼也都被击溃了，但很大一部分士兵最终突破了迦太基阵线，成功逃脱。雷古卢斯的军队规模约有后者的三分之一，再加上罗马军队增加了纵深的布阵使其阵形正面变窄了，因此迦太基骑兵才更容易合围其步兵主阵。

克赞提普斯在此次胜利后离开了迦太基。据波利比乌斯记载，此时他已经开始警惕迦太基贵族的嫉妒情绪，此后转而为托勒密王室效力了。此外，一个关于雷古卢斯的颇有传奇色彩的故事诞生了：据说，迦太基人让他作为使节前往罗马，商谈赎回罗马战俘的赎金，而雷古卢斯却力劝罗马人拒绝这个提议。他之前曾发誓一定会回迦太基，因此他高尚地遵守了诺言，拒绝留在罗马，哪怕他清楚，回到迦太基后，等待他的是被酷刑折磨致死的下场。有一种说法称，迦太基人先是割掉了他的眼皮，然后让一头被激怒的大象将他踩死了。还有一个传说称，雷古卢斯的妻子得到了两个身份显赫的迦太基俘虏，为了给丈夫报仇，残酷地折磨了他们，直至其中一人死亡。学者们有时倾向于接受后一个故事，并认为后人所编造的雷古卢斯的故事是为了替其家族的残忍行径开脱。不过更谨慎的选择是对这些故事都不予置信，因为波利比乌斯对这些轶事没有任何记录。[26]

即便没有那些传奇故事，公元前256—前255年的非洲战役也是整个第一次布匿战争期间最富戏剧性的插曲。迦太基人在历经埃克诺姆斯和阿底斯的接连战败后，信心一度跌入了谷底，此役使他们重拾了信心，幸运女神也开始格外眷顾他们。第二年，他们在西西里取得了一些优势，同时对努米底亚的各国王施以毫不留情的打击。在此次战争剩下的时间中，罗马人没有再次入侵非洲，只发动了几次对沿海地区的大规模袭扰。[27]

为什么罗马人一开始要入侵非洲？显然，罗马人将这项战略视为向迦太基进一步施压的手段。至少自罗马人攻克阿格里根图姆并试图将迦太基人彻底逐出西西里岛起，战争已经升级成了罗马和迦太基之间的公开对抗。战争初期那些有限的目标——援助马麦尔提尼斯人以及争夺麦撒那海峡的控制权——此时已经退居次席了。罗马人也许能通过逐个蚕食迦太基要塞将他们最终赶出西西里，但这无疑将花费多年，而且攻占的城池还可能被敌军夺回或叛投敌方，反复拉锯又要耗费许多精力。一旦冲突演变为罗马和迦太基之间的全面战争，那么只有当某一方承认失败时，战争才会终止。罗马侵入非洲正是为了施加足够的压力迫使迦太基投降，而值得注意的是，决定以这种方式让战事升级的一方是罗马。史书作者们往往指责雷古卢斯开出的条件太过苛刻，无法令迦太基人接受，但其他罗马指挥官也未必会比他仁慈多少。罗马人一贯要求战败方承认自己的彻底失败，并接受反映他们惨败的战争条款。雷古卢斯的例子是第一个清晰反映我们之前所讨论过的罗马人对战争的态度的事件。只有在对方承认彻底失败并成为处于从属地位的同盟，从而彻底丧失对自己的威胁后，战争对于罗马人来说才算结束。此外的唯一可能就是罗马人自己战败。迦太基人对战争的态度远不像罗马人这般坚决，因为他们根据希腊化国家的习惯，期望以签署符合双方各自实力的停战协议结束战争。迦太基人并不指望彻底摧毁对方以绝后患，更没想过类似的条款会落到自己头上。不管到底是他们还是雷古卢斯先提议的谈判，值得注意的一点是，迦太基人并不抗拒在敌军占据上风时寻求和谈，这与被皮洛士两次击败、遭受了汉尼拔一系列重创后的罗马人的态度形成了极为鲜明的对比。两名将军都曾派使节前往罗马，然而他们不能理解元老院为何根本不与使者会谈，除非当时作为胜利一方的他们承认战败。罗马人对待战争的决绝是他们与迦太基人作战时最有价值的财富。

西西里（公元前 258—前 241 年）

公元前 3 世纪 50 年代末，迦太基人一度重整旗鼓，然而他们在西西里控制的区域还是逐渐被挤压，最后只剩岛屿西北角的一隅之地。公元前 254 年，罗马陆军与海军联合攻取了仅剩的仍然忠于迦太基的大城市之一的潘诺姆斯（Panormus）。波利比乌斯告诉我们，罗马与迦太基军队经常在相距不足一英里的地方扎营对峙数月，但罗马人因为畏惧战象，始终拒绝冒险一战或离开高地，而迦太基人也不敢效仿雷古卢斯奇袭敌营。罗马人又占领了一些城镇，其中包括利帕拉和哈米卡尔之前对罗马人的西西里盟军发动突袭时所占领的特尔迈。但对于在西西里已经作战多年的两支执政官军队来说，这点胜利实在算不上瞩目。罗马人征服西西里的进程此时无疑慢了下来。公元前 250 年末，当一支执政官军队撤离时，时任迦太基指挥官的哈斯德鲁巴领军从黎里贝乌姆（Lilybaeum）出发，前往潘诺姆斯挑战占据该城的另一支军队。当时正是潘诺姆斯人收获谷物的时节，罗马人保护着他们不受劫掠的侵扰，因为如果不能保护盟友的安全，那么盟友就很有可能倒戈，尤其这座城市刚被罗马人攻占不久，就更要多加注意这一点。不过罗马的指挥官，卢基乌斯·凯奇里乌斯·梅特卢斯（Lucius Caecilius Metellus）故意让军队在城中固守，装出一副不愿迎战的姿态，以图将迦太基人引入不利的位置。哈斯德鲁巴果然上钩了，近期西西里的战况让他以为罗马人缺乏斗志，因此产生了轻敌情绪，同时他也希望让罗马的盟友看看罗马士兵是多么懦弱，于是率军直逼城下。[28]

这个位置相当糟糕，哈斯德鲁巴必须渡过一条河才能向城市挺进，这不仅严重削弱了其军队的机动性，也给撤退增加了极大的难度。梅特卢斯做了仔细的准备，命令城中居民将所有投射武器集中在城墙附近，安排了一部分罗马轻装步兵守在城墙上，预备使用这些武器。他派轻装步兵的主力出城，骚扰渡河的迦太基先锋部队，迫使他们摆出战斗阵形。罗马人在靠近城墙的地方挖了一条战壕，如此，当交战中压力较大时，轻装步兵便可撤入战壕躲避。梅特卢斯做出特别指示，吩咐士兵一有机会就以投射武器集中攻击大象。他让重装步兵支队在一扇正对着敌军左翼的城门后待命，随时准备出击。他还特意持续为在城外作战的散兵提供援军，其中可能包括一些重装步兵支队，在城外假装摆开了正规阵形的战线。至此，迦太基军队还未全军遭到猛攻，哈斯德鲁巴就已然被拖入了他无法控制的逐步升级的战斗，因为他的主力战线已经向薄弱的罗马战线进发了。战象军团急于证实自己名不虚传，于是发起了冲锋，轻而易举地冲破了薄弱的罗马部队，并向着城墙一路追赶他们。轻装步兵按照指示撤退到了战壕内，继续用远程武器连续攻击大象，此时城墙上的部队也密集地用投掷武器攻击着大象。受伤的战象在惊慌中失控，向后逃窜，踩踏了迦太基军队，造成了大范围的混乱。梅特卢斯看到此机会，下令待命的重装步兵队伍冲出城门杀敌。陷入混乱的迦太基军队遭到侧翼的突然袭击，开始溃败。迦太基人此役损失惨重，伤亡人数没有确切的记载，而后来的史料中 2 万或 3 万人伤亡的说法并不可信。战象的损失尤为严重，10 头当场被捉，其余的也陆续被罗马人俘获。波利比乌斯称，迦太基人击败雷古卢斯后向西西里增派了 140 头战象，但我们不清楚它们是否全部参与了此次战斗。狄奥多罗斯说一共有 60 头大象被杀或被擒，但佐纳拉斯说有 120 头被抓；公元 1 世纪的老普林尼给出的数字更大，计有 140 到 142 头。有记载称，梅特卢斯承诺，只要被俘虏的战象骑手能为他控制这些巨兽，就可以获得自由。这些大象日后被运到了罗马，在庆祝性的角斗表演上被杀掉了。狄奥多罗斯告诉我们，迦太基人溃败的一个主要原因是阵中的高卢雇佣兵喝醉了，但这很可能只是希腊人和罗马人对于蛮族人酗酒成性的刻板印象罢了。[29]

这是第一次布匿战争期间最后一场大规模陆战，虽然它可能根本算不上一场会战，史料也很可能夸大了它的规模，但是这场胜利为元老院和驻守西西里的罗马军队重新树立了信心，所以它的重要性毋庸置疑。罗马人计划在公元前 250 年的作战季展开新的重大行动。城市仍然是控制西西里的关键所在，因此攻城战依然在战争中占主导地位。相距 15 罗马里（120 斯塔德）的黎里贝乌姆和德雷帕纳（Drepana）这两座城市拥有良好的港口设施，都还在迦太基人手中。罗马人决定用两支执政官军队和一支庞大的舰队进攻黎里贝乌姆，这些兵力据狄奥多罗斯记载总计约 11 万人。在阿格里根图姆之战以后，罗马人的攻城技术似乎有了显著提高，因为他们一开始就计划建造了围城工事，以便于把攻城锤直接运到黎里贝乌姆城下撞击城墙，打开供步兵攻入的突破口。罗马人的攻城知识有可能来自希耶罗提供的专家。这是双方之间第一次出现复杂程度堪比希腊化世界的攻城战，攻守两方都提前思考对策，及时应对对方的行动。守方指挥官希米尔科（Himilco）展开了积极的防御，命手下的 1 万名雇佣兵挖地道潜入罗马人的攻城工事下方加以破坏，并发动猛烈的突袭，试图烧毁敌方的攻城器械。在被迦太基人攻击和缺乏补给的双重打击下，罗马人损失重大。为避免不必要的粮草消耗，黎里贝乌姆的骑兵在围城初期就乘船撤到了城外，此时他们和其他迦太基兵力一起袭击了罗马的通信补给线。在下一章我们会看到，罗马舰队为了维持对港口的封锁经历了重重困难。最终，守城方的一支希腊雇佣军设法点燃了罗马人的攻城器械，又碰上一场强风助长火势，罗马人几周以来苦苦建造的包围圈就此毁于一旦。之前有些雇佣兵将领企图叛变，向罗马人献城，但其计划被另一位将领，希腊人埃里克松（Alexon）破坏了。罗马人因此只得继续封锁，试图令守军因饥饿而屈服。尽管罗马海军在公元前 249 年遭遇了重大挫折，在缺乏制海权的情况下胜算极小，但罗马人直至战争结束都坚持着对城市的包围，而迦太基人缺乏足以打破封锁线的陆上力量。[30]

在西西里战事的最后几年，第一次布匿战争中最著名的迦太基将领——哈米尔卡·巴卡登上了舞台。他的名字就和他出众的地位一样夸张，可能源自闪米特语中的"闪电"一词，也有可能是"剑"或"闪光"。不过哈米尔卡最主要的成就是在与罗马人的战争结束后取得的，而且他如果不是汉尼拔的父亲的话，其实不一定会获得如此多的关注。尽管如此，波利比乌斯依旧认为他是整个第一次布匿战争期间最出色的将领。当他于公元前 247 年登陆西西里时，迦太基人已经被逼入了所剩无几的狭小领地内。他在一座距潘诺姆斯不远、名叫赫尔克特（Hercte）的小山上扎营，获得了一处安全的基地，从这里他还能指挥一处良好的锚地。在之后的三年中，他与那座城市附近的罗马军队展开了多次小规模交锋，取得了很多小胜，但没能取得任何影响深远的战果。公元前244年，他趁夜撤退，乘船到了德雷帕纳附近的厄律克斯（Eryx）。罗马人曾在公元前248年占领了这座废弃的城镇，在城中和山顶上驻扎了守军。山顶上的罗马守军当时驻守在维纳斯神庙，哈米尔卡发动了奇袭，切断了他们与山下罗马军队的联系，攻取了城镇。他成功地在战争的最后几年里维持了这片领地的控制权，继续围困山顶上的守军，并在双方发起的频繁劫掠与散兵战中获得了小胜。[31]

哈米尔卡在西西里没有取得显著的战果，但这可能是因为资源不足使他难以进行更多行动，他也确实没有足够在正面战场击败罗马人的军队。迦太基人此时极有可能将更多的资源投入到了对付北非原住民的战场上。迦太基人面对的敌人不止罗马一个，而且西西里的战事一直看不到尽头，也可能为了避免最终战败，他们最终决定与罗马进行和谈，签订一个合理的停战条约。最终，西西里的陆战已经变得几乎无关紧要了，战争的结果是被海战决定的。现在我们该将目光对准第一次布匿战争的海战了。

4

海　战

　　第一次布匿战争的海战是古代史上规模最大的海战。罗马与迦太基双双为其舰队倾注了不可估量的资源，而各自损失的人力和财力也多得惊人。如果史料确凿，那么公元前256年在埃克诺姆斯参战的人数就是整个海战史上最多的。在第一次布匿战争期间，海战比大型陆战发生得更加频繁，而且最后对战局起到了决定性作用。波利比乌斯在记载中难掩对海战规模的惊叹，而更令他震惊的是，据他记载在战前从未建造过一艘战船的罗马人，能如此迅速地适应海战，并建造起一支能够击败拥有悠久海军传统的迦太基的强大舰队。双方海上交锋之初，罗马一路高歌猛进，势不可挡，接二连三击败了舰船质量与船员素质均占据上风的迦太基海军。当公元前241年大战结束时，罗马已经取代迦太基成了地中海西部无可撼动的海上霸主。它在战时建造的舰队为其日后战胜迦太基与希腊化诸国打下了基础。[1]

　　罗马其实在公元前260年之前就已经有建造战船和为其配备海军的经验了，不过波利比乌斯的夸张值得被原谅。在稳步征服意大利的大小战役中，罗马几乎不需要战船，因为即便是拥有海军的敌人，罗马军团也能从陆地上接近他们并在陆战中将其击败。公元前311年，罗马人设立了一个由两名官员组成的委员会，名曰"负责装备与修理海军舰队的双人委员会"（duoviri navales classis ornandae reficiendaeque causa），负责建造和维护战船。这两名官员可能各自统领着一支由 10 艘三列桨座战船组成的小舰队。史料鲜少记载他们的行动，只有一处提到，一支这样的小舰队于公元前 282 年被塔伦图姆人轻而易举地击败了。有关这一时期的史料十分匮乏，我们难以确定史实，但罗马在塔伦图姆战败后似乎解散了其尚未成熟的海军，转而依靠具有海军传统的盟邦——尤其是意大利南部的希腊城市——来提供舰船和船员。正如我们之前所见，公元前 264 年，阿庇乌斯·克劳狄乌斯就是乘坐由盟邦塔伦图姆、那不勒斯和洛克里提供的船只渡海前往西西里的。这种援助本质上是罗马依靠盟邦的军事援助的传统的延伸，只是上述城市叫作"海军盟邦"（socii navales），为罗马提供船只而非士兵。值得注意的是，罗马与迦太基在公元前 278 年的条约提供了迦太基舰队支援罗马军团的可能性。公元前 267 年，罗马的财务官由 4 名增至了 8 名，新增的是"舰队财务官"（quaestores classici），他们的职责之一也许就是管理海军盟邦的相关事务，每人分别负责意大利某一区域内的各个社群。我们无从知晓罗马的同盟能为其提供多少战船，但不论是从船只数量还是船型大小上，它们都不太可能有实力挑战迦太基的海上霸权。在战争初期，面对迦太基海军的威胁，盟邦的舰队难以将罗马士兵送到西西里，也难以为罗马军队输送物资，罗马各场战役的中坚力量仍然是陆军，海军盟邦完全处在从属地位。[2]

　　因此，元老院建造、配备一支包括 100 艘五列桨座战船和 20 艘三列桨座战船的舰队并且意图正面对抗迦太基海军的决定标志着罗马战争政策的一次重大转变。波利比乌斯称，罗马人在攻克阿格里根图姆后受到了极大鼓舞，于是做出了这个决定。他们的战争目标不再仅限于保护马麦尔提尼斯人，而是扩大到了将迦太基人彻底逐出西西里。可能在公元前 261 年之前，就有罗马人提倡建立海军了。一条很久之后的史料将此归功于公元前 263 年的执政官瓦列里乌斯·麦撒拉（Valerius Messala），是他第一个意识到了海军是取得这场战争最终胜利的必要因素，但我们无法确认这个说法是否真实，因为可能只是他的后人为了吹捧祖先而杜撰的。强大的海军对于彻底征服全西西里显然至关重要，尽管罗马人已经拥有了叙拉古这个基地，但只要迦太基海军掌控着航线，他们就仍然难以补给、维持和增援岛上的军队。如果罗马人想封锁并攻克拥有港口的城市，舰船也是必不可少的，否则守城部队就能轻松通过海路获得补给。最后，迦太基人的主力一直以来明显都是他们的海军，击败迦太基舰队势必将对其造成比战胜其雇佣军部队更为沉重的打击，并且能进一步迫使迦太基投降。这又是一个罗马为了达成具有决定性的结果而决定将战争升级的例子。[3]

公元前 3 世纪的海战

古代史书对海战的记载一般要远远少于陆战的。划桨战船对我们来说很陌生，这更增加了我们理解古代海战的难度。虽说海洋考古学已经开始为现代人呈现更多的信息，但发掘出的战船残骸与商船的相比尤为稀少，所以我们获取的信息大多是基于战船残骸的修复还原。尽管如此，我们对古代战船的建造与维护以及舰队的战略与战术的理解仍然存在着大量缺陷，比如我们无法确定布匿战争时期的标准战船，即五列桨座战船的具体构造。

在公元前 5 世纪的重大海战中，希腊联军击退波斯入侵者、雅典与斯巴达争夺霸权时使用的都是由三列桨座战船组成的舰队。有关这种战船的信息相对丰富，大多来自古典时代雅典的文献与铭文，以及比雷埃夫斯港（Piraeus harbour）船坞的考古发现。20 世纪 80 年代，人们依照原尺寸重建了一艘雅典三列桨座战船并多次试航，这极大地增加了我们对这种古代船只的了解。三列桨座战船的名字源自其基本动力单位——三人一组的桨手，每组的三个人分别坐在不同的高度，各操纵一支 14 英尺（约 4米）长的船桨，顶层的桨从舷外支架伸出。每名桨手都必须具备极高的技巧才能让船只顺利航行。雅典的三列桨座战船体形狭长，长约 120 英尺（36.5 米），最宽处不足 20 英尺（6 米）。它搭载 200 名船员，其中甲板人员、军官和海军陆战步兵约有 30人，其余的都是桨手。复原的三列桨座战船在试航中顺风航速达到了每小时 8 海里，在有一半桨手休息的情况下，也能稳定在每小时 4 海里，并且可以在两个半船身的距离内完成 180 度掉头。这种航速还是在现代人相对缺乏操桨经验，且现代船桨可能更沉的前提下达到的。总而言之，这艘复原的三列桨座战船表现良好，并挑战了很多过去关于古代海战的设想。[4]

在公元前 4 世纪，很多国家开始建造比三列桨座战船更大的舰只。迦太基最先建造了"四列桨座战船"（quadrireme），而叙拉古僭主狄奥尼西奥斯一世则在公元前 4 世纪初期设计了"五列桨座战船"（希腊语为"pentereis"，拉丁语则称之为"quinquereme"）。公元前 4 世纪晚期，希腊化世界兴起的诸王国能投入大量资源营造舰队，埃及托勒密王朝建造了一些规格最大的船只，其中有托勒密二世建造的庞然大物——"三十列"和

"四十列"桨座战船，但史料中没有多于十列桨座的船参战的记载。尽管三列桨座战船有三层船桨，但它的名字实际上源自每组桨手的人数，这一认识有助于我们理解这类船只的设计。显然，四层或五层船桨的设计是相当不现实的，十层或更多层更是绝无可能。事实上，没有任何证据证明在古代世界曾出现过拥有三层以上划桨甲板的战船。因此，在四列桨座战船或更大的船只上，至少有一部分船桨是由多名桨手同时操纵的。[5]

　　"五列桨座战船"中划桨的基本单位是五人一组的桨手，但他们是如何配合的呢？是只有一层船桨，每五人操纵一支，还是有两层船桨，一层的桨配三人，另一层的配两人，抑或有三层船桨，其中两层的各配两人，另一层的只配一人？中世纪晚期地中海列国的海军拥有很多战船，不管每支船桨有几人操控，所有的船都只有一层船桨。如果每支桨配有两个人，那么他们可以并排坐，高效地划一支桨，但如果多于两人，就有人需要在把桨伸入水中时站起来，再在划动船桨时坐回凳子上。古代世界更大的船只上肯定也采用了这种中世纪的配置方式。这种配置需要更宽、更沉的船体来承载数量众多的桨手，因此这类船在速度和灵活性上可能会逊于狭长的船只。美国古典学家、海军史专家卡森提出，这种安排降低了对桨手技术熟练度的要求，因为每支桨上只需要一名训练有素的桨手就够了，这对于正在建造和配备一支规模史无前例的庞大舰队的罗马人是很有吸引力的。在此基础上，卡森推断，罗马使用的是只有一层船桨的五列桨座战船，五人配合操纵一支桨，而迦太基则使用船体更狭长、有三层船桨的五列桨座战船。他认为这是史料都强调迦太基战船单体比罗马战船更快、更灵活的原因。然而波利比乌斯曾明确记载，罗马人的战船是模仿一艘俘获的迦太基五列桨座战船建造的，目前还没有证据反驳这一点。[6]

迦太基舰队在大多数战斗中的优越表现是由于迦太基船员所受的训练更扎实，造船的工艺也更精良，而不是因为船只的设计有多么独特。总体而言，这一时期的五列桨座战船很可能拥有不止一层船桨。如果有两层船桨，每层每支桨各配两名或三名桨手，那就意味着将以上描述的两种不同的配置结合在一条船上，但这样会不太协调，因此更有可能的情况是，有三层船桨，底层每支桨配一名桨手，上面两层的各配两名。这种解释让三列桨座战船演变为五列桨座战船的过程看起来更合理。在三列桨座战船中，顶层的桨装在舷外支架上，而这有时会被视为三列桨座战船的弱点。即便事实如此，且由三列桨座战船改进而来的五列桨座战船继承了这一缺陷，布匿战争中的五列桨座战船其实也很有可能并不是这种结构。近年来，通过研究图像史料，英国古典学家莫里森和英国海军工程师科茨主张，迦太基五列桨座战船与同样规模的希腊船只在构造上存在明显差异，从而推断，这种差异源于腓尼基人的造船方法。迦太基的五列桨座战船的三层船桨都从同一面很深的桨板伸出，船体上供船桨伸出的开口呈棋盘状排列。莫里森和科茨把这种结构理解为一种独立且凸出于主船体的桨箱，所有桨手都在这里面。如此，船只的宽度增加了，但该结构也可能加固了船体，从而能更好地抵御冲撞，船舱也可能有了更大的储存空间。他们认为罗马人仿造了这一船型，并且以波利比乌斯的论述为佐证，推断罗马海军一直到罗马帝国时期都还在使用这种战船。这种结构令更多层船桨的战船很难被开发出来，因为受桨箱的空间限制，顶多只有在每支桨安排两名桨手的六列桨座战船是可行的。二人指出，据记载，罗马人没有在战争中投入过任何六列以上桨座的战船，但这些船究竟是腓尼基式还是希腊式仍是未知。[7]

莫里森和科茨对史料的解释颇为吸引人，其可贵之处尤其在于能与文字记载相吻合，然而现有的史料还不足以提供最终结论。说到底，我们对五列桨座战船的确切性质依然存疑，不过它的容量和大致特征上的一些方面是可以确定的。一艘罗马五列桨座战船搭载 300 人，其中 20 人为甲板人员，其余均为桨手。在埃克诺姆斯，罗马战船每艘配备了 120 名海战步兵，不过这是因为他们准备进行大型正面交战，常态下的舰载士兵应该会少一些，也许在 40 名左右。雅典式四列桨座战船不会比三列桨座战船大多少，因为它们所停靠的船台原先就是为后者所造的。五列桨座战船的船体明显高于这些早期的战船，也可能更长更宽。它们的速度和灵活性无疑逊色于三列和四列桨座战船，不过更大的船体也意味着它能在更强的风浪中更平稳地前行，撞击敌船时效果也更明显。

古代海军作战有两种基本战术——撞击或登船作战。战船上士兵投射远程武器的强度以及较大的战船上配有的投石器都不足以对敌船造成多么严重或致命的打击。这种远程攻击最多只能阻止敌方船员登舰，而风这个不确定因素又能很大程度地影响投射武器的效果，因此远程攻击只是一种辅助手段，一切决定性的海战都需要双方战船产生实际接触。

划桨战船的撞角最早是尖头的，但是钝头的撞角在公元前 5 世纪将其取而代之了。随着战船的威力日渐增加，窄头的撞角便成了一个隐患，一旦深深刺进敌船船身便会难以拔出，令发出攻击的船和被撞的船一样动弹不得，因此撞击时与敌船的夹角一般不宜超过60度，超过这个角度就可能刺入敌船过深而难以脱身。一只公元前3世纪的撞角在以色列的亚特利特（Athlit）海岸被发现，现存于位于海法的国家海军博物馆。它就是钝头的，越往末端越宽，两侧各有更宽的突出部分。这个撞角长7英尺6英寸（2.2米），最宽处达30英寸（76厘米），最高处达37.75英寸（96厘米），重1023磅（464千克），可能来自一艘托勒密战船，卡森认为这可能是一艘四列或五列桨座战船。在黎里贝乌姆（西西里的马萨拉［Marsala］）附近发现的一艘小型迦太基战船残骸上的撞角为木质，两侧各有一个金属尖头，整个撞角向上弯曲，可能是为了从海面以下刺穿敌军船身。撞角被固定在战船的龙骨上，但并非龙骨的一部分，否则在发动一次成功的撞击后，攻击方战船自身的船体也会承受巨大的反作用力。这种设计的另一个好处在于，如果撞角卡在了敌船上，它也许能与攻击方的船体分离，让其撤离。[8]

　　撞击敌舰的船头是很危险的，在海战中通常会被避免，因为船头是整只船最坚固的部分，这种不情愿的碰撞很可能对双方船只都会造成严重伤害。相反，船长会指挥己方战船冲击敌舰的侧面。在理想情况下，己方战船以较小的角度从尾部撞上敌船船身，撞角并不会撞破船体上的一个点，而是会割裂船体上的很大一部分，令其接缝裂开，从而导致进水。因此，当时的海战包含了一系列战船与战船间的一对一决斗，双方都设法转弯避开对方，攻击对手的侧翼，同时还要避免暴露自己的弱点，这种作战方式有时与第一次世界大战中战斗机的缠斗十分相似。一组技术娴熟的船员会选择恰到好处的角度撞击，让撞角沿着敌船的侧面割掉其桨板，使其丧失行动力，不过在做到这一点的同时很难不损伤到自己的船桨。当时的一些战术，比如包抄敌军侧翼（periplus），以及突破敌军战线然后从后方撞击（diekplus），现在难以精确重现，不过它们可能是舰队战斗的战术，而非适用于单独一艘战船。[9]

除了撞击，另一种战术是接舷战，即牵制住敌船，然后让大量士兵占领敌舰。这种近战的胜负取决于攻方登船士兵和守方海战士兵及甲板人员的数量、士气和作战技巧，因此大型战船在使用这种战术时更有优势，因为它们可以装载更多海战士兵，船身高度也更具优势。登舰作战对船员的航海技术要求低得多，因为他们的主要任务就是让战船与敌船产生接触并将其牢牢抓住，而一次成功的撞击则需要一组技术更精湛的船员，因为船体的速度和灵活性在这种情况下是至关重要的。公元前5世纪的雅典海军是熟练运用撞击战术的典范，最大限度地发挥了他们轻快且没有甲板的（aphract）三列桨座战船的优势，且其技术娴熟的船员都是由最贫穷的公民组成的。除了实行激进民主制的古典时期的雅典，很少有其他城邦愿意定期支付大量桨手的工资以维持其日常训练。亚历山大死后涌现的希腊化王国比起建造船只体形日渐庞大的舰队的资金，更缺乏能够担任船员的人力。新的造船重点放在了增大船体上，削弱了撞角的重要性，因为大型战船速度较慢，灵活性较差，它们的主要优势是可以携带更多海战士兵。除此之外，更大的船体意味着结构更加坚固，更能抵御敌船的撞击，但如果对方同样是大型重型战船，那么其撞角仍有可能带来重创。时至公元前3世纪，撞角其实已经不再是海战中最主要的武器了，但是训练有素的迦太基海军仍能熟练使用它。

同其他古代船只一样，尤其与时代更近的航船相比，五列桨座战船上的船员数量很大。船员中大部分是桨手，他们在航程中大部分时间都必须坐在自己的长凳上，因为他们的体重占了船只压舱物的很大一部分，所以不能随意走动。船舱内能储存食物和淡水的空间很小，后者更是对这些在地中海的炎热夏季里辛苦划桨的船员而言最重要的物资，因此这严重限制了古代战船的战略范围，一艘满员的舰船至多只能出航数日。在理想情况下，船只每天都能靠岸让桨手休息，然而登岸后，舰队就变得十分脆弱，难以对抗陆上或海上的攻击，所以除非有地面部队掩护，否则贸然登岸是很不明智的。因此，舰队极度依赖可靠的、能提供补给的岸上基地。西西里及其周边岛屿，以及条件稍差一些的撒丁岛和科西嘉均处在北非和意大利之间的理想位置，能为这两地的海军提供合适的站点。如果预计会遇到敌方海军，尤其在舰队主要依靠接舷战的时期，那么其航行范围又会大打折扣。当舰队计划在海上战斗时，通常会搭载更多海战士兵，人数可达平时的两倍甚至三倍之多，会使船上的粮食和淡水消耗得更快。更重要的是，这意味着舰船搭载的重量大大增加，不仅航速会减慢，船体也会变得不稳，如果士兵不能在船上均匀分布并保持不动，就会加剧这一问题。因此，舰队一般只在战斗前夕才会带上大量的海战士兵，但能做到这一点也不容易，因为舰队有时联系不到友方陆军，未能从其军中调取兵力上船，就会陷入极其不利的局面。

初期交锋

罗马人的五列桨座战船舰队中还包括 20 艘三列桨座战船，

人们认为这也许是恢复了旧时"负责装备与修理海军舰队的双人委员会"官员各自率领由 10 艘战船组成的舰队的制度，可能体现了罗马人与生俱来的保守主义。在此时的大规模海战中，三列桨座战船因不够大而难以再在战场上发挥决定性作用，但是任何舰队都需要一些速度快的船只支援重型战船。波利比乌斯似乎暗示，后来的舰队全部由五列桨座战船组成，它们无疑是舰队的主流配置，不过他也提到了舰队中有三列或四列桨座战船，偶尔还有更大的战船，但他显然是用"五（列）"一词来代指"战船"一词了。据波利比乌斯记载，罗马的五列桨座战船是模仿自一艘迦太基五列桨座战船，后者当时在利吉乌姆一带试图阻止克劳狄乌斯的军队渡海，结果因搁浅而被罗马人俘获。史料没有记载罗马人造船的地点，也许他们参考了海军盟邦的造船工艺，不过造船工程最有可能是在罗马和盟邦国家的中间地带，比如奥斯提亚（Ostia），在罗马官员的监督下展开的。很多造船所需的技术大概是罗马工匠在日常活动中所熟悉的伐木和木工活。虽说由于经验不足，造出的第一批船只可能质量不佳，但是庞大的建造量极有可能使工匠的技艺得到了稳步提升。在修建舰船的同时，桨手也在模拟划桨座席的长凳上展开了训练。普林尼称，所有舰船在仅仅 60 天内就完工了。[10]

罗马人向来以自己能够学习并最终超越对手的技术和策略的能力为豪，这个故事便是一个典型的例子。我们没有合适的理由认定这个故事是假的，也没有证据去质疑波利比乌斯在书中所明确写到的，在此之前意大利没有建造过五列桨座战船这一说法的虚实。叙拉古曾建造过更大的战船，但如果莫里森和科茨的论断无误，那么迦太基的五列桨座战船在设计上很可能与希腊战船不

同，且通常被认为比后者更先进。近年来对马萨拉沉船的分析使
罗马如此之快的造船速度变得更加可信了。这艘小型迦太基战船
的木材上很多地方都有做过标记的痕迹，清楚地展现了船只的多
个建造阶段，譬如有的木板上画有榫头的轮廓，示意工匠切割的
位置；龙骨上分段画有标记顺序的布匿语字母，对应肋拱的位
置。不同于现代造船技术，迦太基舰船的船壳是在架设肋拱之
前造好的。由于在船壳内铺建内层木板的工人看不到龙骨上标
记的序号，因此船壳内部的一块列板上也标有同样的序号。船
身上还有一句上下颠倒的建造说明，因为建造时该部分是倒立
着的。有趣的是，那时的造船工人不像现代人一样会尽可能选
取尺寸合适的整块木材来制作各个部件，而是乐于用多块木料
拼成所需的形状，这种拼接而成的板料会比天然的整块木料更加
坚固。用标准化预制的模板造船必然会大大加快建造速度，而人
们却一度以为，这种大批量生产技术直到工业革命才出现。[11]

　　在描述罗马新建舰队的初次军事行动之前，我们必须先搞清
楚是谁为罗马提供了船员，尤其是那 3 万多名桨手。其中一部分
显然来自罗马的海军盟邦，这些盟邦可能也提供了大量经验丰富
的船长和甲板船员，但他们不一定能提供如此之多的桨手，而且
肯定不能满足罗马舰队在战争后期巨大的人员需求。其他一些意
大利部族应该提供了一部分兵力，其中显然有萨莫奈人，而他们
在此方面被史书提及却仅仅是因为他们在公元前 259 年曾试图
在罗马军中掀起叛乱。船员们必定还来自萨莫奈以外的部族，然
而尽管有些史家对罗马人的航海天分评价很低，大部分水手可
能来自罗马非常贫穷、没有资格在军团中服役的最低普罗阶层
（proletarii），此外可能还有一部分是城里的被释奴。这一结论来

自李维提供的人口普查记录，但这些数据的真实性存疑；同样，我们之后会讲述的有关克劳狄乌斯·普尔喀（Claudius Pulcher）的姐姐的精彩轶事也能予以佐证。[12]

在罗马完工的舰队下水后，船员们在沿着意大利海岸线南下前往麦撒那海峡之前训练了一小段时间。公元前 260 年的两名执政官中，出身世族的格奈乌斯·科尔内利乌斯·西庇阿受命指挥舰队，他的同僚盖乌斯·杜伊利乌斯（Gaius Duilius）是一名新贵，负责统率西西里的陆军。西庇阿为了给主力舰队的抵达准备后勤支援，率先带领 17 艘战船渡过了海峡。在那里，利帕拉提出要叛变投向罗马人一方，这在上一章已经提过。利帕拉是西西里东北角群岛中最重要的一个港口，扼守直通意大利半岛航线的要害。从迦太基人手中夺走这个基地无疑是对罗马人极其有利的，所以西庇阿立刻夺取了这个先拔头筹的机会，带领自己的 17 艘舰船抵达了不远处的利帕拉，控制了港口。不管这是不是预先布好的陷阱，迦太基的反应都可谓十分迅速。迦太基舰队当时驻扎在距西西里北岸不远的潘诺姆斯，由指挥阿格里根图姆守卫战的汉尼拔率领。他察觉到西庇阿的行动后，立刻派出了 20 艘战船前往利帕拉。这支小舰队在迦太基贵族伯伊戴斯（Boödes）的指挥下于夜晚抵达，将罗马人封锁在了港口内。罗马舰队没能组织起有效的抵抗，一些缺乏经验的船员惊慌失措地逃往了内陆。有传言称，西庇阿及其手下军官在与伯伊戴斯谈判时惨遭俘获，不过这可能只是一个常见的批判迦太基人狡诈的故事罢了。西庇阿因此次失败得了一个"阿西那"（Asina，拉丁语意为"母驴"）的诨名，这个词的阴性词性可能是为了增添羞辱色彩，不过这并未对西庇阿的仕途造成重大影响，因为他在公元前 254

年再度当选了执政官，在这之前，他可能通过支付赎金或是交换俘虏被赎了出来。[13]

迦太基人在此获胜后也旋即遭遇了类似的小规模失利，可能是在侦察或在向意大利发动袭击的途中，汉尼拔碰到了罗马的主力舰队。尽管汉尼拔自己最后得以逃脱，还是在一个被波利比乌斯称为意大利之角（Cape of Italy）的地方周围损失了 50 艘舰船中的一大部分。这次意外遭遇凸显了在古代海战中掌握敌方舰队动态的难度，所以我们并没有理由认为波利比乌斯误解了菲利努斯关于之后米莱（Mylae）之战的记述，并含糊不清地虚构了一段情节。尽管罗马与迦太基都曾在交战初期遭受挫折，但双方都迫切地期待和敌方舰队来一场全面交锋。当盖乌斯·杜伊利乌斯抵达西西里接管部队时，罗马人已经在为此做准备了。[14]

罗马人意识到，自己的舰船无论速度还是灵活性都逊色于对手。他们模仿了迦太基的造船方法，却还未学到迦太基造船木匠的手艺，更重要的是，罗马船员远不如迦太基船员训练有素。罗马人显然很难只依靠撞击取胜，因此他们必须想办法靠近敌舰，登船作战。为了实现这个目的，有人想出了一种新型登船桥，现代史家对其拉丁语名"乌鸦"（corvus）比较熟悉，但其实古代作家都不用这个词，波利比乌斯使用的是希腊语同义词"corax"。史书中并未记载它的发明者是谁，有人推测他是一名在西西里出生的希腊人，但罗马人不愿与一个外邦人分享他们日后胜利的荣耀；甚至还有人觉得此人是年轻时的阿基米德，不过这些都只是猜测罢了。

后世的一些史料把"乌鸦"视为一种抓钩，这令有些历史学家怀疑波利比乌斯的描述有误。不过瓦林加（Wallinga）成功仿建出了这种工具，终于证实了波利比乌斯所言不虚。"乌鸦"是一种宽 4 英尺（1.2 米）、长 36 英尺（10.9 米）的登船桥，两边有及膝的护栏，其后三分之一的长度分成了由一个长凹槽隔开的两个尖头，凹槽固定在立于甲板上的一根 24 英尺（7.3 米）高的长杆上，长杆上的滑轮可以将桥拉起到一定角度，拉起的桥头下面有一根鸟喙似的又重又尖的长锥，"乌鸦"很可能由此得名。被放下后，登船桥便会落在敌船的甲板上，同时长锥牢牢钉进木板里。桥尾的凹槽使其拥有很大的转动空间，可以根据敌人靠近的方位从船头或其任何一侧落下。一旦登船桥被结实地钉在了敌船上，舰载的罗马士兵便可蜂拥而上，依靠他们的剑术、凶猛的攻击和人数优势对敌方造成压倒性的打击。这个简单实用的装置让罗马人得以将自己的陆战优势扩展到海上。"乌鸦"在历史舞台上活跃的时间不长，但却取得了巨大的成功。[15]

杜伊利乌斯与舰队抵达后就接到了报告，称迦太基海军正在袭扰米莱周围的地区。这座城市位于西西里北岸的一座半岛上，距利帕里群岛不远。罗马舰队全部出海，沿海岸线驶向米莱，汉尼拔得知消息后立即率领舰队前来迎战。波利比乌斯称迦太基人募集了 130 艘战船，这个数字比狄奥多罗斯所记载的 200 艘看起来更可信。汉尼拔的座舰是一艘在公元前 276 年从皮洛士手中俘获的七列桨座战船（hepteres）。罗马的舰队组成可能是这样的：他们最初有 120 艘战船，在西庇阿领军时损失了 17 艘，加上在与迦太基人的初期交锋中俘获、打捞后能再利用的一些，以及海军盟邦支援的若干艘。双方舰队很可能都主要由五列桨座战船组成，规模上也无特别大的差距。[16]

据波利比乌斯记载，迦太基人对每艘罗马战舰的船头附近立着的外观奇怪的"乌鸦"感到困惑，不过他们依然信心十足，认为面对缺乏海战经验的罗马人，己方拥有明显优势。在古代海战中，指挥官很难精确掌控自己舰队的行动，但汉尼拔麾下的舰队似乎瞬间就失控了。迦太基战船涌向了敌方，汉尼拔巨大的七列桨座战船一马当先。有些罗马战船遭到了冲撞，但是它们都放下了"乌鸦"，其尖喙刺穿了敌船的甲板，将其牢牢抓住。率先与罗马人交锋的 30 艘迦太基战船全部被"乌鸦"抓住了，在这之中就有汉尼拔的旗舰。佐纳拉斯称，攻击它的是一艘罗马三列桨座战船，不过他可能用"三列桨座战船"这个词泛指了战船，实际上这更有可能是一艘五列桨座战船，因为七列桨座战船与三列桨座战船的高度会相差太大。每一艘罗马战船都通过登船桥派出了大量士兵，迅速击败了敌舰上的船员。汉尼拔舍弃了他的旗舰，逃到了一艘小划艇上。剩余的迦太基舰队利用自身的速度优势调转方向，向罗马舰队的侧翼迂回，试图避开"乌鸦"从后方发动攻击。然而罗马人仍然设法灵活地抵挡了这番攻势，进入其攻击范围的迦太基船只全被"乌鸦"抓住钉牢了。波利比乌斯称，罗马人的登船桥"甩回来并向四面八方落下"，但是我们不清楚他具体想描写什么情形：架置在靠近船首位置的"乌鸦"能够转动一定幅度，从左右舷的方向落向敌船，但肯定够不到船尾周围的区域。显然，罗马战船看到敌舰接近后一定会调整方向，试图让敌船处在"乌鸦"的活动角度内。蒂埃尔（Thiel）猜测，罗马舰队分成了两条战线，迎接迦太基第二波攻击的是罗马的第二战线。尽管这种可能的确存在，但我们没有足够充分的史料去证明或是否认这种说法。尽管一艘五列桨座战船是由缺乏经验的桨手驾驶的，且载有"乌鸦"，可能还有海战士兵，导致其重量较大，但蒂埃尔可能还是把调转一艘五列桨座战船想象得过于困难了。[17]

　　迦太基人轻松脱离了战场并顺利撤退，这再次证明了他们船只的速度优势，但他们没能利用这一优势取得什么正面成果。对于初出茅庐的罗马海军而言，这是一场辉煌的胜利，而这几乎完全要归功于"乌鸦"的发明者的聪明才智。据波利比乌斯记载，迦太基人损失了50艘战船，但后来的史料称，迦太基有30或31艘船被俘，13或14艘船被击沉，这个数据可能出自杜伊利乌斯为纪念其胜利所建的"船首记功柱"（columna rostrata）①上的铭文，不过铭文已残缺不全，现在我们只能辨认出每个数字的十位。保存下来的这部分碑文是用罗马贵族典型的自吹自擂的语调写成的，强调了杜伊利乌斯是第一个击败迦太基海军的罗马人，并号称他在陆战中击败了迦太基最强大的军队。现存的文本提到了三列桨座战船，被复原的部分还提到了五列桨座战船，这进一步印证了我们的推测，即这场战斗中的罗马舰队并非单独由五列桨座战船组成。[18]

　　罗马为这位新贵举行了史上第一次庆祝海战胜利的凯旋式。他用从俘获船只上取下的船首（拉丁语：rostrata）装饰广场上的演讲台，英语中"演讲台"（rostra）一词后来就是由此得来的。杜伊利乌斯在罗马去别人家赴宴时，主人都会安排一队乐师伴随他左右。不过尽管获得了如此殊荣，杜伊利乌斯后来的政治生涯却算不上多么引人瞩目。[19]

　　此次失败令迦太基人颇受打击。尽管汉尼拔没有因战斗中的失职而遭到惩罚，但不久之后，他的舰队被罗马人封锁在了撒

---

① 因记功柱上装饰有迦太基战船船首的撞角而得名。——译者注

丁岛的一处港口内，在那不久后，他被他手下的军官处决了。撒丁岛是侵袭意大利的绝佳基地，因此拿下撒丁岛迅速成了罗马人的下一个目标。除此之外，在接下来几年内，罗马舰队主要在西西里岛上军队的支援下行动，下一场大规模海战直到公元前257 年才发生。如同这一时期的许多海战，这场战斗也是由两支舰队偶然碰面而引起的。公元前258—前257 年的执政官之一，盖乌斯·阿提利乌斯·雷古卢斯（Gaius Atilius Regulus，马库斯的弟弟）率领罗马舰队驶离了位于米莱西部不远的廷达里斯（Tyndaris），在航行中发现了迦太基舰队。双方可能都在对方进入视野之后才注意到对方的存在，而且肯定都没有准备好作战。尽管如此，雷古卢斯还是决定进攻，率领 10 艘战船向敌人冲了过去，其余的舰船则远远地跟在后面。迦太基人迅速做出反应，派出更强大的兵力向这位执政官率领的小舰队发起了攻击。罗马的 9 艘战船被撞沉，只有执政官乘着他速度快且兵力精良的座舰得以逃脱。不过当罗马的主力舰队列好阵形，最终与敌舰交手时，胜利的天平再次倾向了罗马。10 艘迦太基战船被俘，8 艘被击沉，但是我们不清楚其中是否包括在先前的战斗中被俘的罗马船只。迦太基人不愿让事态升级，撤到了附近的利帕里群岛。罗马舰队起初前往这一区域很可能就是为了袭扰迦太基这处极具地理优势的基地。[20]

埃克诺姆斯之战

　　尽管从迦太基舰队在廷达里斯轻松的撤退来看，罗马战船的速度和灵活性依旧逊于对手，但舰队的效率和训练技巧都在稳步

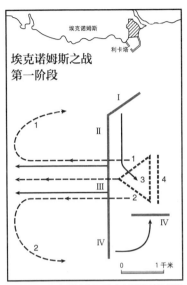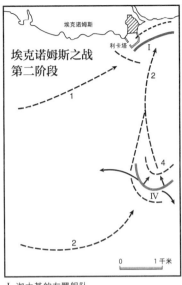

1. 马库斯·阿提利乌斯·雷古卢斯指挥的舰队
2. 卢基乌斯·曼利乌斯·乌尔索指挥的舰队
3. 拖着运输船的舰队
4. "后备兵" 舰队

Ⅰ. 迦太基的左翼舰队
Ⅱ&Ⅲ. 哈米尔卡指挥的迦太基舰队主体
Ⅳ. 哈农率领的右翼舰队

1、2、3、4: 罗马舰队
Ⅰ、Ⅱ、Ⅲ、Ⅳ: 迦太基舰队

提升。罗马与迦太基舰队的实力差距日趋缩小，双方为了获得压倒性优势也都投了入大量资源建造新船。公元前256年，一向大胆的罗马决定派军入侵北非，让冲突升级。他们为此集结了330艘船只，组成庞大的舰队沿着意大利海岸航行，跨过了麦撒那海峡，在经过叙拉古顺着西西里海岸继续向南之前，在帕奇努斯海角（Cape Pachynus）附近与西西里的陆军主力会合。罗马步兵中的精英作为海战和入侵兵力登船，如此，每艘五列桨座战船现载有120名士兵，波利比乌斯称罗马舰队上的船员和士兵总计14万人。迦太基人组建了350艘战船的舰队，在绕去小赫拉克利亚前先从非洲驶往黎里贝乌姆。波利比乌斯也许假定迦太基船只的舰载人数与罗马基本相同，从而估算他们的总人数在 15 万以上。[21]

　　很多知名学者并不认可波利比乌斯给出的一些（包括这场）海战中的舰船数量，尤其是试图通过分析战争的相关描述来重新确定战斗中船只具体数目的塔恩（Tarn）和蒂埃尔。就埃克诺姆斯之战来说，他们倾向于在波利比乌斯的记载基础上将双方的战船数量各减少约 100 艘。史料中记录的可能并不总是准确的，而且正如之前所说的，胜利者总喜欢夸大敌军的规模，以凸显自己胜利的辉煌。然而承认这一点并不能帮助我们获取确切的数字。分析舰船数量的方法通常十分死板，假设除了史料提到过的船只被建造、配备人员，战斗中船只沉没或被俘便没有别的变动了，但有关这场长达 23 年的战争的史料实在都太简短了，不可能全面地囊括所有这样的细节。说到底，我们无法确定波利比乌斯给出的数字是否精准，只能假定他的说法大体上是正确的。他说罗马舰队的旗舰是两艘六列桨座战船，因此我们能同之前一样推断，尽管罗马舰队主要由五列桨座战船组成，但也包含其他船型。有些船只可能较小，因此船员总数可能比之前估算的要少一点。我们同样不清楚迦太基战船搭载的士兵数量是否与罗马五列桨座战船的相同，但可以确定的是，罗马人用"乌鸦"所发起的登船近战完全不是迦太基人的强项。[22]

　　罗马人做好了与敌方舰队在海上开战或继续航向非洲海岸并登陆作战的两手准备，因为他们还不清楚迦太基人将对己方的行动做出什么反应。舰队中还有一些运送马匹的运输船，但我们不知道确切的数量。他们为雷古卢斯手下的 500 名骑兵以及一些高级军官输送了坐骑。运输船不是用自己的动力航行的，而是被拖在战船后，以确保它们不掉队。其实迦太基的指挥官们此时已经做好了在西西里沿岸开战的准备，因为他们判定这是保卫迦太基的最佳方法。此外，如果波利比乌斯给出的数字无误，那么这也许是迦太基有史以来集结过的最庞大的舰队，再加上他们一直以来相信自己的海战技巧胜过对手一筹，这些条件促使他们相信自己必将大败罗马人。双方的舰队在彼此观测范围内，沿着西西里海岸向对方移动。

当年的两名执政官，卢基乌斯·曼利乌斯·乌尔索和马库斯·阿提利乌斯·雷古卢斯同时统军，可见这场军事行动至关重要。他们将舰队分为了四部分，编为一号至四号"分队"或"军团"。这些称呼都只是绰号而已，与舰队的实际规模无关，而且四支分队的规模似乎也不同。前两队由两名执政官亲自率领，由他们各自的六列桨座战船打头阵，其他舰船在旗舰之后依次呈梯形排开，如此，每一艘舰船的船头都在前排战船的侧后方。实际上，这两支分队构成了一个三角形的顶角，第三分队在其后一字排开，组成了三角形的底边，每艘船后面拖着运送马匹的运输船。第四分队位于第三分队正后方，而且可能数量多于后者，因为它的队形与两边侧翼重叠了。它们的任务是保护阵形的后部，并且是最终的后备力量，因此第四分队也有"后备兵"的绰号。波利比乌斯赞赏了罗马舰队阵形的实用性，认为舰船列阵相对紧凑能彼此照应，同时能够调转方向面对来自任何角度的威胁。这样出色的队形标志着罗马船员素质的提高，反映出指挥官的经验更加丰富了，并且我们没有理由怀疑波利比乌斯论述的真实性，或猜测波利比乌斯记载的阵形实际上只是罗马人无意中组成的。[23]

罗马舰队一进入视野，原本以常规的一字阵前进的迦太基舰队就调整了阵形。西西里海岸在迦太基舰队的左侧，占了船只数量四分之一的左翼往前向海岸延伸，其余舰船与左翼形成一个夹角；右翼由公元前261年未能解阿格里根图姆之围的将军哈农指挥，这些战船速度最快，向外延伸并超过了罗马阵形的侧翼。率领中央部分的是西西里的总指挥官哈米尔卡，他命令自己麾下战舰的船长面对罗马人的攻击时先撤退。哈米尔卡的计划似乎是先破坏罗马人的密集阵形，然后迦太基的左右翼便可以迅速推进，从侧方或尾部攻击敌方舰队。这种战术会创造大量船与船之间的小规模接触，迦太基海军便有希望发挥自己撞击战术的优势，同时避开罗马战船的"乌鸦"的正面攻击。除此之外，后世提出的更复杂的迦太基战略计划都不可信。[24]

战斗之初的局势似乎在按照哈米尔卡的预期发展着。罗马执政官判断，迦太基战线的中间有弱点，波利比乌斯称此处"更薄弱"，可能是指此处的战船彼此之间的距离较远。罗马的旗舰率领第一和第二分队向这个薄弱点发起了进攻，哈米尔卡的船队立即撤退，因此两名执政官的分队和仍然拖着运输船的第三分队之间立即出现了巨大的缺口。看到罗马舰队已经被引出，与尾部的战船脱节，哈米尔卡发出信号，命令手下各舰调转船头发起反击。受到两位一马当先的执政官的感染，罗马战船涌向前，试图抓住敌船，与之展开了激烈的战斗。迦太基战船利用速度优势一度占据上风，有些舰船甚至突破了罗马的战线，从尾端对其实施撞击。[25]

与此同时，哈农的右翼包围了罗马舰队，向第四分队发动了猛烈的攻击；迦太基左翼此时也改变了战线的方向，正面朝向罗马舰队，包围了第三分队。罗马战船抛下了运输船，冲向了敌人。正如波利比乌斯所说，战斗实际上形成了彼此相对独立的三块战场，尽管这可能是迦太基人计划之中的情况，但这并未给他们带来持久的优势。罗马的船员不再像公元前260年那样缺乏经验了，更重要的是，迦太基舰队的大规模扩张必然导致了其船员平均水平的下滑，因此优势在罗马人面前便不那么明显了。每个战场上庞大的船只数量使局面无比混乱，迦太基战船很难在撞击一艘罗马战船后避免遇上其他罗马战船并顺利脱身。最后，正如拉赞比所言，迦太基人没能找到对付"乌鸦"的有效手段。如同第二次世界大战中各国对于航空母舰截然不同的态度，一支习惯于屡战屡胜的陆军或海军往往很难适应敌人采用的新战术。[26]

当哈米尔卡的战船放弃了战斗，逃离战场时，迦太基的中军与罗马第一第二分队之间首先分出了胜负。尽管迦太基最初取得了一些优势，但还是有一些迦太基战船被"乌鸦"钩住了，随后被罗马士兵登船占领。当迦太基人逃跑时，曼利乌斯·乌尔索指挥手下保护战利品，同时雷古卢斯率领尽可能多的战船支援其余的分队。面对哈农的攻势，罗马的第四分队一度处境艰难，直到罗马其余战船绕到了哈农后方才合力将其驱走。迦太基舰队的左翼本已将罗马的第三分队逼到了西西里岛岸边，但当罗马战船集合起来组成一条战线，船头直指迦太基舰队时，后者因为畏惧"乌鸦"而不愿接近，除了包围罗马人便再无作为。曼利乌斯·乌尔索和雷古卢斯分别从不同方向带领援军赶到后，立刻驱散了迦太基左翼。在这一战斗的最后阶段，由于这50艘迦太基战船被困在海岸、罗马第三分队以及两名执政官的分队中间难以逃脱，最终都被俘了。此外，迦太基还有14艘战船被俘，30艘被击沉，这些船只可能主要来自哈米尔卡所指挥的中军。罗马的损失仅包括24艘被击沉的战船，没有战船被俘。[27]

这场第一次布匿战争中最激烈的战斗，同时也可能是历史上规模最大的海战，以罗马人大获全胜告终。"乌鸦"再一次证明了它的价值，尤其是当罗马第三分队遭到围攻、被困在海湾内陷入不利位置时，它仍然能帮助舰队抵挡住敌人的攻势。两位罗马执政官的指挥也值得瞩目，因为在这一时期，即便一切都进展顺利，指挥官也很难完全掌控舰队的行动，只能发出最简单的信号，而计划能否成功在很大程度上靠的是运气。在击败哈米尔卡之后，雷古卢斯和曼利乌斯·乌尔索聚集起足够的战船并率领它们驰援其余罗马舰队的速度着实令人叹为观止。迦太基舰队正是在战斗的最后阶段损失最惨重。迦太基史上最庞大的舰队并没有太出色的表现，指挥官们在最初交锋之后便没再发挥多大作用。尽管他们成功将罗马舰队分割开来，却没有利用好这个优势。没有迹象表明迦太基人成功通过登船战夺下过任何一艘罗马战船，这可能说明，他们船上的士兵比罗马少很多。迦太基舰队过于庞大的规模使其行动笨拙，但是很适合罗马人偏好使用的相对简单的登船战术。

战斗接近尾声时，迦太基舰队的三支分队各自向不同方向撤退，无法继续战斗。罗马人回到了西西里，让人员休整，修补战船，并尽可能多地打捞、修复俘获的船只。罗马人的这一行为使有些学者产生了不必要的诧异，并使他们怀疑罗马人从一开始就没打算前往非洲。如此看来，运输马匹过海的举动就有些莫名其妙了。但是我们要知道，战场离西西里岛很近，而前往非洲的路途还很漫长，船员在战斗中的体力消耗远比在一般航行中的要大，因此在继续航程之前让桨手们适当休息，并补充每只船的淡水储备是明智的。为了减轻战船的负担，大部分罗马士兵也许被转移到了运输船上。除此之外，一些船只可能已经在战斗中严重受损，舰队的阵形被打散，因此需要重新整顿。迦太基舰队仍然拥有大量可用的战船和船员，但经此惨败，士气必然已跌入了谷底。埃克诺姆斯一战后，罗马人没有理由担心迦太基人短时间内会冒险展开第二次对战，但不久之后，当罗马舰队驶向非洲时，迦太基舰队竟然卷土重来了。[28]

围城与风暴

非洲战役和雷古卢斯的最终胜利都已在前文描写过了。罗马人得知消息后立刻集结了庞大的舰队去阿斯庇斯解救幸存者。公元前 255 年的执政官塞尔维乌斯·弗尔维乌斯·派提努斯·诺比利奥尔（Servius Fulvius Paetinus Nobilior）和马库斯·埃米利乌斯·保卢斯（Marcus Aemilius Paullus）负责率领 350 艘船只进行此次远征。迦太基人只能组织起 200 艘战船的人力来对抗罗马的攻势，最后在阿斯庇斯北部的赫尔迈乌姆角（Cape Hermaeum）被击败了。罗马人的胜利可能得益于城内罗马守军的 40 艘战船发起的突袭，但人数优势和高昂的士气也可能是罗马胜利的原因。波利比乌斯称，迦太基有 114 艘战船连同船员被俘。阿斯庇斯的罗马残部之后被带上船，随舰队返回了西西里水域。波利比乌斯还称，执政官们希望利用近期胜利的威望和舰队庞大的声势，率军沿着迦太基控制的西西里西南岸巡游，以期震慑那里的城市并以此说服一些归降。富有经验的船长们并不认可这个计划，因为他们知道这片海岸属于敌方，缺少安全的港口，此外当时是猎户座与天狼星先后升起的中间时段（约七月中旬），有遭遇恶劣天气的风险。果然，罗马舰队在卡马里那遭遇了强烈的风暴，很多船只在水中寸步难行，有的被冲向海岸后沉没，无数船员葬身海底。[29]

波利比乌斯说，罗马舰队的 364 艘战船中只有 80 艘幸免于难，但其他史料给出了许多不同的数字，这再次产生了疑点。如果罗马人开始远征时的船只数量是 350 艘，又在赫尔迈乌姆俘获了 114 艘，那他们至少应该有总共 464 艘，这还没算上最初留在非洲协助雷古卢斯的剩余战船。有很多人对此提出了各种精妙且合理的解释，但是我们必须再次承认，我们无法确定一个准确的数字。这次失事显然是罗马舰队的一场大浩劫，失去的战船和人员数量要远远大于战败所造成的损失。一种吸引人的推测是，"乌鸦"是令罗马战船不适合在恶劣天气中航行，并造成这次劫难的原因之一。在现代复原的三列桨座战船上，即便是船员们在船上移动都会令船身摇摆倾斜，因此对重量转移敏感这一特点也证明了这一观点。"乌鸦"靠近船头，其重量可能会造成船首过重，在风大浪急的海面上无疑是重大隐患。尽管史料中没有记载"乌鸦"在埃克诺姆斯之战后被使用，但如果罗马人在赫尔迈乌姆俘获了如此多敌船，那这意味着他们仍在使用"乌鸦"，而且罗马人似乎没有理由舍弃这一效果极佳的装置。在这一章节中，波利比乌斯给出了他著名的对罗马人在一切行动中都依赖蛮力（bia）的评论，他们能为一个计划投入巨大资源，相信只要付出努力就能成功。他说，这种态度通常能在陆战中给他们带来胜利，但是到了海上，面对大自然的威力，则带来了惊人的失败。波利比乌斯对于布匿战争的整体描述都支撑了对罗马人性格的这一判断。然而，尽管执政官们也许因此次海难被问责，但鉴于两人在脱险回到罗马后都为海战胜利举办了凯旋式，因此这次海难的损失看来并没有盖过他们之前赢得战役的功绩。[30]

从罗马人重建海军的速度就可看出他们承担、兴建大工程的能力。公元前254年，220艘新船在三个月内便完工出海，这是一项了不起的成就，但也并不是罗马人第一次完成如此规模的建造项目。新舰队航行至麦撒那，与海难中幸存的80艘船（这个数字可能只包括那些还能航海的船只）会合，随后进攻潘诺姆斯。公元前254年的两名执政官是公元前260年曾在利帕拉被俘的格奈乌斯·科尔内利乌斯·西庇阿和在公元前258年担任过执政官的奥卢斯·阿提利乌斯·凯亚提努斯（Aulus Atilius Caiatinus），他们一起从海陆两路包围了潘诺姆斯，攻破了潘诺姆斯最靠近海的防线，成功夺取了城市。尽管西庇阿的名声不算太好，但选择两名有经验的前执政官做统帅也许说明，罗马人在公元前255年的海难后感觉到了形势之严峻。[31]

公元前253年末，罗马舰队渡海来到非洲，沿海岸线大肆劫掠，虏夺了大量战利品，但实质性成果不多。在曼尼克斯岛（Menix，现杰尔巴岛［Djerba］）附近，罗马舰队在一处浅滩遭遇了意外的退潮，有很多船只搁浅。等到再次涨潮时，罗马人抛弃了船上所有较沉且不必要的器物后才得以脱险。他们沿着西西里岛西角驶到刚刚占领的潘诺姆斯，然后打算直接返回意大利，却在意大利的帕里努鲁斯角（Cape Palinurus）附近不幸遭遇了另一场风暴，损失了150艘战船。不过，当时的执政官再次幸免于难，并后来因在非洲得失参半的胜利举行了凯旋式。[32]

一连串的重大损失似乎打击了罗马指挥官接下来几年的进攻积极性，尤其是降低了他们发起大型海战的频率。然而在公元前 252 年，罗马人攻占了利帕拉，从迦太基人手中夺走了这些位置有利的岛屿。公元前 251 年，两名执政官仅配备了 60 艘战船，只是为了保护西西里与意大利之间的补给航线。第二年，罗马人新建了 50 艘战船，才展开了规模更大的海上行动。公元前 250 年潘诺姆斯的胜利为罗马人增添了信心，促使他们去攻打迦太基人在黎里贝乌姆的要塞，两位执政官的军队合在了一起，还有 200 艘战船的助力。舰队的主要任务是封锁黎里贝乌姆的港口，阻止城中的卫队收到任何援军和补给。黎里贝乌姆的港口很难接近，只有一条位于浅滩之间的窄道这一个入口，这使罗马舰队产生了一些轻敌情绪。在围城初期，迦太基人准备了 50 艘战船向黎里贝乌姆输送补给和 1 万名雇佣兵。这支舰队的指挥官是哈米尔卡之子汉尼拔，他率队来到西西里西侧的埃加特斯群岛（Aegates Islands），等待适宜的风向。待到风向合适时，迦太基舰队借助强劲的风力，在白天长驱直入驶进了黎里贝乌姆的海港，令罗马人大吃一惊，但他们未能采取任何行动阻止迦太基舰队入港，一部分是因为他们不愿冒被风吹入港口的风险。汉尼拔的到来极大地鼓舞了城内守军的士气，也增强了守军的兵力。然而他趁罗马人不备，在夜晚悄悄离开了城市，还带走了派不上用场的骑兵，前往北方沿岸的德雷帕纳。[33]

在此之后，迦太基人没有再尝试给黎里贝乌姆输送如此大规模的支援，因为如果不采取出其不意的方式就很难成功，但迦太基很想与黎里贝乌姆的首领希米尔科保持联系。另一个名叫汉尼拔的人，人称"罗得岛人"——罗得岛人都是技艺精湛的水手，所以这个名字可能是为了赞美其出色的航海技术——自愿率领麾下的舰队进驻城市，并回报守军的情况。汉尼拔的船员无疑都训练有素且经验丰富，他自己也为出航做了周密的准备。与前文中的汉尼拔一样，他率舰队先到埃加特斯群岛等待适宜的风，当条件合适时，他利用自己对这片水域的了解，在一个上午在罗马舰队眼前径直驶入了黎里贝乌姆的海港。罗马人急于报复这一羞辱，部署了十艘快船，准备在对方出港时拦截。汉尼拔没有趁夜偷偷出港，而是选择在第二天离开。他对这片浅滩的充分了解和船员的高超技术再次令迦太基船队避开了追击，成功撤退。为表示对罗马人的蔑视，汉尼拔下令在罗马人的视线内停船，在等待期间还不升帆，挑衅对方来战，然而罗马人深刻认识到了其船队的速度与技巧，拒绝迎战。汉尼拔之后又多次故技重施，他的成功鼓动了其他迦太基舰队指挥官也前去冲破罗马人的封锁，因此城内守军一直与迦太基本土保持着充分的联系，并持续获得充足的补给。[34]

罗马人无法拦截闯入包围圈的船只，便试图通过把石块和战利品扔进海中来封锁港口。大部分阻塞物都被水流冲走了，但在一处形成了足够的堵塞，使一艘迦太基四列桨座战船在趁夜出港时搁浅了。罗马人发现这艘船建造得十分精良，速度极快，于是为其配备了精良的船员和大批士兵，命其在港口附近巡逻，以图俘获行动快捷的迦太基战船。那天夜里，恰巧"罗得岛人"汉尼拔又一次公然进港，随后又同样信心十足地离开。被俘的四列桨座战船立刻追击并赶上了他。汉尼拔无法逃脱，只好应战，但他的船被罗马战船抓住，并迅速被罗马士兵占领。罗马人俘获了汉尼拔的座舰后，也为其配备了优质的船员和大量海战士兵，命其在港口的入口巡逻。至此，罗马舰队终于切断了黎里贝乌姆的海上出入口。这段插曲再次展现了迦太基人高超的航海技术。然而纵观第一次布匿战争，虽说他们并未像罗马人那样遭受过海军力量的重大损失，但却难以将高超的技术在战斗中转化为切实的优势。值得注意的是，双方技巧上的差距仅在涉及少量船只时才体现得最为明显，在大规模的海战中并没有展示精妙操作的机会，这也许是罗马人取得前述重大胜利的最主要原因。[35]

罗马舰队除了从海上封锁城市，在陆上的围城中也发挥了积极的作用，因为战船上大量的桨手都身强力壮，因此同时也是理想的劳动力。不过正是出于这个原因，舰队在此次围城期间人员损失惨重，可能死于在拥挤的营帐中感染的疾疫的人数多于敌人攻击造成的伤亡数量。因此，元老院征调了1万名桨手派往西西里，后者随后从陆上前往黎里贝乌姆。罗马人猜测，迦太基人并不知道己方得到了生力军，以为罗马舰队还未做好准备，于是公元前249年的执政官之一，普布利乌斯·克劳狄乌斯·普尔喀（Publius Claudius Pulcher）决定突袭德雷帕纳附近的迦太基海军主基地。这场行动十分冒险，但是一场成功的突袭显然是攻取坚固要塞最容易、最迅捷，且损失最少的选择。夺取这个援军据点必然能对黎里贝乌姆的守军增压。这个计划看起来很有成功的希望，军队中有大量志愿者愿意充当海军陆战人员，每个人都渴望夺取丰厚的战利品。

克劳狄乌斯在罗马历史中落了个鲁莽无能的名声，他在这次进攻发起之前因为鸟卜没有出现吉兆而大发雷霆就是一个著名的事例。占卜用的鸡当时拒绝吃食，这预示着神明不看好这次行动。克劳狄乌斯把它们抓起来丢进海里，并说道："如果它们不愿意吃食，就叫它们去喝水吧！"然而，尽管克劳狄乌斯素有傲慢之名，他的前期准备其实十分谨慎。为了防止被发现或自己出发的消息从陆路传到德雷帕纳，他趁夜出海，紧贴海岸线航行，然而舰队很难在夜

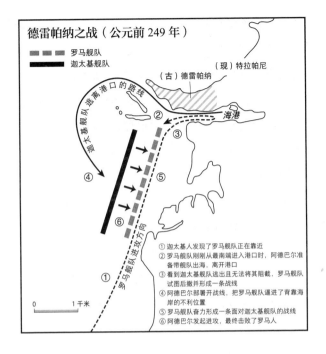

德雷帕纳之战（公元前249年）

▰▰▰ 罗马舰队
▬▬▬ 迦太基舰队

（古）德雷帕纳　（现）特拉帕尼

海港

② ③

④ ⑤ ⑥

迦太基舰队进离港口的路线

罗马舰队进攻方向

0　　1千米

①

① 迦太基人发现了罗马舰队正在靠近
② 罗马舰队刚刚从最南端进入港口时，阿德巴尔准备带舰队出海，离开港口
③ 看到迦太基舰队逃出且无法将其阻截，罗马舰队试图后撤并形成一条战线
④ 阿德巴尔部署战线，把罗马舰队逼进了背靠海岸的不利位置
⑤ 罗马舰队奋力形成一条面对迦太基舰队的战线
⑥ 阿德巴尔发起进攻，最终击败了罗马人

间保持紧凑的阵形，尤其他们的船员还是由经验丰富的水手与初来乍到的新丁混编而成的。航线紧挨着海岸，所以船只都能跟上，但是当第二天早上接近敌军基地时，队伍已经变成了零落的一长列，克劳狄乌斯的旗舰靠近队尾。迦太基人发现了罗马人，向海军司令阿德巴尔（Adherbal）报告，后者大胆地决定出海迎敌，而非在港口内坐以待毙。他召集了自己的船员，并募集了大量雇佣兵充当海军陆战人员。此时，局势变成了双方与时间的赛跑，看是罗马舰队先封锁港口，还是迦太基舰队先驶出港口布阵。[36]

　　事实证明，罗马舰队混乱和松散的阵形以及经验技术不足的船员决定了罗马以微小的差距败给迦太基的结果。德雷帕纳港口的入口十分宽敞，在打头阵的罗马船只从其最南端入港时，阿德巴尔的旗舰正沿着港口北侧向海延伸的狭长岬角驶出。他发信号命令其余战船排成一列跟在其后，绕过正对港口入口处的两座小岛，再在比罗马舰队距港口更远的地方向南平行于海岸线行驶。克劳狄乌斯看出自己刚刚错过了瓮中捉鳖的机会，于是发信号试图让分散于海上的舰队重整阵形。已经进入港口的船只试图转身回到开阔海域，造成了可怕的混乱，舰船互相碰撞，船上的桨也被友军的船只撞断。最终，罗马人终于在紧邻海岸的位置摆出了粗略的阵形，撞角朝向大海，旗舰位于阵形的最左侧。与此同时，阿德巴尔已带领五艘战船包抄了罗马舰队的左翼，面朝前方，自己的座舰则朝向罗马的战线。其余战船跟上后，阿德巴尔命令他们与自己的座舰排成一线，他手下的官员可能在小船上监督着部署。等两支舰队会合列阵后，阿德巴尔发出了进攻的信号。这将是整个第一次布匿战争期间罗马海军遭受的唯一一次重大失利。

我们无法确定双方舰队的规模。据波利比乌斯记载，约有30艘罗马船只幸存，93艘被俘，但是我们不清楚这个数字是否包括沉没的船舶。迦太基舰队的船只数量据不同史家估计在100到130艘之间。总的来说，并没有线索表明双方的实力存在明显差距。迦太基战舰此役搭载了大量海军陆战人员，与罗马舰队的兵力相差无几。迦太基的船员无疑比对手更出色，他们所操纵的船只也速度更快、更灵活。倘若罗马人不是处于一个如此不利的位置，船尾离岸这么近，那么迦太基舰队的这些优势也许无关紧要。在如今的情况下，如果迦太基船只处于劣势，那他们可以撤向身后的海域脱战，而罗马人却没有这样的空间。波利比乌斯没有明确记载，但此时的罗马战船似乎不再装备"乌鸦"这一能够威慑正面攻击的敌人的武器了。此役是迦太基舰队第一次得以在重要战斗中施展自己的撞击技能，在攻击敌舰后撤出而不被抓住。罗马战船没有足够的机动空间，无法躲避撞击或向友军舰船移动并施以支援，此外，他们的船员根本没有熟练驾船的能力，无法穿越敌人的战线或绕到后方撞击敌船。他们也可能认为，眼下应该保持紧密的阵形，以便尽可能地保障彼此的安全。战斗并未瞬间分出胜负，但迦太基逐渐积累了压倒性的优势。许多罗马船只被击沉，还有许多搁浅被弃，只有包括克劳狄乌斯的旗舰在内的 30 艘船得以突围逃脱。后来，克劳狄乌斯在罗马因叛国罪（perduellio，意为"使国家蒙羞"）受审，勉强逃脱了死罪。[37]

迦太基在德雷帕纳的胜利开启了罗马在海上的一连串厄运。克劳狄乌斯的执政官同僚卢基乌斯·尤尼乌斯·普鲁斯（Lucius Junius Pullus）率领另一支由 120 艘战舰组成的舰队，护送着 800 艘运输船，给封锁黎里贝乌姆的罗马部队运送粮食补给。在穿过西西里岛时，船队有些混乱，所以普鲁斯带领一半船只在叙拉古暂作停留，等待落后者赶上，其余的船则由几名财务官指挥少量战船护航，先行出发。迦太基船队也兵分两路，加泰罗（Carthalo）最近带了 70 艘战船来到了西西里，阿德巴尔又调派了 30 艘船给他，派他们去攻击在黎里贝乌姆支援的罗马海军。这支舰队在黎里贝乌姆给罗马人制造了一些麻烦，焚毁了几艘船，加泰罗随后沿着西西里海岸向小赫拉克利亚航行，希望能拦截几艘罗马的补给运输船。财务官接到了乘小型战船（lemboi，波利比乌斯在一段插叙中说，这种小船通常在舰队前方巡逻，但缺乏在海上与敌船对抗的实力，也不具备逃跑的速度）的侦察兵的警告，称加泰罗正在靠近。他们来到一座罗马控制的城镇附近，把船拖上岸，财务官带队从城中的防御工事里拿来了一些石弩，建起了一道保护船只的基本防线，抵抗住了迦太基舰队，只被对方俘获了几艘船。普鲁斯此时已经率领剩下的船队出发，绕过叙拉古南部的帕奇努斯海角，朝黎里贝乌姆进发。在不知道罗马人新败的消息的情况下，他意外发现了加泰罗的舰队。普鲁斯不愿冒险一战，于是带领他的战舰和运输船驶近这处崎岖的西西里海岸。加泰罗没有跟随，而是仅在远处观望。在这关键时刻，天气再次主导了局势。一阵强风吹来，熟悉这片海域的迦太基船长们意识到了这是风暴来临的前兆，马上建议加泰罗立刻起航绕过海角。迦太基船员们再次展现出了高超的技巧，成功绕过海岬，下锚躲避风暴。而罗马人因为过于接近海岸，完全暴露在了风暴面前，无处可逃，整个舰队都被崎岖的岸岩撞成了碎片，好在大量船员和执政官得以逃生，但他应该没过多久就被迦太基俘虏了。[38]

　　罗马舰队在这场灾难中的损失可能大大超过了之前因天气所遭受的损失，而且与以往不同的是，此次天灾发生在战败之后。波利比乌斯告诉我们，罗马目前放弃了一切海上作战的努力，也建造不起另一支新舰队了。罗马允许一些公民自费装备战船，作为私掠船劫掠被迦太基人控制的区域，不过这些个人行为对战争的最终结果没有多大影响。尽管公元前225年之前的人口普查数据不完全可靠，但我们能通过这段时间的数据推测罗马人的伤亡情况。[39] 根据监察官的登记，公元前265—前264年罗马的男性公民总计有292234人，公元前252—前251年为297797人，但在公元前247—前246年只有241712人。最后一项数据表明，可能有超过5万名男性公民在海战中丧生，不过在公元前255年和公元前254年的风暴后，人数没有明显的下降，因此第二个统计数据不一定准确。但非常重要的一点是，即便这些数字能大致反映罗马的人员损失，但它仅包括了罗马公民，而罗马舰队中有很多人来自同盟城邦。在这些年中，克劳狄乌斯·普尔喀的妹妹克劳狄娅被起诉了。有一次她在罗马城中乘车出行时，拥挤的人群挡住了她的去路，她便带着贵族特有的傲慢腔调说，希望她哥哥再打一次败仗，好把更多的贫穷公民送去喂鱼。

最后一战：埃加特斯群岛之战

尽管罗马人对称霸海上已不抱希望，但他们仍在陆上稳扎稳打，相信自己必将获得最终胜利。西西里岛上的战争断断续续地进行着，而迦太基人没怎么发挥出海上的优势，几次劫掠意大利都收效甚微。直到公元前243年末，罗马人终于决定重建舰队，把战争推向尾声，分出胜负。即便如此，国家的资源已不足以负担这项工程，因此新建舰队由公民私人出钱，单独一人或是两三人一起承担建造和装备一艘五列桨座战船的费用。这笔钱是国家向公民贷款的，待战争胜利、国家财政状况好转后将偿还，但这些款项似乎没有利息，出钱造船应被理解为一种真挚的爱国义举。罗马的精英阶层显然有强烈的国家认同感，我们不应带着现代的犬儒愤世观念去怀疑这一点。[40]

罗马通过这种方式新建了200艘五列桨座战船，这次也是以迦太基战船为原型，全部仿照俘获的"罗得岛人"汉尼拔的船建造。莫里森和科茨指出，这艘原型船和罗马的新船实际上都是四列桨座战船。他们指出，五列桨座战船船身高出四列桨座战船许多，且根据第二次布匿战争中体形稍小的战船无法俘虏一艘失去战斗力的体形较大的五列桨座战船的例子来看，罗马人无法从被俘的四列桨座战船登上汉尼拔的战舰。但第二次布匿战争中的那场战斗是一场意外的遭遇战，而在与汉尼拔的交战中，罗马人早就计划好用灵活的四列桨座战船伏击汉尼拔的战舰，早早进行了准备。四列桨座战船没能俘获五列桨座战船的那次案例也可能是因为罗马士兵寡不敌众，因此无法登上敌方甲板俘获敌船。因此，波利比乌斯书中罗马的新舰队是由五列桨座战船组成的说法是很可信的。[41]

公元前242年的执政官之一奥卢斯·波斯图米乌斯·阿尔庇努斯（Aulus Postumius Albinus）兼任玛尔斯祭司（flamen Martialis），出于宗教禁忌不能离开罗马城，所以这支舰队由他的同僚盖乌斯·路塔提乌斯·卡图鲁斯（Gaius Lutatius Catulus）率领，并由高级大法官昆图斯·瓦列里乌斯·法尔托（Quintus Valerius Falto）加以协助。有了这些兵力，罗马人立即继续向迦太基在西西里的最后几个重要据点施压，前去攻占德雷帕纳的港口，并切断了黎里贝乌姆的海路，哈米尔卡·巴卡的部队因此无法得到海上运来的物资。波利比乌斯明确指出，罗马这一系列行动的主要目标便是挑起与迦太基舰队的直接冲突，因为他们预感，击败迦太基海军会比在西西里所能取得的任何胜利更能打击对手。为实现此目标，卡图鲁斯每天在海上用心训练舰队船员，使他们的效率到达一定高度。他不许船员参加损耗体力且补给匮乏的围城工作，而是给他们提供了良好的饮食，使其保持健康。公元前241年，罗马舰队达到了极佳的状态，船员经验丰富，技术娴熟，船只的建造样式也远超以往。在过去的20年里，罗马人建造了大量战船，积累了丰富的海战经验，造船技术也因此日益进步。[42]

　　相比之下，迦太基人对即将到来的大战明显准备不足，在德雷帕纳取胜及罗马舰队遭遇海难后，他们几乎没继续利用自身的海上优势。同年，迦太基海军没再有什么作为，而且舰队似乎只保留了很少船只继续服役。他们花了一些时间才为一支约250艘战船的舰队凑齐船员，派往西西里。这大概是第一次布匿战争中迦太基船员的人均训练水平第一次低于罗马船员，很多船上还可能人员不足。迦太基舰队有两个目标，首要任务是为哈米尔卡的部队和其余在西西里的驻军输送粮食，因为他们在罗马的围困下一定很难觅得粮草；卸下供给物资后，舰队会搭载哈米尔卡的精锐士兵充当海军陆战人员，伺机一举摧毁罗马舰队。这次行动由一个名为哈农的人指挥，但是我们无法确定他是不是公元前261年败于阿格里根图姆、公元前256年败于埃克诺姆斯的那个哈农。[43]

　　迦太基人采用了与公元前250年哈米尔卡之子汉尼拔率领50艘船支援黎里贝乌姆时相同的路线。他们来到西西里西部的埃加特斯群岛，停泊在最西端名叫"圣岛"的岛屿，准备在适合航行的西风吹起时趁罗马人不备进入厄律克斯。但是卡图鲁斯收到报告，得知了迦太基人已经到达，于是立即从军中抽调士兵，载着多于以往的陆战人员，率领船队来到群岛中的另一个岛屿上埋伏。第二天，公元前241年3月10日，哈农盼望的西风猛烈地刮了起来，迦太基战船扬帆出海，前去与陆上军队会合。此时，卡图鲁斯面临着艰难的抉择。罗马战船严重逆风，如果出发拦截迦太基舰队，桨手们势必负担沉重，且曾经不把天气因素放在眼里的罗马指挥官都遭受了可怕的灾难。然而，如果他不立刻出击，就无法阻止迦太基舰队与哈米尔卡会师并搭载上大量经验丰富的士兵。卡图鲁斯最终决定冒险一搏，下令出海。

训练有素且准备充分的罗马船员们证明了自己的价值，他们在海浪中应对自如，组成一字战线，截断了敌人前往西西里的去路。迦太基人降下风帆，收起船桅，准备战斗。波利比乌斯说，迦太基人一边大声叫喊，互相鼓励，一边对抗敌人，但是他们处于严重劣势，船上满载着补给，负担过重，而且士兵很少，船员们也缺乏训练。罗马人不光在登船作战上占有优势，这次他们的战船还难得比迦太基舰队具有更高的速度和机动性，且准备好了实施冲撞战术。双方的差距迅速显现了出来，罗马人击沉了50艘迦太基战船，此外还俘虏了70艘。波利比乌斯没有提及罗马人的损失，但是狄奥多罗斯认为，战局并非从一开始就结果鲜明：在迦太基人损失的117艘船中，有20艘沉没，全体船员遇难，而罗马一方有30艘船沉没，50艘严重受损。不过他声称，这支罗马舰队共有300艘战船，而非200艘。两位史家给出的被俘的迦太基人数字相比于船只损失数字来看较小：波利比乌斯称有1万人被俘；狄奥多罗斯称，菲利努斯所记载的是6000人被俘，而其他史料则称有4040人被俘。这有时被用来支持迦太基战船人员配备不足的说法，但也可能是因为当时海上环境恶劣，所以船只遭到撞击时溺水而亡的人比一般海战中的多。[44]

所幸这时西风转为东风，许多迦太基船只得以升起帆桅逃脱。罗马战船此前是以战斗为目标做的准备，可能并没有带桅杆，因此无法长距离追击。然而，根据在马萨拉考古打捞的沉船推测，这些轻型的迦太基战舰可能是在战斗失败后逃离的过程中沉没的，所以罗马人的追击可能比现有史料所记载的更有效。卡图鲁斯回到黎里贝乌姆后继续封锁城市，并处理了缴获的船只和俘虏。没过多久，执政官和大法官就开始争功。大法官法尔托事后宣称，卡图鲁斯之前在黎里贝乌姆城外的散兵战中大腿受伤，所以海战当天根本无法行动。但最终两人都获许举办了凯旋式。[45]

埃加特斯群岛之战决定了第一次布匿战争的结局。哈米尔卡·巴卡的部队和迦太基在西西里仅剩的少数据点至此已被完全孤立。迦太基此时已经丧失了从罗马手中夺回海上主导权的意愿，或者按照波利比乌斯的说法，他们也无力承担再建造一支舰队的开销。迦太基贵族似乎并不想效仿罗马精英，献上自己的私人财产供国家使用。不过考虑到上一支迦太基舰队所面临的船员短缺问题，迦太基无力再造舰队也可能并不是因为资源不足，而是人手不足。无论出于什么原因，迦太基人都承认了失败，并决定求和。[46]

在整场战争中，双方都在海战上耗费了惊人的资源。波利比乌斯称，罗马人损失了约700艘战船，迦太基人也损失了将近500艘，但这些数字不完全准确。罗马最惨重的损失都是由风暴造成的，这致使他们的船员伤亡数量高得不成比例。很多战败的迦太基船只上的船员有些虽然沦为了战俘，但至少活了下来。罗马人最终赢得了胜利，但是他们遭受的损失也比对方更多。他们破釜沉舟一心求胜，甘愿付出牺牲大量人员和战船的代价。罗马人最初决定建立舰队可能只是为了保护意大利海岸不受迦太基海军侵扰，但罗马人后来将海军力量持续用于了侵略和斗争。有了海军的支持，西西里岛上的罗马陆军才得以一步步顺利攻下迦太基的据点。罗马舰队的第一个行动——夺取利帕拉，就十分大胆。罗马人发明出"乌鸦"的天才巧思使罗马战船能够在战斗中直面并击败更先进的迦太基舰队，并鼓励了罗马人，使他们乐于寻求海上的对决。直接进攻北非的行动再次表现出了罗马人乐于将冲突升级、致力于一举取得决定性胜利的特点。公元前255—

前 254 年的风暴以及公元前 249 年的德雷帕纳之败和大海难打击
了罗马人的信心，但每次的挫折都只是暂时的。逆境过后，罗马
人最终都会重建舰队，下决心再搏一次。如果公元前 241 年的新
舰队再次失败——假如迦太基人能够卸下货物，搭载上哈米尔卡
手下经验丰富的雇佣兵——那么罗马人想要重回海上战场就至少
要再等一段时间了。

　　纵观整场第一次布匿战争，迦太基都未能充分利用自己起初
比罗马优越的舰队，而且在公元前 249 年夺回海上主动权后又
任由舰队逐渐衰落。迦太基人对待海陆战争的态度明显都不如罗
马人那样激进和坚定，他们的目标似乎永远都是抵御和拖延，从
不想与敌人一决胜负。因为航程有限，桨船舰队严重依赖陆上的
基地，这意味着控制海洋的关键最终在于控制这片区域的陆上基
地，此即增加了西西里岛港口城市的重要性，在较小程度上也增
加了撒丁岛的港口城市的重要性。西西里岛上的战争致使迦太基
逐步丧失了其控制的据点，尽管迦太基人偶尔有过顽强抵抗，甚
至一度重新夺回了一些据点，但这种趋势从未停止过。迦太基指
挥官虽然都长期任职，却从未联手发起过攻势，夺回失地，将罗
马人逐出岛去。他们在陆战上的胜利往往只能影响局部战况，而
且规模通常很小。迦太基海军的战果同样微不足道，虽然他们的
技巧和经验都远胜对手，但他们却从未借助这些有利条件为自己
赢取过更大的优势。他们唯一的一场胜利，德雷帕纳之战，其规
模比其他大部分海战都小得多，双方参战的船只均不到 150 艘。
随着舰队的规模越来越大，迦太基海军的优势也日益下降。他们
那些引人瞩目的成就，例如在黎里贝乌姆冲破罗马的封锁，全都
规模较小，而且这些胜利最终也都被罗马人扭转了局势。[47]

5

结　局

　　在埃加特斯群岛惨败后，迦太基人把与罗马的和谈全权交给了哈米尔卡·巴卡。而实际上，哈米尔卡急于与一切承认失败的活动划清界限，派了手下的一个官员格斯戈（Gesgo）代他去谈判。卡图鲁斯的执政官任期马上就要结束了，他不想把终结这场战争的荣誉拱手让给继任者，因此为了尽快达成协议，他在谈判中的态度可能比以往更缓和。罗马最初要求哈米尔卡在西西里的部队立即缴械投降，还惩罚他们交出所有来自罗马和意大利的逃兵，这一要求立刻遭到了回绝。最后的协定结果是，雇佣军将作为一支军队，带着武器和尊严离开西西里岛，[1] 不过这似乎是罗马对迦太基做出的唯一让步，因为和约的其他内容明确表示出，迦太基是落败一方，与罗马的谈判地位不平等。双方达成最终和约，具体条款如下：

1. 迦太基人撤出西西里全岛。

2. 双方都不得向对方的盟友开战，不得直接与其结盟，使其破坏原先的盟约，不得干涉其内政。不得在对方的土地上征兵或筹款兴建公共建筑。

3. 迦太基无条件释放所有罗马俘虏，但收回己方俘虏需支付赎金。

4. 迦太基在 20 年内向罗马支付 2200 尤卑亚塔伦特的战争
赔款。

罗马执政官自己无权签署最终的和约，因为与一国握手言和
的决定只有经罗马人民在百夫长大会上投票批准方可通过，百夫
长大会同时也有权做出开战的决定。因此，卡图鲁斯将这些条款
呈交给了罗马，等待裁决。果不其然，向来态度强硬的罗马人民
认为这些条款过于宽大，于是元老院派出了一个使团前往西西里
修改条约。他们把赔款增加到了 3200 塔伦特，其中 1000 要立即
支付，其余的在 10 年内付清，这也许反映出，罗马希望偿还建
造上一支舰队时向公民借的贷款。罗马人也一直以来都认为失败
一方应该承担胜利者的战争开销。[2] 此外唯一一项变化是要求迦
太基人也从西西里与非洲之间的所有小岛上撤离。[3]

波利比乌斯认为，罗马人早在公元前 261 年攻克阿格里根图
姆时就打算将迦太基人彻底逐出西西里。不论我们是否认同他的
说法，罗马人在第一次布匿战争后期确实已将此视为了战争的主
要目标。罗马在公元前 256 年侵入非洲时并未打算在当地建立长
期统治，只是想进一步向迦太基施压，从而迫使其投降。罗马已
经完全实现了将迦太基人逐出西西里这一首要目标。除此之外，
迦太基海军已经被击溃，失去了制霸地中海西部的地位，其中主
要原因是他们丧失了岛屿据点，而不是损失了大量船只，毕竟船
能再造，而收复失地就没那么容易了。不过迦太基在非洲或西班
牙的势力完好无损，当时还占据着撒丁岛。罗马没有试图像结束
大部分在意大利的战争时那样，把作为败方的迦太基纳入自己的
同盟体系，这在某些方面反映了当时的现实情况：经过长达 23

年的鏖战，双方都已筋疲力尽，渴望停战，继续打下去直到分出胜负、把其中一方作为一个独立的政治实体彻底摧毁是完全不可行的。迦太基与罗马过去在意大利的敌人在规模、领土和经济实力上都完全不是相同的量级。此外，罗马人似乎承认，海外的其他土地与意大利半岛是有区别的。罗马人并没有像吸纳意大利诸社群那样吸收西西里，也没有那为公民建立殖民地。起初，岛屿的大部分由希耶罗的叙拉古政权管理，但过了一段时间后，罗马开始任命行省总督——通常由大法官担任——去掌管岛屿西部，用我们的话说，就是建立了罗马的第一个行省。我们不清楚具体时间，但这可能是在公元前227年前后才发生的。从那年起，每年当选的大法官增加到了4名，新增的可能就是西西里和撒丁岛的总督（那时罗马似乎已在撒丁岛入驻了长期的卫戍部队）。[4] 行省的社群与罗马之间的关系不同于意大利盟友与罗马的关系。行省的主要义务是交税，而非为罗马军队提供士兵。盛产谷物的西西里迅速成了罗马的主要粮仓，而且许多罗马人，尤其是骑士阶层，可能在开发西西里资源的过程中积累了大量财富。[5]

事后看来，迦太基人在战争中几乎没有过接近胜利的时刻。罗马最严重的损失都是由恶劣天气造成的，而非敌人造成的。也许在战争初期，如果他们能够阻止罗马远征军跨过麦撒那海峡，或是在克劳狄乌斯军队登陆后将其击败，那他们有可能至少在短期内阻止罗马的进一步海外行动，而这其实也能从一开始防止这场危机升级成大战。然而，桨船舰队是极难在一段海域内阻截敌人的，而且迦太基公元前264年在西西里的兵力完全不足以迅速击败一支罗马的执政官军队。除了决定继续对抗，并在罗马击败叙拉古之后派了一支大军到西西里，迦太基人在此次战争中的军事行为可以说都是对罗马的行动的一系列被动回应，全部旨在保护自己在西西里的地位。[6] 即便他们劫掠意大利海岸、骚扰敌人也是为了吸引罗马从西西里撤军。在西西里岛上，迦太基人遵循着他们传统的模式，即顶住敌人的攻击并尽可能地保住要塞据点，最终等到敌人实力减弱时夺回失地。在罗马人到来之前的几个世纪里，迦太基人就时不时参与西西里的争夺，尽管它从未控制全岛，但也未曾被彻底驱逐。

罗马人不像皮洛士，会在没有得到西西里岛上希腊社群的广泛支持时放弃进攻，罗马的势力也不像叙拉古的几代僭主那样不稳定。罗马人同迦太基人一样坚韧，但他们发动战争的模式极为激进，会不断向敌人施加压力，直到彻底决出胜负。他们在整场战争中一直是进攻一方，系统地扩张在西西里岛控制的领土，即便在雷古卢斯惨败、军队士气跌入谷底后也未停止。更重要的是，他们为击败敌人不惜将冲突升级，入侵非洲。最关键的是，他们决定建立海军舰队，在海上与敌人拼杀，尽管损失惨重。罗马的人力后备资源十分充足，因此有能力承受沉重的损失，但这并不是罗马人民总是前赴后继地参军战斗的原因。

每年更换指挥官的制度也许会导致罗马统帅常常比对手缺乏经验，但我们很难找到明确的事例证明佐纳拉斯所认定的这便是罗马多次战败的原因的观点。[7] 在所有大规模的海陆战役中，罗马只输了两场，所以以此看来，他们的失败可能大多来自非常小规模的战斗。哈米尔卡·巴卡是波利比乌斯心中最出色的将领，但只在规模相对小的劫掠和伏击中发挥了他的才能。换个角度看，每年换新统帅的制度也能算是一个优势，因为将领都希望在短暂的任期内赢得荣誉，所以他们会带领海军和陆军采取非常激进的行动。尽管偶有中断，但罗马一直保持着侵略性战略。虽然罗马采取过很多大胆甚至鲁莽的行动，比如双双失败的公元前260年的利帕拉突袭和公元前249年的德雷帕纳突袭，但在另一方面，这种战略也促使罗马取得了一些辉煌的胜利，比如雷古卢斯的阿底斯之战。总体而言，罗马指挥官们表现得相当不错。

随着战争推进，二度任职的人越来越多，经验丰富的指挥官也因此越来越多，不过公元前260和公元前254年的执政官西庇阿·阿西那只丰富了失败和被俘的经验。在打仗的这23年中，罗马前后任命了共47名执政官（出现奇数是因为，公元前256年昆图斯·凯奇底乌斯［Quintus Caecidius］死后，雷古卢斯迅速接替了他的位置），其中有11人不是第一次担任这一职务，有9人是在战争期间二度当选的，另外2人在公元前241年之后二度当选。战争时期多次出任执政官的人的比例其实和战争之前几十年里的一样高，这也许更多地反映了当时罗马政坛由少数贵族家族主导的情况，而不是罗马面对艰难战局时任命经验丰富的将领的需求。在第一次和第二次布匿战争之间，多次当选执政官的人数稍有下降，也许就是因为这种政治环境发生了改变。但是在公元前249年德雷帕纳之败后，元老院依据政治影响力和作战经验任命了一名军事独裁官负责西西里的战事，这是非常罕见的举措。被选中的人是奥卢斯·阿提利乌斯·凯亚提努斯，他曾于公元前257年出任大法官，也是公元前258年和公元前254年的执政官，之前已经指挥过两次西西里岛上的战斗。[8] 元老院其实很少使用自身的权力来延长能力出众的官员的军权，但这种情况在第二次布匿战争中就变得常见了。这一方面是因为第一次布匿战争中的战斗规模较小，另一方面也反映出罗马高级军官的伤亡率比在汉尼拔战争中的低。两位执政官一起带兵参战的现象在第一次布匿战争中比以往频繁。官阶相同的两名指挥官之间的分歧经常被用来解释第二次布匿战争中罗马的一系列惨败，但在第一次布匿战争中却没有这种现象的痕迹，这也许是因为当时罗马失败较少，无须找借口开脱。卡图鲁斯和法尔托在取胜之后发生过争执，但并未在实际战役中造成什么负面影响。罗马的两次大败都是在一名执政官单独指挥时发生的，而在唯一一次由两个人共同指挥的陆战——阿格里根图姆之战中，罗马大获全胜。但陆战的会战在第一次布匿战争中并不常见，而大战之前的微妙的机动部署能给两名指挥官分开行动的机会，从而扰乱敌方的判断。

迦太基将领可能比罗马将领更"专业"，任职的时间也更长，但他们大部分并没有太多指挥庞大军队的经验，而在此次战争中，双方都须频频调度大军，因此对他们不利。海军指挥官们更是如此，战争期间，他们有几次受命率领的舰队的规模都是前所未有的庞大。缺乏这种大规模的指挥经验，以及协调数百艘划桨战船的行动本身的困难可能都妨碍了迦太基原本应凭借其优秀的海军所获得的优势。有些迦太基将军战败后被钉死在了十字架上，而且似乎往往是他们自己的手下下令执行的。但是也有一些将领战败后逃脱了惩罚并继续持有兵权。这也许表明，决定指挥官命运的不仅是其履行职责的水平，还有他们的政治势力。[9] 罗马人对于战败的官员则更为宽容，还曾接连为在天灾中失去大部分舰队的海军将领举办凯旋式。只有克劳狄乌斯因其在德雷帕纳的表现而被指控犯有叛国罪，但他勉强逃过了死罪，被判了另一个较轻的罪名，支付罚款了事。[10] 不过，克劳狄乌斯的妹妹日后也遭到了指控，这暗示着，克劳狄乌斯的家族在战败之后的几年里在别人眼中有了政治弱点。

雇佣兵战争

第一次布匿战争刚刚结束几个月，迦太基就陷入了另一场战争，虽说耗时比前者短，但它却对迦太基的存亡似乎造成了更严重的威胁。迦太基耗费了3年多才将这场由前雇佣兵和非洲从属国发起的叛乱镇压下去。叛军大肆踩躏当地领土，甚至一度攻到了迦太基城下。这场战争极其惨烈，伴随着双方的残暴行径。如果迦太基政府先前没有一再地苛待哈米尔卡在西西里手下的老兵们，那么这场战争是完全可以避免的。[11]

战争结束后，哈米尔卡·巴卡带领麾下军队进入了黎里贝乌姆，但之后卸下了指挥权，乘船返回了非洲。他认为与罗马讲和是没必要的，心中对此充满鄙夷。哈米尔卡将遣散雇佣军的任务交给了此前与卡图鲁斯和谈的格斯戈，后者出色地完成了自己的新任务，把由2万名勇士组成的军队化整为零，分成小队分批送回迦太基。按照计划，每支队伍到达迦太基后应领取补发的数年的军饷，然后在下一支队伍到来前返回家乡。这么做不仅可以分散国库的负担，还能预防大批不守规矩的外国士兵同时聚集在迦太基而可能引发的事端。然而迦太基却无视了这一合理的安排，表示要等雇佣兵全部到达非洲再付给他们钱。迦太基以为能说服雇佣军少要些军饷，因为战争并未成功，且迦太基眼下也有财政困难。迦太基人马上就会后悔自己鼠目寸光的决定。

在迦太基街头造成多次骚乱后，雇佣兵被送到了西卡镇（Sicca）扎营。他们在当地没有指挥官，也没有维持纪律的义务。雇佣兵们遵照契约为雇主忠诚而卖力地战斗后，不愿接受低于约定金额的报酬且感觉遭到了背叛，是可以理解的。他们尤其怨恨哈米尔卡，因为后者在西西里作战时曾慷慨许诺，日后将给他们丰厚的回报，此时却将他们扔给了一个朝令夕改的政府和几个不认识的将军。迦太基人很快发现谈判无法成功，并意识到他们难以控制2万名装备精良的老兵，于是同意全额付清雇佣军的欠饷，但为时已晚，心怀不满的雇佣兵们意识到了自身的优势，逐渐提高了要求，逼迫旧主一次又一次让步。他们对不公待遇的怨恨情绪逐渐升级成了对迦太基人的深刻敌意。和所有的迦太基军队一样，这支撤出西西里的雇佣军混合了许多种族，包括利比亚人、高卢人、西班牙人、利古里亚人、西西里的希腊人和混血民族，以及出逃的奴隶和逃兵。他们之间缺乏通用的交流语言，也没有能把他们统一起来的迦太基将领的指挥，西卡的雇佣兵因此按民族分裂成了几个阵营。其中人数最多的是利比亚人，是他们最终把兵变升级成了公开叛乱，并囚禁了无辜的格斯戈，当时雇佣兵唯一信任并愿意与之对话的迦太基官员。

　　正是利比亚雇佣军的存在使这场叛乱变得这样严重，因为他们很快集结了大量同胞前来支援。迦太基严苛的统治向来不受利比亚农民的欢迎，但在与罗马作战期间，赋税和兵役的负担甚至变得更沉重了。几乎所有利比亚社群都支持叛乱，并加入、壮大了他们的队伍。许多努米底亚国王也加入了叛军的行列，因为迦太基在过去数十年间都试图用武力控制他们，现在他们看到了复仇和掠夺战利品的机会。很快，一支比雷古卢斯当时率领的军队规模还大数倍的大军开始围攻迦太基城。叛军的主要首领是马托斯（Mathos）和斯潘狄乌斯（Spendius），前者是利比亚人，后者是一名出逃的坎帕尼亚奴隶，担心被送回给原主人并被处死。此外还有高卢人奥塔利亚图斯（Autariatus），他率领着一支极其不可靠的蛮兵。他有一些手下曾经叛逃到罗马人一方，之后又接二连三地背叛了不同的雇主。[12] 尽管他们都是老兵（斯潘狄乌斯在与罗马人作战时留下了出色的成绩），但都没有做统帅的经验，因此叛军的行动十分笨拙，协调得也不到位。

指挥经验是迦太基人在这场战争中屈指可数的优势之一。迅速集结大军对他们来说本来就很难，而当自己手下的雇佣军揭竿而起时，形势就更严峻了。此外，利比亚的反叛断绝了他们平时可以依赖的税收收入和人力。迦太基可以调动的力量是仍然忠于自己的其他雇佣军，这些人与西西里的雇佣军老兵不熟且没有什么感情；此外还有迦太基公民兵，但是军队总人数依然远逊于敌人。如公元前256—前255年三名将军共同指挥时一样，迦太基面临的另一个问题是指挥权分散。哈农的才能体现在组织而非指挥作战上，他与哈米尔卡·巴卡不和，两人的分歧影响了军队的表现。这种情况一般被视为典型的罗马军事制度所造成的问题，而不是迦太基军队会遇到的。后来经过士兵或高级军官的投票表决，哈农被迫交出了指挥权，取而代之的是更善于变通合作的汉尼拔。在与雇佣军的战斗中，我们比在西西里战役中更能领略哈米尔卡的军事才能，在敌众我寡的情况下也总是能通过谋略取胜。他在进行军事行动的同时还施展外交手腕，比如当一个名叫纳瓦拉斯（Navaras）的努米底亚国王带领手下部队投诚时，哈米尔卡作为奖励，将自己的女儿许配给了他。迦太基和雇佣兵都运用了大量恐怖暴虐且愈发残酷的手段来打击对方：巴卡下令让被俘的雇佣兵被大象踩死；马托斯和斯潘狄乌斯最后都被钉死在十字架上；汉尼拔也是如此，他是在一次夜袭中被敌人抓获的；格斯戈和其他人质被砍去手脚、扔进水沟中流血而亡。公元前237年，叛军终于被全部击败，利比亚社群悉数投降，叛乱就此终结。

在这场危机中，罗马人起初对刚败给自己不久的迦太基的态度是谨慎而正确的。战争之初，元老院接到报告称，与叛军有往来的罗马商人被逮捕或杀害了，于是派出了一个使团前往迦太基。[13] 实际上，商人们只是被拘押了，而且当迦太基人同意将他们遣返回国时，罗马也做出了积极的回应。后来，罗马下令禁止意大利商人与雇佣兵往来，同时鼓励他们在迦太基本土进行贸易活动。此外，所有根据公元前241年的条约需由迦太基支付赎金才能释放的俘虏都被立刻无条件归还给了迦太基。希耶罗的叙拉古也在一直尽可能地为迦太基有偿提供战争物资，尽管波利比乌斯认为，希耶罗这么做的一部分原因是想确保迦太基能够作为制衡罗马的力量继续存在。[14] 公元前240—前239年前后，撒丁岛的迦太基雇佣兵发动兵变，杀死了他们的长官，并说服了迦太基派来镇压他们的军队再次发动兵变并加入自己的队伍。两支军队一起控制了岛屿，并同之前的马麦尔提尼斯人一样试图与罗马结盟。元老院拒绝支持这种背信弃义的同盟。如果正如波利比乌斯所认为的，罗马人建起第一支舰队后就想夺取撒丁岛，那么元老院的这一决定就十分出人意料了。利比亚城市乌提卡最终背弃了与迦太基的盟约，加入叛军阵营，并向罗马请求保护，但也遭到了拒绝。[15] 相反，罗马尊重了公元前241年的条约中对双方盟友的保护。

可能是在公元前237年，撒丁岛上叛变的士兵们最终被岛上居民驱逐，逃到了意大利，再次前往元老院请愿。这一回，罗马人决定派遣一支军队去占领撒丁岛，此举遭到了迦太基人的反对。罗马以开战为威胁，而根本无力承担另一场战争的迦太基别无选择，不得不第二次向罗马认输，让罗马占领了撒丁岛，并同意再支付 1200 塔伦特的赔款。这与罗马在公元前 265 年插足西西里事务一样，是一桩无耻、投机取巧的行为。这一不讲道义的行径不仅凸显了迦太基的软弱，也使迦太基对罗马产生了比在公元前 241 年战败时更强烈的不满和怨恨。史料中并未解释罗马人为什么之前拒绝乘人之危，现在却要落井下石，但我们须牢记，元老院是由一群争相为国家赢取荣誉的人组成的，他们对于如何更好地处理国事也各有各的看法。这些大家族所形成的团体都很松散，很少一直赞成关于某件事的某项政策，而每个元老的影响力每年也都有很大起伏，所以原因可能是公元前 238 年的执政官，即后来领兵远征撒丁岛的提比略·森普罗尼乌斯·格拉古（Tiberius Sempronius Gracchus）急于领导一场战争来建功立业，并在当时拥有足够的影响力来说服元老院答应雇佣军的请求，也有可能是，罗马想解除撒丁岛的无政府状态对意大利海上贸易的潜在威胁。说到底，史料中没有任何对罗马态度转变的详细解释，[16] 但大多数史家，尤其是波利比乌斯，都认为罗马的这次行径在道德上是不可辩解的。[17]

　　事实证明，撒丁岛不是那么容易能被拿下的，激烈的战斗几乎持续了整个公元前 3 世纪 30 年代。在公元前 232 年和公元前 231 年，两名执政官都同时在岛上督战。[18] 罗马人确信是迦太基人指使了撒丁岛反抗罗马，不管此消息是真是假，在这几年里，撒丁岛一直是两国争端的一大来源。[19]

巴卡家族在西班牙

迦太基已经失去了西西里和撒丁岛，非洲在雇佣军叛乱之后也变得过于不稳定，因此无法在此继续扩张，于是迦太基渐渐将注意力转移到了西班牙。公元前238—前237年，哈米尔卡·巴卡受命带领一支军队前往西班牙，负责当地事务。向一个太平无事的地区派去这样一名经验丰富又好斗的指挥官只能说明迦太基扩张领土的意图。在接下来的9年内，哈米尔卡几乎一直在战斗，稳固了迦太基在西班牙南部沿海地带的控制，并推进到了瓜达尔基维尔河谷（Valley of the Guadalquivir）。直到公元前229年，他遭到了一个凯尔特伊比利亚部落，奥列塔尼人（Oretani）的伏击，不幸阵亡。有一种说法称，他是为救年轻的儿子们而牺牲了自己。[20] 哈米尔卡的女婿和副指挥官哈斯德鲁巴继承了他的指挥权，后者继续执行扩张计划。他的胜利往往是通过外交手段，而非诉诸武力取得的，他甚至还娶了一个西班牙首领的女儿以巩固联盟。军队将领的继任人选似乎是先由在西班牙的士兵进行投票，然后再由迦太基政府予以批准的。公元前221年，哈斯德鲁巴遇刺身亡后肯定执行了这样的程序。军队中的士兵们，或者至少是军官们将指挥权交给了哈米尔卡的长子，时年26岁的汉尼拔。迦太基的公民大会之后认可了这一决定。[21]

虽然不同史料对于某些细节的描述有所出入，但在巴卡家族领导下的迦太基在西班牙的扩张的基本过程是简单且无须质疑的，不过也有很多重大问题至今悬而未决。我们不清楚当初迦太基为何要将西班牙战事的指挥权交给哈米尔卡，他拥有哪些权力，以及在西班牙的活动受到了来自迦太基政府的多少监督。一种较为极端的观点将哈米尔卡在西班牙的权力视为了公民的胜利的结果，因为老贵族们在第一次布匿战争与雇佣军叛乱中的无能表现令公民们失望不已，于是哈米尔卡煽动民众，赢得了他们的支持，因此掌握了在西班牙不受限制的指挥权，有权发动战争，也可以出于个人目的为自己积累财富。可能有一些迹象表明，迦太基的政局产生了变化，因为这段时间之后，一百零四人议会的重要性似乎大不如前，同时每年选举的两名苏菲特的权力也可能增加了，[22] 但是我们拥有的关于迦太基政治制度以及内部政治情况的资料少之又少。在大部分史料中，巴卡家族曾遭受强烈的敌意，有的来自害怕其势力会日益强大的对手，也有的来自不赞同他们的政策的人，但是我们不清楚这些敌对势力有多强，持续了多长时间。[23] 有记载称，哈米尔卡利用在西班牙战役中所取得的战利品维持士兵的忠诚，还在迦太基为自己换来了政治支持。[24] 但此事也可以理解为，哈米尔卡自始至终都在为国家服务，在迦太基精英阶层的认可下受命出征。[25] 事实可能就介于这两种极端观点之间，但我们不知道更贴近哪个。

　　第二次布匿战争是在西班牙打响的，因此第一次布匿战争之后巴卡家族在当地的活动显得尤为关键，史料也都留意了这一点，但我们也因此更难理解巴卡家族究竟在此建立了什么样的统治，以及其家族成员对军队指挥权的垄断有什么重要意义。我们不清楚迦太基之所以认可了军队推选的领袖，是因为自己无力改变这一结果，还是出于对这项决定的认可。迦太基此举可能是有实际好处的，因为让西班牙的部落和首领效忠一名在当地的将军及其家族远比令其效忠遥远的迦太基更容易。罗马人后来也在其殖民地利用了这种情绪。我们可以将巴卡家族在西班牙的活动简单地视为迦太基在当地扩张的有效途径，以便于其开发当地丰富的矿产资源并获得兵源。近年来，又有其他历史学家认为，巴卡家族实际上缔造了一个半独立的王国，他们的统治是出于自身利益，也许与希腊化国家的君主制类似，但目前我们无法凭借手中的史料对此下定论。在被迦太基控制的西班牙地区在这一时期生产的一系列铸币上，哈米尔卡和哈斯德鲁巴被描绘成了类神的希腊化君主，有时干脆被刻画成了神的形象。[26] 哈斯德鲁巴建立了一座名叫新迦太基（今卡塔赫纳［Cartagena］）的大城市，但这究竟该被视为一个行省的首府还是一个半独立王国的首都，就要看我们如何衡量巴卡家族的野心了。

罗马（公元前 241—前 218 年）

虽然尚未直接插手西班牙事务，罗马人对迦太基在当地的活动显然还是一直保持着警惕。公元前 231 年，一个由元老组成的代表团前去质询哈米尔卡为何在当地大肆征战扩张，对方回答说，这些都是为支付罗马的赔款所采取的必要之举。后来，约在公元前 226 年，另一支使团前去与哈斯德鲁巴交涉，后者正式同意不会越过埃布罗河（River Ebro）扩张。罗马可能是在其老盟友马赛利亚的鼓动下开始对西班牙产生兴趣的，而其对于迦太基日益增长的势力的担忧也很可能是真实存在的。虽说到了公元前 3 世纪下半叶时，拉丁商人肯定已经活跃在西班牙半岛了，但是罗马尚未与当地有过直接联系。[27]

随着海外行省的建立与海军的日益强大，罗马的势力范围逐渐扩大到了意大利半岛外。在公元前 228 和公元前 219 年，由于伊利里亚王国（Illyria）的海盗太过猖獗，罗马执政官们率领舰队在亚得里亚海对岸的伊利里亚打了两场战役。然而在这期间，意大利本土还面临着意大利北部的高卢部落所带来的困扰，这才是元老院此时最关心的。罗马在从这些高卢部落手中夺取的领土上建立了众多拉丁殖民地，其中在公元前 268 年建立的阿里米努姆（Ariminum）是罗马与高卢人争端的一大长期来源。但随着罗马人口的增长以及同盟网络的扩张，为贫穷的罗马和拉丁公民寻找土地的需求也与日俱增，因此山南高卢的肥沃平原对罗马极有吸引力。公元前 232 年，平民保民官盖乌斯·弗拉米尼乌斯（Gaius Flaminius）颁布了一项法令，将大部分征服的高卢土地（ager Gallicus）分配给了贫穷公民。这些土地并非集中于新殖民地，而是被分成了小块分给个人，从而形成了大量的小农场。很多人反对这一政策，一方面是其他元老不满于弗拉米尼乌斯将必然在这个过程中收获威望和钱财，另一方面也是因为高卢部落会将此举视作挑衅。[28]

公元前 238 年，波伊人（Boii）集结了其他部落和阿尔卑斯山以北的一些勇士攻打阿里米努姆，但由于高卢人内部的不和演变成了公开械斗，他们只得认输求和。高卢人对蜂拥而至的新殖民的怨怼在公元前 225 年引发了另一场规模更大的战争。这一次，波伊人联合了因苏布雷人（Insubres），队伍中还有一大批来自山北高卢的半职业战士，人称盖沙泰人（Gaesatae）。据说，高卢军队在入侵伊特鲁里亚时已经汇聚了约 7 万人。高卢人在遇到执政官卢基乌斯·埃米利乌斯·帕普斯（Lucius Aemilius Papus）率领的军队时还未尝败绩，此时他们决定撤退并运走大量的战利品。两支罗马的执政官军队当时都在此处，却对对方的存在毫不知情，而另一名执政官盖乌斯·阿提利乌斯·雷古卢斯（Gaius Atilius Regulus）碰巧刚刚率军从撒丁岛返回，发现自己正好截住了高卢人的退路。腹背受敌的高卢人不得不在忒拉蒙战斗，他们组成两条背靠背的战线，迎接罗马的两面夹击。尽管高卢人身处劣势，战斗却十分激烈，雷古卢斯在战斗初期就命丧战场，他的头颅被作为战利品献给了一个高卢国王。经过艰苦的奋战，罗马人终于占了上风，给敌人造成了严重的伤亡。

公元前 224 年，两名执政官带领军队北上，迫使波伊人认输议和。第二年的两位执政官，即曾在任保民官时颁布法令分配高卢土地的弗拉米尼乌斯及其同僚普布利乌斯·弗里乌斯（Publius Furius）再度侵入了高卢部落的土地。弗拉米尼乌斯在对阵因苏布雷人和凯诺曼尼人（Cenomani）的战斗中取得了大捷，但也有说法称，这场胜利是军中的军事保民官们赢得的。波利比乌斯说，是这些军官命令罗马青年兵换掉了平时装备的重标枪，改用后备兵的长矛。军团的第一线组成了密集的防御阵形，坚守阵地，直到高卢人在起初的冲锋中消耗完愤怒和斗志。公元前 222 年，高卢人认输求和，但两名新任执政官也许是渴望荣誉或认定敌人尚未被击败，说服元老院拒绝其请求，并双双率军出征。其中，执政官马库斯·克劳狄乌斯·玛尔凯路斯（Marcus Claudius Marcellus）解了克拉斯提狄乌姆（Clastidium）之围，并单枪匹马杀死了一个名为布里托马鲁斯（Britomarus）的高卢国王，剥下了他的盔甲，赢得了罗马贵族可获得的最高荣誉——为神庙献上"最高战利品"。[29] 他的同僚格奈乌斯·科尔内利乌斯·西庇阿攻破了因苏布雷部落的首都麦迪奥拉努姆（Mediolanum，今米兰）。遭受一连串失败后，山南高卢诸部落全部向罗马投降，

交出了更多土地。公元前 218 年，罗马在波河两侧的克雷莫纳
（Cremona）和普拉坎提亚（Placentia）建立了两个新殖民地，
每处有 6000 名殖民者。这一拨新的移民扩张得比以往更为向北，
占据着优质的土地，他们的挑衅加深了被击败的部落的痛苦和仇
恨，因此这次和平必将是短暂的。

　　当罗马和迦太基之间的战火再度燃起时，西班牙和意大利北
部将会变成主要战场。除此之外，曾在公元前 3 世纪 20 年代的
战事中发挥过重要作用的双方士兵中，有许多后来也在汉尼拔战
争中扮演了重要角色。在两次布匿战争中间时期成长起来的这一
代罗马统帅在撒丁岛、伊利里亚，尤其是山南高卢的军事行动中
积累了经验，适应了与不乏勇武的战士但缺乏战略战术的敌军对
垒。之后我们会发现，在面对由汉尼拔这种善于制定战略的将领
率领的训练有素的军队时，罗马的准备是明显不够充分的。

第二部分

第二次布匿战争

公元前 218—前 201 年

6

第二次布匿战争的起因

第一次布匿战争之后，罗马和迦太基之间的确有几次关系变得紧张了，但并非完全敌对。两国之间贸易重开，迦太基商人在罗马就如意大利人在迦太基一般常见。很可能就是在这些年里，罗马和迦太基的贵族建立了友谊（这在古代世界的国际关系中很常见），也可能是双方在公元前265年之前的友好关系恢复了。假设我们忽略罗马曾在公元前238年因撒丁岛而以开战威胁过迦太基，那么自公元前241年起，两国之间的和平持续了23年，直到迦太基在西班牙的将领汉尼拔·巴卡攻打了受罗马保护的伊比利亚城市萨贡图姆（今萨贡托［Sagunto］，靠近巴伦西亚［Valencia］）。尽管双方都没忘记以前的战斗之艰苦、耗费之巨大，但他们并不抵触开战。在此之后，人们一直在激烈争论两国为何重启战端，他们的观点也往往是将责任归咎于其中一方，史学家们也同样经常陷入以现代标准来评判历史事件的陷阱，忘记即便是政治制度最先进的古代国家，也经常乐于用战争解决问题，当他们认为自己有胜算且极度渴望胜利带来的好处时更是如此。在讨论这些问题之前，我们首先需要回顾促使罗马宣战的一系列事件。[1]

可能是在公元前226年，哈斯德鲁巴接受了罗马使节禁止迦太基人越过埃布罗河的要求。在罗马和迦太基的文化中，为某个国家的势力范围划定物理边界是很常见的做法。[2] 在当时的情况下，这条边界并未对迦太基造成很严格的限制，因为迦太基行省的腹地距离埃布罗河很远。有的说法认为，条约中规定的边界要靠南得多，但缺乏说服力。同样，认为罗马人给自己划界，不插手埃布罗河以南事务的说法也是缺少依据的。其实罗马当时与西班牙没有直接联系，只是其盟友马赛利亚在恩波利翁（Emporion）和罗得（Rhode）控制着一些社群罢了。

公元前 226 年后，罗马与萨贡图姆建立了联系。波利比乌斯告诉我们，这比汉尼拔时代还要早"几年"，但倘若罗马在当时就与萨贡图姆有联系，那么《埃布罗河条约》中可能就应提到这座城市，因为它位于埃布罗河以南很远的地方。到底萨贡图姆是被一项正式条约授予了同盟身份，还是像雇佣兵战争期间的乌提卡那样要求罗马给予保护，这个问题的答案并不影响我们讨论的重点。萨贡图姆在某个时间点请求了罗马元老院仲裁一项城市内部纠纷，纠纷双方很可能是萨贡图姆的亲罗马派与亲迦太基派。几名萨贡图姆的贵族被罗马派来的代表判处了死刑。与罗马结盟显然对这座西班牙城镇极具吸引力。萨贡图姆位居要地，却只能被动且紧张地看着迦太基行省向自己一步步扩张。面对迦太基这个强大的邻国，罗马的支持最能保障萨贡图姆的安全。罗马人同意与其结盟的原因则没有这么明晰，但此举与战争爆发的诱因密不可分，我们将在后文讨论。[3]

公元前 221 年，26 岁的汉尼拔接替了他的姐夫，继续为迦太基在西班牙扩张领土，其踏足的地域远超前任将领们的活动范围。他率领军队攻打了西班牙中部的部落，最北达今萨拉曼卡一带。公元前 220—前 219 年左右，萨贡图姆与一个相邻部落爆发了争端，指控后者侵犯其领土。这次事件的细节十分模糊，甚至连这个部落的名字都无法确定，但可以确定的是，该部落与迦太基结盟，并得到了汉尼拔的支持。冬天，一支罗马使团前往新迦太基会见汉尼拔，提醒他不要忘记之前的《埃布罗河条约》，并警告他不要攻打萨贡图姆。汉尼拔对使团的态度十分冷淡，于是后者前往迦太基重申了罗马的要求。年轻的汉尼拔也同样派人前往迦太基请示下一步行动，并在春天率军对萨贡图姆发起了进攻。萨贡图姆处于一个易守难攻的山顶位置，距海约 1 英里。（公元 1811 年秋，西班牙的守军在此地的伊比利亚人、罗马人以及摩尔人旧城的废墟间搭建了临时的堡垒，数次击退了拿破仑最得力的属下之一叙谢［Suchet］发起的攻击。）汉尼拔用 8 个月攻下了这座城镇，但显然他的原意是一举攻下，而非通过长期围城令守方因断粮而投降。他的策略远比在第一次布匿战争期间攻城的迦太基将领们激进，但他手下的伤亡也相应地更高。根据李维的记载，甚至汉尼拔本人也在指挥战斗时因离战场太近而负了伤。[4]

　　汉尼拔开始围城后，罗马人没有给予萨贡图姆任何援助。李维称，他们向汉尼拔派去了另一个使团，但他笔下的这一时期的年代顺序混乱无比，而且波利比乌斯并未提到这件事，所以我们选择否定李维的说法。萨贡图姆在公元前 219 年末或公元前 218 年的头几周陷落了，罗马可能在一个月内得到了这一消息。冬末，罗马向迦太基派出了使团，其中包括即将离任的公元前 219 年的执政官卢基乌斯·埃米利乌斯·保卢斯（Lucius Aemilius Paullus）和马库斯·李维乌斯·萨利那托（Marcus Livius Salinator）。李维告诉我们，掌管使团的是昆图斯·法比乌斯·马克西姆斯

（Quintus Fabius Maximus）。这三人日后即将在战争中扮演重要角色。但领导使团的其实更可能是经验丰富的前监察官，马库斯·法比乌斯·布泰奥（Marcus Fabius Buteo），他曾在公元前245年作为执政官在西西里作战。使团对汉尼拔的行为提出了抗议，并要求知道他是不是在迦太基元老院的批准下行动的。迦太基人此时面临着两个选择，要么认定汉尼拔有罪，并将他及其手下的高级官员交由罗马处置，要么与罗马开战。罗马使节鲜少使用狡猾的外交手段，但在这种情况下，他们显然必须为遭受攻击的盟友复仇。一则记载称，迦太基有一股强大的反巴卡家族的势力，其中一个名为哈农的人严厉谴责了汉尼拔的行为，但除却他们，其余迦太基人愤怒地驳斥了罗马人的无理要求，拒绝承认《埃布罗河条约》，称其从未被迦太基认可，并援引公元前241年卡图鲁斯签订的和约，质疑了迦太基认可罗马和萨贡图姆之间的关系的必要。据说，法比乌斯站在议事厅中间，宣称自己托加袍里分别揣着宣告和平与战争的文件，就看迦太基人想选择哪一个了。与会的迦太基元老们情绪激动，主持会面的苏菲特对法比乌斯喊道让他自己选。当法比乌斯回答他选择开战时，"我们接受！"的叫喊声响彻了整个大厅。尽管这可能早已是无法避免的结果，战争就这样打响了。汉尼拔肯定在攻陷萨贡图姆后，一回到冬营就开始为入侵意大利做准备了。同样，在罗马，百夫长大会可能也早已投票决定，如果使团没有得到满意的答复就开战。[5]

　　波利比乌斯讨论了两国重启战端的潜在原因，并总结出三个主要因素。首先，第一次布匿战争结束时，哈米尔卡·巴卡在西西里还未被完全打败却被迫投降，因此心中充满怨恨和愤怒。其次，也是最重要的一点，就是在公元前238年，罗马趁迦太基还

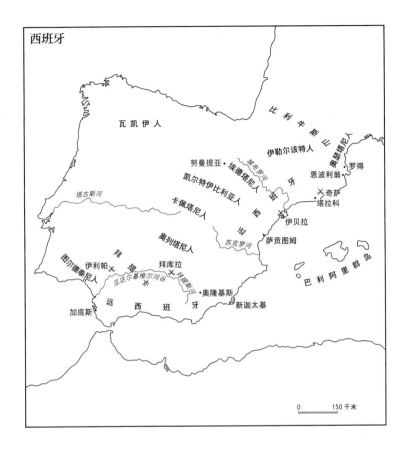

未从雇佣兵叛乱的麻烦中脱身时,不道德地夺取了撒丁岛。这一
着辱不仅加深了哈米尔卡的愤恨,也在全体迦太基人当中散布了
仇恨罗马的情绪。正是为了建立一个强大的基地以对抗罗马,哈
米尔卡才前往西班牙,全身心地投入到了扩张行动中。他的家族
在伊比利亚半岛的成功形成了开战的第三个原因,因为迦太基日
渐壮大的实力令他们相信,自己如今已经强大到能够击败旧敌。[6]

　　波利比乌斯援引了一则汉尼拔于公元前2世纪90年代在塞
琉古国王安条克三世的宫廷里讲述过的轶事,以佐证自己对哈米尔卡的动机的看法。在离开迦太基、前往西班牙就任指挥官之前，哈米尔卡·巴卡在一个神祇的圣坛上进行祭祀（波利比乌斯称其为宙斯祭坛，李维称其为朱庇特祭坛，但那其实可能是迦太基的神明巴尔夏明 [Ba'al Shamin]），得到了正面的预兆，便把9 岁的儿子汉尼拔叫到身边，问其是否愿意随他远征。这个孩子也许是因为很少能见到父亲，便热切地恳求父亲带上自己。于是哈米尔卡把男孩的手放在祭品上，命其庄严宣誓，"永远不与罗马为友"。[7] 汉尼拔讲这个故事是为了让安条克相信，自己不会勾结其罗马敌人。由于波利比乌斯听到的故事已至少经过了两个人的转述，因此它的准确性如今无从考证。在罗马人后来的记载中，故事里孩子的誓言的措辞变得更加强硬，成了"永远与罗马为敌"。[8]

在波利比乌斯的记载中，与罗马的战争是汉尼拔从父亲手中继承的事业，就如同亚历山大大帝其实是接手了其父腓力二世所计划的波斯远征一样。长期以来，许多现代史学家都接受这一观点，更有人进一步提出，汉尼拔越过阿尔卑斯山侵入意大利的计划，甚至一些别的战术，最初都是由其父设计的。不过近年来，认为第二次布匿战争是由巴卡家族一手策划的观点已不再流行，其部分原因在于，史学家普遍不愿再将重要的事件归因于个别领导者的情绪与行为，而更倾向于在历史发展的宏观趋势中寻找解释。因为波利比乌斯对于很多引发战争的事件的具体细节和时间线的记载都相当模糊，其他材料的可靠性又很低，所以大多数争议都是围绕着这些展开的。[9]

一个核心问题是，由巴卡家族领导的迦太基人究竟希望从西班牙获得什么，只可惜我们没有从迦太基的视角出发的史料。人们一般认为，迦太基丧失了在西西里和撒丁岛的富饶领地，于是被迫在其他地方寻找收入来源，西班牙的银矿就常常在这种背景下被提及。诚然，哈米尔卡的确将很多当地银矿收归为迦太基所有，虽然他们过了几年才开始高效开采这些银矿，但是他的家族的确因此得以铸造了好几套含银量极高的钱币。但从另一方面看，除了迦太基社群在当地已经开发的资源，在西班牙的扩张其实很难再为迦太基找到其他更能带来收益的资源了。短期里，胜仗的战利品无疑带来了相当可观的收入，其中至少有一部分可能已经进入了迦太基国库，因此哈米尔卡对罗马使节质询他为何不停征战的答复是，他需要通过吞并土地来获取利润，如此才能偿还第一次布匿战争后欠罗马的赔款。巴卡家族在胜仗中获得的收益的大部分都用于支付西班牙的军队的军饷，并在当地继续招兵买马。迦太基素来有在西班牙征兵的传统，但巴卡家族在其控制的行省里直接将当地众多兵力的一大部分直接归入了自己的控制之下。西班牙的社群中有大量无法在当地自给自足、从而经常沦为土匪和雇佣兵的年轻男性。哈米尔卡至少有一次将俘获的敌方战士直接编入了自己的军队，因为去除这些人在社会中所造成的不稳定因素能使新征服的地区更安全稳固。第一次布匿战争中的迦太基军队以非洲人为主，虽然这些士兵中有不少仍在服役，但在第二次布匿战争中，西班牙士兵的人数已经远远超过了他们。这些西班牙战士这次大多是以盟军士兵的身份作战，而不是收钱办事的雇佣兵。[10]

　　西班牙为巴卡家族（我们将其在此视作一股独立的势力）和迦太基提供了强大的军队和供养军队所需的钱财。虽然这些资源能在战争中给予汉尼拔很强的实力，但这并不意味着这就是迦太基开战的原因。我们可以说，迦太基增加军事力量，本质上是以防御为目的，让它在面对罗马人的肆意妄为（比如趁火打劫窃取撒丁岛）时得以保护自己。败于罗马之手以及战后的余波显然严重打击了这个强大帝国的自尊心。迦太基人在西班牙开疆扩土可能仅仅是为了重申自己的独立地位，但若想坚持这一观点，我们就得接受汉尼拔攻击萨贡图姆仅仅是为了宣告迦太基实力的复苏，而并非是想与罗马开战的说法。但从汉尼拔迅速开始着手远征意大利的庞大计划看来，这种观点实在站不住脚。从罗马人频繁派遣使节便可看出，他们似乎对巴卡家族在西班牙的活动一直倍感紧张。

显然，第二次布匿战争是第一次布匿战争的产物。后者是在双方几乎同样筋疲力尽之际戛然而止的。罗马人总是希望战争以自己的完全胜利结束，同时把敌人吸收为从属的同盟，使其不再对罗马构成任何威胁。无论这些盟邦保留何种内部自主权，罗马都不允许他们拥有独立的外交政策，与罗马的利益相悖的外交政策更是严令禁止。公元前241年第一次布匿战争结束时，由于迦太基实在太过庞大且遥远，罗马不能像征服意大利一样将其吸收，但即便如此，罗马人在战后的几十年内依然将其视为地位低于自己的战败国。在撒丁岛事件中，罗马人逼迫迦太基人接受不公的要求，就是证明这一态度的赤裸裸的例子，而他们一再干预西班牙事务则从另一个角度展示了这种态度。尽管《埃布罗河条约》可能并没严重限制迦太基在西班牙的扩张，但它明显表现出，罗马人认为自己有权制约迦太基在远离罗马领土的地方的行动。迦太基人从罗马与萨贡图姆建立联盟一事中意识到，罗马人并没有对自身设置相应的限制。每年向罗马支付的赔款持续提醒着迦太基人自己的失败，虽然赔款可能在公元前3世纪20年代就已付清。可能就是在这个时候，罗马对西班牙半岛的兴趣开始变得愈发强烈。无论现实的军事局面如何，罗马人眼看旧敌如今正再度成为一个独立的敌对势力，定会视其为威胁。罗马使节的一再干预旨在提醒迦太基牢记自己战败方的地位。公元前219年之前，迦太基总是一再让步，接受罗马的要求，因此元老院很可能以为汉尼拔会像之前的迦太基人一样，听从使节不许他进攻萨贡图姆的命令。而汉尼拔对他们的无视出乎了元老院的意料，这在一定程度上也解释了罗马人为何没能对萨贡图姆施以任何援助。

从迦太基人的角度来看，他们没有理由把自己当作罗马的从属盟友并如此约束自己。他们的军事文化与罗马迥然不同，并不认为战争的结果就是一锤定音的。此外，尽管罗马像对待一蹶不振的手下败将一样对待迦太基，但公元前241年的战败其实并没有如此严重地削弱后者的实力，尤其他们从战争的消耗和雇佣兵叛乱的骚乱中恢复过来后，力量仍然不容小觑。迦太基依旧是一个庞大且富有的国家，在非洲拥有广袤的领土，在西班牙的领地也不断扩张，因此迦太基公民们没有理由认为自己的城市低罗马一等，他们因罗马人拒绝承认双方地位平等而心怀怨恨也是可以理解的。两个国家都掌握着充足的战争所需的资源，而且相互猜疑。在这种情况下，双方重燃敌意似乎不那么令人惊讶。

迦太基人希望重新成为一支独立的力量，这对他们来说是再自然不过的诉求，但对罗马人来说则代表着威胁。有些人可能意图或计划再度开战。汉尼拔是一名率领强大军队的年轻贵族，并且已经证明了自己有能力指挥这支劲旅。古代作家总是把重大的战争归因于皇室和贵族们对荣耀的渴望，我们不能草率地完全无视这种说法，所以汉尼拔可能就是想在一场战争中大显身手，然后欣然接受了罗马挑起的战端，并带着极大的热情投入到了其中。也许有迦太基人反对这位年轻的将军且希望维持和平，但迦太基精英中的大多数都认为，重整旗鼓的迦太基没必要继续屈从于罗马人嚣张狂妄的种种要求。至于汉尼拔挑起战争的举动是被迦太基人默许的还是命令的，就不得而知了。[11]

战争的准备和计划

罗马人对于萨贡图姆被围一事的反应十分缓慢，一方面可能正如我们之前所分析的，他们以为迦太基人会再度屈服于外交压力；另一方面，罗马的战事与时任的执政官关系密切，当元老院听说萨贡图姆遭到围攻时，该年的两名执政官都已远在伊利里亚的战役中指挥舰队和陆军。那场战争尚未完结，而且即便召回一名执政官，他也要花上一段时间来组建新军，所以罗马军队只有在作战季晚期才能抵达西班牙，而那时冬季又会很快到来，逼停战事，令其难以有所作为。所以元老院选择暂时按兵不动，然后将与迦太基作战作为特殊任务交给公元前 218 年 3 月就职的新任执政官们，是更合理且符合罗马人传统的做法。这一决定显然没给寡不敌众、孤军奋战的萨贡图姆人带来任何帮助，但罗马人当时应该是爱莫能助。[12]

元老院的战斗计划简单直接，采用了典型的罗马战术，两名执政官分头行动，一人去西班牙对付汉尼拔，另一人前往西西里，从那入侵北非，如此就能在战场上击败挑起战争的汉尼拔，同时，支持他的迦太基政府也不得不面对攻到城下的罗马军队。

罗马直接攻击敌方最强的支撑点，将对其核心力量施加沉重的压力。在公元前256—前255年，迦太基就差点没顶住这样的压力，因此罗马人相信，这次的结果会与上次一样。而且考虑到在两次大战中间的几十年里，迦太基总是轻易屈服于罗马的威胁，后者可能甚至期望迦太基在真正的战争中会更缺乏毅力。

在公元前218年的两名执政官中，普布利乌斯·科尔内利乌斯·西庇阿（Publius Cornelius Scipio）负责西班牙，提比略·森普罗尼乌斯·隆古斯（Tiberius Sempronius Longus）负责西西里和非洲。罗马在这一年组建了6个军团，每个军团各有4000步兵和300骑兵，两位执政官都率领标准的执政官级军队，每人麾下除了两个这样的军团，还各有两支拉丁辅军。西庇阿总共得到了1.4万名盟军步兵和1600名骑兵，而隆古斯有1.6名万盟军步兵和1800名骑兵。其余的军团士兵连同1万名盟军步兵和1000名骑兵被派往山南高卢，由大法官卢基乌斯·曼利乌斯·乌尔索指挥。罗马人能够根据形势的严峻程度来调整盟军的规模，再次说明了罗马的军事制度并不像人们有时所以为的那么死板。罗马元老院对战略的考量还体现在海军资源的分配上。隆古斯得到了160艘五列桨座战船和20艘快船，因为他从海上侵入非洲时可能会遭受一支庞大的迦太基舰队的阻击；西庇阿进军西班牙时遭遇强大的敌方舰队的可能性略小，所以就被分配了60艘五列桨座战船。刚刚结束的伊利里亚战争确保了罗马海军的状态是良好的。[13]

罗马还没来得及对迦太基采取任何行动，山南高卢就爆发了一场叛乱，这次也是由当地部落对罗马殖民者入侵的怨恨引起的。波伊人和因苏布雷人把罗马殖民者们从普拉坎提亚和克雷莫纳尚未设防的定居点中驱赶到了穆提那（Mutina），然后高卢人在城墙外扎营，开始围城。3 名被派去负责新殖民地土地分配事宜的元老试图与高卢人谈判，却被俘虏了。大法官曼利乌斯·乌尔索率救援队出发，快速行进，却没花功夫侦察，在通过一条密林中的小路时遭遇了埋伏，损失惨重。李维记载称，在第一次伏击中有 500 人丧生，第二次伏击中有 700 人丧命，还有 6 只军旗被夺走。受创的军队设法来到了一个名叫塔奈图姆（Tannetum）的小镇，但这座小镇当时也在敌军松散的围困之下。[14]

现在的形势很严峻，而且山南高卢离罗马太近，以至于元老院不能等到平定迦太基战事后再转过头来处理这一叛乱。西庇阿的军队已经在意大利北部开始集结，准备乘船前往西班牙，于是元老院命令另一名大法官，盖乌斯·阿提利乌斯·塞拉努斯（Caius Atilius Serranus）带领一个军团和 5000 名盟军士兵前去解救曼利乌斯。塞拉努斯没有遇到太大阻力就很快达成了这一目标。西庇阿受命重新征召了一个军团和新的盟军部队以填补被调走的兵力所留下的空缺，但我们不清楚李维所说的当年的 6 个军团是否包括这支新军。这次耽搁意味着西班牙远征被延后。与此同时，隆古斯已经抵达了黎里贝乌姆，全身心准备非洲的远征。[15] 然而，这场战争并没有以元老院所预期的形式展开。

在第一次布匿战争中，迦太基人总是跟随罗马的动作做出回应，从未试图自己主导战争的进程。一直以来，都是他们的对手在将冲突升级，推动战争走向终结。而第二次布匿战争从一开始就与上次迥然不同，这主要来源于一个人的影响，那就是汉尼拔·巴卡。史料称，公元前 219—前 218 年间，战争初期所有关于西班牙和非洲的关键性决策都是由汉尼拔做出的。根据迦太基人的习惯，他们给指挥官安排完任务后就很少干涉其行动，因此也经常不为其后续行动提供支援，但这位年轻的将军拥有大量能自己直接调遣的资源。在这个时期，汉尼拔最符合一些学者所描绘的一个西班牙半独立王国的统治者的形象。

这场战争始于西班牙的一场地方争端。彼时，迦太基人不再承认罗马人强加给自己的在当地的活动范围限制。罗马人显然以为对方会留在原地，像之前在西西里一样打一场防御性战争，保护自己的领土。而汉尼拔手中的兵力使他在任何入侵面前都能处于有利地位，他掌控的军队规模大大超过了西庇阿将带进西班牙半岛的执政官军队，如果被迫应战，他也能轻易取胜。但第一次布匿战争的经验表明，摧毁一支罗马舰队或陆军之后，还会有另一支军队取而代之。罗马面对骇人的损失时所表现出的顽强和坚韧说明他们不会轻言放弃。西班牙的战事持续得越久，巴卡家族的战果就显得越不稳固。许多部落惧怕迦太基的军事实力，但倘若还有另一支军队在当地逗留，其将领又竭尽全力拉拢这些部落的首领，那么他们的忠诚可能就会发生改变。迦太基传统的战争模式，即抵御敌人的进攻直到对方的力量耗尽，最多只能延长双方之间的僵局，而当对手是罗马时，则有可能惨败。汉尼拔从一开始就拒绝采取防守模式，决定尽力主动出击，从而战胜罗马。既然在海外遭遇重大损失无法削弱罗马的实力，那么迦太基必须要在罗马自己的领土——意大利，与其对垒并将其打败。

就许多方面而言，入侵意大利是一种典型的"罗马式"战略，即派遣重兵直捣敌人的腹地。如此看来，在得知汉尼拔的计划时，迦太基人可能比罗马人更惊讶，但这种战术实现起来难度较大，纵览迦太基人作战的历史都找不到如此大胆的冒险。在公元前 218 年，迦太基人几乎不可能从海上侵入意大利。没有西西里岛上的基地作为中转地，舰队从北非出发的航行极限就是意大利半岛南部了，而迦太基在西班牙的海军力量又并不强大。无论从哪种情况看来，冒着遭遇强大的罗马海军的风险在敌人势力范围内的海岸登陆都太危险了，而且他们也很难携带一支足够庞大的陆军登陆，高效作战。[16] 唯一剩下的选项便是从西班牙沿陆路入侵意大利，但这也极其困难。远征的行程长达数百英里，沿途将经过众多部落，最好的情况是这些部落态度中立，但他们更有可能是与迦太基敌对的势力，此外还必须穿越阿尔卑斯山这一巨大的障碍。一旦进入意大利，迦太基军队就会失去基地与补给，而面对的敌人则会越来越多，因此这会是一场大胆的冒险。尽管我们已经知道这个故事的结局，但我们不应忽视罗马人在意识到汉尼拔完成了这一几乎不可能实现的远征时该有多么震惊。

攻克萨贡图姆之后，汉尼拔撤回了新迦太基过冬，并拿出了一部分攻陷萨贡图姆所得的战利品，慷慨地犒赏了士兵。他的西班牙士兵获准回家与家人团聚，待来年春天重新集合。汉尼拔正确预判了罗马人的行动计划，采取措施加强了非洲和西班牙的守备兵力。这支军队各部数量的记载十分精确，这在古代的历史记载中是相当少见的。波利比乌斯说，这些数字刻在汉尼拔在意大利时竖立的一块记事碑上：1200 名伊比利亚骑兵、13850 名步兵，此外还有 870 名来自巴利阿里群岛（Balearic Islands）的投石手被派往了非洲。这些部队中的一小部分以及 4000 名利比亚步兵驻守在迦太基，后者同时还充当人质，以确保他们的家乡社群不会造次。汉尼拔军队的大部驻扎在利比亚的麦塔哥尼亚（Metagonia）地区。汉尼拔的弟弟哈斯德鲁巴负责管理西班牙行省，继续巴卡家族的统治。哈斯德鲁巴看来是一个很有才干的人，无疑也拥有兄长的信任，不过汉尼拔之所以做出这一决定，很可能也与西班牙部落忠于巴卡家族的人这一传统有关。除了能从当地盟邦招募的士兵，哈斯德鲁巴还得到了一支由非洲士兵组成的强大部队。如此，他麾下共有 21 头大象、2550 名骑兵（包括 450 名利比亚－腓尼基人和利比亚人、300 名西班牙伊勒尔该特人［Ilergetes］和 1800 名来自 4 个不同部落的努米底亚人），以及 12650 名步兵，主要是利比亚人，也包括 300 名利古里亚人和 500 名巴利阿里投石手。他还有一支小规模的海军，由 50 艘五列桨座战船、2 艘四列桨座战船和 5 艘三列桨座战船组成，但其中只有 32 艘五列桨座战船和所有三列桨座战船人员齐整，能够作战。汉尼拔认为，将西班牙和非洲士兵位置互换有利于保证他们的忠诚，因为这样一来，他们就很难叛逃回家。[17]

汉尼拔最重要的准备工作是围绕意大利远征展开的。据波利比乌斯统计，远征军共有 1.2 万名骑兵和 9 万名步兵。遗憾的是，他没有详细介绍军队的构成，但其民族和兵种应该与其他部队相差无几。大部分士兵显然来自西班牙半岛，之后的事件也表明，队伍中有当地的主要部族，包括伊比利亚人、卢西塔尼亚人和凯尔特伊比利亚人的代表。这些部族提供了优秀的密集队形骑兵以及密集队形和疏开队形的步兵。除此之外，他还有一支训练有素、纪律严明的强大的非洲正规步兵，一些努米底亚轻骑兵，可能还有其他一些步兵，以及一队战象（阿庇安称有 37 头）。[18] 这支军队远比记载中公元前 3 世纪的任何一支迦太基军队都要庞大，而且很可能大量士兵，特别是来自西班牙的，都是最近才招募的。这支大军的核心是曾在汉尼拔及其父亲、姐夫的指挥下在西班牙赢得过众多征服战的部队，由一批他们熟悉且信任的军官统领。这些配合默契的军人和首领一起将不同种族的战士们熔合锻造成了一支高效的劲旅。就人数来看，当时地中海世界恐怕没有一支军队能与之匹敌。

按照当时的标准，这支庞大的部队需要巨大的后勤支持，为其供给食物、衣物和装备。汉尼拔及其手下的军官一定整个冬季，或者数月甚至数年之前就开始忙于筹备此事了。有可能汉尼拔自公元前221年起，在西班牙的作战行动的主要目标之一就是夺取半岛上肥沃的土地，为其计划的意大利远征提供充足的粮食。[19] 还有很多其他不可能一蹴而就的准备工作，比如安排侦察兵先行出发，尽可能收集进军意大利路线上的信息，尤其是调查了解阿尔卑斯山这样的大型障碍。各个代表前去走访沿途的部落，特别是山南高卢部落，希望军队在进入意大利之后可以获得他们的支持，一起对抗罗马。自公元前225年以来，山南高卢部落依然对不断在罗马人手下遭受惨败的痛苦经历记忆犹新，因此他们热情地接待了汉尼拔的使节们。有了阿尔卑斯山另一边的盟友，汉尼拔大军的食物补给便有了保障，军队在翻过阿尔卑斯山后也会变得更壮大。波利比乌斯称，使节在冬末返回，并向汉尼拔保证，迦太基大军将在途中受到欢迎。这意味着，使节们最迟在攻陷萨贡图姆后就立即出发了，也很有可能在这之前就已动身。一切安排都暗示着这位年轻的迦太基将军早就开始考虑并积极准备远征意大利和与罗马的战争了。有人指出，在公元前225年之前，迦太基人是不会考虑寻求高卢人援助的，因此做出这一计划的人最早只可能是哈斯德鲁巴，不可能是哈米尔卡。不过这一切也可能意味着，计划的雏形早已完成，但是在公元前225年后变得更可行了。同样，由于没有迦太基方面的史料，我们只能进行推测。在冬天，汉尼拔还做了另外一项可能现代人不以为然、但在古代和其他准备工作同等重要的事——前往加底斯（Gades），向美刻耳－赫拉克勒斯（Melquart-Herakles，一个与汉尼拔的家族有密切联系的神，其形象曾出现在他们铸造的一些钱币上）神庙献祭。[20] 汉尼拔在神庙兑现了早年的誓言，并为远征成功立下了新誓。

汉尼拔入侵意大利的目的是什么？这是一个长期以来被激烈讨论的话题。同时在公元前217和公元前216年，他明显有机会直接进军罗马城，但却没有这样做，围绕这一点的争论尤其多。最普遍的观点是，汉尼拔从未计划攻取罗马城，他的目的是说服尽可能多的罗马的意大利和拉丁盟友叛变，从而削弱罗马的实力。因此，当汉尼拔与马其顿的腓力二世商议共同对抗罗马时，他们在条约中明确预期，罗马会在他们取胜后作为一个被削弱的国家继续存在。同样，据李维记载，公元前216年坎尼会战之后，汉尼拔向罗马俘房发表演说，称自己不是为了消灭他们而战，而是为了"荣誉和权力"。[21] 他的回答本身根本不像它所引起的争议那么复杂。汉尼拔袭击意大利只是为了赢得战争。在这·时期，除非涉事的国家非常小且其中一方具有压倒性的优势，否则在战争中彻底摧毁敌人是几乎不可能的。后来，在公元前146年，罗马在拥有绝对优势的情况下，也经过了艰苦的战斗才将迦太基作为一个政治实体彻底消灭。一般来说，战争，尤其是像迦太基或罗马这样的大国之间的战争，是因为一方失去了继续战斗的意愿才结束，而非因为无法再打下去，正如迦太基在公元前241年承认失败并接受了体现自己是败方的和约（他们在公元前 255 年就差点这样做了）。任何战争的目标都是迫使敌人陷入一个不得不投降的境地，其方法可以是赢得一场或几场重大战役，也可以是占领敌人的城市、蹂躏他们的田地，或焚毁他们的村庄，在更多的情况下是同时使用以上几种手段。所有强大的国家都会吸收许多较小的社群，将其纳为从属的盟友，但后者并不是每一个都心甘情愿。如果他们的统治者在入侵者面前暴露出软弱的一面，那么这些从属国就极有可能叛变，因为他们都希望站在最终胜利者一方。大多数城邦和部落都被派系之争撕裂，各个派别都倾向于投靠愿意帮助他们掌权的外部势力。正是出于这种原因，公元前 264 年罗马初战告捷后，西西里岛上的市镇便纷纷投向了罗马的阵营；同样，公元前 240 年，利比亚人看到雇佣军声势浩大，也纷纷站到了这些反叛者一边。事实证明，在这次战争中，西班牙部落也随时准备背弃盟约，转投势头较好的一方。一个国家如果看到自己的同盟和臣属纷纷倒戈，必将会承受更大的压力，从而更有可能妥协或认输，因此汉尼拔完全有理由相信，一旦他抵达意大利，并在那里赢得几场胜利后，罗马的盟邦的忠诚就会开始动摇。汉尼拔采用的并不是多么新奇的战略，我们也不必因此声称，他认为罗马的真实力量来源于其同盟网络，因为他只是在以一种常规的方式进行战争罢了。若要说他的计划有什么不寻常的地方，那就是至少与迦太基人在最近的战事中的表现相比，他更愿意主动进攻，并试图决出胜负。[22]

在跟随迦太基军队一起开始他们向意大利进发的宏大行军之前，我们有必要先讨论一下他们的统帅是一个什么样的人。汉尼拔于公元前 218 年春天离开新迦太基时大约 28 岁。我们不清楚他是否自 9 岁随父亲来到西班牙后就一直留在这，[23] 但可以肯定的是，他在西班牙参加过多次战役，并已经成长为一名经验丰富的军人了。他所接受的教育中似乎有很多希腊元素，远征时他还带了几名希腊史家随行。所有史料无不赞许他的军事才能。在波利比乌斯笔下，汉尼拔在各个方面都是理想的希腊化将领的化身，他精心制定计划，仔细付诸行动，在形势需要时也敢于大胆冒险。李维的描述则更符合他那个时代优秀将领的模式化形象，因此像最优秀的罗马指挥官一样，李维笔下的汉尼拔不但武艺高强，也能出色地指挥一整支军队；他在战斗中与部下同甘共苦，休息时只裹着一条军用斗篷露天而睡，穿着与普通士兵无异。但是李维也提到了他的装备和坐骑都非常高级，令他十分引人注目。他英勇无畏，常常在战斗一线进行指挥，有勇气做出决断并坚定地执行下去。[24]

　　就连汉尼拔的敌人也都承认他的军事天赋，尽管他们经常骂他像所有迦太基人一样背信弃义，这也许是因为汉尼拔经常以智取胜。他们还认为汉尼拔十分残忍，但古代的大多数“伟大统帅”可能都很残忍。而且波利比乌斯认为，有些被认为是汉尼拔所做的残忍行径实际上是他属下的一名军官犯下的。此人也叫汉尼拔，绰号“莫诺马库斯”（Monomachus，意为“单挑者”或“决斗者”）。据说，在一次汉尼拔与高级军官商讨入侵意大利的相关事务的会议上，他语惊四座，建议训练士兵吃人肉以解决给养问题。波利比乌斯还认为，天性善良的人可能会在严峻的军事或政治形势下被迫做出残忍的举动。波利比乌斯看来认同了汉尼拔被大多数史家所反复指责的十分贪婪这一特质，但他所给出的依据是汉尼拔与马西尼萨的对话，而这位努米底亚人的领袖后来叛投了罗马人，并且对他的迦太基旧主感情极浅；他所引用的另

一个依据是汉尼拔的政敌的看法，这些人在战争结束后将汉尼拔
逐出了迦太基，因此他们的话也不可信。汉尼拔十分渴求钱财，
而这可能只是为了在意大利作战期间供养军队和支付士兵的薪
饷。[25]

　　我们难以彻底摸透汉尼拔的性格。当时很多著名的希腊和罗
马将领都有细节丰富的传记，其中包含他们童年和家庭生活的轶
事，而汉尼拔完全没有这些。我们可以充分了解汉尼拔的军事和
政治生涯的事迹，往往也能够理解他行事的方法，但我们完全无
法确切说出他到底是一个怎样的人。如迦太基及其众多领导人的
情况一样，很多关于汉尼拔的事情我们根本不知道，甚至现存史
料的作者在当时也没弄明白，例如汉尼拔究竟是梦想复制乃至超
越亚历山大或皮洛士伟大的远征，渴望成为一个希腊式的英雄，
还是说，他仅仅是一个有着与众不同的信念和抱负的迦太基贵
族？无论我们如何试图走近汉尼拔，他始终都会是个谜。

进军意大利

　　长期以来，历史学家们一直着迷于汉尼拔进军意大利的具体
路线。甚至在李维的时代，人们还在激烈地争论，迦太基人究竟
从哪翻越了阿尔卑斯山。对很多人来说，重走汉尼拔之路成了一
件具有特殊意义的事，这些人里有学者和退伍军人，甚至还包括
拿破仑这样的大人物。他在当地作战时，曾常常陷入无尽的思索
和推测，还会花上很多天去游走考察。他们的结论五花八门，但
可惜我们现有的材料无法回答这些争议。我并不打算讨论这一
话题，因为本书囊括三次布匿战争，所以没有足够的篇幅将这一

话题讲透彻，此外我也不具备像在这一领域里最有建树的学者们那样出色的地理知识。在这一章节，我们只需关注汉尼拔行军途中的主要事件，对于所涉及的相关地理位置，我们只援引目前最受认可的说法简单带过。[26]

汉尼拔在公元前 218 年春末离开了新迦太基，向埃布罗河前进，这段路程约为 325 罗马里（2600 斯塔德）。鉴于他的军队分成了三队在不同地方分别渡河，他的大军很可能分成了若干组分批前进，以缓解主干道的拥堵和给养问题。尽管《埃布罗河条约》一度非常重要，但此时罗马与迦太基之间的战争已经打响，跨过埃布罗河仅仅是证实了双方的敌对关系罢了。汉尼拔曾多次带领部队闪击埃布罗河与比利牛斯山之间的部落。如果他想在同年抵达意大利，那么行军速度便是重中之重，所以汉尼拔愿意付出更多的伤亡为代价，极力催促士兵，一路上频繁动武，直接进攻防御严密的城镇。经过约一个月的密集战斗，至少 4 个部落彻底被迦太基所展现出的军事实力和猛烈攻势震慑住了。但汉尼拔算不上彻底征服了这里，就像被巴卡家族降伏的西班牙其他地区一样，当地人只有在认定迦太基人实力强大时才会保持安分。为控制这一地区，汉尼拔留下了一名叫哈农的指挥官，留给了他1000 名骑兵和 1 万名步兵。[27]

有人认为，汉尼拔最初的计划是留在山脉西侧，等待罗马人侵入西班牙，而继续向意大利推进是因为罗马人被高卢叛乱耽误了脚步。这种说法是没有史料依据的。[28] 相反，汉尼拔迅速对军队做出了一些调整，然后翻越了比利牛斯山。他将较重的物资都留给了哈农，让军队能减少负重快速行军。眼下已是夏末，在军队将要通过的土地上，庄稼即将或已经成熟，因此汉尼拔能抛下一部分粮秣，以沿途土地的收成供给部队。刚渡过埃布罗河时，这支规模空前的大军在汉尼拔的闪击战中起到了很好的作用，但在继续前往意大利的漫长途中，这么多人马不仅难以喂养，而且不易掌控，因此汉尼拔计划只带最优秀的士兵走完后续的路程。他遣散了约1万名西班牙战士，让他们返回了家乡。但这当中的一些人（可能还有其他部队的很多人）早就叛逃了。文献中提到，有一支3000人的卡佩塔尼人（Carpetani）部队在穿越比利牛斯山时逃跑了。当汉尼拔进入高卢地区时，他有9000名骑兵和约5万名步兵，这按照当时的标准来看仍然是一支庞大的军队，此时军中留下的士兵也更容易控制，而且战斗经验都很丰富。即便加上史书中提到过的其他编队，他的军队缩减了2万人之多，这之中无疑包括跨过埃布罗河后战斗中的伤亡，但可能还是掉队者和逃兵居多。汉尼拔希望他的士兵们在远征中能有充足的热情与毅力，但如果军队中的大多数是刚刚被招募且缺乏经验的新兵，那么他们当中便很少有人能具备这些品质。[29]

汉尼拔没有遇到太大困难便翻越了比利牛斯山，下一个摆在他面前的障碍是罗讷河（River Rhone）。事实证明，他先前开展的外交活动和慷慨赠予部落首领们的礼物十分奏效，以至于直到抵达罗讷河时，汉尼拔才第一次遇到高卢部落的军事抵抗。波利比乌斯告诉我们，他到了罗讷河一处距海有4天行军路程的河岸，但其具体位置尚存争议。河西岸的部落普遍比较友好，在迦太基人开始有偿使用他们的船只和其他渡河所需的材料时尤为热情，但是河对岸的部落聚集了数量可观的军队阻止汉尼拔过河。李维说他们是沃尔坎人（Volcae），居住在河两岸，但是迦太基人一到，大部分就逃到了对岸。罗讷河是一道令人生畏的屏障，汉尼拔不愿意在对岸有强敌的情况下强行渡河，于是在河边扎营，一边命其部队建造木筏一边等待时机。高卢人可能希望他们所展示的武力和河本身的宽度能够吓退入侵者，因为很多部落应该都会利用天然的地理屏障作为边界，在此保卫自己的领土。在部落间的战斗中，展示守卫领土的决心往往就足以迫使敌人撤退了。[30]

　　到达罗讷河 3 天后，汉尼拔派出了一支分队，命他们趁着夜色在上游寻找适合过河的位置。指挥官是另一个叫哈农的人，人称"苏菲特波密尔卡之子"。这支队伍中的人员大部分是西班牙人，他们在当地向导的带领下，向上游走了大约 25 英里，找到了一处河流分汊形成河心岛的地方。他们建造了木筏渡河，有些西班牙人则借助充气的兽皮游了过去。抵达对岸后，哈农让疲惫的士兵扎营休息了一天。次日晚上，也就是他们离开大部队的第二天，这支分队向南行进，在天亮之前来到了高卢人的营寨附近。他们按照事先约定好的信号，点起烽火告诉汉尼拔自己已经就位。汉尼拔立即下令渡河，一些马匹被拖在木筏和小船后面。高卢人集合起来阻击汉尼拔的军队，但哈农的部队突袭了他们的营寨，将其付之一炬，使高卢人惊慌失措。汉尼拔应该是随先锋部队第一批过了河，因为他很快就在河东岸整理好了部队的阵形，进攻乱作一团的敌人。受到奇袭的高卢人受惊之后再也没能重整旗鼓迎敌，也许是因为看到迦太基人轻而易举就渡过了自己眼中的天险，从而备受打击，很快开始溃逃。[31]

　　此战告捷后，汉尼拔的下一个问题是如何用在当地建造和购买的木筏将剩下的部队运过河去。许多士兵被派去筹备送大象渡河的艰巨任务。目前的说法有好几个不同的版本，记载最早且可能性最大的是：工程师们建造了一些 50 英尺（15 米）宽的大木筏，其中两个固定在河西岸，再在它们尾端绑上更多木筏，组成了一座 200 英尺（61 米）长的浮桥，浮桥最末端是两只稍小的木筏，被割断连接的绳索后可以用小船拖走，从而把大象带到对岸。为了让紧张的大象迈上木筏，士兵们在上面铺满了泥土，使其看上去和陆地一样，然后先把两头母象赶上去，从而诱使大多数公象跟上。当渡筏脱离浮桥时，从未经历过水面波动的大象们惊慌失措，驯象人试图令它们冷静下来，但无济于事，最后还是有几头跳进了河里。有一些驯象人淹死了，不过所有大象最终都渡过了罗讷河。[32]

汉尼拔利用被渡河耽误的这几天让军队稍事休整。他举行了阅兵，将军队展示给了山南高卢各部落的代表，其中有著名的首领马基鲁斯（Magilus），后者向士兵们许诺，一旦到达意大利就能得到援助，并可以虏获战利品，以此鼓励他们。就在短暂停留的这期间，有消息传来称，一支罗马舰队已经抵达了罗讷河口，停泊在马赛利亚附近。汉尼拔立即派出 500 名努米底亚轻骑兵前去侦察敌人的位置和动向。[33]

这支罗马舰队搭载的是普布利乌斯·西庇阿的军队。他被高卢叛乱耽搁许久后，终于开始向西班牙进发去对付汉尼拔。罗马人离开比萨，沿利古里亚海岸航行，在 5 天之内到达了马赛利亚，其间他们可能曾一次或多次靠岸让船员休息。罗马人在前往西班牙之前先在马赛利亚经停并与当地人交换意见是明智的，因为除了古代船只航程有限，途中需要靠岸修整的缘故，这个希腊城市还是罗马忠实的盟邦，且非常熟悉周围的状况。西庇阿很可能在抵达马赛利亚后才得知汉尼拔已经翻过了比利牛斯山，因为意大利才刚刚收到迦太基军队渡过埃布罗河的消息。得知此事后，西庇阿马上改变了计划。他的主要目标是去对付挑起战事的汉尼拔，所以既然后者已经到了高卢南部，那他就没必要再去西班牙了。罗马军队全部下船，花了几天时间从海上航行中恢复体力，准备与敌人交战。我们不清楚西庇阿带了多少人，不过鉴于他敢于主动求战，那么执政官军队的大部当时可能都被分配到了他麾下。西庇阿本以为汉尼拔还要有很多天才能赶到，但当侦察兵回报说迦太基人已经到了罗讷河时，他才意识到自己估计错了。这位罗马将军对敌人的速度倍感惊讶，于是组织了一支侦察队，挑选了手下最出色的 300 名骑兵，在马赛利亚人提供的一支高卢雇佣骑兵的支援下，随当地向导出发了。[34]

双方的侦察部队不期而遇，打了一场短暂但激烈的散兵战。史料中记载，300 名努米底亚骑兵中有 200 人被杀，而罗马人及其盟军损失了 140 人。如果这些数字属实，那么这个伤亡比例就很高了，不过也可能双方都夸大了战果。罗马人把努米底亚骑兵一路追赶回了汉尼拔的军营，并且认定自己赢得了一场大胜，但敌方的轻骑兵可能是故意撤退的，毕竟他们的任务是侦察，而非作战。罗马人立即回报西庇阿，告诉他已经探得汉尼拔军队的位置。执政官当机立断，立即将全部辎重装回船上，然后带领军队以最快的速度朝敌人进发，意图与对方正面交锋。但他们还是太迟了，罗马人赶到汉尼拔的营寨时才发现，迦太基人 3 天前就已经沿着罗讷河向上游进发了。西庇阿完全无法继续追击，因为军队的大件行李都没带上，他也没有足够的时间和马赛利亚人组织调集足够的粮食供给军队，而且就算拿到了粮草，也没有足够的驮畜能在陆上运输它们。眼下的食物最多只能支撑几天。在秋季寻找粮秣十分困难，而且肯定会拖慢罗马人的行军速度，如此，他们就更没有拦截敌军的机会了。即使西庇阿有更好的后勤支援，继续追击敌军也会使他们进入陌生的地域，面对充满敌意的当地部落，而且他们还不一定能追得上迦太基人。

罗马军队回到岸边重新登船，然后西庇阿做出了他所做过的对战争的结局影响最深远的关键决定。他将主力军交给了兄长、前执政官、时任普布利乌斯的副帅（legatus）的格奈乌斯·西庇阿（Cnaeus Scipio），让他率军队大部前往西班牙攻打巴卡家族的大本营，普布利乌斯自己则乘船赶回意大利北部，计划接管当地的部队，如果汉尼拔当真鲁莽到翻越阿尔卑斯山，他就在当地迎击。这样一来，他便既没有违背元老院最初的指示，也根据形势变化做了适当的调整。西庇阿注意到，山南高卢有大法官们所率领的两个军团，他们将会面对敌人主力军的进攻。这些军队将由国家最高级的政务官员之一，西庇阿接管，而后者也将从即将到来的胜利中获得巨大的荣耀。[35]

我们将在后面的章节中讨论格奈乌斯·西庇阿的行动及其重要作用。双方在罗讷河意外相遇，两军在意识到对方就在附近时都大为惊讶，随后又立刻失去了对方的音讯，以至于对对方的位置和动向一无所知，这一切都充分说明了这一时期的战略情报是多么匮乏。现代史家在分析双方的决断时都必须牢记这个因素。[36]

李维称，汉尼拔曾考虑在罗讷河与西庇阿开战，这是有可能的，因为他显然有人数上的优势，尤其是骑兵，所以他很可能有信心拿下任何一场遭遇战。而据波利比乌斯记载，不管汉尼拔是否曾有别的打算，最终他还是带兵沿河继续向北而去了，以确保自己不被从马赛利亚来的罗马军队所妨碍。他在南面部署了一支骑兵，掩护第一批行军部队。在高卢南部打一场胜仗远远不如在意大利赢得一场胜利有意义，而此时任何耽搁都意味着更晚抵达阿尔卑斯山，从而不得不在更恶劣的天气下翻越。而且汉尼拔的大部分行李留在了后方，因此他必须依赖于沿途寻粮为士兵和马匹提供食物，所以他负担不起让军队在任何地方耽搁哪怕几天。[37]

沿罗讷河走了 4 天后，汉尼拔到了一个被称为"岛屿"的地方（其位置一直极具争议），令士兵稍事休息。他在此遇到了一个高卢部落，当中的两兄弟正深陷于权力争夺。汉尼拔援助了哥哥布拉尼奥斯（Braneus），后者为表感激，为他的军队提供了食物给养，尤其是谷物，以及更换的武器、靴子和翻山时需要的保暖衣物。军队继续前进将踏入另一个高卢部落，阿罗博洛盖人（Allobroges）的领地。汉尼拔曾与他们沟通过，想得到安全通过的许可，但他们始终未予以答复。当开始翻越阿尔卑斯山时，布拉尼奥斯的战士们掩护着汉尼拔的大军，保护其队尾不受攻击。[38]

许是在公元前 218 年 11 月初，迦太基人开始上山，但他们到底是从哪个山口越过阿尔卑斯山的，这恐怕是其行进路线中最为众说纷纭的一个问题了。在平原地区，汉尼拔的骑兵和布拉尼奥斯的手下击退了所有敌对部落的进攻，但一等长队开始迂回地上山后，阿罗博洛盖人的首领们就开始沿路召集他们的兵力了。汉尼拔觉察到有大队人马集合在高地俯视着山道，便故意大摇大摆地将部队移至山脚下，就地扎营，然后派出一些高卢向导去刺探敌情。同历史上很多部落一样，阿罗博洛盖人明显轻视了不熟悉他们家乡的崎岖地势的敌人，并且在占领了高地后变得过分自信。这些部落民主要靠农业为生，因此打劫经过他们领地的旅人和士兵是其贴补生计的常规手段。汉尼拔的哨探发现，他们晚上并不会守夜，而是回到附近的定居点睡觉，第二天早上再重新集合。汉尼拔第二天又将部队往前移动了一点，在离敌人的埋伏点很近的地方扎营，并且故意点了许多营火。当夜，他带领一支精兵，只携带武器，沿着狭窄的道路上去占领了他们的伏击点。第二天，高卢人惊讶地发现自己的计划泡汤了，一度眼睁睁看着迦太基的大部队前行上山，没有加以阻拦。然而，当看到有那么多不加防备的人马在崎岖的山路上蜿蜒前进时，阿罗博洛盖人没过多久就再也无法忍受诱惑，一些个人或小股部队带头冲了下去，突袭迦太基人。在公元19世纪和20世纪，印度西北部边界的山谷，抢占高地往往就能保护一支队伍安全通过，但是汉尼拔的精锐部队没有携带射程足够远的武器，攻击范围无法完全覆盖高地下方的地区。起初，他只能目睹队伍中的薄弱部分遭到劫掠，引发混乱，尤其受惊的动物让局势更加失控，有的绊倒并跌下了道路旁的陡坡。汉尼拔带领部队冲锋而下，进攻在队伍前方试图封锁道路的敌人，成功将其赶跑，但遭受了惨重损失。借着胜利，他洗劫了高卢人近乎被遗弃的定居点。迦太基人的这次胜利警告了临近的部落，让他们明白，一旦自己展开报复，他们的家园就可能遭殃。更重要的是，他们还在这里发现了很多在白天的攻击中被俘的人和动物，以及所储存的足够整支军队吃上两三天的粮食。其余疲惫不堪的队伍也赶了上来，于当日晚些时候到达了这处安身之地。[39]

汉尼拔让军队休整一天再出发，在接下来的三天里也没有遇到太多麻烦。有一些高卢部落的首领此时前来议和，称汉尼拔占领阿罗博洛盖人村镇的行动让他们领会了迦太基人的实力。汉尼拔并不完全信任这些来访者，但他打算装作接受其提议，然后收下这些部落所提供的向导和牲畜。两天以后，他的怀疑被证实是正确的。当他的队伍经过一处崎岖狭窄的道路时，一伙高卢战士向其队尾发起了猛攻，所幸汉尼拔早就预料到了此事并有所防备。他将辎重队和在山路上易受攻击的骑兵调到队伍前列，派了一支强劲的重装步兵（可能是利比亚步兵）殿后。这些人抵挡住了高卢人的进攻，将其击退，但是自己也伤亡惨重。即便如此，还是不断有熟悉地形的小股部落民前来反复骚扰，其主要攻击目标是辎重队。他们在一些地方把巨石滚到小道上，冲撞人畜，制造混乱。汉尼拔亲自带领先遣部队努力抢占了主路，但经过了难熬的一晚才等到辎重队和骑兵赶上来。高卢人也许是被迦太基人的猛烈还击威慑住了，但也可能是因为他们已经抢到了足够的战利品，就在夜晚撤离回家了。[40]

　　至此，汉尼拔在翻越阿尔卑斯山期间的主要战斗结束了，之后的旅程中只剩下零星的小规模袭扰。迦太基人的战象在抵御偷袭时非常有用，因为高卢人没有见过这种陌生的生物，所以在袭击时都避开了队伍里有大象的地方。汉尼拔的士兵如今发现，最可怕的敌人其实是自然环境和地形。他们花了 9 天时间终于登上山顶，随后又停留了两天等掉队者跟上。史料中甚至记载道，有很多在战斗中受惊走失的动物此时也游荡回了军营。军中士气不振，大多数人既没有登过高山也没经历过寒冷，而在这个海拔上，道路已经开始有积雪了。据说，汉尼拔为振奋士气，发表了激动人心的演说，指着伦巴第平原向士兵们保证，那里有大量战利品和荣耀等着被他们夺取。很多学者把能看到意大利平原北部作为一个推断汉尼拔路线的重要线索，但我们无法确定士兵们是真的看见了，还是只是根据将军的发言想象出了平原的样子。

　　下山之路同样艰难，积雪和结冰让道路变得很滑，军中的动物——马、骡子，尤其是大象，更是举步维艰。他们还在一处遇到了山体滑坡，几百码的道路被堵塞，而厚厚的积雪让动物们寸步难行。在工程师的指导下，汉尼拔命令努米底亚骑兵在障碍物中挖出一条新路，后者用一天挖出了一条能让驮畜行进的路，又花了三天将其拓宽到让大象也能通过的宽度。李维记载了汉尼拔机智地想办法敲碎了堵住道路的巨石的过程：他的手下在石头周围堆起柴薪，点燃并持续添柴，等到温度足够高时，在巨石上泼上酸葡萄酒（葡萄酒是后来罗马军队饮食中的标配，所以迦太基人带有葡萄酒可能也属正常），被加热的石头突然遇冷，出现裂缝，之后迦太基人便可将其打碎。这是一个典型的描写古代将领的故事，旨在赞美他们的聪明才智和随机应变的能力，并且强调了一种观念，即一名出色的将军必须受过良好的教育，除了通晓战争的技术方面，还要通晓气候、机械工程和自然科学等知识。波利比乌斯并未提到此事，所以尽管它已经成了汉尼拔传说中一个经典的故事，但还是有可能只是后人杜撰的情节，虽然不排除有一部分可能是真实的。[41]

　　迦太基军队在道路被阻期间，不得不在光秃秃的山腰上扎营，饱受恶劣天气的折磨。等他们来到海拔稍低的山谷时，所有人都已变得疲惫又虚弱。这里尚未积雪，还有草可供动物食用。在清理完滑坡障碍后的第 3 天，队伍来到了较为平坦的地带。波利比乌斯说，迦太基人花了 15 天翻越阿尔卑斯山，但我们不清楚这个时间是涵盖了整个旅程，还是只算了他们跨越山顶的最后一段险路所花的天数。他们从在阿罗博洛盖人的领地上开始登山到抵达山脉南部的平原可能花费了 3 到 4 个星期。从新迦太基出发到现在已有 5 个月之久。这是一段史诗般的长征，当时的人很容易将汉尼拔与半神赫拉克勒斯（Herakles）相比，因为那位大英雄在神话中也翻越了阿尔卑斯山。这已经不是汉尼拔第一次出人意料地完成罗马人眼中不可能的任务了，这也远不会是最后一次。由此，汉尼拔保证了这场战争会在意大利的土地上展开。迦太基远征军终于抵达了目的地，现在我们该看看他们将取得什么战果了。[42]

7

入　侵

汉尼拔成功翻越了阿尔卑斯山，但他迄今为止所做出的一切努力仅仅让他到达了能开始进攻敌人的位置。至此，他已为这场长征付出了巨大的代价——全军物资匮乏，士兵们虚弱疲惫，急需足够的休息和给养，否则无法以这种状态有效地行动。他手下的士兵也所剩不多——下山时，军中现役只剩 6000 名骑兵和 2 万名步兵，其中有 1.2 万名利比亚人和 8000 名西班牙人。刚进入高卢时，汉尼拔麾下还有 9000 名骑兵和 5 万名步兵；在穿过罗讷河时，还有 8000 名骑兵和 3.8 万名步兵，因此在短短几个月内，他已经损失了军队的大半，而其中只有一小部分是由战斗造成的伤亡。有人认为，士兵的数量锐减是因为汉尼拔留了大量人力在后方控制高卢诸部落，以确保未来从西班牙调运的援军和补给能顺利通过，不过史料中并没有证据能支持这一观点，这些所谓的卫戍部队也从未在关于战争的后续记载中被提及，而且从汉尼拔之后的行动来看，他似乎也并未指望与西班牙基地一直保持联系。他的弟弟哈斯德鲁巴在公元前 215 年和公元前 207 年试图为其输送援军时，也走过了一段与汉尼拔的远征相似的征途。另一种可能是，远征军初期的庞大人数有所夸大，至少波利比乌斯并未声明这些数字同样出自权威的拉齐尼亚铭文，但我们手头的史料都认定，汉尼拔在抵达意大利之前，尤其是在翻越阿尔卑斯山时，遭受了沉重的损失，所以在此我们选择相信这些数字。而且，尽管军队人数众多，但其中大多数可能都中途逃跑了，或者是无法坚持长途行军的新兵。（1812 年拿破仑入侵俄国时，最先无法忍受急行军的压力而掉队的都是新兵，大军也因此迅速缩水。）值得注意的是，抵达意大利的步兵只有四成是西班牙人，而他们可能是汉尼拔于那年春天在新迦太基招募的部队的主力。此外，有意思的是，骑兵所遭受的损失竟不像步兵那样高，因为一般来说，马匹会比人先倒下。汉尼拔的胜利很大程度上要归功于其人数占优且纪律严明的骑兵，而且后者明显是军队中的精英阶层。也许他们的酬劳比步兵要高，或者行军时受到了更有力的鼓舞，反正汉尼拔肯定在行军中给了骑兵特别关照，但他们的战马此时必然状况不佳，急需休养和饲料。尽管汉尼拔可能在长征途中损失了大量士兵，但留下来的都是军队中的精英，其中的主力无疑是在巴卡家族的统领下在西班牙身经百战的老兵。[1]

　　汉尼拔抵达了意大利北部平原，下到了陶里尼人（Taurini）的领土（大致在今都灵一带）。他眼下有两个当务之急，首先，最刻不容缓的需求是为军队保障补给。在穿越山路时，他的驮畜队损失尤其惨重，而且当时军中储备的食物肯定已经所剩不多了。其次的任务是招募盟军，因为眼下他部队的规模仅仅等同于一支罗马执政官的军队。这两个目标都能在当地高卢部落的帮助下实现，但他起初并没有得到满意的回应。汉尼拔似乎并未提前联系陶里尼人，而后者正忙于与邻近的因苏布雷人作战，没有兴趣参与迦太基攻打罗马的战争。迦太基军队包围了陶里尼人的主要山镇（oppidum），围困三天后强攻破城，并残酷地将居民们屠戮殆尽，意在杀一儆百，震慑周围的部落。此外，这些定居地一般都储存着足够过冬的粮食，正好解了军队的燃眉之急。[2]

汉尼拔此时收到了一条令他惊讶的消息，即不久前曾与他在罗讷河相遇的普布利乌斯·西庇阿此时已经带兵在波河河谷行动了。罗马执政官通常不会抛下自己的军队转而指挥另一支军队，汉尼拔也不可能知道西庇阿的人马已经向西班牙进发了，他还以为罗马人实现了一项不可思议的壮举，以比他的远征更快的速度把军队运回了意大利。在汉尼拔看来，这意味着在他之前所预估的留驻在当地的罗马兵力的基础上又多出了一整支执政官级的军队，而且不久后还会有增援部队来壮大他们的队伍，这令汉尼拔更迫切地需要从高卢部落获得补给和兵源。高卢人不会与一支看上去信心不足的入侵者结盟，而最有可能加入他阵营的一些部落，如因苏布雷人和波伊人，则都在东边，位于罗马军队所在的方向。部队休息充分后，汉尼拔立即率军沿着波河行进。西庇阿展现出了与之前的短暂遭遇战中同样的信心，率军离开普拉坎提亚前去迎击敌军。在当下阶段，一支强大的罗马军队仅仅通过行军就足以震慑周围部落，令他们不敢贸然加入汉尼拔一方。[3]

史书中记载，两名指挥官为鼓舞士气，都召集士兵发表了演说。这类演讲是古代史书中常见的元素，作者会根据他所认为的一位将军在这种情况下会说什么，为其创作一篇讲究的演说，这是一种增添叙述中的戏剧性的修辞手法。尽管可能有一点真实性，这些演说词应该都不包含将领们真正说过的话。然而，汉尼拔据说采取了一种别出心裁的方式激励自己的手下，且此事可信度很高：他询问在阿尔卑斯山的战斗中被俘获的阿罗博洛盖人是否愿与其他被俘的同胞展开殊死决斗，还许诺，胜利者不仅能获得自由，还将得到马匹和武器。天性好战的高卢人经常通过决斗来解决争端，在宴会和其他庆祝活动中也时常上演决斗助兴，因此他们迫不及待地接受了这个不仅能使他们重获自由，还能赢得荣耀的机会。波利比乌斯说，他们抽签选出了一组战士，李维则记载说选出了好几组，但两人一致表示，被选上的人成了其他俘虏嫉妒的对象。迦太基军队观看了决斗，然后目睹胜利者骑着马奔向自由。汉尼拔应该是借此向部下解释了他们自己现在所面临的形势，即他们要在死亡和艰苦奋战并赢取丰厚回报之间做一个简单的选择。如果李维所言不虚，那么汉尼拔应该是向士兵们许诺了胜利后会给他们土地，甚至是迦太基的公民权。[4]

提契努斯河之战（公元前218年11月）

两支军队沿着波河北岸向对方挺进。约是在今帕维亚附近，西庇阿在波河的支流提契努斯河上搭了一座桥——他用一排停泊的船铺了一条路，这就是古代意义上的浮桥。罗马人现在进入了因苏布雷人的领地。两天之后，双方的侦察员都报告了对方的存在，这是两军第一次得到关于对方位置的确切消息。迦太基人和罗马人双双停下扎营，在得知敌人就在附近后，都在行动上变得更为谨慎了。第二天，两位统帅都亲自率领雄厚兵力前去侦察，汉尼拔带了6000名骑兵中的大部，而西庇阿尽管带上了包括罗马人、拉丁人和高卢盟军在内的全部骑兵，人数上还是处于劣势，不过他身边还有一些轻装步兵。马蹄扬起的烟尘是最先表明对方正在接近的信号。双方都信心十足，展开部署准备一战。西庇阿将他的轻装步兵部署在最前列，由高卢盟军辅助，将意大利骑兵留为后备力量。汉尼拔的中军由密集队形骑兵组成，其中大部分是西班牙人。努米底亚人被分成了两队，分别置于战线两侧的后方，准备包抄敌军侧翼。

在这一时期，在正规战斗开始前先进行骑兵和轻装步兵的散兵战是很常见的，这经常会持续数日，一般都是试探性的交手。西庇阿最初的作战部署显示，他预期双方在战斗初始会远距离互掷投射武器，即骑兵快速挺进掷出标枪，然后迅速撤退。一支支骑兵中队这样交替前进攻击是古代世界骑兵常规的战斗模式，效果时好时坏。然而，双方的指挥官这次都很快否定了这种战术，因为他们认定，这次是一个先发制人的良机，若能早早拿下一场胜利，就能以此激发士兵在之后大战中的斗志。汉尼拔一定意识到了自己的骑兵人数明显占优，而西庇阿很可能因对方骑兵在最近的罗讷河畔遭遇战中输给了自己而不明智地产生了轻敌情绪。在轻装步兵进入对方的标枪射程之前，双方的密集队形骑兵就发起了猛烈的冲锋。受惊的罗马轻装步兵慌忙后撤，从正在前进的罗马骑兵的阵列空隙中穿过，退回了后方。与以往轮番发起的攻势不同，此时双方重装骑兵在战场中央展开了交锋，陷入了混战。战场上，骑兵们有时会下马作战。不同于现代的普遍设想，没有马镫其实并没有对古代骑兵造成特别大的妨碍，因为此时的罗马骑兵，以及西班牙和高卢骑兵可能都已经开始使用四角马鞍了，足以保证骑手能够稳坐在马上。不过马背上的骑兵不适合坚守在原地与大量位置固定的敌人作战，因为这样不仅会浪费自身在速度与冲击力上的优势，而且会令马匹很容易受惊并脱缰。密集队形的步兵更擅长长时间作战并坚守阵地。这样的步兵队伍可以有效地支援骑兵，能为后者在其身后重整队形并再度发起冲锋提供掩护。这也许就是提契努斯河之战的情形。迦太基人的战马由于长途跋涉而状态不佳，这更促使双方倾向于速战速决，而非采用平时进退交替的机动战术。[5]

战局一度十分胶着，双方难分上下，直到努米底亚骑兵包抄了罗马的侧翼，使已经很紧张的轻装步兵惊慌失措，在骑兵的追击碾压下迅速溃逃，因为分散的步兵在骑兵面前本就十分脆弱。另一支努米底亚骑兵从后方冲击罗马骑兵，迫使他们四散溃逃。许是在战斗的后期，西庇阿自己受了重伤。其家族记载称，他被自己年仅 17 岁、同叫普布利乌斯的儿子所救；一则更早的记载则称，执政官是被一名利古里亚奴隶救下的。在一流传更广的版本中，西庇阿年轻的儿子受命带领一队骑兵驻守在队尾，当父亲遭遇危机时，他单枪匹马入阵驰援，令其手下犹豫不决、不敢上前的骑兵们备感羞愧，之后也跟着他杀了进去。之后的历史证明，年轻的普布利乌斯成了第二次布匿战争中最出色的罗马统帅，他征服了西班牙，进攻了非洲，最后成了唯一一个在会战中打败过汉尼拔的指挥官，所以难怪这个故事被大多数古代和现代作家所采信。一小队骑兵围绕着执政官，掩护他安全地撤回了罗马营地。[6]

汉尼拔仍然以为双方过几天将展开全面较量，然而西庇阿显然在这次失败中受到了严重的打击，并决定立即撤退。波利比乌斯说，这次骑兵的战败令西庇阿意识到，在波河北岸的开阔平原上与敌人作战是不明智的。他的人马趁夜迅速撤回到了提契努斯河。汉尼拔率军追击，俘虏了 600 名负责拆毁浮桥的罗马士兵，但此时后者已经完成了拆桥的任务。迦太基人无法渡河，只能调头沿着波河向西走了两天，最终发现了另一处适宜造桥的地方，令大军能够从此处抵达南岸。[7]

　　西庇阿一直撤到了位于普拉坎提亚殖民地的营寨，在当地让士兵休整并疗养伤员。罗马军队可能驻扎在特里比亚河西岸，与普拉坎提亚隔河相望。罗马军队渡过波河两天后，汉尼拔的军队也到了，在罗马军营前的开阔平地上列阵搦战，但西庇阿拒绝迎战。迦太基士兵见敌人怯战，于是士气高涨，汉尼拔率军队在距罗马人五六英里处安营扎寨。罗马人的示弱对军中某些高卢同盟造成了影响。夜里，一伙高卢人屠杀了营帐中在他们旁边熟睡的罗马士兵，砍下了他们的头，投奔了汉尼拔。这支高卢队伍共有2000名步兵和200名骑兵，得到了迦太基人的热情接待，后者向其许诺了丰厚的回报，并让他们返回部落召集更多的支援。此刻，汉尼拔一直盼望的高卢部落的援助终于开始变为现实。波伊人的部落首领带着当年早些时候袭击罗马人定居点时俘虏的罗马官员来了。汉尼拔与波伊人正式结盟，并给了他们一些罗马俘虏，让他们能以此与罗马人交换本族人质。

　　随着敌人的兵力日渐壮大，西庇阿越来越难据守阵地。在高卢人叛逃的第二天，罗马人决定趁夜色掩护撤军，天不亮就出发渡过了特里比亚河。西庇阿率军转移到了河两岸平原中唯一的一处陡峭的高地上。在与敌军距离很近时撤退往往是有很大风险的。汉尼拔一收到罗马人撤退的报告，就立刻派出努米底亚骑兵前去追击，后又派了另一队骑兵支援，自己则率其余士兵紧随其后。所幸这些北非的部落民在追击中途停下了脚步，洗劫并烧毁了被罗马人遗弃的营地，给了罗马人一点喘息的时间。这可能反映了这些部队纪律性较差，但也可能表明迦太基军中仍然缺粮。这一耽搁让罗马军队得以带着大部分辎重安全渡河，但当敌军骑兵再度开始追击时，有不少掉队的士兵被围剿了。西庇阿可能来到了今里维尔加罗（Rivergaro）村附近，扎营等待援军。[8]

　　提契努斯河之战属于第二次布匿战争中规模较小的战役，跟一场规模稍大的散兵战差不多，但是它是双方在意大利的第一次交锋，因此有着特殊的意义。汉尼拔充分展现了其人数占优的骑兵作战之高效，以及他与部下军官们高超的指挥水平。这场胜利以及罗马军队之后的仓促撤退坚定了数个高卢部落加入迦太基军队的决心，从而确保了汉尼拔能够继续在意大利作战。西庇阿采取了罗马人典型的直截了当的侵略式战术，在尚未详细了解敌军规模和实力的情况下就急着向汉尼拔进军。西庇阿在骑兵溃败撤退前的种种表现说明，他认为自己胜券在握，但失败所带来的打击，也许还有自己的伤，粉碎了他的信心。西庇阿认为，提契努斯河西岸的开阔平原对汉尼拔的骑兵有利，这种判断也许是正确的，但从另一方面看，罗马的步兵人数其实稍高于对方，甚至可能还略占优势。随着越来越多高卢战士加入敌方，敌军的数量日益增长。罗马人的迅速撤退使他们在高卢人面前树立起来的强大形象轰然崩塌了。

特里比亚河之战（公元前 218 年 12 月末）

　　汉尼拔抵达意大利的消息震惊了元老院，后者立即下令从西西里召回了另一位执政官，森普罗尼乌斯·隆古斯及其军队。隆古斯在西西里开展了一些小规模行动，但大部分时间都在黎里贝乌姆的基地为入侵非洲做准备。人们通常假设，他麾下的两个军团和辅军也在城中或附近，但是史料对此的记载并不明确。比较能确定的是隆古斯将部队转移到意大利北部的速度。不同史料对于罗马军队转移方法的描写有所出入，但很可能他们走的大部分是海路。波利比乌斯说，执政官解散了军队，命他们发誓在规定日期前到北意大利的阿里米努姆集合，这间接说明了士兵们可能是单独或以小组为单位前往目的地的。但他还记载道，元老院接到提契努斯河之败的消息不久后，隆古斯就率军穿过了罗马城，但可能性更大的情况是他们在"城界"（pomerium，罗马城神圣的边界，除举办凯旋式时，一律禁止任何人携带武器踏入）外经过了罗马，这表明军队至少有一部分是集体行军的。看到行进的军团，罗马人民备受鼓舞，更加相信在提契努斯河之战中只有骑兵被打败了，且失败可能都是由不可靠的高卢盟军造成的，而汉尼拔还未见识过赫赫有名的罗马步兵的厉害。波利比乌斯称，罗

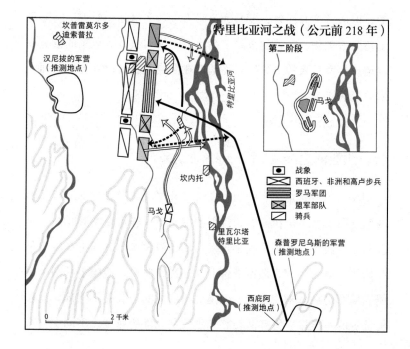

特里比亚河之战（公元前 218 年）

第二阶段

战象
西班牙、非洲和高卢步兵
罗马军团
盟军部队
骑兵

坎普雷莫尔多迪索普拉
汉尼拔的军营（推测地点）
特里比亚河
马戈
坎内托
马戈
里瓦尔塔特里比亚
森普罗尼乌斯的军营（推测地点）
西庇阿（推测地点）

0   2千米

马军队从黎里贝乌姆全部转移到阿里米努姆共花了不到40天。这个速度很快，但并非绝无可能。不久后，隆古斯率军前去与他的同僚会合。[9]

虽然迦太基军队就驻扎在离自己几英里远的地方，但西庇阿却一直未受敌人袭扰，这再次显示，这一时期的指挥官不愿与占据有利位置的敌军交战，当然也可能是因为汉尼拔此时把更多精力放在了征集高卢盟军上。在这期间，罗马人又遭到了一次打击，他们在克拉斯提狄乌姆（今卡斯泰焦［Casteggio］）囤积谷物的粮仓被背叛者出卖给了迦太基人，缓解了汉尼拔持续多日的缺粮难题。卫戍部队的指挥官是一个名叫达西乌斯（Dasius）的布隆狄西乌姆（Brundisium）人，他为了区区400枚金币背叛了罗马人。他手下的军队很可能是拉丁盟军，因为罗马人一般不会把自己的士兵交给非罗马公民指挥。他们在汉尼拔处得到了厚待，因为汉尼拔正急于宣扬自己的仁慈之名。迦太基军队在监视罗马人期间也并非毫无作为。隆古斯抵达后不久，汉尼拔开始怀疑，早先对自己表示欢迎的特里比亚河西岸的高卢部落现在正与罗马人通气。这也许是因为高卢人真的两面三刀，但也可能只是因为其政治结构松散，不同首领各自接洽不同的势力。汉尼拔派了2000名步兵和1000名努米底亚与高卢骑兵去劫掠这一地区，虏获了大量战利品。有部落民向罗马人求救，于是隆古斯派了一支强大的骑兵部队和1000名轻装步兵渡河前去攻击敌人的劫掠队。迦太基部队比较分散，又被战利品的重量拖慢了脚步，因此罗马人迅速将其击败了，把乱成一团的敌军一路追赶回了其军营。汉尼拔营地外巡逻的士兵闻讯立即赶来支援，驱开了紧追不舍的罗马人。随着双方不断调遣支援力量参战，战斗规模迅速升级，最后罗马的全部骑兵和轻装步兵都加入了战斗。双方在这场战斗中都没有什么阵形，战场十分分散，占据了平原的很大面积，以至于双方将领都无法控制战局。汉尼拔决定不再投入更多的士兵，以免这场交锋发展成一场在他计划之外，且无法控制的全面战斗。汉尼拔的营地很可能在特里比亚河西岸的高地上，他亲自重新集合了逃回来的士兵，紧贴着营地摆出了一条战线，但没让他们重新发起进攻。而罗马人见敌人背靠营地，有投射武器的掩护，能轻易获得营中部队的增援，还很有可能占据着高地，便不再攻击处于有利位置的迦太基人，战斗就这样结束了。罗马人杀敌更多，获得了胜利。波利比乌斯称赞了汉尼拔对士兵的严格约束，以及不打没有准备的仗的谨慎态度，他认为这体现了汉尼拔身为统帅的智慧。[10]

隆古斯在史书的描述中是一个生性好斗的人，此次胜利更令他渴望尽快和敌人来一场正式较量。据说，负伤的西庇阿极力劝阻隆古斯说，如果草率开战，罗马人定会大败，事实也确实如此。我们不应轻易相信这一传说，因为这很可能是罗马战败不久后由西庇阿家族传播散布的，但迄今为止最权威的史料作者波利比乌斯着重描写了这个故事。我们务必牢记，波利比乌斯与西庇阿·埃米利亚努斯关系密切，因此他在作品中美化了后者的祖先。他笔下的西庇阿指出，罗马军团是同年刚刚征召的，在冬季训练数月会对其大有益处，且如果汉尼拔在此期间无事可做，空耗粮食却打不了胜仗，那么他的高卢盟友必会开始动摇。在解释汉尼拔为何急于开战时，波利比乌斯又把这些理由重复了一遍，巧妙地凸显了西庇阿的睿智。隆古斯却不想拖延，因为下一任执政官在 3 个月后就要上任了，而即便他能在卸任之前开战，如果等到西庇阿康复，他就无法独享胜利的荣誉。隆古斯的大胆冒失很符合典型的罗马人性格，而且若换作其他罗马政务官，可能每个人在这种情况下都会采取同样的做法。之前西庇阿手下的人马只有当前军队的一半，他的骑兵在马赛利亚城外取得小胜后，他也像现在的隆古斯一样急不可待地想在罗讷河和提契努斯河与敌人开战。可能提契努斯河之败，也更有可能是他的伤，让西庇阿备受打击，开始质疑罗马人的胜算，而且他也可能希望待自己身体痊愈，能亲自参与战斗并分享战果时再开战。[11]

　　隆古斯寻找机会尽早开战的决定反映了罗马社会各个阶层对罗马的军事实力根深蒂固的信心，也大大提升了罗马军队本就高昂的士气。即便敌方最近有高卢盟军加入，罗马人依然享有人数优势，而且加上是在保卫自己的土地，因此更加斗志昂扬。虽然罗马军团目前缺乏经验，训练也还不充分，但汉尼拔最优秀的士兵仍未从意大利远征的长途跋涉中恢复过来，依然疲惫不堪。当入侵者近在咫尺时拒绝应战无异于示弱，此外，两支执政官的大军同时聚集在前线，过冬的补给也是很难解决的问题。在汉尼拔抵达意大利没多久时便予其迎头痛击，赢下一场决定性胜利，比空耗一个冬天无所作为更能迅速瓦解他新建立的同盟，并粉碎迦太基人的一切希望。总而言之，罗马人急切渴望交战是完全合理的。同样，作为入侵者的汉尼拔如果想积蓄攻击的势头，也急需一场大捷。考虑到潜在的回报，双方指挥官都甘愿冒险一战，这一选择无可指摘，然而两人的区别在于，汉尼拔确保了战斗将按自己的计划展开。

　　在战斗开始的几天前，汉尼拔和他的将领们策马来到特里比亚河西岸的平原上，仔细研究了预想中战场所在地的地形。（这一幕与 1805 年奥斯特里茨之战前，拿破仑及其元帅们提前几天考察普拉茨高地的情景如出一辙。这位法国皇帝经常寻找古典时期的事件与现代的相似之处，故此举可能是有意为之。）[12] 西岸的平原十分开阔平坦，但是在南端和西南端陡然升高。汉尼拔选定了一处流经平原的河道，河两岸地势陡峭，而且植被茂盛，他决定让自己的弟弟马戈（Mago）率部在此设下一支伏兵。战斗开始的前一天，1000 名步兵和 1000 名骑兵精锐被派去执行这项任务，其中大多应该是努米底亚人。马戈夜里率领手下悄悄来到埋伏地藏了起来。这处河道大概位于战场后方，但在汉尼拔所预估的罗马军队列阵的地点以南，距离罗马人的战线足够远，因此不会被事先发现。波利比乌斯指出，罗马人对森林地带很警觉，因为过去他们经常在林中遭到高卢人的伏击，但是完全没想过在开阔的平原上也会有伏兵。

波利比乌斯告诉我们，开战的那一天接近冬至日。破晓时分，汉尼拔派努米底亚骑兵跨过特里比亚河，攻击罗马营地外的哨岗，诱使对方用投射武器与其交战。努米底亚人严格地按命令行事，将罗马人拖进了散兵战，然后稳步后撤，引诱他们过河。与此同时，汉尼拔召集他的将领们，向其解释自己的计划，鼓励了他们，并命其回去调集士兵准备作战。迦太基人即将吃饱喝足，带着十分饱满的体力和精神踏上战场。

正如汉尼拔所愿，隆古斯立即派出了全部骑兵迎击努米底亚骑兵，又派了 6000 名轻装步兵紧跟其后，随后下令全军集合追击敌人。努米底亚轻骑兵和罗马人继续着散兵战，但并未陷入近战，而是逐步后撤，引着罗马人急切追赶。后面的罗马重装步兵的脚步要慢些，但同样士气高涨，他们应该排成了三列，每一列至少绵延约 2.5 英里。他们这样蹚过了特里比亚河。河水平时很浅，但由于近期的降雨，水势稍有上涨。罗马人行进到了河对岸的平原上，重装步兵的队列从某一个选定的位置向右旋转，在之后主战线的位置上开始列阵，行军时打头的部队排在了最右端。列阵是一项费劲的工作，军事保民官们每次规定下一支步兵支队在战线中的位置、将其从行军队列转换成战斗队形时，队伍都要停下来。最终，由罗马和盟军的重装步兵组成的前线铺开了 2 英里长。列阵是一项耗时很久的技术活儿，需要每支军团的各个军官积极发挥作用，尤其在部队规模特别大、士兵相对缺乏经验的情况下，将领和士兵都没有时间提前联系，配合调动。在这些条件下，特里比亚河西岸的开阔平原十分适合罗马军队的战术和所受过的训练，是他们布阵的理想场地，但也同样适合汉尼拔的骑兵。罗马军队从离开营地，经过四五英里的行军，再到列好战阵，肯定花了好几个小时。等他们摆好阵形后，士兵们已经又累又冷，再加上过河和零星的雨夹雪的缘故，身上也湿漉漉的；大多数人饥肠辘辘，因为他们没提前收到通知就被匆忙派出，没有时间做饭。然而到目前为止，隆古斯对当天的局势很满意，他的骑兵看上去又要取得一场胜利，他的大军也已经摆好阵形，准备迎战。要么他能如愿以偿开战，要么就是对手退缩，不让事态升级为一场正式会战。后一种情况还可以让士兵相信敌人害怕自己，从而在战斗最终来临时更为自信。

汉尼拔继续仔细地准备着战斗。当罗马的重装步兵开始渡河，且全部罗马士兵都已出动时，他派出了 8000 名轻装步兵去支援努米底亚骑兵，组成了一道屏障，使他能够在这道屏障后部署军队。他的主力军此刻才开始开出营地，前进 1 英里后开始列阵。迦太基战线的中军是一排密集队形的步兵，约有 2 万人。位于中央的应该是高卢盟军，可能约有 8000 人，西班牙和利比亚步兵分居两侧。密集队形的高卢与西班牙骑兵位于两翼。不久后，撤回的努米底亚骑兵加入了他们，这样两翼就各有约 5000 名骑兵。汉尼拔将战象也分成了两队，可能将其分别部署在了重装步兵的两翼，不过不同史料的记载有所出入。

隆古斯此时召回了骑兵，将他们部署在了主战线中。这些人马追击了一上午却一无所获，已筋疲力尽，因为敏捷的努米底亚人从未停下来迎战，而是一直躲避，然后再度集结、返回，用标枪向罗马人发起新一轮的袭扰。罗马军队采用了标准阵形，军团士兵居中，盟军位于两侧，骑兵分列两翼。波利比乌斯称，隆古斯的 4 个军团共计 1.6 万人，李维给出的人数则稍多，称约有 1.8 万人。以上数字显然都是两人将军团每个作战单位的常规人数乘以 4 得出的，所以顶多只能当作大致参考。如果这其中包括之前由大法官乌尔索指挥的、早前遭遇过波伊人伏击的那个军团，那么它可能依然人数严重不足。罗马阵中有 2 万名盟军步兵，据李维称，其中有一支来自唯一一个依然忠于罗马的高卢部落，凯诺马尼人（Cenomani）的部队。我们不确定这 3.8 万名名步兵中是否包括军团和辅军的散兵，还是说他们全部都是重装步兵。人们通常假设，之前提到的 6000 名轻装步兵就是隆古斯军中参加散兵战的全部人数，但史料并未说清。不论散兵是否被算在了总人数内，罗马军队的步兵数量都显然极具优势。然而，隆古斯只有 4000 名骑兵部署在两翼，数量还不及敌方部署的骑兵的一半。

隆古斯依旧信心十足，下令全军前进，像一名合格的罗马将领一样指挥军队保持着良好秩序缓步前进。汉尼拔按兵不动，任由敌军一步步靠近，应该是在等罗马人经过马戈埋伏的位置。双方的散兵很快在主战线之前相遇了，开始互掷投射武器。罗马人落了下风，因为他们十分疲惫，并且在支援骑兵追击努米底亚人的途中已经用掉了大量标枪。如果他们只有6000人的话，那么还在人数上处于劣势，也比对手更缺乏训练和经验。汉尼拔的散兵中有著名的巴利阿里投石手和射程稍近的标枪兵，这种组合也许使迦太基的散兵能以更灵活的方式作战。随着双方的主战线接近，散兵穿过各支密集队形步兵之间的空隙撤到了后方。李维称，直到罗马第一线的青年兵前进，迦太基的轻装步兵才被逼退，随后青年兵移动到了两翼去支援骑兵。

汉尼拔终于下令让骑兵出击，此时筋疲力尽又寡不敌众的罗马骑兵似乎做出了微弱的抵抗。李维称，支援骑兵的巴利阿里投石手的准确射击对罗马骑兵造成了更严重的打击，罗马人的战马还受到了战象的惊吓，但他此处对大象在战斗中起到的作用描写得非常模糊。随着罗马骑兵溃败，努米底亚骑兵和轻装步兵立即蜂拥而上，包围了罗马主战线的侧翼，用标枪攻击其盟军。波利比乌斯指出，他们的速度超过了密集队形的骑兵，这也许再次说明，哪怕比罗马人的马匹更晚进入战场，迦太基的马匹也依然状态不住。尽管有此优势，双方的主力密集队形步兵的交锋还是十分胶着，但我们不知道结果如何。光是罗马的青年兵和壮年兵的数量就远远超过了迦太基步兵的总人数，而且武装得更为全面。除此之外，罗马人的战线非常长，两翼遭受的挫败要过一会儿才会影响到中军。即便当马戈的伏兵冲出来进攻罗马军队的后方，令其全军开始陷入混乱时，罗马军团的士兵仍在继续奋战。前有迦太基人的战象和步兵，后有散兵和努米底亚骑兵，两翼的罗马步兵最终溃败了。中军的军团士兵击垮了面前的高卢人和一支利比亚人部队，冲破了敌军战线。

汉尼拔的步兵只排了一排，所以没有后备部队来抵挡敌人的突破，所幸此时大部分罗马士兵都已开始四散逃窜。罗马人的败局已然无法挽回。突破了迦太基战线的 1 万名军团士兵不打算重回战场，而是保持阵形向北行进，绕过了敌军，从普拉坎提亚对面再次渡过了特里比亚河，进城避难。汉尼拔并未试图阻止他们，因为他的人已筋疲力尽，而且胜利已是他的囊中之物。剩余的罗马士兵在溃逃中伤亡惨重，但也有不少士兵独自或结伴逃回了营地，或加入了殖民地的残部。我们无法确定罗马军队的具体伤亡数字，但肯定不低。史料中对汉尼拔一方的伤亡的记载也一样模糊。波利比乌斯告诉我们，伤亡最惨重的是中军的凯尔特人。然而，战斗后的寒冷天气又令汉尼拔折损了许多人马，战象也只剩一头还活着。[13]

隆古斯起初试图将此役描述成一场难舍难分的战斗，而自己是因为恶劣天气才输的。元老院过了一段时间才领会到这场惨败有多么严重。这对罗马人的自尊心造成的打击可能比他们实际遭受的损失更沉重，因为这场失利让原先摇摆不定的高卢人彻底站在了迦太基那边。即便如此，战败被归咎为隆古斯个人的失误，而中军步兵的成功突围证实了罗马士兵一如既往的勇气。

这场胜利给了汉尼拔的征战足够的势头，令其军队即使在因冬季到来而不得不连续几个月无所作为时也能保持高涨的士气。他的士兵现在知道，他们有能力在开阔地带击败敌人，也对自己的统帅更有信心了。汉尼拔接连战胜了两个罗马指挥官，并能严格管控士兵，只在自己选择的时间和地点开战。他能够充分发挥骑兵的数量优势，同时通过混编轻骑兵与重骑兵实现更高的灵活性。在特里比亚河之战中，他的军队互相配合，集中全部力量攻击罗马军队两翼。为了进一步巩固己方骑兵相对于罗马骑兵的数量优势，他将麾下最优秀的步兵——利比亚人和西班牙人——部署在了中军步兵的两侧，使他们的攻击在战象的辅助下变得更加有力。马戈的伏兵让罗马军队变得更加混乱，极大削弱了其向前的攻势，更让罗马的第三线步兵早早卷入了战斗。但是迦太基人在两翼所获得的成功其实早就扎实地奠定了胜局。一大群罗马步兵集体逃脱对迦太基来说是个遗憾，但罗马人在突破了高卢步兵的战线后，汉尼拔也无法阻止他们了。不过罗马人如此急切地逃离战场，而非回过头去再次参战，说明他们已经认输了。

特拉西梅诺湖之战（约公元前217年6月21日）

元老院深受此次战败的震动，但在新年来临时痛下决心，要以更大的努力将战争继续下去。罗马人虽然没有忽视别处的战场，但是将主要精力集中在了目前在自己领土上的敌人身上，两名执政官都将北上迎战汉尼拔。当隆古斯短暂地回到罗马主持新的执政官选举时，气氛并未因他的战败而有所反常。新当选的执政官为格奈乌斯·塞尔维里乌斯·杰米努斯（Cnaeus Servilius Geminus）和盖乌斯·弗拉米尼乌斯。我们不清楚当年征募公民兵和盟军士兵的具体情况，但杰米努斯和弗拉米尼乌斯应该各分到了一支标准的执政官级的军队，各含两个军团和两支辅军，其中混编了新征部队和特里比亚河之战的残部。这些军团可能人数高于常规编制，而且骑兵的比例可能也很高，这也许是罗马人为了应对汉尼拔的骑兵优势而采取的措施。杰米努斯的麾下据说至少有 4000 名骑兵，这对于罗马军队来说是相当高的比例，估计大部分是由盟军组成的。[14]

　　波利比乌斯称，双方在冬季都没有什么军事行动，只是李维记载了一则很有戏剧性的插曲，说隆古斯在一场战斗中取得了前期优势，但被恶劣天气妨碍了，这大概率是编造的，甚至可能是从被隆古斯自己美化过的对特里比亚河之战的描述中来的。然而一贯严肃稳重的波利比乌斯记载了一个令人匪夷所思的故事，称汉尼拔不信任新的高卢盟友，于是做了一系列伪装，包括戴不同颜色的假发掩藏自己的真实样貌。也许变换外貌的能力帮助他提高了自己在高卢部落中的威信，令部落民们相信自己是一位强大的领袖，不过这仅仅是猜测罢了。[15]

　　当公元前 217 年春季来临、新的作战季开始时，汉尼拔面临着两个选择——继续留在波河河谷将一无所成，士兵持续消耗粮秣还可能会动摇高卢同盟的支持；而向西进入利古里亚地区并无益于削弱罗马人的抵抗，同时也意味着要穿过难觅粮草的野地。汉尼拔需要持续向罗马人施压，因此得进一步深入对方的腹地，如此，他便可以用敌人土地上的农业产出供养自己的士兵，并为他们提供丰厚的战利品，在这里取得的胜利也更容易扰乱罗马人并策反其意大利盟友。汉尼拔选择进军路线时必须考虑意大利最重要的地理特征——亚平宁山脉。这道结实的屏障将意大利半岛一分为二，只有少数地方可供一支军队通行。因此，汉尼拔可以向东去往海边，沿着亚得里亚海岸南下进入皮凯努姆（Picenum），或者先南下至亚平宁山脉的山口，然后向西进入伊特鲁里亚。罗马元老院显然和汉尼拔一样清楚这两条路线，他们的应对方法是在两处各派一名执政官对抗可能到来的威胁。杰米努斯前往阿里米努姆（今里米尼［Rimini］）监视意大利半岛东部沿岸，弗拉米尼乌斯则前往阿列提乌姆（Arretium）把守亚平宁山脉的几处山口。[16]

盖乌斯·弗拉米尼乌斯将在接下来的战役中扮演至关重要的角色。现存的史料对他评价不高，因为他使罗马人又遭受了一场大败，自己也在战斗中丧生，所以无法像隆古斯那样为自己的行为辩护。他的家族在罗马也不算显赫，因此没有多少后人有能力在已经广为流传的描述战斗过程的叙事中美化他的事迹。弗拉米尼乌斯是其家族中首个当上执政官的人，是一名"新贵"。波利比乌斯和李维均将其描绘成一个激进的煽动者，他们笔下的弗拉米尼乌斯爱口出狂言，却没有多少真正的才干，他的仕途全靠迎合最贫穷的公民们的需求，借助他们的力量对抗多数元老的反对。至此，他的政治生涯无疑是饱受争议的，但即便按照公元前3世纪的标准，尤其对一名新贵来说，已经称得上是十分杰出了——他在公元前232年以保民官的身份通过了将山南高卢的土地分给贫穷公民的法案，在公元前223年第一次担任执政官时还因战胜因苏布雷人而举办了凯旋式，并且担任过西西里第一位大法官总督。在公元前220年，他作为两名监察官之一实施了许多大工程，包括在罗马兴建弗拉米尼乌斯广场（Circus Flaminius），以及修筑连接罗马和阿里米努姆的弗拉米尼乌斯大道（via Flaminia），连通了罗马与新建的殖民地。他显然是一个特立独行的人物，一个用非传统手段实现自己抱负的政治家。他的土地法得罪了元老院众多成员，他自己也在第一次执政官任期内得了个急躁的名声；他拒绝因宗教理由被召回，他的凯旋式也是在元老院否决后由人民表决通过的。在罗马，最成功的政治家们都会悄无声息地达到自己的目的，而不会制造这种紧张局面。像弗拉米尼乌斯这样的人树敌太多，政敌们会待其势力变弱时乘虚而入，弗拉米尼乌斯的敌人们就在其死后大肆抹黑了他的名誉。[17]

弗拉米尼乌斯的当选并非意味着罗马的"民主党派"反对元老院的战争政策。我们都知道，罗马的政治与党派概念毫无关联，而且我们几乎可以肯定，弗拉米尼乌斯在罗马早前战败的消息传来之前就已经成了执政官候选人。他是一名富有经验的将领，战胜过现在投靠汉尼拔的那些高卢人，这无疑是对他的选举有利的经历。弗拉米尼乌斯在元老院中也一定有支持者，只不过在他战败后鲜有人愿意承认支持过他罢了。他肯定赢得了许多富裕公民的选票，因为他不可能指望贫穷公民帮助自己通过百夫长大会的票选。我们千万不能将现代的"民众支持"的概念与其在古罗马的含义混淆，也不应被古罗马的侮辱性政治修辞误导。罗马传统的贵族家族赞助体系往往支配着各个公民大会，弗拉米尼乌斯有可能得到了该体系以外的支持，毕竟他在担任保民官和监察官时有很多机会结交大量元老院之外的富裕阶层。分配高卢土地和建设各项重大工程让他有机会签订各种利润丰厚的合约，还能交到有权势的朋友。

事实证明，弗拉米尼乌斯非常急于开启战事。他无视惯例，在 3 月 15 日没回罗马，而是在阿里米努姆就任了执政官。李维说，弗拉米尼乌斯担心元老院的反对者会操控鸟卜的结果，从而尽可能久地将其困在罗马，找机会剥夺他的指挥权。他的担心也许不是无的放矢。为避免出现这种情况，他以处理个人事务为由，离开了罗马，但其实是去与军队会合。[18] 从军事角度考虑，他这么做是合理的，因为在前一年撤到了阿里米努姆的罗马军队需要抢在汉尼拔行动前控制住通往伊特鲁里亚的各个山口。这意味着，弗拉米尼乌斯很可能没有进行一般新任执政官需要完成的宗教仪式，而他之后无视元老院让其返回罗马的命令的行为又加深了他与元老院之间的嫌隙。和败于德雷帕纳的克劳狄乌斯一样，弗拉米尼乌斯遭遇惨败之后，人们认为其中一大原因正是他不尊敬神明。[19]

易于搜寻粮草的春季一到，汉尼拔便立即拔寨启程了。像往常一样，他总是行动迅速且选择出人意料的路线，这一次他决定翻山进入伊特鲁里亚，一方面是因为当地土地肥沃，足以供给士兵，但另一方面是因为他可以从此处对罗马造成更直接的威胁。他可能从波雷塔（Porretta）或科利涅（Colline）山口翻越了亚平宁山脉，并强行穿过了亚诺河（River Arno）周围的在冬季降雨后已经泛滥的沼泽，催促军队尽力全速穿过这片难行的地带。他手下最遵守纪律的步兵——擅长艰苦行军的非洲人和西班牙人带领辎重队在前开路，带动行军的步伐，而不擅高强度强行军的凯尔特战士们则很难跟上，毕竟在队伍的尾端行进本就更困难，心理上的煎熬也更大。汉尼拔让骑兵殿后，沿途催促掉队的高卢人。他们花了三天三夜才穿过沼泽，士兵们饱受其苦，根本无法在满地泥泞中休憩，很多人只能靠在驮鞍上或途中大量倒毙的骡子身上睡觉。汉尼拔自己患上了眼炎，最终由于没有条件进行妥善治疗，一只眼睛失明了。他坐在唯一一只幸存的大象背上走过了大部分路程，这只大象可能就是加图笔下勇敢的"叙利亚人"。[20]

　　汉尼拔又一次出其不意地没受敌军阻拦就率军跨越了一道险峻的障碍。此时他已经就位，准备开展下一阶段的战役。军队在费苏莱（Faesulae）附近走出沼泽后，他给了部队几天时间休整，然后派侦察兵去探察罗马军队的位置，并尽可能收集有关这一地区的信息。了解到弗拉米尼乌斯在阿列提乌姆，并且伊特鲁里亚平原非常富饶，能为军队提供充足的食物和大量可以激励士兵的战利品后，汉尼拔决定继续前进，经过罗马军队，引诱对方跟着自己向南移动。据说，他知道弗拉米尼乌斯是个急性子，因此有可能鲁莽地追上来，给迦太基人在对自己有利的条件下开战的机会，如此一来，还能让罗马军队与亚平宁山脉东部的援军离得更远——虽然汉尼拔应该不会知道杰米努斯军队的确切位置，但可以肯定的是，一旦东部的罗马军队得知了汉尼拔的动向，一定会尽快赶来与弗拉米尼乌斯会合。从其他方面考虑，这个计划也是可行且有利的。汉尼拔并没有建立永久的基地用于维持军队的供给，因此他们就没有能被罗马军队从后方切断的补给线。相反，他一直依赖于沿途搜集粮草，随军只携带足够支撑到下一次停下寻粮的给养。这种策略虽然给了他的军队很大的自由移动的空间，但也意味着他们不能长时间停滞在某地，因为那样会迅速耗光当地的资源。如今，与汉尼拔结盟的山南高卢部落已经远在身后，这个问题也因此变得更加棘手了，所以径直前往阿列提乌姆，并指望在粮食耗光、无法继续作战前占据有利条件并引诱弗拉米尼乌斯应战将是一个风险极高的决定。汉尼拔承受不起多次非决定性的小规模战斗的消耗，牺牲无法替补的老兵换取小胜的代价也过于高昂。避开罗马军队可以让汉尼拔掌握主动权，确保战役的走向掌握在他的手中。[21]

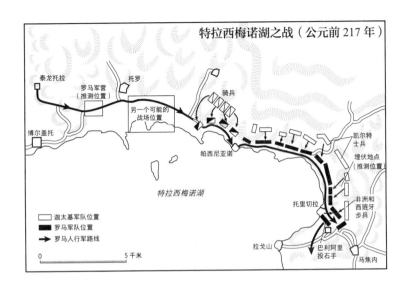

特拉西梅诺湖之战（公元前217年）

弗拉米尼乌斯接下来的行动正中汉尼拔下怀，不过换作这一时期的任何罗马指挥官，特别是公元前218年的执政官，一定都会这样做。当弗拉米尼乌斯得知，迦太基军队已从自己身边经过，并且正在大肆践踏罗马盟友的土地时，他立即率军离开了阿列提乌姆，开始追赶敌军。据说，他无视了手下高级军官们的建议和一系列不祥的预兆，比如他的坐骑把他摔了下来，以及旗手费了很大劲才把军旗从地里拔出来。可能有些军官曾建议弗拉米尼乌斯等杰米努斯前来支援后再行动，因为他的部队人数明显逊于敌军，但这些说法更可能是源于人们在战败后把全部罪责都推给指挥官的习惯。罗马军队南下时经过了被敌人践踏过的土地，穿过了遭受劫掠后被付之一炬的村落。任由敌军在自己国家和盟友的土地上不受阻挠地横行无忌不仅是莫大的耻辱，还会损害该国军事实力的名声。别忘了，罗马军中的绝大部分士兵是农民，军官们是地主，他们仍持有与古时重装步兵同样的战斗理念，即将保卫社群的土地视为公民兵最重要的职责。敌人公然无视罗马军队，肆意掠夺践踏罗马土地，这无疑暗示着，他们不把罗马的威力放在眼里，公然挑战罗马的权威。在古代世界，几乎没有国家能在不暴露自身弱点的情况下忍受这样的挑衅，罗马人也不例外，尤其是他们虽在特里比亚河受挫，但此时仍然相信自己的步兵有优势。

6月上旬，弗拉米尼乌斯一路追逐敌军，表面上可能看起来像迦太基人在因畏惧罗马军队而逃避。波利比乌斯说，沿途很多志愿兵加入了罗马的队伍，以为罗马军队会轻松获胜，于是带着锁链和脚镣，想要抓些俘虏当奴隶卖掉。[22]

汉尼拔继续向南，继续为了激怒罗马人而沿途野蛮掠夺，身后的罗马追兵现在距离他们只有一天的路程了。经过科尔托纳（Cortona）后，他来到了特拉西梅诺湖（Lake Trasimene），看到前方主干道的一侧是湖岸，另一侧是一串小山丘，便意识到机会来了。6月20日，迦太基军队穿过了湖区，并故意在连绵的山丘尽头一处十分显眼的地方扎营。当夜，汉尼拔将军队分成了若干部，带领他们从后面绕过山丘，在与隘道平行的位置设下了埋伏。这种夜间行军绝非易事，尤其他的士兵分别来自不同的民族，让他们安静地到达正确的伏击地点就位，且不引起混乱或被当天已在湖岸边扎营敌人发现实属不易。大部分迦太基伏军都藏在高地背后的斜坡上，这样等太阳升起后也不会被敌人发现。骑兵在离罗马人最近的一侧，准备在敌方队伍完全进入狭路后到后方切断其退路。凯尔特士兵位于中央，非洲和西班牙步兵在左翼，靠近迦太基军营。带标枪的散兵和巴利阿里投石手可能在以上部队的左边，做好了封锁隘道出口的准备。我们无从得知他们具体埋伏在了特拉西梅诺湖的北岸或东岸上的什么地方，因为史料并未细说，有些记载还相互矛盾，而且今天的湖岸与公元前3世纪相比可能已经发生了很大变化。[23]

弗拉米尼乌斯的军队在21日黎明便已准备好动身，显然是希望在当天追上敌人。早晨雾气很重，山丘的轮廓大都被雾气模糊了，但是他也许能够看到隘路尽头的迦太基军营。他可能命令部队分成了三列，以便排成三线战阵，这是接近敌军的常规做法，但我们的史料对此没有详细说明，而且罗马人在此行军的方式很大程度上取决于公元前3世纪时此处山丘和湖泊之间的宽度。如果军队排成一长列，那么队伍会延绵至少5英里，这意味着队伍的长度超过了迦太基的伏击范围。弗拉米尼乌斯没有派出侦察兵，但是这一时期的罗马军队也很少预先侦察他们的前进路线，而是通常假设，数量足以构成威胁的敌军在白天都能从远处被看见。[24]

当罗马军队沿着湖岸稳步行进时，汉尼拔的伏军一直严格遵守纪律在原地等待，直到罗马的先锋部队——通常由罗马和盟军骑兵、盟军特选步兵大队和一支跟在后面的拉丁辅军组成——碰到了迦太基战线的左翼伏兵（散兵或利比亚和西班牙步兵）时，汉尼拔才下令，让其余部队发动攻击。迦太基军队很快从四面八方冲下山，向罗马人发起了攻击，后者顿时陷入了混乱。道路上的雾气仍然十分浓重，士兵们眼前模糊不清，敌人的呼喊和战斗的声响同时从四面八方传来。

从伏兵涌出的那一刻起，汉尼拔就已经算是赢了，因为罗马军队所处的位置坏得不可救药，然而双方还是激战了三个小时才最终分出胜负。罗马人可能分成了三列队伍行军，但要想将队伍排成任何适合战斗的阵形都要在军官的严格指挥下耗费大量时间才能完成。他们在特拉西梅诺湖几乎没有时间列阵，而且军官们也都不知道战线该列在哪或面朝哪个方向。在有些地方，有士兵为躲避真实的或想象中的从浓雾里出现的敌人而逃窜，造成了恐慌。而在其他地方，军团士兵们聚集在一起，带着罗马战士标志性的坚韧决心，在他们的百夫长或军事保民官的率领下坚守阵地。中央的战斗尤为惨烈，高卢人在逐渐瓦解罗马人的抵抗时伤亡惨重。

波利比乌斯称，弗拉米尼乌斯惊慌失措，陷入了绝望，最后被一些不知名的高卢人所杀；李维尽管也没为这名执政官说什么好话，但他笔下的弗拉米尼乌斯至少在危机面前表现得有一名罗马元老的样子。在李维的描述中，弗拉米尼乌斯骑马在军队中疾驰，高声呼喊着激励士兵，试图组织他们奋起抵抗。他聚集了一队最为勇武的士兵，看到哪里有处境艰难的士兵就前去援助。敌人很快通过执政官豪华的装备认出了弗拉米尼乌斯，尤其是汉尼拔的高卢盟军可能认出了他就是那个在公元前223年击败自己部族、毁坏自己家园的仇人，因此弗拉米尼乌斯立刻成了众矢之的。希里乌斯·意大利库斯（Silius Italicus）的史诗写道，弗拉米尼乌斯将一块高卢人的头皮挂在自己的头盔顶上，这进一步挑衅了对方。这部作品大部分是虚构的，这个说法可能只是一个骇人听闻的虚构情节，但如果这个故事是真的，那就展示出了我们以为很文明的罗马贵族的野蛮的一面。最后，一名据李维记载名叫杜卡里乌斯（Ducarius）的因苏布雷骑兵冲向罗马人的战线，杀死了弗拉米尼乌斯的贴身护卫，然后用长矛捅穿了执政官。不过，一队军团士兵——李维称其为"后备兵"，但他似乎并不是特指罗马军团中的第三线重装步兵——逼退了高卢人，抢回了执政官的尸体，没让敌军将其夺走并斩首。

也许并非只有罗马人一方陷入了混乱。汉尼拔的军队在战斗初期在山丘地带分散得很远，而且与罗马人一样面临着能见度低的问题，所以他们的攻击也许未必像史书所记载的那样配合得天衣无缝。罗马的前锋突破了敌人的封锁——对方可能是轻装步兵——然后继续在道路上推进，过了一段时间后失去了与后方部队的联系，可能是因为后面的部队被军官们组织了起来排成战线迎击其他敌人。大约有 6000 人沿着道路继续推进，并发现前方没有别的敌人了，但直到他们跑出隘道且雾气开始消散时，才回头看清大部队遭到了怎样的灭顶之灾。随着执政官倒下，罗马人有组织的抵抗基本都崩溃了。很多人在丢盔弃甲地逃命时被杀，有的在试图游到湖对岸逃生时溺亡。其他人蹚进水里，走到齐颈的深度后，迦太基骑兵策马进入水中，以砍他们不时冒出水面的头取乐。罗马的前锋见即便调头回去也救不了同伴们，便前往附近的村庄避难了。当天晚些时候，汉尼拔派玛哈巴尔（Maharbal）带领一些西班牙士兵和标枪兵包围了那个村子。李维称，这些罗马人在对方饶他们不死的前提下投降了，玛哈巴尔允许他们穿着来时的衣服离开，但不准带走其他任何武器。然而汉尼拔并不认同玛哈巴尔对罗马人的这个承诺，将当中的罗马人拘为了奴隶。这支残部大部分为盟军士兵，他们像往常一样得到了汉尼拔的善待，后者把他们放回家，并告诉他们，自己是在为了他们而攻打他们的罗马主人。

法比乌斯·皮克托称，罗马军队中有 1.5 万人阵亡，还有 1 万人四散逃出，陆续回到了罗马。我们不清楚这个数字中是否包括俘虏，如前锋中幸存的 6000 人，但是据波利比乌斯记载，汉尼拔俘虏了约 1.5 万人，还虏获了包含许多军事物资在内的大量战利品。利比亚步兵很快就用上了罗马军团士兵的装备，每个人都得到了盔甲、铜盔和椭圆长盾，但我们不清楚他们是否也配备了罗马的重标枪和短剑。汉尼拔的损失很小，根据不同史料记载大约为 1500 或 2500 人，其中绝大多数是高卢人，包括 30 名高级军官。用 3% 到 5% 的人力损失将一支完整规模的敌军彻底消灭并不算一个太高的代价，但尽管迦太基人颇有战略优势，这个伤亡数字足以证明，很多罗马人和盟军士兵做出了顽强而激烈的抵抗。汉尼拔仔细埋葬了己方的死者，尤其是阵亡的军官们，同时下令寻找弗拉米尼乌斯的尸体，希望也能体面地安葬这位执政官，但未能如愿。也许因苏布雷人已经用自己的方式处理了尸体，但更有可能其尸身混在死人堆里难以被发现，也可能是因为他的盔甲和衣物被洗劫战利品的人早早剥去了，因此无法辨认他的身份。[25]

　　没过几天，罗马人就又吃了一场败仗。杰米努斯急于与同僚会合，派盖乌斯·坎特尼乌斯（Gaius Centenius）率领 4000 名骑兵先出发。在罗马人得知弗拉米尼乌斯战败前，汉尼拔就已经获悉了他们的动向，派玛哈巴尔带领另一支部队前去突袭罗马骑兵。一些罗马人从第一波攻势打击中幸存了下来，撤退到了一处高地上，但是在第二天被包围后投降了。消灭这支骑兵有效消除了另一支罗马军队可能在战场上对汉尼拔造成的任何威胁。[26]

　　很少有指挥官能复制汉尼拔伏击和消灭一整支军队的这一成就。他掌控了整场战役的进程，将弗拉米尼乌斯一步步引入了绝境。这些行动不仅凸显了汉尼拔作为将领的高超水平，也体现了他军队极高的灵活性。他的部队不但有能力趁夜有序无误地移动到埋伏地点，之后还显示出了极高的纪律性，没有过早发动攻击，玛哈巴尔带领两支队伍所取得的胜利也说明，汉尼拔的部下也都能力出众。罗马人仍然以为战斗将会公开正式地展开，勇敢的军团士兵们将在正面战场上在指挥官的率领下取得胜利，因此他们没像对手那样对敌军的行动保持密切的关注，并利用一切机会发动奇袭。

"拖延者"

罗马对特里比亚河之败仅 6 个月后就再次遭受惨败这一事实感到无比震惊。随着消息传开和第一批幸存者回到罗马城，城市大法官马库斯·庞波尼乌斯（Marcus Pomponius）登上了广场的演讲台，仅用一句话宣布了这件事："我们在一场大战中被打败了"（pugna magna victi sumus）。李维描绘了妻子和父母们焦急地守在城门，从逃亡者中寻找丈夫和儿子的身影的场景，这一戏剧性的描写一般只被视为修辞效果，而非真实发生的情景，但罗马城中确有很多人的家庭成员或朋友在军队中。这次失利的战场离罗马城不远，此刻罗马人似乎很难阻挡汉尼拔向罗马进发了。特拉西梅诺湖的战败被报回 3 天之后，坎特尼乌斯失败的消息也传来了，对罗马人来说无疑是雪上加霜。[27]

一支执政官军队已被摧毁，另一支则因失去了骑兵而元气大伤，现已撤退到阿里米努姆镇压有汉尼拔撑腰的高卢人在当地日益频繁的袭扰。面对危机，元老院自公元前 249 年后首次决定，有必要任命一名军事独裁官来负责统筹对抗汉尼拔的战争，这意味着其他全部官员的军事统领权都将暂时失效，一切资源在 6 个月内全由一名最高长官调遣。只有平民保民官，因没有军事身份，所以在独裁官在位期间权力不变。独裁官通常是由一名现任执政官指定的，但杰米努斯当下无法回到罗马城，因此这次的独裁官是通过选举产生的。李维称，出于这个原因，这次的独裁官的确切头衔其实是"同独裁官"（prodictator），但这种说法不一定对。百夫长大会推选昆图斯·法比乌斯·马克西姆斯为独裁官，马库斯·米努奇乌斯·鲁弗斯（Marcus Minucius Rufus）为他的骑兵统帅（Magister Equitum），即副手。[28]

二人都久经沙场——法比乌斯·马克西姆斯数代之前的祖先为家族赢得了"马克西姆斯"（Maximus，意为"最伟大的"）的尊名，他自己也曾在公元前 233 年和公元前 228 年两次出任执政官，并在公元前 233 年因战胜利古里亚人举办了凯旋式，且在公元前 230 年出任了监察官。现在他 58 岁上下，算是罗马将领中年纪很大的了，但他将证明自己仍是一名活跃的指挥官，并且是整个第二次布匿战争中最伟大的罗马英雄之一，还在接下来的 10 年内 3 次复任执政官。不过，要是没有汉尼拔战争所引起的危机，他可能不会再出任高级政务官了。法比乌斯脸上有个显眼的疣，所以有个外号叫"疣脸"（Verrucosus）。小时候的法比乌斯在别人眼中是个迟钝木讷、做事不积极的孩子，在成年开始职业生涯后才赢得了广泛的尊重。我们对曾在公元前 221 年担任执政官的米努奇乌斯知之甚少，但他和法比乌斯似乎并不亲密，在接下来的战役中，两人的关系还会变得十分紧张，但因此将两人视为分属不同的党派就是对罗马政治的误读了。米努奇乌斯主张采取更为激进的战略，这是和第二次布匿战争中其他罗马将领一样的典型罗马思维，代表了大多数元老应对战争时的本能反应。[29]

两人上任后马上着手为城市布防，因为他们可能还不知道汉尼拔已经调转了方向，并没有直接进军罗马的打算。法比乌斯公开强调，弗拉米尼乌斯战败的原因是早前没正确举行宗教仪式，力劝元老院查阅西比尔神谕集，并任命一名大法官来确保抚慰众神的仪式都被严格执行。用宗教解释最近的接连失利令罗马人相信，勇气这一传统罗马美德和他们的虔诚将帮助他们渡过难关。同时，受法比乌斯和米努奇乌斯所采取的积极措施的鼓舞，社会的各个阶层都投身到了持续战争的准备工作中。[30]

法比乌斯在前去接管幸存的执政官军队并将其合并进新征召的军队时，很注意强调罗马传统中独裁官的庄严地位。杰米努斯接到指示，率军沿着弗拉米尼乌斯大道到纳尼亚（Narnia）与法比乌斯会师。独裁官有 24 名扈从随行，是两名执政官的扈从数量之和，因为两名执政官的权力现在都到了独裁官一人手里。法比乌斯派信使提前通知杰米努斯，不得再使用彰显执政官身份的任何标志，且应以普通公民的身份面见独裁官。法比乌斯接管了杰米努斯的军队，随后派他前往奥斯提亚（Ostia），以同执政官（proconsul）的身份指挥在当地集结的舰队。不过他废止了独裁官不得骑马这一传统，并得到了元老院的许可。这条古老的禁令可能是重装步兵阶层主导的时代的遗产，当时的重装步兵阶层希望指挥官和自己一起在方阵里并肩作战，同生共死，因此传统上指挥骑兵的往往是独裁官的属下或骑兵统帅。但基于公元前 3 世纪末庞大且复杂的军队规模，一名将军必须具备较高的机动性才能有效率地指挥部队。[31]

特拉西梅诺湖之战后，汉尼拔向东再次翻过了亚平宁山脉，进攻了皮凯努姆，10 天后抵达了亚得里亚海岸。他的军队一路上残酷地洗劫蹂躏了沿途的村落和小镇。他的人马还没有从进军意大利的长征和随即展开的两场战斗中完全恢复，士兵出现了坏血病的症状，马匹也开始长兽疥癣，这些都是缺乏维生素导致的。抵达海岸后，汉尼拔让士兵们在此休息，并饱食这一富饶地带的丰富农产品以恢复身体，并用搜刮来的大量酸葡萄酒（acetum）为马匹洗浴，让它们的皮毛恢复健康。哪怕在休整部队的时候，汉尼拔也不得不定期转移营寨，因为军队以一定的速度消耗着周围地区的食物和草料，而他需要喂饱自己的人马。他的军队在被罗马人控制的意大利腹地横行无忌，也向各方势力展示出，敌人无法阻止自己。一到达亚得里亚海，他才首次有机会从海路向迦太基送信，回报自己离开西班牙后所取得的胜利。迦太基人为他的战果感到十分欣喜，许诺将支援他及其留守西班牙的弟弟哈斯德鲁巴，但汉尼拔最终真正收到的援助微乎其微。[32]

军队恢复健康后，汉尼拔继续在意大利东海岸的平原上向南移动，一路攻陷了包括罗马人在卢凯里亚（Luceria）的殖民地在内的一系列城镇。迦太基军队随后向西南方向的埃凯（Aecae）挺进，并在那里再次遇到了一支罗马军队。法比乌斯率领着 4 个军团和辅军，总共至少 4 万人，在距敌军 6 英里处扎营。法比乌斯在行进时非常谨慎，派侦察兵在前探路，以确保在敌人出现时能得到充分的预警，因为罗马人还没弄清迦太基军队的确切位置。汉尼拔的第一反应是命军队在罗马军营外列阵，向罗马人宣战。罗马人没有回应。汉尼拔等到他觉得自己的士兵都看出敌方的胆怯后，就率军撤回了营地。很显然，法比乌斯不打算在任何情况下冒险开战，这无疑是明智的，因为他的军队中至少有一半是毫无经验的新兵，且都忌惮这个在一年之内两次击败罗马大军的对手。汉尼拔转而向西，又一次翻越了亚平宁山脉，法比乌斯紧随其后，但是没有展开大规模战斗。这一带的丘陵地形对罗马人有利，法比乌斯总是能占据高地，在汉尼拔绝对不会冒险攻击的有利位置扎营。他的计划是间接削弱敌人的力量，切断对方的食物供给，这一策略后来被罗马人称为"打击敌人的胃"。只要有机会，罗马人就会攻击迦太基人的寻粮队，这并未造成大量伤亡，但严重增加了对方收集粮秣的难度。他们还指示当地居民去设防坚固的据点避难，尽量带走或毁掉食物和牲畜，但是这项命令的遵守程度很难被确认。[33]

法比乌斯始终尾随在敌军身后，同时又不给对方开战的机会，这需要极高的技巧，而罗马人及其盟友对当地情况十分熟悉，所以这是一大优势。然而，当汉尼拔进入了萨莫奈（Samnium）并洗劫了贝尼文图姆（Beneventum）附近的肥沃土地时，罗马人已经落后了敌军一到两天的路程。汉尼拔之后决定攻入坎帕尼亚，洗劫肥沃的、以盛产葡萄酒闻名的法莱努斯的土地（ager Falernus），因为他认为，只要能威胁这一由罗马公民耕种的土地，就算不能挑衅法比乌斯前来迎战，也能最终证明罗马的软弱无能。汉尼拔也许希望卡普阿和其他一些城市可以倒戈归顺于他（实际上这些城市受到坎帕尼亚俘虏的鼓动，在一年后确实背叛了罗马）。其实，尽管汉尼拔接连获胜，罗马也因无法阻止迦太基军队在自己国家内肆意横行而暴露了自己的软弱无能，这些城市和其他盟邦都依然忠于罗马。[34]

法比乌斯继续尾随，但依然不肯一战，罗马军队始终从安全的山丘地带看着迦太基人烧杀掳掠。当下已是秋末，汉尼拔此时面临着建立冬营、让军队过冬并享用战利品的问题，这意味着，他要再次翻过环抱法莱努斯平原的山脉，从为数不多的几处山口中选一个通过。最终，他决定原路返回。法比乌斯正确地预判了他的动向，派4000人预先封锁了山口，自己率领剩余部队在正对着山口的山坡上扎营。汉尼拔停下了脚步，带军队在山口前的平地扎营。他之后率部逃出困境的策略成了古代史上统兵的经典案例，几乎每一名记载这场战争的史家都对此大书特书，后来的众多军事手册也将其收录。汉尼拔手下负责军队补给的军官名为哈斯德鲁巴，前者命其找来大量公牛，将树枝绑在牛角上，随后吩咐士兵们吃饭，并在晚上充分休息。夜里，军队开始动身。士兵点燃了牛角上的火把，赶着牛群走上山脊，标枪兵协助赶牛人驱赶牛群朝着正确的方向行进。与此同时，大部队也开始登山，利比亚人穿着此前俘获的罗马装备打头阵，其后是骑兵和辎重队，高卢人和西班牙人殿后。

扼守山道的罗马军队看到大量火把，以为是敌人在翻山，于是离开自己的守备位置前去攻击。他们在靠近四处奔窜的牛群后因困惑而停下了脚步，迦太基标枪兵趁机突袭，双方展开了断断续续的散兵战，最后双双撤退。法比乌斯看到了火把的光，听到了战斗的吵闹声，但并未采取众军官，尤其是米努奇乌斯力主出战的建议，拒绝在黑夜中离开营地。考虑到夜间作战的难度以及士兵相对缺乏经验，这一决定也许是正确的，而且罗马人若此时离开营地，可能就无法及时锁定敌人的位置并加以拦截。汉尼拔的主力军队没受任何阻拦就通过了山道，除了计谋中使用的公牛，全部战利品都被成功带走了。第二天早晨太阳升起，山脊上的迦太基标枪兵暴露在了山口的罗马守路部队面前。汉尼拔抢在对手之前行动，派出一队西班牙轻装步兵前去支援。这些西班牙人装备轻便，熟悉崎岖地形，不仅救回了标枪兵，还对罗马人造成了沉重打击。[35]

敌人从插翅难飞的困境中逃走，这显然是对法比乌斯的羞辱。罗马和军队中早就有很多人对独裁官的消极策略抱有微词，军官和士兵们看不起他过于谨慎的态度，给他起了个"汉尼拔的书童"的绰号，讥笑他跟在汉尼拔身后的样子就像陪小孩子上学、替他们抱书本的奴隶。罗马人一贯喜欢积极发动攻势，扩大战争规模，而不是耐心地忍受损失和消耗。法比乌斯的战略符合希腊化时期的军事智慧，即一名统帅如果没有稳操胜券的信心，就应该避免交战，直到他的实力相对胜过敌人时再出手，可惜当时几乎没有罗马贵族能理解这种策略的精妙之处。当独裁官不得不返回罗马负责某些宗教仪式时，米努奇乌斯无视了他继续拖延的命令，发起了进攻。汉尼拔的军队此时比较分散，正忙于收集过冬的补给。汉尼拔之前洗劫了格鲁尼乌姆（Gerunium），并打算在此建立冬营。罗马人在格鲁尼乌姆城外赢得了一场大规模散兵战，这场胜利在传达时被夸大了，但还是让罗马人兴奋不已，以为自己终于找到了一位愿意并且能够与敌人一战的指挥官。平民保民官麦提里乌斯（Metilius）提出了一项史无前例的动议，通过了一道法令，授予骑兵统帅等同于独裁官的统兵权，这实际上相当于恢复了两名执政官共同领兵的常规制度。当法比乌斯回到军中后，军队被一分为二，他和米努奇乌斯分别率领一支执政官级的军队。结果可想而知，汉尼拔将米努奇乌斯引入了埋伏，重创了他的军队，最后法比乌斯赶到，将他救出，但拒绝与汉尼拔继续纠缠。经此一败，这位骑兵统帅主动交还权力，重新成了独裁官的下属，并用向父亲行礼的方式向法比乌斯致礼——在罗马社会中，父亲的地位非常高，对子女有生杀予夺的大权——并命令自己的属下像被释奴一样视法比乌斯的士兵为庇护人。[36]

直到年末，罗马军队都一直与敌人保持着相当一段距离，但双方的侦察兵和寻粮队间会时不时爆发散兵战。公元前217年12月前后，独裁官的6个月任期结束，法比乌斯和米努奇乌斯回到罗马，军队被交给了唯一幸存的执政官杰米努斯和马库斯·阿提利乌斯·雷古卢斯（Marcus Atilius Regulus），后者是公元前256年的替补执政官、公元前227年的执政官雷古卢斯之子。

昆图斯·法比乌斯·马克西姆斯赢得了同代人和后世的尊敬与赞誉，人们认为他通过避战拯救了罗马。他得到了一个“拖延者”（Cunctator）的绰号，这明显比“疣脸”好多了。在他担任独裁官期间，罗马人得到了喘息的机会，得以从特里比亚河之战与特拉西梅诺湖之战的两次失败中恢复自身实力。史料多将法比乌斯描绘成一个孤立的角色，只有他认识到了罗马人无法在战场上击败汉尼拔的事实，无论旁人如何劝说或嘲笑，他都坚定不移地拒绝贸然战斗。

8

坎尼会战与罗马的危机

公元前 216 年 8 月 2 日，在意大利南部的山顶小镇坎尼北部的平原上，汉尼拔赢得了他一生中最伟大的胜利。在一天之内，他的人数处于劣势的雇佣军包围并歼灭了罗马迄今为止投入战场的最庞大的军队的大多数士兵。这是史上最血腥的战斗之一，其惨烈程度堪比 20 世纪工业化时代的大战。对于罗马人来说，坎尼会战成了衡量其他败仗的标尺，在此之后的 6 个世纪内都没有任何战败比这更惨重，只有一两次可与其相提并论。坎尼会战至今依然是战争史上最著名的案例之一，反复被现代军事著作提及，汉尼拔的战术也仍然出现在当今军事学院的课堂上。海湾战争中的联合国军司令诺曼·施瓦茨科普夫（Norman Schwartzkopf）将军声称，自己在计划和操控迅速、高效而具有毁灭性的战役时，就应用了从汉尼拔的各次战役，尤其是坎尼会战中学到的原则。在 19 世纪和 20 世纪早期，德国学者压倒性地主导着古代史与考古学界，普鲁士和德国军方对古代战例的研究的重视或许也是这一局面的一种表现。制定了 1914 年入侵法国的计划的冯·施利芬（Von Schlieffen）便对坎尼会战极其着迷，终其一生都在仔细研究这场战役，并试图在自己的战斗计划中重现同样的全面胜利。对很多德国将领来说，坎尼会战已经成了大获全胜的代名词。1941 年，当隆美尔驱赶英国军队退往托布鲁克

（Tobruk）时，他在日记中写道，"一场新的坎尼大捷即将诞生"；大约一年之后，在 1942 年 12 月的斯大林格勒战役中，第六装甲师于不知名的巴克列宾村（Pakhlebin）一带赢得了胜利，其司令在报告中吹嘘这是"巴克列宾的坎尼（大捷）"。[1] 然而，尽管汉尼拔赢得了"完美的战役"，最终却输掉了战争，而且虽然他一直未被击败，却再也没有取得过类似坎尼会战的重大胜利，最终在 12 年后被迫撤出了意大利。罗马人为何且如何能在如此大难之后幸存，是这一章的主题。

坎尼会战（公元前 216 年 8 月）

在理解坎尼的战役以及坎尼会战本身时，我们一定要时刻铭记，当时即便在战斗过程中，也没人能猜到结局，尽管汉尼拔的战术绝妙，但也有数个阶段可能被扭转成对其不利的局势。在李维的描述中，一名鲁莽冲动的指挥官又一次无视了其经验更为丰富的同僚的劝阻，将罗马军队引向了失败，因此战争的前奏笼罩着一种灾难即将来临的气氛，但这一弥漫全文的暗示灾难不可避免的氛围是完全错误的。

罗马元老院决定在公元前 216 年的作战季做出一番大作为。这一年当选的政务官都是杰出的人物：两名执政官之一与四名大法官之三此前都担任过执政官，而另一名执政官和所有大法官都出任过大法官。罗马人第一次授予两名执政官双倍规模的军队，每人手下各有 4 个军团，并且被要求协同作战。公元前 225 年的两位执政官手下也分别有 4 个军团，但两支军队共同加入忒拉蒙之战纯属巧合。此次的军团规模也超出常规，扩张到了罗马人所认为的适合应对当下危机的规模，因此每个军团有 5000 名步兵和常规的 300 名骑兵。我们不清楚每支军队配备的同盟辅军的确切人数，但可以基本确定，其步兵人数大致与罗马步兵数量一致，骑兵数量则超过了罗马骑兵。有人会对这支大军史无前例的规模产生怀疑，特别是因为李维提到，历史上有几种不同的对于当年部队招募的人数的记载。然而，波利比乌斯确信两名执政官的联军有 8 个军团，我们没有合适的理由质疑他的说法。这并不是当年罗马投入战场的唯一一支军队。除了在西班牙和西西里的部队，还有一支由 2 个军团组成的军队被派往北方对付仍在叛乱的山南高卢部落，这支远征队伍由卢基乌斯·波斯图米乌斯·阿尔庇努斯（Lucius Postumius Albinus）率领，他曾在公元前 234 年和公元前 229 年两次担任执政官，此时可能已将近 60 岁。[2]

被授予这支罗马迄今为止最庞大的军队的指挥权、即将就任的执政官是盖乌斯·泰伦提乌斯·瓦罗（Caius Terentius Varro）和卢基乌斯·埃米利乌斯·保卢斯。后者是西庇阿·埃米利亚努斯的祖父，因此波利比乌斯和后续其他史家对他的描写都很正面。这是他第二次当选执政官，公元前 219 年他曾作为执政官因击败伊利里亚人而举办过凯旋式，但他似乎卷入过一桩与战斗相关并使其同僚马库斯·李维乌斯·萨利那托为之被迫退隐的丑闻。保卢斯将会在此场战斗中阵亡，但与弗拉米尼乌斯不同的是，他来自一个富有且历史悠久的贵族家族，他的家人有能力在之后的岁月里捍卫他的名誉。他们轻而易举地把他幸存下来的同僚当成了替罪羊，毕竟瓦罗是一名"新贵"，在如此有权有势的家族的大肆宣传面前毫无还手之力。瓦罗一直有后人成为元老院成员，但是都没有大作为，直至共和国末年，他的家族也未能跻身支配高级政务官席位的核心元老家族之列。

　　李维将瓦罗描绘成了一个类似弗拉米尼乌斯的煽动者，这映衬了他所表达的主题，即当暴民无视元老院中更有经验的贵族领导人的英明领导时，正是这些激进、受民众支持的政客给国家带来的灾难最多。他说瓦罗的家族籍籍无名，他的父亲据说是个肉贩。这种指控是典型的夸大中伤，在罗马的政治争论中很常见，我们不应当真。当麦提里乌斯在一年前提出授予米努奇乌斯等同于法比乌斯的权力的法案时，瓦罗应该是主要支持者之一，但除此之外，即便在李维的描述中，他的职业生涯都算不上激进。和弗拉米尼乌斯一样，他在百夫长大会上一定有相当多的富裕阶层支持者，因此才能在执政官选举中胜出。李维甚至称，他是公民大会在选举中唯一选出来的人，这足以证明他极受拥戴，而且他实际上还主持了任命其同僚的投票表决。他的成功同样说明，他一定在元老院中拥有不少支持者，而且鉴于主持选举的政务官能够在很大程度上影响选举的结果，他对其执政官同僚不可能有敌意。此外，我们也没有足够的理由接受李维的观点，即埃米利乌斯·保卢斯继续严守着法比乌斯的避战策略。我们甚至不确定，法比乌斯自己在公元前 216 年春是否认为拖延战术是正确的。尽管他在坎尼会战后重拾了这一战术，但这并不意味他在这场惨败之前也主张拖延战术。[3]

　　即便法比乌斯依然主张拖延政策，从元老院有关公元前 216 年作战季的决定也能看出，他当时肯定属于少数派，因为元老们计划的是与汉尼拔正面对决。法比乌斯担任独裁官的 6 个月已经给了罗马从之前的两次败仗中恢复元气的时间。法比乌斯的 4 个军团相对训练有素，并赢得了一些小胜，虽然其中也有一部分士

兵曾在米努奇乌斯麾下吃过败仗。在此基础上，罗马人增加了 4
个资历稍浅的新军团，总兵力达 8 万名步兵和 6000 名骑兵，即
将对阵汉尼拔的 4 万名步兵和 1 万名骑兵。罗马如果只是延续法
比乌斯的避战策略的话，那就不需要这样大规模的军队，毕竟如
此数量庞大的人马聚集在一起会极大增加后勤补给的难度。罗马
人民和士兵都士气高涨，渴望一战。很多元老和他们的儿子都担
任了军事保民官、骑兵或指挥官的参谋。军事保民官中就有之前
的骑兵统帅米努奇乌斯。盟军士兵尤其急切地渴望战斗，向肆意
蹂躏意大利土地的汉尼拔复仇。波利比乌斯称，元老院命保卢斯
寻找合适的机会开战，还记录了一篇演说，保卢斯在演说中向士
兵们解释了汉尼拔最近接连得胜的原因，并向他们保证，敌人绝
对无法抵挡两名执政官的联合大军。在波利比乌斯的记述中，瓦
罗和保卢斯对于是否开战一事没有异议，但是对于应在何时何地
开战产生了分歧。[4]

　　公元前 216 年的作战季之初，汉尼拔仍在阿普利亚（Apulia）
的格鲁尼乌姆冬营，被杰米努斯和雷古卢斯的军队密切监视着。
这两人都在此年成了同执政官，军权因此被延长，但我们不清楚
雷古卢斯是否留在军中参加了接下来的战役。李维说，因为他当
时已年老体弱，所以被允许返回罗马；波利比乌斯则说他死于了
战斗中，这一说法显然有误，因为他在公元前 214 年还出任了
监察官。一到粮食成熟可供收割的季节，汉尼拔就带领军队向南
进发，两名同执政官保持着安全距离一路尾随，不断向元老院送
信请求指示，并解释道，他们不能离敌人太近，否则可能会被迫
卷入战斗。这一解释是说得通的，因为两军行进的土地开阔而平
坦。坎尼的废弃要塞当时仍被罗马人用作屯粮地，但被汉尼拔进

攻并占领了。[5]

　　我们不知道两名执政官是何时抵达并将军队合并的。波利比乌斯暗示是在汉尼拔占领坎尼之后、大战前不到一周，而李维则称，他们在汉尼拔离开格鲁尼乌姆之前就到了。波利比乌斯的记载似乎更可信，这不仅是因为李维所记载的汉尼拔的撤退有很多地方说不通，也是因为补给这样一支大军很难，所以罗马军队不太可能集中行动了如此长的时间。我们也不清楚战场的确切地点，主要问题是双方究竟是在奥菲狄乌斯河（River Aufidius）的哪一侧开战的。我们不知道公元前 3 世纪时河道的位置，但显然是与现代不同的。尽管有些权威认为，战场在河流以北（所谓"以北"只是个粗略的说法，河流实际是从西南流向东北的），也就是一般所说的左岸，但其实最符合我们所掌握的最可靠的史料的理解是，战场在河以南，假定当时河流离坎尼小丘比今天更远的话就是右岸，如此，两军的行动轨迹会显得更加合理，因此我们在此将采用这一说法。[6]

　　罗马人吸取了弗拉米尼乌斯在特拉西梅诺湖之战前未仔细进行侦察的教训，小心地追赶着汉尼拔。也许是为了避免被迫经过任何可能有埋伏的地点，他们应该是一直沿着海边的平原前进的，在进入敌军视野时便停下了脚步，在距敌 6 英里处安营。罗马人在平原的东侧，平原的缓坡朝着大海的方向向下倾斜。两名执政官每天轮流执掌军队，这在极少出现的两位执政官共同领军的情况下是惯例，不过法比乌斯在一年前曾拒绝与米努奇乌斯轮流统军。据说，保卢斯建议不要在这里直接进攻敌军，因为平坦的地势对骑兵数量占优的汉尼拔有利，但第二天是轮到瓦罗发令，后者决定向前推进。罗马人在穿过平原时，队伍遭到了汉尼

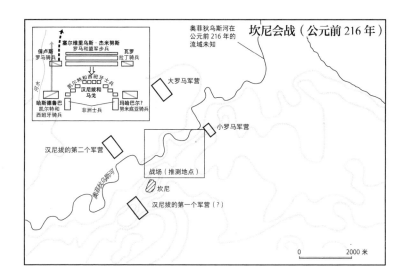

拔的骑兵和轻装步兵的袭击，一度陷入了混乱，之后才有一部分士兵排成了战斗阵形，将敌人逼退。罗马的轻装步兵和骑兵与军团的重装步兵支队一同作战，互相密切支援，比敌军更有优势。散兵战一直持续到夜幕降临。据说罗马军队在扎营前绵延了数英里，但这有待考究。第二天，保卢斯继续前进，率军前往河岸安营扎寨，距离汉尼拔只有几英里。

波利比乌斯称，保卢斯仍然不希望在当前的平原上开战，但又感到两军现在已然靠得太近，以至于罗马人无法安全抽身。可能波利比乌斯仅仅是想将失败的责任推到瓦罗头上，但想在敌军眼皮底下全身而退确实很难。罗马人若撤退，在穿过开阔平原时便会极易遭到攻击，而且撤退必会打击军队的士气。别忘了，此时的罗马军团并非像几年后那样由纪律严明的职业化战士组成，士兵们仍然是公民志愿兵，指望战役结束、国家面临的威胁被解除后就回归普通生活。当下，士兵们士气高涨，因为己方人数占优，且他们得到了指挥官的激励以及冬季散兵战的胜利的鼓舞。如果长官们看起来对胜利缺乏信心，并决定从肆意蹂躏罗马及盟友土地的敌人面前撤退，军队的士气也定会下降。除了损害士气这一风险，还有另一个迫切的原因让罗马人必须尽快开战——为这么多人提供给养始终是一个非常棘手的难题，而在坎尼的物资落入敌手之后，罗马人的处境变得更加困难了。如果不能尽快结束战斗，那么两名执政官为了给他们的人马提供足够的食物，将不得不分开行动。保卢斯从军队中分出一小支队伍，命其渡过奥菲狄乌斯河单独扎营，保护即将被派往河对岸的征粮队。[7]

汉尼拔也面临着同样的问题。眼下除了他的士兵所搜集或虏获到的粮秣，他再无其他直接物资来源，这令形势变得更为严峻。李维称，就在战斗即将开始时，局面已经糟糕到，很多雇佣兵，尤其是西班牙人，已经开始计划弃军而逃。据说汉尼拔甚至考虑过带领他的高级军官和骑兵逃往高卢。不过这里描写汉尼拔陷入绝境，可能只是又在强调，如果罗马人坚持了法比乌斯明智的拖延策略该有多好。占领坎尼只能暂时缓解汉尼拔的供给问题，而且由于罗马人近在咫尺，他不能再冒险分兵出去搜粮。因此如果不想因补给问题而被迫冒险撤退或解散，双方都必须尽快开战。然而，罗马的庞大军队确实让人望而生畏。据说，汉尼拔手下一个名叫吉斯戈（Gisgo）的高级军官还评价了他们的优势，这名将领神情严肃，然后讥讽道，尽管前方可能有很多罗马人，但没有一个叫吉斯戈。他身边的手下们纷纷勉强、紧张，或奉承地大笑了起来。[8]

一连几天，双方就这样僵持对峙着，像往常一样偶尔有散兵战。尽管两方都渴望一战，但也都不想在未做好准备时就挑起战斗。汉尼拔此时已经离开了坎尼山顶的堡垒，渡过了奥菲狄乌斯河，到罗马军队所在的河岸扎寨了。迦太基军营最有可能的位置是现在的圣费迪南多·迪·普利亚村（San Ferdinando di Púglia）所处的高地。第二天，7月31日，汉尼拔命令军队擦亮盔甲，磨利武器，准备战斗。8月1日，汉尼拔率军前往山脊前的开阔平原上布阵。当天，罗马军队是由保卢斯指挥的，但他所采取的行动只是在两座军营前布置重兵防守。汉尼拔看来对此情此景很满意，因为这让他的士兵们感到罗马人畏惧自己。努米底亚轻骑兵渡过河去骚扰正在为对岸略小的罗马军营打水的奴隶们。保卢斯依旧采取守势，汉尼拔也没有进一步挑衅。9

面对汉尼拔明显占有优势的骑兵，保卢斯不愿在开阔平原上作战是情有可原的，但波利比乌斯告诉我们，罗马士兵对他的避战策略痛恨不已。此时的罗马军队既热情高涨又紧张不安，迫切地渴望着战斗。据说，瓦罗看到努米底亚骑兵有恃无恐地直接来到罗马营地前，同样怒火中烧，所以他在次日负责掌军时便决定开战。然而，他并未打算在令同僚头疼的这片开阔平原作战，而是渡过了奥菲狄乌斯河，来到了坎尼以北更为狭窄的平原上。李维说，他没有和保卢斯商量就下达了命令，但这几乎是不可能的，波利比乌斯也没有这样说过。也许保卢斯认为开战是不明智的，但如此就不好解释他起初为何接近了敌人，所以他很有可能认可了瓦罗的决定。甚至还有学者提出了与众不同的创见，认为战斗实际是在保卢斯领兵的那天展开的，但是我们无法证实这种说法，因此还是选择相信传统史料比较保险。10

8月2日清晨，瓦罗的营帐外挂出了平时由执政官护卫举着的红色方形军旗（vexillum），这是传统的开战标志。他可能在晚上就已经将命令传达给了军事保民官们，给他们时间让自己的部下做好准备，因为大军营中的军队破晓之后就开始进发，渡过了奥菲狄乌斯河。与小军营的部队会合后，罗马人排出了一条战线准备战斗，右翼挨着河边。如果 8 个军团都骑兵满员的话，那么把守这一关键位置的应有 2400 名罗马骑兵。战线的左翼紧挨着坎尼山丘，由 6000 名骑兵中剩余的 3600 名拉丁骑兵与盟军骑兵组成。辅军的骑兵数量一般是军团骑兵的 3 倍，在坎尼之所以比例较低，可能是因为在一年前的坎特尼乌斯之败中伤亡过于惨重，但也可能是因为一些军团的骑兵人数不足，那在这种情况下，盟军部队的骑兵就会相应多一些。

罗马阵形的中央是全军的中坚力量——军团和辅军的重装步兵，人数约有 5.5 万，并有 1.5 万名轻装步兵支援，其中包括因种种原因没参加战斗的部队。他们排成了传统的三线战阵，但有一点与常规阵形大不相同。波利比乌斯说，支队与支队之间比以往靠得更近，每个支队的纵深要比宽度长出"好几倍"。我们不知道这个阵形的确切规格，只能推测三线战阵总共有 50 到 70 排士兵，阵形的正面宽度在半英里到一英里之间，每个支队可能 5 人一排。罗马人采取这种阵形有这样几个原因，首先是出于空间的考虑，因为山丘和河流之间的平地比较狭窄，不允许军团和辅军按常规的浅阵形铺开，但既然罗马人选择在此开战，那么他们显然不认为这是什么大问题。其次，更深更窄的阵形排布令各个支队和全军都能移动得更快且保持队形整齐，因为阵形越宽，哪怕是在很平坦的地方行军，队伍也越容易乱。尽管有些罗马士兵自公元前 218 年便开始服役，很多在前一年的战斗中积累了不少经验，但半数以上是没有受过足够训练的新兵。此外，整支军队几乎没有时间合练，也没有军官在这样一支规模史无前例的大军中有过担任长官或服役的经历。这个阵形足够简单，适合士兵们的整体平均水平，而且能造成巨大的向前的压力。这能在视觉上震慑任何来袭的敌人，而罗马士兵们被这么多战友彼此环绕，也会感到安心。较长的纵深也令士兵难以逃跑，因为前排的人要想脱身，后面不用面对战斗的危险和压力的人就必须让出通路。一旦罗马大军开始向前缓慢移动，就很难再停下。如此，罗马军队至少比汉尼拔规模更小的步兵军队在战斗中更有耐久力。这种阵形牺牲了机动性，因为各个支队间的空隙缩小了，所以几乎不可能变换阵形或转向其他方向。

瓦罗率领拉丁骑兵，保卢斯率领罗马骑兵，同执政官塞尔维里乌斯·杰米努斯率领中军步兵。由于保卢斯指挥的是最富声望的罗马骑兵，所以有些人认为，这证明了战斗当天是保卢斯掌兵，但实际上，我们并不清楚罗马军队的最高长官是否在战场上有特定的位置。在少数的两名执政官同时参与的战斗中，他们之间似乎并没有什么特殊的优先次序，因为他们一般不会在同一位置作战。[11] 全军正面宽度肯定在 1 英里到 2 英里之间，而且很可能与河流成一定角度，大致朝向西南，使部队能在不足 1⅓ 英里宽的平原排开。罗马人的计划非常简单，主要来自之前战役的经验。在提契努斯河之战与特里比亚河之战中，罗马的骑兵寡不敌众，因此被敌军骑兵包抄全军。但在特里比亚河之战中，罗马步兵突破了敌方的中军，甚至在特拉西梅诺湖之战混乱的战斗中也能顽强抵抗很久，而且前锋部队突破了迦太基战线的封锁。这次，实力得到加强的中军应该能够复制之前的胜利，击溃迦太基的中军。两翼的骑兵唯一的任务就是尽可能长时间地保护步兵的侧翼，给步兵足够的时间赢得中军的对垒。尽管敌方的骑兵数量占优，但这里的地形使他们无法从侧面包抄罗马骑兵。罗马人所采取的是纯防御战术，旨在尽可能久地守住阵地。两名执政官很可能正是出于这种考虑，才亲自指挥这两块关键位置，旨在鼓舞骑兵们勇敢面对数量占优的敌人。一旦汉尼拔的步兵被击败打散，即便他的骑兵最后战胜了罗马骑兵，罗马也会取得最终的胜利。瓦罗的计划并不复杂，也证实了罗马人并非像波利比乌斯之前在对坎尼会战的评论中所说的，只靠蛮力不靠战术，但这个计划实现起来很容易，其他更为复杂精妙的战术就完全超出这支军队的能力范围了。汉尼拔被带入了罗马人所选择的、希望能够压制他的骑兵优势的战场，同时罗马人还能确保自己背后没有伏兵。汉尼拔已经失去了之前让罗马军队陷入恐慌的战象，如今他将被罗马最伟大的力量——坚定的农民兵公民群体——的成员和勇气击垮。[12]

罗马人无法保证汉尼拔会在狭窄的平原上迎战。保卢斯留了1万名士兵在敌军所处的河岸守卫大军营。我们不清楚他们是一整支建制，比如一个带有辅军的军团，还是从不同部队中抽调的分队。我们没有理由相信全部后备兵都被派去执行这个任务了，因为某些宣称这是后备兵的常规职责的观点并不正确。据说，保卢斯命令这支队伍，一旦汉尼拔上钩，率军渡河作战，就攻打迦太基的军营。如果此言属实，那么这确实是相当大胆的计划，不过也很符合罗马人的特性，而且占领汉尼拔的基地、夺走他的物资，会致使敌军没有机会重整再战。退一步讲，这样做至少会迫使敌方抽调一部分士兵防守军营，从而削弱敌军在主战场上的力量。实际上，汉尼拔立即就决定了接受挑战，且似乎并没有对基

▲"萨朗波的陀斐特"，迦太基人献祭婴儿的地点，这里还发现了婴儿的骨灰瓮。

▶ 母狼饲养罗慕路斯与雷穆斯。

▲ 希腊重装步兵，罗马军团重装步兵的前身。

◄ 罗马轻装步兵。

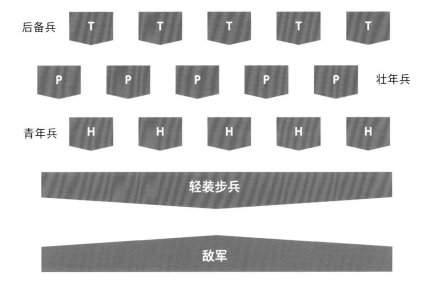

▲ 罗马三线战阵布局。

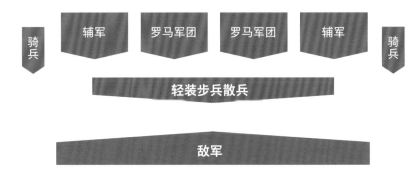

▲ 罗马军队各部传统布局。

▲ 现代人扮演罗马军团士兵，持长护身盾，再现龟甲盾阵型。

◀ 迦太基战象，背上有座塔，座塔上的士兵配备远程武器。

▲ 现代复原的三列桨座战船。

▲ 于亚特利特发现的钝头撞角（正面）。

▲ 亚特利特撞角（背面）。

▲ 罗马三列或五列桨座战船，具体取决于船内每组桨手人数为3人还是5人。船头升起的登船桥即"乌鸦"。

◀ 杜伊利乌斯的船首记功柱。

◀ 汉尼拔·巴卡大理石胸像。

▼ 版画《汉尼拔与手下翻越阿尔卑斯山》（1866 年），
海因里希·莱特曼（Heinrich Leutemann）。

▲ 版画《埃克诺姆斯海战》（约 1763 年），加布里埃尔·德圣奥班（Gabriel de Saint-Aubin）。

▲ 版画《汉尼拔的战象跨越罗讷河》(1878年)，亨利－保罗·莫特（Henri-Paul Motte），描绘迦太基士兵们把大象赶到木筏上渡河。

◀ 油画《高卢人杜卡里乌斯在特拉西梅诺湖之战将罗马将领弗拉米尼乌斯斩首》(1882年)，约瑟夫－诺埃尔·西尔韦斯特（Joseph-Noël Sylvestre）。

▲ 油画《坎尼会战中的埃米利乌斯·保卢斯之死》（1773年），约翰·特朗布尔（John Trumbull），描绘了受伤的保卢斯坐在一块石头上，拒绝了楞图鲁斯的马。

▲ 罗马人的攻城梯"桑布卡"复原图。

EX ARCHETYPO RAPHAELIS VRBINATIS
QVOD EST APVD THOMAM CAVALERIVM PATRICIVM ROMANVM
EXCVDEBAT ROMAE ANTONIVS LAFRERIVS SEQVANVS

▲ 蛋彩画《西庇阿·阿非利加努斯的凯旋式》(约1460年),安吉亚里·马斯特(Anghiari Master)。(跨页)

◀ 版画《扎马之战》(1567年),科内利斯·科特(Cornelis Cort)。

▲ 一幅16世纪的意大利壁画中所描绘的阿基米德的"爪子"。

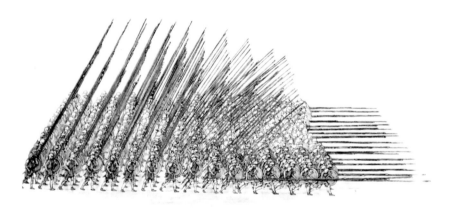

▲ 马其顿长枪兵方阵。

▲ 油画《西庇阿的克制》（1640年），尼古拉·普桑（Nicolas Poussin），描绘了西庇阿将进献给自己的年轻女子归还给她的未婚夫的场面。

▲ 迦太基城复原图。最高处是毕尔萨和阿斯克勒庇俄斯神庙。

◀ 迦太基的港口。环形军港外是矩形商港。

▲ 罗马士兵在迦太基城内的街道上和屋顶上作战，攻陷迦太基。

地的防守做出特殊安排。[13]

汉尼拔看到罗马人渡河后迅速做出了反应，这意味着他的军队至少有一部分已经准备好随时行动了。投石手和标枪兵先行过河，掩护其余部队移动和布阵。迦太基军队的主力分别从两处渡过了奥菲狄乌斯河，这说明他们分成了两队，随后他们正对着罗马人铺开战线，左翼靠近河流，1万名骑兵分列两翼，但汉尼拔将全部努米底亚骑兵安排在了拉丁骑兵对面，配有马鞍和马勒的密集队形骑兵位于左翼。我们不清楚每个民族的士兵分别有多少，但高卢骑兵至少有 4000 人，西班牙骑兵也有数千之多，所以迦太基的左翼人数要远远高于对面的罗马骑兵。努米底亚骑兵有可能与拉丁骑兵大致人数相当，但无法确认。汉尼拔有 4 万名步兵，但其中包括了轻装步兵。他在特里比亚河之战时只有 8000 名轻装步兵，他所招募的凯尔特士兵是否大幅增加了这个数字仍有待商榷，因为散兵战在高卢部落不常见，因此这 3.2 万密集队形近战步兵中应该有约 2 万凯尔特人，因为汉尼拔没再得到利比亚人或西班牙人的补充兵力了。可能他有 8000 到 1 万名利比亚步兵和约 4000 名西班牙步兵。

西班牙与高卢步兵间隔排列，组成了迦太基的中军。波利比乌斯在此用的是用以指代罗马步兵支队的词（speirai），可能他用该词指代几百人规模的作战单位，但也可能没有标准规模。从这种把两支明显不同民族的队伍交替排列的做法可以看出，高卢人已经彻底融入了汉尼拔的军队，无须再将他们与自己的族人一起放在同一个较大的建制里。利比亚人被分为两部，分别大致等同于一个罗马军团的规模，组成长纵队位于两翼。虽然史料中没有明说，但他们很可能藏在了西班牙与凯尔特士兵战线边缘的后方，位于罗马人的视线以外。他们也可能组成了汉尼拔军队的第二线，从主力部队所在地的上游渡河，未被敌军发现。军队就位后，汉尼拔率领中军的步兵向前，战线从中心向敌军凸出，两侧的部队呈梯形以新形成的狭窄正面战线为中心向后展开。汉尼拔和其弟马戈指挥高卢人和西班牙人，哈斯德鲁巴率领重骑兵，李维记载称玛哈巴尔率领努米底亚骑兵。汉尼拔预料到了罗马人会将主力放在中央，因此相应地调整了阵形并下达了命令。他的计划是利用敌军自身的优势来对付敌军，但汉尼拔当时预判事情的走向可不像我们现在描述实现此计划的过程这么容易。[14]

　　两军就位并布好战阵肯定花了好几个小时，军事保民官们马不停蹄地指挥两支罗马军队合并，推推搡搡地把士兵排列到位。当双方都准备好后，12.5万名士兵和1.6万匹战马聚集在了仅不足五六平方英里的区域内，此外，双方的3个营地中还有许多其他士兵和上万的奴隶、仆从和其他随军人员。这片平原在夏日通常被蝉鸣淹没，但十几万人移动的嘈杂声已盖过了蝉鸣；在干热的东南风中，空气里充斥着被数不清的脚和马蹄扬起的尘土。这些尘土令身着重甲、在烈日中近乎中暑的士兵们苦不堪言。罗马军队的穿着比较统一，但我们也应记住，他们都是公民兵，因此我们没有理由认定他们都穿同样颜色的束腰外衣、盾牌上都绘着同样的纹饰。史书更惊讶于敌方五花八门的着装。利比亚人身着罗马的头盔和护甲，手持椭圆长盾；高卢人赤裸着上身（这可能就是波利比乌斯所谓的"赤身裸体"）；西班牙人身着镶紫边的白色束腰外衣；努米底亚人不穿盔甲，留着独特的发型，骑着鬃毛蓬乱的矮种马，但我们无法确定这幅画面有多准确。西班牙人已经离开家乡两年，因此有可能不再穿原来的衣服，换上了在当地找到的或在营中新制的衣物，但他们很可能还留着原先的武器。西班牙人带着适合戳刺的短剑，可能还有一种类似希腊的双刃曲剑（kopis）、剑锋可能有向前突出的弧度的武器。高卢人则使用他们自己的适合劈砍的长剑。

　　双方轻装步兵在战线之间展开散兵战时，大军一度对峙僵持。两边似乎都没有取得什么优势，最终散兵撤回了步兵主战线后方。汉尼拔的轻装步兵之后可能如之前在特里比亚河之战一样，前去支援两翼的骑兵了，因为保卢斯在战斗早期被巴利阿里投石手击中了面部。罗马的轻装步兵应该是穿过青年兵支队之间狭窄的缝隙退到了后方。然而，第一次近战是在哈斯德鲁巴带领西班牙与高卢骑兵进攻罗马骑兵时发生的，双方展开了激烈的混战，史书中再次强调，这并不是一次以冲锋和追击为主的常规骑兵战斗，而是一场发生在一个固定位置的交手，我们在此又一次看到了骑兵们下马作战。最终，凶悍的西班牙与高卢骑兵占了上风，罗马骑兵或死或逃。我们不清楚哈斯德鲁巴从数量上获得了多大优势，因为步兵中军与河流之间的空间有限，所以他的骑兵无法全面发挥实力。可能罗马骑兵只是习惯了被迦太基骑兵击败，和后者习惯了胜利一样。在近战中，信心往往比人数和装备更重要。罗马骑兵试图逃跑，但大多数被河流阻断了退路，被狂喜的敌人屠杀。战斗十分激烈，但据李维所说持续得并不长，不过我们经常不知道该如何看待这种模糊的时间表述。在这一侧的骑兵战结束之前，中军的重装步兵也开始交手了。[15]

　　当汉尼拔形成了向敌军凸出的战线后，他的士兵们应该就停止前进了，所以很可能是罗马人向前进军，急于在己方骑兵失败前决出胜负。罗马人制造出刺耳、可怕的噪音恫吓敌人，高声呼喊，吹响号角，用武器敲击盾牌，凯尔特和西班牙战士们也用自己的战吼做出回应，双方都试图将对方吓退。当距离缩短后，罗马人停了下来，开始掷出重标枪，对方也投出标枪回击。尽管罗马军队人数众多，但他们扔出的投射武器并不比对方多，因为后排的士兵，即便是位于阵形最前面的青年兵支队中后排的士兵，都不敢保证在扔出标枪时能不误伤前排友军。没过多久，罗马士兵在军官和后方战友的激励下向前涌去，开始近战。战斗进入了常规模式，即双方先短暂地进行激烈的近身搏斗，精疲力竭后后退几码喘几口气，同时嘲讽对方或扔出远程武器，等到恢复了勇气和体力时再次投身战斗。李维说，面对敌人的强烈抵抗，罗马人在赢得优势前，"在很长时间内不断向前推进"。[16] 高卢人是出了名的在战斗初期凶悍，但如果他们不能迅速取胜，就会很快疲倦并失去斗志。但和在忒拉蒙时一样，他们在坎尼颠覆了古代作家笔下蛮族人浮躁且容易疲惫的刻板形象，坚定地抵抗了很久。高卢人如此顽强有以下几个原因：他们的人数与罗马的青年兵大致相同，且因为他们的前线宽度基本一致，所以两者队伍的纵深也相差无几。经验丰富的西班牙步兵可能帮助高卢人巩固了阵形，而且汉尼拔和马戈就在战线后方不远处骑着马四处奔走，向战士们高喊激励的话语，鼓舞了高卢人。他们的自尊心可能也是一大因素，因为高卢人和西班牙人都来自尚武的社会，视军事荣誉高于一切。在坎尼会战中，他们被选为迎战敌军的先锋，甚至先于大部队前进，因此全军都能见证他们的英勇表现。他们像忒拉蒙之战中的盖沙泰人（Gaesatae）一样，赤裸上身冲在最前面挑衅敌人应战。

　　罗马士兵逼退凯尔特和西班牙士兵的过程非常缓慢，起初只能让敌人们一步一步后退，但后者依旧面朝前方。汉尼拔战线的凸面渐渐变平，又随着罗马人继续推进并逼退中央的敌人变成了后凹。前线接触的面积越来越大，将领也加入了战斗，但混战最激烈的位置仍然是最先接触的战线中央地带，罗马人在这里有胜利的趋势。罗马的军官们，包括许多军事保民官、同执政官，以及在骑兵失败后回到了步兵中军的保卢斯都在力促士兵前进，带领他们冲锋，从后方战线调集待命的步兵支队援助青年兵，拼命想要保持住前进的势头，竭尽全力扩大优势。罗马步兵的阵形逐渐不再齐整，支队间狭窄的空隙消失了，各个支队融合，乱成了一窝蜂。三线战阵中各个支队的前后间隔可能也因各支队过长的纵深而被压缩。当战阵规模太大时，士兵往往很容易失去秩序，变成一群不断向前推搡的乌合之众（就像拿破仑因为军队步兵水平不高，而不得不在瓦格拉姆［Wagram］、阿尔布埃拉［Albuera］和滑铁卢采用庞大阵形时所遇到的情况）。然而，罗马大量且密集的步兵向前施加的压力是不可阻挡的，最终，高卢和西班牙士兵的阵形开始出现裂痕，迦太基战线的中央溃败了，罗马人蜂拥而上，胜利似乎已近在咫尺。许是在这个时候，高卢人的伤亡占了迦太基军队伤亡人数的很大一部分，因为跑得不够快的或因负伤而脚步缓慢的人都被士气高涨的军团士兵砍杀了。罗马大军突破了敌军的中央战线，指挥官们在后方催促更多人前去支援。

目前赢得胜利的罗马步兵的两侧是利比亚步兵。我们不清楚汉尼拔是预先命令了利比亚士兵在罗马人到达某个位置时再开始行动，还是当下派情报员下达了指示。利比亚部队冷静地转向了里侧，虽然人们对于他们实现这一动作的具体方法至今仍无定论，但我们无须在意这个，因为这取决于他们的具体起始阵形，而我们缺乏相关的精准信息。接着，整齐的利比亚部队向前移动，从两侧包围了罗马大军。罗马军队现在已无比混乱，没有人能组成有序的战斗阵形来面对新的威胁，各个支队不知所措，士兵们以个人或小组为单位转过头来迎击步步进逼的利比亚步兵。大多数罗马士兵已经因为战斗而疲惫不堪了，因为那些哪怕并未处在第一线的士兵也承担了近战的压力，而此刻他们却要面对敌方阵形齐整的生力军。他们甚至可能一开始都没有立即认出这些新出现的部队是敌人，因为这些非洲士兵穿着罗马人的装备，而且在战斗中的人很容易丧失判断力和方向感。罗马中军停止了一切向前的移动，两支非洲部队像钳子一样压迫着罗马军队。趁着罗马人停下来的这段时间，高卢人和西班牙人开始重新集结，再次投入了战斗。[17]

　　在战斗初期，当罗马步兵开始突破对方的阵线、碾压敌军时，瓦罗想必还是相当满意的。他自己所率领的部队面对的仅是进行散兵战的努米底亚人，当拉丁骑兵向他们冲去时，他们从不会冒险发起冲锋，每次都会逃开。瓦罗的部队的伤亡持续小规模增长着，但他没必要对敌人穷追不舍，因为只要他能留在原地保护步兵的侧翼，罗马军团就能完成自己的任务，赢下这场战斗。瓦罗可能没看到另一侧的罗马骑兵已经战败，但就算他知道了，恐怕也无计可施。战役结束后，流传着各种对罗马人失败的解释，其中一种说法称，有一队努米底亚人假装投降，之后拿出事先藏起来的短剑从背后攻击了俘虏自己的罗马军队。不过波利比乌斯并未提到此事，因此可信度应该不高。[18]

　　在战场的另一边，哈斯德鲁巴让他的骑兵沿河追击了溃逃的罗马骑兵一小段距离，但很快重新集结了队伍。当骑兵开始分散开追击逃兵后，往往很难再重新集合整顿他们，而哈斯德鲁巴能迅速令他们恢复秩序，靠的是他的指挥才能和手下骑兵的纪律。可能河边比较狭窄的平原也有助于追击中的骑兵队伍保持紧凑，且由于罗马河岸上的小军营距他们只有 1 英里左右，所以他们也没有追出太远。之后，西班牙和高卢骑兵绕到罗马军队后方，准备向拉丁骑兵的队尾发起冲锋。瓦罗和他的骑兵一发现威胁，还未等敌人发起攻击便慌乱地开逃了。当一支部队意外遭遇新的敌人时，这种溃逃是很常见的，而拉丁骑兵所处的地形可能加剧了他们的紧张，因为如果留在原地迎战，就会陷入努米底亚骑兵、哈斯德鲁巴的骑兵、罗马人自己的步兵，以及坎尼周围高地的陡坡的包围之中。迦太基左翼的指挥官再一次展示出了对手下的凯尔特与西班牙战士出色的控制，命令他们停了下来，将追击瓦罗部队的任务全部交给了努米底亚骑兵。哈斯德鲁巴的人马实际上并未与敌军交手，也许他因此更容易维持他们的秩序。他率领部队调转方向，开始向罗马步兵的队尾发起一次又一次冲锋。罗马的后备兵也许已经散乱，不再构成清晰的战线，融入了混杂的队伍中，而且军队后方可能也没有多少高级军官能够组织士兵抵抗，因为他们大多数都去了前方，在最关键的与迦太基步兵交战的地方督战。毫无疑问，一队长矛兵是难以转过头来逼退来犯的骑兵的。在一些地方，密集队形的士兵用矛头组成了一面墙抵挡冲来的骑兵，但受到了对方骤雨般的投枪攻击，而在其他地方，迦太基骑兵直接冲进了惊慌失措、混乱无序的罗马士兵的阵中。[19]

罗马步兵此时几乎已被彻底包围。在如此混乱的情况下，尽管他们的人数依然占优，但发挥不出优势。混乱的大群士兵中没有整齐的后备部队能去支援前线战斗。他们各个方向都在败退，人群被向中间挤压，加剧了混乱。尽管绝大多数人其实已经完全没有退路了，但罗马士兵坚持抵抗。我们的史料对这一阶段往往一笔带过，现代评论家经常也是如此的，因为此时已经没有什么巧妙的战术可言了，只剩持续了至少好几个小时的长时间屠杀。激烈的搏斗之间的暂停无疑延长了，因为迦太基士兵需要足够的时间恢复体力才能开始继续杀敌。他们持续推进了几个小时，鲜血染红了他们的盾牌和马匹的胸膛，剑锋也因杀敌太多而开始卷起变钝。汉尼拔损失了 4000 名高卢士兵，1500 名西班牙和利比亚士兵，以及 200 名骑兵，共计约占总兵力的 11.5%，但加上伤者数量的话，总伤亡率会更高。在古代世界，这个比例对于一支取胜的军队来说已经算相当高了，这证明，他们经历了漫长而残酷的战斗才最终击败了被围的罗马士兵。

　　史书中对于罗马军队伤亡的记录差异很大。一向可靠的波利比乌斯在此明显糊涂了，因为他给出的伤亡总数比战斗开始时军队的总人数还要多。李维给出的死亡数字是 4.55 万名罗马和盟军步兵以及 2700 名骑兵，他在此的说法应该更为可信。大约 3000 名步兵和 1500 名骑兵当场被擒，但我们还需加上约 1.7 万军营里第二天投降的人，毕竟只有很少一部分逃回军营的败兵愿意或能够继续战斗夺出生路。高级军官们尤其伤亡惨重。据说，军事保民官格奈乌斯·楞图鲁斯（Cnaeus Lentulus）发现受伤的保卢斯坐在一块石头上，周围是溃逃的士兵，于是请他骑自己的马逃走，保卢斯拒绝了，然后死在了战场上。杰米努斯和米努奇乌斯双双阵亡，两名执政官的财务官以及 48 名军事保民官中的 29 名战死了。此外，李维说还有 80 名元老，或者在下次普查中应该进入元老院的人死在了战斗中。[20]

我们应当将这场战斗的伤亡数字置于历史的全景中看待。1916 年 7 月 1 日，英国军队开始在索姆河发动攻势，第一天的伤亡数字就达到了惊人的 6 万之多。这场灾难的重创至今没被英国人民遗忘，正如坎尼一役在罗马人之后的历史中一直影响巨大一样。一般人认为，大部分由志愿兵组成的英军有 6 万人死亡，但其实在总计 61816 名伤亡者中，有 8170 人死亡，35888人受伤，17758 人失踪，其中 10750 人后来被发现并确认阵亡。第二年法军发动尼维尔攻势时，首日的伤亡更为惨重。在这些战役中，伤亡人员的尸体都绵延了数英里——索姆河之战中，英国远征军的前线长达 16 英里。[21] 而在坎尼，超过 5 万具尸体堆积在几平方英里的狭小平原上。李维对于第二天战场上可怖景象的描述虽然可能大多出自他的想象，但的确表现出了场面的恐怖。他提到，"数以万计的罗马步兵和骑兵混在一起"，浑身血污的幸存者从尸堆中站起来，又被迦太基士兵砍倒；其他重伤者走不动路，乞求敌人让自己快点解脱；有人在地上挖洞，把头埋进去闷死自己；李维还讲到，迦太基人从一具罗马士兵的尸体下救出了一个努米底亚人，而那名罗马士兵垂死挣扎时死死咬住了敌人的鼻子和耳朵，至死都没松开。[22]

波利比乌斯评论道，事实证明，在战斗中只用敌方步兵数量一半的步兵但数量众多的骑兵要比步兵和骑兵都与敌方数量大致相同好得多，但需要强调的是，是汉尼拔卓越的战术带给了迦太基人胜利的可能。[23] 他充分发挥了麾下多民族部队的多样性，击败了士兵同属一个民族的罗马人。他的努米底亚骑兵拖住了拉丁骑兵，重骑兵追击罗马骑兵，步兵阵中央野蛮勇武但纪律与装备不佳的蛮族勇士让敌军陷入了苦斗，在最终败退前成功引诱罗马人追击，进入了圈套，令对方的侧翼暴露在了以逸待劳的利比亚步兵面前。一种假设认为，高卢人和西班牙人之所以被暴露在如此险境下，是因为他们相比训练有素的非洲步兵方阵是可以牺牲的，这种观点应该是不正确的，因为只有利比亚步兵经受过良好的训练，可以做到按兵不动而后包围敌军。然而，虽然迦太基人最终大获全胜，但我们也不能因此而忽视他们在战斗期间有多次差点计划落空——西班牙和高卢骑兵有可能无法那么迅速地击败罗马骑兵，哈斯德鲁巴可能无法成功阻止他们追击罗马和拉丁骑兵，中军的步兵面对罗马人排山倒海的压力也可能抵抗不了那么久。倘若迦太基的中军战线被迅速攻破了，那么前进的罗马军团也许仍能保留着较好的阵形，迎战人数居于极大劣势的利比亚步兵。汉尼拔决定留在中军正印证了此处战局的关键性。他只能指望哈斯德鲁巴运用统御能力掌控好重骑兵的动向。像大多成功的指挥官一样，汉尼拔在此役也得到了幸运女神的眷顾。

进退两难的汉尼拔和坎尼会战的后续

8月3日一整天，汉尼拔的军队都在收集战利品以及俘虏罗马军营中的残兵，后者没做过多挣扎就屈服了，因为他们大多还处于对此次灾难的规模的错愕之中。完成这些事之后，迦太基人埋葬了己方的死者，据说，他们还为保卢斯举办了体面的葬礼，但其他罗马人被留在了原地曝尸荒野。在临近战场的村镇，茫然的剩余罗马士兵开始会合。瓦罗逃到维努西亚（Venusia）避难时，身边只剩70名骑兵。另一支人数稍多的部队，大约有几千人，逃往了卡努西乌姆（Canusium），率领他们的是 4 名军事保民官，其中包括法比乌斯·马克西姆斯的儿子以及 19 岁的普布利乌斯·西庇阿。据说，西庇阿拔出剑，威胁那些提议逃往海外的年轻贵族宣誓永不抛弃祖国，否则就要杀死他们。最终，有近 1 万人汇聚在了这座小镇，瓦罗抵达后重新接管了指挥权。现在的问题是，汉尼拔会做什么？[24]

李维对汉尼拔接下来应该做的事知道得一清二楚。他描写了军官们聚在汉尼拔身旁向其祝贺的情景，有人告诉他：

> 既然已经取得了如此辉煌的胜利，就应该让自己和疲惫的士兵们休息一天一夜。骑兵指挥官玛哈巴尔则指出，他们应当抓紧时间。"我们不能停下"，玛哈巴尔说道，"这样你就能充分利用这场战斗赢得的优势，5 天之内你将在卡庇托山上享受胜利者的盛宴！继续战斗！我将带领骑兵先行，这样罗马人在我们实际到达后才会得知我们前来的消息。"汉尼拔没有立即领会这个宏大且乐观的计划。他称赞了玛哈巴尔的态度，但需要时间来考虑对方的建议。然后玛哈巴尔说："神明果然不会将一切赐予同一个人。汉尼拔，你知道如何赢得胜利，却不知道如何利用胜利。"人们普遍认为，汉尼拔在这一天的迟延拯救了罗马和它的帝国。[25]

这一幕可能是李维的想象，因为波利比乌斯记述战争时根本没有提到玛哈巴尔，尽管他可能就是那个未给出姓名的努米底亚骑兵指挥官。汉尼拔在坎尼会战后是否应当立即进军罗马，这一问题后来成了罗马人演说的常见主题，一代又一代的学童学习修辞学时都就这一主题编写过演说词。遗憾的是，波利比乌斯的连贯记载止于坎尼会战，其著作后续流传下来的部分也没有描述汉尼拔战后所采取的行动和打算。现代评论家们也对此争论不休，有人认同玛哈巴尔的判断，当中就包括著名的蒙哥马利元帅。然而大多数人如今持相反的意见，认为立即进军罗马不仅不现实，也不太可能会成功。首先，坎尼距离罗马有将近 250 英里，哪怕是一小队骑兵也未必能在 5 天之内走这么远。其次，罗马城也不是完全手无寸铁，罗马人在城中或附近征召了规模相当可观的部队，虽然肯定不够在战场上迎战，但足以在坚固的防御工事中守城。因此，汉尼拔若想直接攻城将非常困难，他也无法承担长时间的围城，一是因为难以为军队提供补给，二是因为他还要想办法抵御罗马依然数量可观的援军。除此之外，既然汉尼拔的战略是通过剥离罗马的同盟以削弱其实力，那么迦太基军队留在意大利南部就是明智的，因为那里有很多社群心怀叛意，很快就会加入他的阵营。[26]

　　一旦罗马组织起任何形式的抵抗，汉尼拔就可能无法攻占它。有一个关键却无法被回答的问题是，罗马人是会继续作战，还是会在入侵者乘着得胜的脚步兵临城下时被迫求和。当时的任何国家一定都会选择后者，就像迦太基在公元前 255 年面对雷古卢斯、在公元前 204 和公元前 202 年面对西庇阿时那样。纵观罗马共和国的历史，汉尼拔此时造成的威胁超过了任何一支外敌。在其他时候，罗马人即便遭受了重大的失败也不会失去赢得最终胜利的信心，但这并不能证明他们在公元前 216 年也抱着同样坚强不屈的意念。当汉尼拔大军在公元前 211 年真正出现在罗马城外时，罗马有坚固的防御兵力，因为那时罗马的力量已经很大程度地复苏了，但这也并不意味着他们在公元前216年不会屈服。诚然，如果有一个国家能够顶住这样大的压力，那这个国家一定是罗马，但我们无从得知罗马人会不会每次都选择抵抗。

汉尼拔在公元前216年没有打算进军罗马。相反，经历了重大人员损耗后，他的军队继续逗留在坎尼附近休整和恢复。汉尼拔自己在战斗中非常活跃，因此在战后的几天里，他的肉体和精神必定都疲惫不堪。他眼下主要考虑的是如何用俘获的约8000名罗马公民勒索赎金。他定下了一个金额，从战俘中选出10名代表前往罗马与元老院交涉，并让他们发誓，无论谈判结果如何，都要回到迦太基人的营地。汉尼拔手下一名叫作加泰罗的军官与他们同去。[27]

自从战争开始，双方就会不时交换战俘，但这种敌对双方的常规交流形式常常被人们忽视。他们很快恢复了第一次布匿战争期间的惯例，即拥有更多俘虏的一方可以按人头索取赎金，而且似乎不止一位罗马执政官在当时有过被俘的经历。卢基乌斯·秦奇乌斯·阿里门图斯似乎曾在战争早期被俘虏，被赎出后在公元前210年出任了大法官。据李维记载，在战争后期，当他表达某些主张时，还会引用自己与汉尼拔的对话作为依据。在公元前217年，当罗马人对法比乌斯·马克西姆斯的谨慎战略的不满达到顶点时，他在元老院的反对者们在他已经与汉尼拔就交换俘虏的细节达成协议后，拒绝给他支付赎金的钱。于是，独裁官派儿子返回罗马，卖掉了自己在乡间的一处地产，用这笔钱赎回了俘虏。这一插曲似乎意味着，赎金一般是由国家支付的，但可能门客帮赞助人提供其所需钱财的这一古老义务有时仍然会被履行。[28]

公元前 216 年 8 月的局势则有所不同。罗马人手上几乎没有迦太基俘虏可以用于交换，而汉尼拔则羁押着数以千计的战俘，其中还不乏位高权重之人。在公元前 3 世纪大国之间的战争中，归还俘虏的条件是所有停战协定中都会涉及的重要内容。赎金与割让土地和战争赔款一样，是考量胜利与失败的重要标准。汉尼拔派加泰罗一同前去交涉战俘问题，暗示他期望与罗马元老院展开停战谈判，因为依照当时的标准，他无疑已经赢得了战争。在过去的两年内，他曾挑起罗马北部边境的反叛，并赢得了三场重大胜利。他能在罗马及其同盟的领土上横行无忌，肆意蹂躏他们的土地，摧毁任何一支前来对付自己的军队，其中还包括罗马有史以来最庞大的投入过战场的军队。在战争刚开始的两年，罗马人及其盟邦已经遭受了至少 10 万人的伤亡，超过了适合服役人口的 10%。罗马政治精英阶层的伤亡尤为严重。在战争的前两年中，罗马元老院有至少三分之一的成员战死沙场，其余的也大多失去了一些家族成员，就连第一次布匿战争的海难都没对罗马精英阶层的核心造成如此沉重的打击。汉尼拔一再强调，他不是为了摧毁罗马而战，而是为了"荣誉和权力"而战，希望解除罗马在第一次布匿战争后强加给迦太基的枷锁，使其重回地中海西岸的霸主地位。他此时已经证明了自己的军事优势，如果罗马人拒绝承认失败与和谈，他可以继续对他们的人口和财产施加实实在在的打击。他认为罗马人已经被打败了，且应当面对现实。[29]

然而，罗马元老院根本不见加泰罗，还派人通知他不许进城。迦太基的使者及加泰罗本人都对这样直截了当的回绝备感震惊。当初皮洛士在战场上击败罗马人后也同样试图展开和谈，结果元老院宣称，只要敌人还在罗马及其盟友的土地上，他们就决不和谈。公元前216年，罗马人公开展示了他们一如既往的决心，强调了拒绝承认失败的态度。元老院内部小范围投票决定，国家拒绝为坎尼会战的俘虏支付赎金，也不许公民个人赎回亲人或朋友。一传闻称，十名俘虏代表中有些人试图留在罗马，想尽办法找借口违背必须返回迦太基军营的誓言，但是元老院把他们送回了汉尼拔处。在另一个版本中，他们留了下来，但是遭到了人民的公开羞辱，随后被放逐。汉尼拔最后处决了大约8000名俘虏，将其余的卖为奴隶。不久之后，坎尼会战的残兵组成了2个军团，被派往西西里，且元老院不许他们在战争结束前退伍或返回意大利。实际上，其中有些人直到20年后还在服役。[30]

　　罗马人不顾坎尼之败的灾难性打击，在元老院的领导下坚持将战争进行到底的决心让后世的罗马人无比骄傲。罗马贵族履行了构成其统治基础的领导战争的义务。在战争的头两年，他们为这项职责付出了惨重的代价，伤亡比例极高。因此，李维对于罗马城面对如此巨大规模的灾难时不知所措的描写也许与实际情况相去不远，因为在特拉西梅诺湖之战后，又一桩灾难加剧了罗马人的绝望。大法官波斯图米乌斯被派去镇压山南高卢部落，后者自汉尼拔到来后，在当地的劫掠越发无法无天。大法官遭到了伏击，他手下的两个军团和辅军的大部分士兵惨遭屠杀；大法官自己惨遭斩首，高卢人将他的头骨清理干净并镶金，做成了在祭祀仪式上使用的容器。然而，罗马人依旧拒绝妥协和与汉尼拔和谈。我们不必对少数人陷入惊恐和绝望感到惊讶，而真正非同凡响的是，大多数人仍然坚定地要把战斗继续下去。罗马的胜利还要再过十多年才会到来，而在这之前，还有其他灾难在等着他们，不过事后看来，这已是罗马人在战争期间所面临的最严峻的危机了，也是他们最接近失败的时刻。汉尼拔的军队如果在坎尼会战之后立即进军罗马，此举是否会成为彻底粉碎罗马人的抗争意志的最后一根稻草，必然是历史上最大的未解之谜之一。[31]

罗马拒绝谈判只会让汉尼拔感到惊讶，或对他的信心有所打击，不过总体而言，他在公元前216年8月末的形势看起来一片大好。他的军队已经在意大利彻底站稳脚跟，也证明了其优于罗马所派出过的最强的军队的实力。意大利南部的大部分城市将很快投靠他，波河谷地的高卢部落也仍在公开反叛。此时看来，继续向罗马施压必将迫使他们最终承认失败。

没过多久，罗马人开始从打击中恢复过来，并采取实际措施重建兵力。许多新兵被招募来组成新的军团，其中很多士兵只有17岁，或甚至更年轻。可能就是在这一时期，为了将更多的贫穷公民包括进兵源之列，服兵役的最低财产限制也降低了。罗马很快组建起了至少4个军团，但按李维的说法，骑兵稍有不足，这反映了骑士阶层所遭受的严重损失。国家呼吁公民家中的奴隶参加抵抗汉尼拔的战斗，许诺他们将在退伍时得到自由和公民权。由此，8000名志愿兵（volones）组成了2个军团，国家赔偿了他们的主人。此外，罗马还从等待处罚的罪犯和债务人中征募了6000人，承诺他们愿意上战场的话就为其免除责罚。罗马人缺乏装备，就去城中的神庙中取出了过去在凯旋式中作为战利品献祭的外国铠甲和武器，因此，新组建的部队穿戴的装备都是五花八门的。被释放的囚犯们装备着公元前223年弗拉米尼乌斯从高卢人手中缴获的武器和盔甲。[32]

瓦罗回到罗马时受到了热烈的欢迎，元老院和人民称赞他

"没有使共和国绝望"。不管坎尼之败是否由他引起，也不管他在战斗中是在何种情况下逃跑的，他之后的表现称得上是一名称职的罗马指挥官，重新聚集了士兵继续抗争，并且拒绝承认失败或与敌军谈判。瓦罗参与了罗马继续战争的准备工作，在战争的余下阶段仍继续掌握指挥权，但再也没有指挥过重大战役。幸存的大法官们也密切参与了征募和装备新军团和盟军部队的过程，但最高指挥权再次被交给了一名军事独裁官，此人名为马库斯·尤尼乌斯·佩拉（Marcus Junius Pera），曾在公元前230年出任执政官，在公元前225年出任监察官。他的骑兵统帅是能力出众的提比略·森普罗尼乌斯·格拉古（Tiberius Sempronius Gracchus）。临近公元前216年的作战季末时，佩拉带领一支2.5万人的军队开出了罗马城。[33]

在特拉西梅诺湖之战后，罗马人变得格外重视宗教责任。元老院正式规定，悼念活动仅限在30天之内进行，但即便如此，他们也同意暂时推迟一年一度的克瑞斯女神（Ceres）祭仪，因为主持仪式的必须是不在服丧期的已婚妇女。两名维斯塔贞女（Vestal Virgins）被指控违背了守贞的誓言，在当前的紧张气氛下被判处了传统的活埋之刑，但其中一人在受刑前自尽了。有一人的情人死于过于严重的鞭刑。罗马人再次查阅西比尔神谕集，想知道该如何平息女神的愤怒，于是他们进行了罕见的人殉，在屠牛广场（Forum Boarium）活埋了希腊与高卢男女各一名。后来成为史学家的法比乌斯·皮克托被派往希腊的德尔斐，向著名的阿波罗神谕寻求指引，询问罗马人应怎样重新获得众神的垂爱，以及罗马整个民族能否度过最近的灾难。波利比乌斯觉得罗马人在面临危机时总是执迷于依赖令人费解的宗教仪式是一件很奇怪的事，而且除了希腊人，别人当时肯定也这么想，但我们不应质疑这些仪式对罗马人自己的重要性。[34]

到了公元前216年作战季末尾，意大利的战争已经不可逆转地出现了变化。意大利南部各地的众多城市投靠了汉尼拔，其中包括普利亚的部分地区和近乎整个萨莫奈和布鲁提乌姆（Bruttium）。最令罗马人头疼的是，坎帕尼亚也倒戈了。现在迦太基军队有了获得补给的基地，不需要再为了粮草而被迫不停移动。同时，这些盟友需要迦太基帮助他们抵御罗马的报复，如果其他社群被说服并同意一道造反，那么汉尼拔就需要尽快满足他们的迫切需求。如同第一次布匿战争期间的西西里陆战一样，意大利战役如今也围绕着设防坚固的市镇和要塞展开。罗马人奋力保护自己在敌方占领的土地上残留的军事基地，并持续攻打反叛的盟邦；与此同时，汉尼拔则试图拔除这些罗马在南方最后的堡垒，并保护自己的新盟友。对阵战在这些年中很少发生，只会在争夺或守卫一座城镇时才不可避免地展开，并不以在战场上摧毁敌人军队为首要目标。双方最常采取的行动是散兵战、封锁和突袭。很多战役发生在意大利中部靠近亚平宁山脉的崎岖地带，这种地势令强迫不愿应战的对手开战变得难上加难。在这些年里，罗马人由于组织了规模空前的军团作战，其人力优势得到了比以往更大的发挥。然而，与公元前216年不同，这些军团没有集结成一支大军，而是分散为多支部队，每一支的规模比常规的执政官军队大不了多少，同时在多个战场行动。哪怕汉尼拔总能出奇制胜，但这类战事对他很不利。尽管罗马人每次都不能对汉尼拔本人及其雇佣军造成非常严重的打击，但最终，汉尼拔的军队在人数上落了下风，他的意大利同盟也一个接一个地被罗马逼入绝境并打败了。公元前 211 年，为了用调虎离山之计解救被围困在卡普亚（Capua）的盟友，汉尼拔再一次令敌人措手不及，突然进军罗马，在罗马的城墙外扎了营。相比于公元前 216 年，罗马此时的城防非常稳固，此外还有很多部队赶来支援。后世流传着一种说法称，罗马人为汉尼拔的军营所处的土地举行了一场拍卖，最后的价格只相当于一般的市场价。汉尼拔对此做出的回应是自己也搞了一场拍卖，对象是罗马广场周围的河滩，但他最终并没收获什么成果，卡普亚的封锁并未解除，他的军粮也逐渐消耗殆尽，加之还有规模相当的罗马部队在前来支援，汉尼拔只得被迫撤军。他对罗马城施加的任何威胁最终都自行消散了，但战争还远未结束。[35]

9
鏖战意大利

公元前 216—前 203 年

    史料对汉尼拔在意大利的最初三场战役记载详细，这三场战役中也包括了第二次布匿战争中三场规模最大、最重要的战斗。这些战役为我们详细呈现了这一时期军队行军和作战的方式。波利比乌斯对于战争的连续记载止于坎尼会战，关于汉尼拔在意大利所度过的剩余 13 年的记述只有残篇尚存。李维对这些年的情况有详细的记述，但往往不够可靠。他笔下的很多战役其实都只是对一些小规模散兵战的夸大描写，这也许是某些元老贵族为了提高祖先的声望而刻意宣传的结果，因此我们不能轻易相信李维的说法。在这些年中，双方军队在意大利南部四处穿梭，前进又后退，经常重复经过同一地区，每一方都试图控制重要的市镇，譬如卡普亚、塔伦图姆、诺拉（Nola）和贝尼文图姆。假如只是简单地按年代顺序记录这些年发生的事，不仅会很冗长乏味，还会让不熟悉公元前 3 世纪意大利地貌的读者感到一头雾水。因此，我在本章中会主要解释战争如此发展的原因。

    希腊 - 罗马世界的城邦的政局一向很不稳定，所以罗马和迦太基的混合政体才广受赞誉，因为这种体制似乎是它们能够避免政治剧变的原因。在大多数社群中，似乎总有个别人或某个派系渴望独揽大权，要么就是在已有的政治阶层中有一小撮边缘分子愿意推举一名有号召力的领袖当独裁者，前提是后者承诺给他们好处。李维描绘了意大利南部大多数城市的激烈派系斗争，声称在大多数情况下，贫穷阶层支持反叛，富裕阶层则愿意继续效忠罗马，但他也提到了少数的例外情况。李维对依靠群众支持得势的政客毫无好感，他认为罗马共和国的厄运都是这些煽动家的错，他将民主政治与罗马的敌人联系在一起，目的可能就是谴责煽动家。然而，以下假设也不无道理：希望取代当前精英阶层的领袖们是最可能赢得民众的支持，也最可能发动革命、与迦太基建立新联盟的人。[1]

　　但即便是已经转投迦太基的城市，对待迦太基人的态度也似乎摇摆不定，因为这些外邦人的语言和文化对于意大利人和希腊人来说都是外来且陌生的。一个地区的所有社群同时叛变的情况是很少见的。哪怕是在卡普亚变节后，仍有很多坎帕尼亚的市镇继续忠于罗马。每个反叛的地区都有这种情况，所以甚至一些萨莫奈人都忠心未改。有些市镇是因为处在罗马卫戍部队的监管之下所以不敢造次，但其他地方的精英阶层对罗马的统治很满意，自行扼杀了内部所有反叛的苗头。罗马的同盟网在当下的危急时刻展现出了其力量，其中拉丁同盟尤为坚定不移。尽管最终意大利南部的大部分城市或投靠了汉尼拔，或被他占领，但罗马的大部分同盟依然忠诚。这一结果部分许是出于他们对罗马的惧怕。在战争的大部分时间里，罗马人在伊特鲁里亚始终部署着强大的军队，此外，元老院对于阿列提乌姆地区任何不满或叛变的风吹草动都会迅速做出反应。在第一次布匿战争期间，西西里的城市与罗马和迦太基的关系都不牢靠，经常变节加入自己眼中更为强大的一方。可尽管汉尼拔在坎尼会战后显得不可战胜，意大利却根本没有出现类似的现象。[2]

投靠汉尼拔的城市完全没有一致的身份和目标。公元前215年，汉尼拔手下的军官哈农率领一支主要由布鲁提乌姆人组成的军队前去攻打利吉乌姆、洛克里和其他一些意大利西南部的城市。洛克里人向迦太基人投降并与之结成了盟友，布鲁提乌姆人对此感到十分惊讶，因为他们本来期待着将前者当作敌人大肆劫掠一番。随后，他们立即在没有迦太基军队帮助的情况下包围了克罗吞（Croton），以确保他们独享胜利的收益。由原本互无关联的社群组成的罗马同盟系统往往以罗马为中心。当这些意大利社群不再忠于罗马时，它们之间便不再有任何共同的纽带，因为它们都不想转而效忠卡普亚或其他大城市。各个城市只会关心自己的利益，并期望汉尼拔保护它们免遭罗马的报复。坎帕尼亚人和萨莫奈人曾有几次抱怨汉尼拔没有为自己提供足够的保护，还指望他能率领自己的主力部队快速前来支援。[3]

卡普亚是坎尼会战后转投汉尼拔的最重要的城市。卡普亚人享有罗马公民权，只是不能在罗马投票或参政。卡普亚的贵族与很多罗马元老家族都有密切的联系，双方的联姻十分普遍。汉尼拔向卡普亚承诺，其能享有自治权，保留自己的法律，由自己的官员治理，不会有迦太基官员管辖城市，也不会强迫卡普亚公民参军或履行其他义务。双方的协议还包括汉尼拔用300名罗马囚犯和卡普亚交换大约300名在西西里和罗马军队中服役的坎帕尼亚骑兵，但这些骑兵自愿选择，或感到不得不继续效忠罗马，之后还得到了罗马人的嘉奖。卡普亚显然并不打算和迦太基建立密切的从属关系，也许卡普亚的领导人希望，在迦太基人赢得战争后，自己的城市能够取代罗马成为主导意大利的势力。我们难以确定，卡普亚人对与罗马的关系的不满，或在罗马在坎尼接连战败后对自己作为其盟友的前景的绝望在多大程度上导致了他们的变节。李维称，坎尼之败后，卡普亚曾派出代表去见瓦罗，对方万念俱灰的样子令他们相信，罗马必将失败，但这可能只是又一种抹黑瓦罗名誉的宣传罢了。在卡普亚的罗马人都被捕，然后被关进了一座浴场，在锅炉烧出的极端高温中窒息而死。我们不清楚这是否是卡普亚人有意为之，如果是的话又是谁下的命令，但可以确定的是，在变节后，卡普亚人反对罗马的情绪也随之高涨。[4]

大部分城市是在汉尼拔兵临城下时才投靠他的。而一座城市要是不投降的话，汉尼拔马上会诉诸武力，或用武力威慑、胁迫对方屈服。公元前 216 年末，迦太基军队两次突袭那不勒斯，希望迫使对方投降。一些那不勒斯骑兵在城外的散兵战中惨败，但城内的官员和元老院维持住了民众的忠心，而且也没有任何派系妄图攫取权力或向敌人献城。在看出对方不会轻易屈服后，汉尼拔立即撤军，转而去别的地方碰运气。他封锁了努凯里亚（Nuceria），迫使对方投降，并首次进攻诺拉，但以失败告终。只有非常小的社群在直接攻击之下臣服了，而攻打防御良好的城市往往很难成功，不但有可能带来极大的伤亡损失，而且可能会有损汉尼拔战无不胜的威名。正如在第一次布匿战争中的西西里，夺取城市主要的方法是偷袭和围城。要想成功偷袭，必须要获悉城市防守的薄弱环节，或者有内奸接应，因此只在某些地方可行。围城则需要军队在一个地方驻守数月甚至数年，倘若汉尼拔让自己的主力军队执行封锁任务，通常说明这座城市相当重要。[5]

卡普亚到手后，汉尼拔在公元前 216 年末开始包围卡西里努姆（Casilinum），并在第二年春天用他的大部分军队加强了封锁。这座城市位于沃尔图耳努斯河（River Volturnus）畔，沿着阿庇亚大道和拉丁大道扼守着坎帕尼亚平原以北的要道。城中一支由盟军组成的卫戍部队、一支由马库斯·阿尼奇乌斯（Marcus Anicius）率领的来自普莱奈斯特（Praeneste）的 500 人拉丁人大队，以及另一支由 460 名佩鲁西人（Perusian）和少量掉队的罗马士兵组成的大队英勇地保卫了城市。他们没有食物，就在城外挖草和植物根部充饥，在汉尼拔下令翻地后又靠种植芜菁度日。罗马骑兵统帅格拉古率领一支军队在附近徘徊，但不愿靠近迦太基军队。为了帮助守城者，罗马人趁夜从沃尔图耳努斯河上游投下了很多装满粮食的大罐子，使其顺流而下。这个办法在敌人发觉之前一连几夜都成功了，但后来汉尼拔的手下发现了被近岸的芦苇卡住的罐子，于是严加防守，切断了这个补给渠道。最终，守城部队粮食耗尽，在汉尼拔承诺允许他们以每人 0.7 磅黄金的价格赎身后，向他投降了。他们及时交付了赎金（可能是他们的社群交付的，不过史书中没有说明），随即就被释放了。李维说，阿尼奇乌斯之后在普莱奈斯特竖立了一尊自己的雕像，以兑现在守城时立下的誓言。大约有一半守军在投降前就死去了。罗马元老院授予了普莱奈斯特人罗马公民权，有意思的是，后者竟然拒绝了这份荣誉，这说明了很多拉丁人和意大利人对本邦的高度忠诚。汉尼拔将卡西里努姆交给了坎帕尼亚人，又从自己的部队中抽调了 700 人加入新组建的卫戍部队，因为罗马人如果打算威胁卡普亚，就一定会试图再次夺取卡西里努姆的控制权。[6]

公元前 216 年之后，如何保护新盟友及其领土成了持续困扰汉尼拔的问题。尽管有大量城市倒戈投向他，但可供他调遣的士兵并未因此增多。有时有主要由意大利兵力构成的新军诞生，汉尼拔有时也会从主力军中抽调雇佣兵部队予以支持，并派迦太基军官指挥。公元前214年在卡洛河（River Calor）战败的军队是由1.7万名布鲁提乌姆与卢卡尼亚（Lucanian）步兵以及1200名努米底亚与摩尔轻骑兵组成的，指挥官为哈农。这支军队此前曾成功地迫使意大利西南地区的多座希腊城市投降。公元前212年，在贝尼文图姆附近，罗马人趁哈农的大多数士兵外出寻粮时对其发动了偷袭，使这支军队再次遭受重创。此役中，一支来自普莱奈斯特的步兵大队再次扮演了关键角色，率先突入了迦太基军营。汉尼拔的大部分意大利盟友不愿对在自己领土以外的战事投入大量军力，这再次说明，这些社群缺乏共同的目标，而且害怕罗马的打击报复。一般顶多会有一支成规模的意大利军队来支援汉尼拔的主力军，而且哈农的失败表明，这些意大利军队都表现得十分糟糕。罗马人与旧日的盟友作战时毫不留情，且并不像忌惮汉尼拔及其军队那样忌惮他们。意大利人几乎没有指挥军队的经验，因为之前只有罗马公民可以出任军官，而迦太基军官若要熟悉意大利士兵并建立起某种指挥架构以掌控这些新的兵力的话也需要时间。汉尼拔在对阵罗马人时最大的优势之一便是他的骑兵，但在卡洛河一战中，这些意大利军队中的骑兵实力并不强。这意味着，能以稳定的水平直面并击败罗马人的只有汉尼拔自己的主力军。有些意大利人加入了这一主力军队并表现良好，但其中坚力量依然是利比亚人、努米底亚人、西班牙人和高卢人的部队，而他们的人数随着伤亡、疾病和分调出去支援盟友而日渐减少了。汉尼拔唯一一次得到规模较大的援军是在公元前214

年，波密尔卡（Bomilcar）率领一支迦太基舰队在洛克里成功登陆，为其带来了战象、补给和军队。[7]

罗马人的形势则完全不同。我们已经看到，他们在坎尼会战后的数月内便招募组建了新的军团，还用上了奴隶和罪犯。有迹象表明，在这几年，罗马允许公民加入军团服役的最低财产要求大大降低了，扩大了原本就很庞大的公民兵源。罗马将在这几年很好地体现其巨大的人力优势。在战争剩余的时间里，罗马军团的登记人数达到了有史以来最高。对于每年投入战场的军团数目，李维的作品是我们主要的信息来源，但李维的记载有些问题和明显的矛盾，比如他将派往西班牙的军队也计入了意大利的军团总数中，因此有些学者修改了他统计的总数。在公元前215年春，服役的军团有至少12个，可能有14个；到了公元前214年有18个。这个数字还在逐年增加，在公元前212—前211年达到了顶峰，多达25个军团，理论上共有至少10万名步兵和7500名骑兵，且一直有相同规模的辅军。这些部队大多一直被部署在意大利，但并没有组成一支或两支数目惊人的大军，并试图在正面交锋中击败汉尼拔。在坎尼会战后的10年里，罗马大约有4至7支含两个军团的执政官级规模的军队在意大利半岛作战，有时有单个军团或更小规模的卫戍部队和分队予以支援。随着投入战场的军队增加，罗马人得以更轻易地威胁叛变的意大利城市。[8]

罗马的统帅也有了更高的持续性。公元前215年，法比乌斯·马克西姆斯第三次出任执政官，他的同僚是提比略·森普罗尼乌斯·格拉古，独裁官佩拉的骑兵统帅。公元前214年，法比乌斯再次当选，这次他的同僚是曾在公元前222年担任过执政官的马库斯·克劳狄乌斯·玛尔凯路斯。公元前213年，法比乌

斯的儿子昆图斯·法比乌斯·马克西姆斯当选执政官，他的当选
被看作人们对他父亲的喜爱的结果；同年另一位执政官是二度任
职的格拉古。玛尔凯路斯在公元前 210 年和公元前 208 年又再
度当选，老法比乌斯也在公元前 209 年又一次成为执政官。在公
元前 212 年和公元前 209 年，昆图斯·弗尔维乌斯·弗拉库斯
（Quintus Fulvius Flaccus）继公元前 237 年第一次当选执政官后，
时隔 20 多年又当选了两次。这些人在各自执政官任期的间隔期
间也都以同执政官的身份统领军队，所以玛尔凯路斯从公元前
216 年起一直在带兵打仗，直至公元前 208 年战死。人民偏爱选
择有经验的人担任要职，这一方面反映了当时的局势十分危急，
需要有能力的将领，但另一方面也是因为在战争最初的几年里，
主要的元老家族遭受了惨重的人员损失。拥有出众履历的人填补
了元老院的席位，但这些新人不是太年轻就是不够富裕，没有机
会成功当选罗马的最高长官。此时，玛尔凯路斯、法比乌斯和弗
尔维乌斯·弗拉库斯都已有五六十岁，是在第一次布匿战争期间
成长起来并奋战过的一代人。他们连续多年率领同一批军团，统
帅与士兵之间的关系也因此日益紧密。坎尼会战后新建的奴隶志
愿兵军团就对格拉古特别有好感，他们在公元前 212 年格拉古遭
遇伏击阵亡后解散了，因此罗马之后不得不将其重组。[9]

　　在这几年里，有几次选举是有争议的。公元前 215 年，最
初当选执政官的是格拉古和卢基乌斯·波斯图米乌斯（Lucius
Postumius）。当后者在高卢遇袭身亡后，公民大会投票选出玛尔
凯路斯代替他。然而，在玛尔凯路斯正式就职的那天，鸟卜团报
告听到了雷声，因此他的当选在宗教上被判为无效，于是人们又
举行了一次选举，法比乌斯·马克西姆斯继而当选。虽说为政治

目的而操纵宗教活动的行为在罗马并不是新鲜事，但我们很难弄清楚这件事背后的原因。倘若单纯把罗马的政治看成派系斗争，那我们就很难解释，为什么法比乌斯此时明显不想让玛尔凯路斯当选执政官，但次年却愿意与他共事。法比乌斯自己主持了公元前214年的选举，据说百夫长大会起初推选了两名前大法官，但法比乌斯认为他们不是适合当前形势的人选，于是要求百夫长大会重新考虑。李维告诉我们，元老院通过非正式形式表明，玛尔凯路斯和格拉古同时担任执政官是不合适的，因为两人都是平民出身，而根据传统，两名执政官中应该至少有一名是氏族。如果这就是此次事件的真实原因，那就说明，尽管当前情势危急，罗马人仍然严格遵守传统惯例和宗教程序。在汉尼拔战争期间，罗马人仍然不停地激烈竞争着高级政务官的职位，这也从另一个角度说明了罗马的政治体系是多么根深蒂固。罗马的元老们只会激烈地争夺高级官职和军队的指挥权，以获得与国家最危险的敌人作战的机会。从来没有人幻想加入敌军，依靠敌人的帮助在战败的罗马获得权力。[10]

尽管这段时间的罗马军队没有在战场上集合成大军，但经常会互相支援。在公元前211年之前，坎帕尼亚一直是罗马人军事行动的关注焦点。公元前215年，法比乌斯和格拉古双双前往坎帕尼亚，而玛尔凯路斯率另外两个军团驻守在诺拉。格拉古自己指挥军队解除了敌人对库迈（Cumae）的围困，但之后两名执政官一同作战，对抗守卫通向卡普亚的道路的敌军前哨。法比乌斯在公元前214年围攻并最终夺下卡西里努姆时，玛尔凯路斯率领自己的军队进入了这一地区掩护他。之后，在法比乌斯任期将满时，普利亚北部的阿尔皮城（Arpi）的一名贵族前来见他，准备

将城市献给罗马人以换取回报。这个名叫达西乌斯·阿尔提努斯
（Dasius Altinus）的人向他们透露了城防的薄弱之处。法比乌斯
装作要进行常规围城的样子接近了城市，但是安排了 600 名精兵
夜袭。当夜的天气对罗马人有利，因为暴风雨降低了能见度，并
且迫使大部分哨兵去躲雨了。罗马士兵在防守最弱的城墙上搭上
梯子，翻进城市，并悄悄占领了城门，在破晓之前将其余部队接
了进来。一开始，居民和迦太基卫戍部队还试图在街道上抵挡罗
马士兵，但阿尔皮人很快向前盟友投降了，迦太基人也随后屈服
了。他们获准回到汉尼拔的军队中，但在罗马人开出的双倍军饷
下，有 1000 名西班牙人倒戈加入了罗马人，这也许反映出，他
们对迦太基军中的待遇早已心有不满。这是汉尼拔第二次遭遇严
重的士兵叛变事件。上次是一年前，272 名西班牙和努米底亚骑
兵叛逃到了玛尔凯路斯在诺拉城外的军营。汉尼拔的实力和机遇
此时正值巅峰，出现这种情况着实令人震惊，不过这并不是单方
面的现象，也有些意大利人和罗马人加入了汉尼拔一方。总体而
言，汉尼拔的来自多国的部队还是相当忠诚的。[11]

　　同布匿战争期间其他许多被攻陷的要塞一样，阿尔皮是因背
叛和偷袭而陷落的。汉尼拔这些年在别处也通过这种方式取得了
一些胜利，但他多次试图攻取坎帕尼亚平原边缘的诺拉，均以失
败告终。罗马人无情地攻击背叛自己的同盟，但他们的指挥官也
会尽力赢回心怀不满的意大利贵族的忠心，以免他们彻底投靠敌
人。在诺拉，玛尔凯路斯奖励并大力称赞了卢基乌斯·班提乌斯
（Lucius Bantius）的英勇，此人曾在坎尼被俘，之后汉尼拔为赢
取意大利人的支持，将他和其他一些人一同释放了。法比乌斯同
样注重培养盟军士兵的忠诚，例如他曾经奖赏过一名马尔西人

（Marsian）士兵，当时这个士兵计划着出逃，而法比乌斯却当众声明，这个士兵这样做的原因是其之前立下的功劳没有得到应有的重视。[12]

塔伦图姆的陷落

　　汉尼拔非常想得到一个港口。罗马人在坎尼会战后拒绝承认战败，且其大部分盟友依然忠心未改，这都表明，这场战争不可能速胜速决。汉尼拔在意大利南部为夺取有城墙防卫的诸城镇陷入了苦战，随着罗马动员的士兵越来越多，他的劣势日渐凸显。他的主力军队未在重大战斗中被打败过，他一次次率领这支军队威胁忠于罗马的要塞，希望能迫使对方投降或找到占领它们的办法。罗马军队则始终尽可能地待在亚平宁山脉边缘的高地上，避免下到能让迦太基骑兵发挥优势的平原上。罗马的将军们只会在易守难攻、迦太基人很少愿意进攻的地方发起挑战。在贝尼文图姆和诺拉这种丘陵地带很难展开决定性战斗，开阔平原则大多不够宽，部署不开大军，而且附近总会有高地供败方撤退和恢复元气。即便像汉尼拔这样的军事天才，也很难强迫一支拒绝交战的军队来到这种地形上展开对阵战。为了对罗马人构成威胁，他的军队必须尽量集中。只要迦太基军队一出现，罗马人的行动就会变得格外警觉，然而汉尼拔的军队在同一时间点只能出现在一个地方，因此其他地方的罗马部队便会趁机兴风作浪。没有汉尼拔的保护，他的盟友遭受了攻击，土地被蹂躏。汉尼拔这些年行军迅速，时常令人措手不及，充分展现了他个人的军事才能及其军队的高效，但即便如此，其人数上的极大劣势也难以被弥补。

公元前 216 年末，汉尼拔派弟弟马戈前去向迦太基元老院汇报。也许就在当初法比乌斯·布泰奥从自己的托加袍中取出宣战书摔到地上的同一座议事堂内，马戈让随从把成堆的金戒指倒在地上，这些都是从罗马元老和骑士的尸体上取下来的，以此证明，汉尼拔重创了祖国的敌人。马戈最后呼吁元老院立即为汉尼拔送去援军和给养。李维说，巴卡家族的老对头哈农嘲笑汉尼拔的要求，称他不像快赢了，倒像快输了。不过尽管有人阴阳怪气，大多数元老还是同意向意大利和西班牙派出援军，但问题是，该如何把援军和补给送到意大利。没有港口或西西里岛附近的水域的控制权，除非像汉尼拔一样走遥远的陆路，否则迦太基人无法送达如此大规模的支援。[13]

汉尼拔没能夺下库迈和那不勒斯。公元前 214 年，滨海重镇塔伦图姆的五名贵族来到了迦太基军营，他们之前都在特拉西梅诺湖之战和坎尼会战中被俘，后被释放。他们称自己已经得到了大多数居民的支持，只要迦太基率军前来，便会立即变节。汉尼拔当时正在库迈城外的意大利西海岸，准备于再次进军诺拉前重新尝试攻打那不勒斯。他趁夜出发，趁罗马军队都在别处时抵达了塔伦图姆。那里的罗马卫戍部队严阵以待，最近又得到了来自布隆狄西乌姆（Brundisium）的舰队的支援，而城市里并没有出现起义，也没有一个贵族现身履行承诺，因此汉尼拔几天后便撤军了。[14]

公元前 212 年，塔伦图姆与图里伊（Thurii）的人质企图逃出罗马，被逮捕和处决，此事引起了这两座城市以及其他希腊城市的不满。塔伦图姆的一群青年贵族再次密谋献城，为首的是菲勒门努斯（Philemenus）和尼孔（Nikon）。汉尼拔将冬营安扎在了距塔伦图姆有三天路程的地方。在春季来临之前，密谋者假装出城狩猎，借机来见汉尼拔。汉尼拔接受了他们的提议，从辎重队中拨出了几头牛让他们带回，好让其假称是此行的猎物。在接下来的几周，这些贵族重复借着这个诡计前来与汉尼拔协商献城的条件。汉尼拔与塔伦图姆制定的条款和与卡普亚的基本相同，即保证他们的自由，由自己的法律和官员治理，无须向迦太基人支付贡赋，也不会有迦太基卫戍部队强行入驻；汉尼拔及其军队只能夺取城中罗马公民的财产，并且可以把罗马卫戍部队抓起来随意勒索赎金或卖掉。[15]

汉尼拔夺取塔伦图姆的细节为我们提供了一个绝佳的例子，展示了其他城市是怎样在内应的背叛下陷落的，因此值得详细讲述。菲勒门努斯在夜晚出城"狩猎"，谎称是为了避开迦太基人，然后像往常一样带着"猎物"回来，并与看守他所使用的侧门的哨兵和将领们一同分享。守门的士兵对此已习以为常，只要听到他的哨声就会为其打开城门。汉尼拔挑选了1万名行动敏捷的步兵与骑兵作为他的进攻部队，发给了他们4天的口粮，带领他们在深夜出发。有趣的是，这支奇袭队伍中还包括3支共2000名高卢人，说明这些战士已经迅速融入了迦太基军队，与公元前217年行军时高卢人被批评速度缓慢、缺乏耐力的情况形成了鲜明对比。80名努米底亚骑兵先行开路，汉尼拔命令他们抓捕或杀死沿途遇到的任何人，不然就假装成一支普通的寻粮队。汉尼拔与主力军一起行进至距离塔伦图姆十四五英里处，严格掌控队伍并不允许任何人掉队。在当天剩余的时间里，他让军队在一座山谷中休息并藏身，与手下的军官们开会强调，一定要各自严格管好自己的手下，一字不差地执行自己的命令。

塔伦图姆的罗马守军指挥官名叫马库斯或盖乌斯·李维乌斯，在得知附近有努米底亚骑兵出没时正在参加一个宴会。他觉得这些骑兵构不成什么大威胁，于是只派了一队骑兵第二天出去巡视。汉尼拔的内应们故意选择了这一天行动，因为他们认定李维乌斯会放松警惕。几个密谋者在节庆结束后继续向他劝酒，以至于他在回家时已经醉得完全不能指挥部队了。当夜，汉尼拔在菲勒门努斯的引导下向塔伦图姆进发，并按照事先约定好的信号点起了篝火。当内应点起火作为回应的信号时，汉尼拔熄灭了篝火，把部队分成了 3 队：2000 名骑兵留在城外，作为后备部队掩护主力军撤退或乘胜追击；菲勒门努斯领着 1000 名利比亚人前往他外出"狩猎"时使用的城门，汉尼拔自己则率领剩余的部队小心翼翼地向特梅尼德门（Temenid Gate）进发。内应偷袭了特梅尼德门的守卫，把这些大多数在睡梦中的人杀死了，然后在迦太基人到达时放他们入城。与此同时，菲勒门努斯和其他三人带着一头野猪来到另一座城门，假装是狩猎归来。守门人听到他的哨声便放其从主城门旁边的偏门进入。在门卫俯身看他们的猎物时，菲勒门努斯用狩猎的长矛杀死了他。30 名利比亚人紧随其后，进入城中对付其他哨兵，然后打开主城门放进了其余的部队。汉尼拔此时已经抵达了广场，其余已经入城的部队也前去与之会合。汉尼拔派出那三队高卢人，他们在内应的带领下占领了通往市场的各条道路，杀死了沿路遇到的所有罗马人，其中大多还没来得及抵抗就被杀了。内应后来找到了一些罗马的军号，吹响了一些相互矛盾的军令，让罗马人更为混乱。李维乌斯乘小船逃到了一座建在狭窄海角上的堡垒里，那里也是罗马人在城中唯一一块仍未失守的地方。塔伦图姆人面对着已经控制了街道的敌军，被召集到一起，很快接受了反叛者们向他们提出的合约内容。

汉尼拔立刻着手攻打这座扼守着塔伦图姆港口的要塞。迦太基人建了一道墙和战壕将堡垒与城市分隔开来，一队罗马人企图阻止这一工程，但失败了。然而，罗马守军仍然充满信心，并依然能够从海上获得补给和支援。麦塔彭图姆（Metapontum）的全部守军都乘船来到了堡垒中，但他们的撤离导致了麦塔彭图姆的迅速投降。见直接攻击没有奏效，汉尼拔便把封锁的任务交给了塔伦图姆人。他教给塔伦图姆公民，将战船从港口中拖出，经由城市主路再次下水，以此就能把海路也封锁，再次展示了自己的足智多谋。[16]

罗马的复苏

即便不算全面胜利，塔伦图姆都算是汉尼拔取得的一场大捷，以及对罗马的一次重大打击。但同年，罗马人对倒向汉尼拔的另一主要城市，卡普亚发起了全面围攻。早在公元前 215 年，法比乌斯·马克西姆斯就曾多次袭击并蹂躏坎帕尼亚的领地。谷物庄稼只有在收获季节之前的很短一段时间内才最容易被烧毁，因此罗马人每年都会在这段时间发起攻击。随着阿尔皮和卡西里努姆等城市再次回到罗马人手中，两名执政官得以在公元前 212 年同时前去封锁卡普亚。面对卡普亚人的求援，汉尼拔仅派了 2000 名骑兵和几名军官，但同时含糊地许诺会给予更多援助。坎帕尼亚的骑兵非常优秀，一直备受罗马人称赞。在汉尼拔援军的支持下，他们赢得了几场小胜。然而，一名罗马骑兵被一名与自己相识的坎帕尼亚骑兵发起了单挑，并接受了挑战，这使罗马人恢复了士气。这是李维第二次记载罗马人与坎帕尼亚人的个人决斗，两次他均怀着爱国情绪坚称罗马人胜。[17]

不久后，汉尼拔确实率领主力前来解围了。抵达三天之后，他在罗马军营前对其发起了挑战。李维的描述虽十分混乱，但其中可能也有一定的真实性。他记载道，双方看到远处有军队在靠近，都认为来者是敌人，便停止了行动，战斗就此终止。无论具体细节如何，这场战斗看起来并不具备决定性意义，但至少打击了罗马执政官们的信心。两名执政官各自率军向相反的方向撤退，试图将汉尼拔诱离卡普亚，因为他们很清楚，汉尼拔只能追击一支军队，如此，另一名执政官就能回来继续攻城。李维还讲了一个离奇的故事，说有个名叫马库斯·坎特尼乌斯（Marcus Centenius）的前资深百夫长向元老院要了一支军队，称自己对那一带的地理很熟悉，可以发起有效的突袭。他带着 8000 名士兵碰到了刚刚放弃追击撤退的执政官军队的汉尼拔。坎特尼乌斯英勇战死，但他的部队在短暂的战斗和随后的追杀中惨遭屠戮，最终只有 1000 人逃脱。[18]

此时，两支执政官军队都已返回了卡普亚继续进行封锁。罗马人在卡西里努姆一仓库里囤积了大量补给，并建立了据点扼守沃尔图耳努斯河，如此，粮食一类的大型物资就可以沿河安全地输送给军队。罗马人为建立高效的补给系统花了很大心思，因为要想成功封锁一个地方，就必须有大量的罗马军队长期停留在同一位置。大法官克劳狄乌斯·尼禄（Claudius Nero）所率领的军队加入了两名执政官的军队，6 支军团建起一道围墙包围了卡普亚，又在外围挖出了一道战壕来抵御可能前来的迦太基救兵。在包围网合围前，卡普亚最后一次派出信使请求汉尼拔来援，但迦太基人当时正忙着打算靠内应夺取布隆狄西乌姆。罗马人称，在包围圈合围前来投降的坎帕尼亚人可以得到宽恕，但城中无人响应，尽管一年前曾有 112 名骑士叛逃到罗马人一方。[19]

公元前 211 年，围攻卡普亚仍然是罗马元老院在意大利的首要任务。两名执政官和尼禄成为前任政务官后都继续持有统帅权。坎帕尼亚骑兵依然时不时击败罗马人，直到一个名叫昆图斯·奈维乌斯（Quintus Naevius）的百夫长献上一计，建议挑选一队轻装步兵，每人骑在骑兵身后的马背上，在作战时下马密切支援骑兵，组成一道壁垒掩护骑兵重整阵形再度冲锋。这个新战术令罗马人在随后的交手中都占据了上风。这件事有时被描述成罗马军团中的骑兵和轻装步兵的重大改革，但这其实只是针对一次特定情况的权宜之计。它体现出了罗马军队日益丰富的经验，但未必能说明任何组织结构上的根本性变化。[20]

如果不打破罗马人的封锁，卡普亚迟早会陷落，因此汉尼拔决定必须采取行动。他将较重的行李留给了布鲁提乌姆人，然后赶往坎帕尼亚。罗马军队此时位于卡普亚周围的开阔地带，这本来有助于汉尼拔发挥他的骑兵优势，但罗马人拒绝离开防御工事与其正面交锋。汉尼拔向罗马军营的警戒队派出散兵，企图像以前一样引诱罗马指挥官到对其不利的地方开战，但同执政官阿庇乌斯·克劳狄乌斯（Appius Claudius）不为所动。无奈之下，汉尼拔不顾一切地向罗马军营展开了正面进攻，卡普亚人也出城，从另一面攻击。一队西班牙步兵跟在三头战象后面，一度突破了罗马人的防御工事，威胁到了弗尔维乌斯·弗拉库斯的营地，但包括奈维乌斯在内的一些罗马军官表现英勇，激励罗马人打退了敌人。汉尼拔的进攻失败了，他的军队也很快陷入了粮食短缺。他们只带了少量的补给，而罗马人又已经将周围的粮草搜集一空，让他们无粮可寻。汉尼拔就是在此时决定进军罗马，企图引开包围卡普亚的罗马军团，我们在上一章提到过。这一计划失败之后，汉尼拔就任由卡普亚自生自灭了，穿过萨莫奈和普利亚回到了东南的布鲁提乌姆。[21]

就连留在城中的迦太基军官也感到自己被统帅背叛和抛弃了，但他们充满愤怒的信件并没有送到汉尼拔手上，因为罗马人截获了假装成逃兵的信使，砍掉他们的双手后又让他们回到了城里。卡普亚的居民现在挨着饿，少数比较激进的反罗马派的元老自杀了，其余的选择投降，打开城门把罗马人放了进来。没过多久，偏远的阿特拉（Attela）和卡拉提亚（Calatia）也屈服了。53 名参与谋划反叛的卡普亚元老被逮捕，随后被同执政官弗尔维乌斯处决。后者似乎是不顾同僚的反对，擅自这么做的，但这件事显然有很多不同的说法。最后，罗马元老院决定解散和取消卡普亚城邦自己的体制、官员和法律，之后它被交由罗马指派的官员治理了。[22]

公元前 209 年，汉尼拔的另一大战果，塔伦图姆被罗马人夺回了。这座城市此次同样是在内应的帮助下易手的。这也是法比乌斯·马克西姆斯所参加的最后一场战役。这些年来，罗马的卫戍部队坚守着堡垒，为突破塔伦图姆人的封锁并获取补给进行了许多艰苦卓绝的战斗。春季，当年在意大利作战的 7 个双军团军队中，有两个被派去拖住汉尼拔，同时法比乌斯率领自己的军队前去攻打塔伦图姆。一队布鲁提乌姆人逃兵和一支来自西西里、以利吉乌姆为根据地的非正规军也被派出进行大范围袭扰，他们都很享受这个任务。塔伦图姆起初投降的条件是迦太基不能强行安插卫戍部队，但此时他们显然已经主动接受了迦太基的部队。守城部队由加泰罗统一指挥，当中有一支布鲁提乌姆人，他们的指挥官恰好爱上了一个在法比乌斯手下服役的塔伦图姆人的妹妹。在执政官的允许下，这个塔伦图姆人假装叛逃，利用他妹妹的这层关系与那名布鲁提乌姆军官交上了朋友（在另一个更传奇的版本中，这名军官爱上的其实是法比乌斯以前的情妇），并说服了这名军官带着手下投诚。法比乌斯在攻城时派了一队人带着梯子去了这个布鲁提乌姆军官的部队驻守的城墙区域。布鲁提乌姆人们帮助罗马人进入了城市，尽管在街道上发生了一些零星的战斗，但事情的结果已经毫无悬念了。尼孔和其他汉尼拔的内应在战斗中丧命，菲勒门努斯下落不明，估计也被杀了。加泰罗相信自己能凭借与法比乌斯的私交保住性命，但他被一队罗马士兵追上了，还没等见到执政官就被杀了。罗马人杀红了眼，无差别地屠杀塔伦图姆人和迦太基人，甚至还有意或无意地杀死了一些布鲁提乌姆人。罗马人虏获了大量战利品，将 3 万人扣为奴隶。等到汉尼拔听闻塔伦图姆的危急情况并率军驰援时，已经太晚了。[23]

这场短暂的战役再次显示出，汉尼拔无法同时应付罗马的多方威胁。当法比乌斯开始向塔伦图姆进军时，他正在距坎尼不远的卡努西乌姆与同执政官玛尔凯路斯缠斗，久久不能分出胜负。为了多少给得胜的罗马人造成一点损失，他向执政官的军营送去假消息，称麦塔彭图姆的部分贵族打算向迦太基人献城。据说，法比乌斯起初确实中计了，但因为出现了不吉的预兆，或仅是出于本能的谨慎，最终取消了前往该城的计划。[24]

尽管汉尼拔遭受了不少损失——公元前 210 年萨拉庇亚（Salapia）被叛徒出卖给罗马人时，他手下 500 名最优秀的努米底亚骑兵都丧命或被俘——其军队的实力仍然不可小觑。我们难免怀疑，李维所记载的许多罗马人取得的小胜，或一些因夜色降临或天气影响而不得不提前结束的战斗遮掩了罗马在战术上的失败，但即便如此，李维依然记载了许多迦太基人的压倒性胜利。公元前 212 年，汉尼拔在赫多尼亚（Herdonea）城外再次运用了特里比亚河之战中的策略，在敌军后方设下了伏兵，大法官格奈乌斯·弗尔维乌斯·弗拉库斯（Cnaeus Fulvius Flaccus）战败，损失了 1.6 万人。公元前 210 年，同执政官格奈乌斯·弗尔维乌斯·坎图马鲁斯（Cnaeus Fulvius Centumalus）在赫多尼亚附近战败，根据不同史料记载，损失了 7000 或 1.3 万人。尽管出于巧合，两名指挥官的名字和战斗的地点都极为相近，有时会有人以为李维错误地把同一次战斗描写了两次，但这种观点缺乏充分的论据，且李维的说法也并非全无依据。据称，在第二次战斗中，罗马人不仅采用了传统的三线战阵，甚至将整支的军团用作了预备军，李维称，罗马人那些年在其他战役中也采取了这种布阵方法。如果他所言属实，那么这一战术可能仅仅反映了在那些年中，罗马军队主要的作战场地都是丘陵地形，缺乏足够开阔的平地，因此在大多数情况下都没有空间将全军的所有部队并排铺开。此外我们还需记得，罗马人是通过将三列平行的纵队转向右侧组成三线战阵的。如果他们与敌人不期而遇，那么让各个军团和辅军作战单位直接分别在原地转向布阵也许会更容易且更迅速，因为至少先头部队能快速形成有组织的战线迎战敌军。当时双方的很多战斗都是遭遇战，不像在特里比亚河之战与坎尼会战那样，开战前几天双方就谨慎地演练并连续几天密切关注敌人的动向。[25]

赫多尼亚之战的幸存罗马士兵被遣往了西西里，与坎尼之败的老兵一起作战，和后者一样，不到战争结束不得返回罗马。大法官弗尔维乌斯因表现无能而遭到指控，差点被判死刑，最终被判处流放，保住了一命。尽管这几场失败十分惨重，但对罗马人心理上更沉重的打击发生在公元前208年，两名执政官玛尔凯路斯和提图斯·昆克提乌斯·克里斯庇努斯（Titus Quinctius Crispinus）在侦察时遭到了汉尼拔的伏击。玛尔凯路斯在战斗初期阵亡，同样牺牲的还有一名军事保民官和两名高级军官（prefect），克里斯庇努斯也受了致命伤。汉尼拔妥善安置了玛尔凯路斯的遗体，但之后也试图利用他的印章戒指重新占领萨拉庇亚。他派人送去盖有玛尔凯路斯印戳的信，命令当地政府迎接他和一支部队入城。这支部队由一群仍穿着之前的罗马军服的罗马逃兵打头，但克里斯庇努斯预料到了这一危险，并向当地所有城镇派出使者，警告他们严加防守。萨拉庇亚的卫戍部队故意放部队的首领们进城，随后在他们身后落下了铁闸门。在城门处的有限空间里，600人的部队被屠戮一净，其中绝大部分是罗马逃兵。[26]

此时，意大利仍然被汉尼拔所控制的区域只剩下南方一隅。尽管他不断取胜，但罗马军队数量上的优势以及每年新上任的指挥官激进的攻势使他的同盟不断减少。越来越多的个人和社群重新效忠了罗马，因为罗马人鼓励之前叛变的城市主动投降，并会给他们较好的待遇，而通过武力降伏的城市则会遭到罗马的惩罚。受此策略影响，越来越多的个人和城镇重新回归了罗马的怀抱。公元前 209 年，赫尔皮尼亚人（Hirpini）和卢卡尼亚人向罗马投降，虽然遭到了谴责，但并未因之前的变节而受到惩罚。罗马人向布鲁提乌姆人提出，如果他们回归，也能得到同样的待遇，一些布鲁提乌姆贵族欣然接受了。然而，并不是只有罗马的同盟城市叛变了。正如在萨拉庇亚的战斗中，仍然有一小部分罗马士兵愿意为迦太基人出力，但同样也有利比亚人、西班牙人和努米底亚人愿意叛逃，与他们之前的战友为敌。不过现在绝大多数城市都原意变节归顺于罗马人一方。[27]

　　动员如此多的士兵、维持一场规模如此巨大的战争、在如此多的战场同时战斗，让罗马背负了沉重的压力。不是所有的公民都满怀爱国热情，愿意为国家的利益付出。公元前 213 年出现了一桩丑闻，一伙罗马雇的负责向西班牙军队提供补给的承包商伪造了他们的收益账目，并且故意凿沉空船，声称遭遇了风暴，以此索要巨额赔偿。公元前 209 年，监察官拿最高等级的百人队开刀，降低了其中于公元前 218 年已满 17 岁、却没有随军参加过一场战役的骑士的地位等级，以儆效尤。（这些人是极端的例外，因为绝大部分罗马公民十分乐于在军团中长时间服役，并为保卫祖国牺牲。）有一件更令人忧心的事发生在公元前 209 年，在构成罗马同盟网核心的 30 个拉丁殖民地中，有 12 个宣布，自己无法继续为战争提供士兵和资金了。这看来并不是因为他们的忠诚有所动摇，而是因为资源耗尽了。其余的殖民地强调了他们的忠心，并表示愿意继续履行盟邦的义务。罗马正在耐力方面一步步取得胜利，但这并不意味着罗马与其盟友感受不到长时间战斗的压力。[28]

梅陶鲁斯河之战（公元前 207 年 6 月 22 日）

汉尼拔唯一得到的一支增援兵力是公元前 215 年波密尔卡登陆洛克里从海上送来的。汉尼拔手中没有大港，迦太基人也没能将罗马人从西西里赶出去，从而无法掌握周围的制海权，再加上迦太基领导阶层对汉尼拔态度冷漠，因此他没能再获得更多援军。一开始，汉尼拔似乎明显希望西班牙的援军能沿着自己走过的路线从陆路前来援助。据说，哈斯德鲁巴·巴卡在公元前 216 年曾如此计划过，但当时罗马人在西班牙节节得胜，所以只能作罢。马戈·巴卡在欧洲招募的军队原本要被派往意大利，但为了巩固迦太基人在西班牙的阵地，最终也没去支援汉尼拔。公元前 208 年，哈斯德鲁巴再次试图前往意大利，并且成功地率领一支军队走出了西班牙，但是在拜库拉（Baecula）的最后一战中失利。哈斯德鲁巴的行军路线与其兄汉尼拔的大致一致，但没有与当地部落发生那么多冲突，因此他的军队规模虽然比汉尼拔的小，但损失也更小，也许这也是因为他不吝钱财雇用了高卢部落雇佣军。马赛利亚派出信使，警告罗马人哈斯德鲁巴正在逼近。罗马人也派出使节，通过马赛利亚人与一些高卢部落首领的关系，得知了哈斯德鲁巴准备在公元前 207 年春季翻过阿尔卑斯山进入意大利。[29]

这一消息使罗马陷入了恐慌。10 年来，他们一直在与进犯自己土地的敌军作战，成千上万的士兵被征召入伍，不间断地服役。对国家来说，这段时间的人员伤亡与财政耗费都极大，还有大量意大利乡间的粮草被敌军收割一空或破坏。尽管汉尼拔已经被逼入了意大利南部的一隅之地，但他还没被完全战胜，也依然能在谋略上胜过罗马指挥官。公元前209年，有12个拉丁殖民地宣布无法再资助战争，这说明罗马已经到了弹尽粮绝的边缘。现在，哈米尔卡·巴卡的另一个儿子也准备侵入意大利，杀人放火。要是两兄弟联起手来会发生什么？特里比亚河之战与坎尼会战的惨剧是否会再次上演？倘若如此，罗马这一次还能逃过灭顶之灾吗？

新任执政官之一，马库斯·李维乌斯·萨利那托（Marcus Livius Salinator）在公元前219年第一次出任执政官时卷入了一些丑闻，后主动隐退，直到几年前才回归政坛，如今被派率领一支军队前往北方。大法官之一，卢基乌斯·波尔奇乌斯·李契努斯（Lucius Porcius Licinus）带领两个人员不足的军团支援他，驻扎在阿里米努姆附近。瓦罗则指挥一支规模相近的军队，部署在亚平宁山脉另一侧的伊特鲁里亚。如同公元前217年的汉尼拔一样，哈斯德鲁巴也需选择从山脉的哪一侧南下，所以元老院再次派军扼守住了山脉两侧。尽管李契努斯已经得知并警告了罗马哈斯德鲁巴正在进发，敦促两名执政官尽快率军前来会合，但迦太基人从阿尔卑斯山下来的时间还是早于了罗马人的预期。一到波河河谷，哈斯德鲁巴就进军了普拉坎提亚，并开始围攻这座殖民地城镇。也许他想在长途行军后休整自己的队伍，或者如李维所说，他想先下手为强，早早赢得一场胜利，从而鼓动更多的高卢部落投靠于他。然而，普拉坎提亚的守卫比他所预料的更加顽强，哈斯德鲁巴最终只能撤围，然后向汉尼拔派出了6名骑兵、2个努米底亚人和4个高卢人，给他送信。此时，汉尼拔和往常一样，在作战季率军不断移动。在塔伦图姆附近，罗马巡逻兵抓获了信使。经过审问，罗马人搜出了信件，并火速送往元老院，后者从中得知，哈斯德鲁巴希望在翁布里亚（Umbria）与兄长会师。李维并未说明他们打算在翁布里亚境内具体什么地方会合，但此地显然位于东海岸，估计是在高卢土地的南侧边缘一带。在哈斯德鲁巴开始沿东海岸南下时，汉尼拔仍然留在意大利南部。[30]

此时的局势已经与公元前 218 年不同了。罗马人的动员能力更强，他们的指挥官和军队也更有经验和效率了。在获知迦太基人的意图后，罗马人迅速做出了反应。哈斯德鲁巴可能是在塞纳加利卡（Sena Gallica）附近遭遇了萨利那托和大法官李契努斯的联军。罗马军队在他前面撤退了，意图尽可能地拖住迦太基人的脚步。另一位执政官，盖乌斯·克劳狄乌斯·尼禄的名声在勇敢和鲁莽之间摇摆。年初，他受命率军前往南方牵制汉尼拔，在卡努西乌姆附近收到了之前被罗马人截获的哈斯德鲁巴的信件中的情报。尼禄决定带领他军中的 6000 名步兵和 1000 名骑兵精锐北上援助他的执政官同僚。他派人通知了规划的路线沿途的社群，命令他们准备好食物和补给，因为他的士兵们要轻装上路。这些市镇还被要求预备好推车和骡马，供行军时疲惫不堪的士兵搭乘。接着，尼禄散布谣言，谎称准备向一座附近的城市发起突袭，随后趁夜率军离营，走出一小段距离后向北朝着皮凯努姆开进。沿途的民众为他们欢呼，向他们献上了所需的补给。罗马得知这位执政官的大胆行动后对他的计划不太有信心，因为有很多人担心他留在普利亚的剩余军队在汉尼拔的进攻面前会不堪一击。李维没有说明尼禄的急行军走完这段约 250 英里的路程用了多长时间，不过他说，归程所花的时间更短，只用了 6 天。显然，这个速度已经足够令哈斯德鲁巴震惊了。罗马人还小心翼翼地隐瞒了这支援军的到来。先有信使前去通知萨利那托，然后尼禄的部队被安排在夜色的掩护下进入了军营，每个营帐都派出一名士兵悄悄地把要住进自己营帐的士兵领了进来。尽管哈斯德鲁巴的营地离罗马人只有 500 步（约半罗马里）远，但这一计谋成功骗过了他。[31]

第二天早晨，尼禄劝同僚执政官和大法官立即开战，因为比起让长途行军后腿脚疲劳的士兵休息，他更想发挥奇袭的优势。当罗马人出营部署时，哈斯德鲁巴已经在自己的军营前摆好了阵形，但据说，他注意到，在罗马人阵中，有些士兵配备的是他没见过的旧型盾牌，还有一些骑兵的马比较瘦，此外他还隐约感到罗马军队的人数增加了。哈斯德鲁巴感到形势不妙，拒绝开战。像往常一样，罗马人没有强行与一支拒绝离开自己军营的军队开战。哈斯德鲁巴派哨兵前去侦察李契努斯与萨利那托的营地。据李维所说，哨兵回报称，在执政官的军营中看到了两个用于发令的号角，在大法官的营中只看到一个，于是哈斯德鲁巴正确地理解为，这意味着另一名执政官一定也在场。我们不清楚哈斯德鲁巴的军队具体有多少人，但可能罗马原有的部队加上现在的一个额外的军团使他认定正面交战是不明智的。当晚，迦太基人向梅陶鲁斯河（River Metaurus）方向撤退。李维说，由于哈斯德鲁巴的向导（可能是本地人）逃跑了，迦太基军队在黑夜中迷失了方向。不过夜间行军一向十分困难，迷路也许只是意外。他们在夜里的晚些时候抵达了河岸，哈斯德鲁巴命令部队沿河前进，希望能在天亮前找到能渡河的地方。

罗马人在发现敌军撤退后立即开始追击。尼禄率领 3 支军队的合并骑兵在前，随后是李契努斯率领的轻装步兵，萨利那托

（这场战役是听从他的鸟卜结果发起的）率领主力军在最后。哈斯德鲁巴认为自己的人马需要休息，于是开始在一座能俯视梅陶鲁斯河的小丘上扎营，罗马人借机追上了他。随着罗马人的各个部队陆续抵达并开始列阵，哈斯德鲁巴命令军队暂停扎营的工作，布阵迎击。双方在长途行军后一定都很疲惫，但罗马的指挥官们不愿拖延，一心求战。梅陶鲁斯河之战的确切地点无从知晓，不同的推测也相差甚远。这块战场似乎崎岖不平，没有多少开阔的平地，此外加上双方布阵都十分匆忙，因此这场战斗不太像汉尼拔的早期战役，反而更像是在意大利南部的战斗。尼禄指挥罗马右翼，应该是由他自己的步兵和骑兵组成；李契努斯统领中军，萨利那托指挥左翼。我们不确定罗马人是否按照常规方式，将骑兵平分到了左右两翼，不过李维似乎暗示，大部分罗马骑兵位于萨利那托指挥的左翼，这也许意味着尼禄率领的是同盟骑兵。哈斯德鲁巴将他的 10 头战象（阿庇安说是 15 头[32]）布置在中军前面，将其军队中最优秀的西班牙士兵安排在右翼，高卢士兵则在左翼。根据李维的记载，战象背后的迦太基中军是由利古里亚人组成的，但波利比乌斯并未提到他们的存在，但可能只是因为他将其与西班牙人混为一谈了。李维和波利比乌斯都没有提到迦太基骑兵的具体情况。左翼的高卢人位于一个极难对付的高地上，罗马人肯定无法直接攻击，甚至可能连接近都很难。迦太基中军和左翼的纵深比平时长很多，也许这反映了空间的狭小和他们布阵的匆忙。罗马军队的人数不太可能超过 4 万人，哈斯德鲁巴军队的人数则远远小于罗马军队，但这些数字都只是我们的推测。

　　战斗在哈斯德鲁巴调动主力军向迎面而来的萨利那托和罗

马人的左翼进攻时开始了。李维称，战象打破了罗马青年兵的阵
形，一度为迦太基人取得了短暂的优势，但之后战象受惊，给双
方都制造了一定程度的混乱。战斗十分激烈，没有哪一方明显占
据上风，萨利那托与哈斯德鲁巴都在阵中亲自指挥，并以身作则
地激励着自己的手下。在右翼，罗马人面对高卢人占据的高地无
法取得进展，也无法从侧翼包抄，于是尼禄又自发做出了一项大
胆且富有想象力的决定。他率领右翼的大部分人马，从罗马战线
的后方迂回，绕到了敌军的右翼，随即从侧面向西班牙人发起进
攻，一举把局势扭转，让罗马人取得了优势。面对突如其来的攻
击，迦太基军队的右翼和中军开始崩溃，乱成了一团。哈斯德鲁
巴看到大势已去，英勇战死，或者根据另一种说法，选择了自
尽。罗马人席卷了敌军全军，将高卢人从高地上赶了下去，接着
猛攻迦太基军营。据说，他们在迦太基营中发现了更多高卢人，
全都在营中醉卧不醒。也许哈斯德鲁巴近期招募的高卢人像汉尼
拔在公元前217年吸收的部落战士一样纪律松散。对于尚未习惯
于作战行动的部队，漫长且混乱的夜间行军会令他们非常劳累。

　　波利比乌斯告诉我们，哈斯德鲁巴一方在战斗中死了1万
人，罗马人则损失了2000人，这比李维笔下高得惊人的数字更
为可信。6头大象被杀，剩下4头后来被罗马人捕获了。罗马人
此役大获全胜，并且展现出了比第二次布匿战争之初的罗马军队
更高的效率和灵活性。罗马人在得知敌军的意图后的反应极为迅
速，调遣了两支军队阻截哈斯德鲁巴，又从第三支军队中抽调了
一支精兵前来支援。尼禄的急行军不仅有力地证明了罗马士兵的
纪律与决心，也体现出了后勤组织的出色，令他能在几天内就提
前安排妥当行军途中的补给供应。他从战线一侧迂回到另一侧进

攻敌军的决定体现出了罗马军团在公元前 218 年作战时无法想象的战术灵活性。西庇阿·阿非利加努斯在西班牙和非洲的战役中也将展示同样级别的指挥技巧。[33]

捷报传来，罗马大大松了一口气，元老院宣布举办三天公共感恩活动。据李维所说，当罗马人得知尼禄没有给汉尼拔乘虚而入的机会，抢在他采取行动之前就赶回了普利亚与自己的军队会合时，更是倍感欢欣鼓舞。意大利战争的最后一次重大危机就此解除。李维乌斯·萨利那托被奖励举办凯旋式，而尼禄作为他的下属，则得到了小凯旋式的荣誉。然而李维称，当尼禄骑着马跟在萨利那托的战车后面游行时，围观人群向他报以了更加热烈的欢呼，因为人们认为他才是这场胜利最大的功臣。根据古时的传统，参加凯旋游行的罗马士兵要唱一些粗俗的歌曲调侃自己的指挥官，尼禄受到的嘲弄比他的上级同僚要多，这也算是一种荣誉的体现。[34]

撤　离

公元前 205 年，汉尼拔仅存的弟弟马戈带着 2000 名骑兵和 1.2 万步兵在热那亚（Genoa）附近登陆，其中一部分是去年冬天从巴利阿里亚群岛招募的。随后，他收到了一支由 800 名骑兵、6000 名步兵和 7 头战象组成的新军，以及雇用利古里亚好战的部落民所需的资金。马戈的战役从未积攒起足够的势头，而且他看来并没有努力尝试与兄长会合，也许他的目标只是让战争在另一处战场继续下去。公元前 203 年，他在因苏布雷人的土地上与大法官普布利乌斯·昆克提里乌斯·瓦卢斯（Publius

Quinctilius Varus）和同执政官马库斯·科尔内利乌斯·凯泰古斯（Marcus Cornelius Cethegus）所率领的4个军团展开了战斗。根据李维的不完全可信的记载，罗马人再次将军团部署了不止一排。马戈被一支标枪射中了大腿，之后也许是由于他撤离了战场，从而致使了他的军队的崩溃。没过多久，迦太基命令他带军撤回本土，抵御罗马的入侵，但马戈在归程中便因伤情加重身亡了。他的远征没像公元前207年哈斯德鲁巴的入侵那样造成重大恐慌。战争到了这一阶段，罗马人已经开始适当收手了，遣散了一部分军团士兵，并且鼓励公民回到自己的农田上。[35]

公元前203年，汉尼拔也接到了撤离意大利、回守迦太基的命令。他率军在克罗吞登船驶回了非洲，并据说屠杀了所有不愿跟自己一起走的意大利士兵，不过这很可能又是罗马人的虚假宣传。汉尼拔在意大利纵横16年，尽管他从未在任何一场重大战役中被打败，但最后还是被逼进了意大利半岛上逐日缩小的角落之中。多年以来，他的士兵总是面临着悬殊的人数劣势，但即便是相对有经验、更训练有素、更灵活，并且曾轻易地击败汉尼拔的弟弟们的罗马士兵也依然缺乏面对并打败汉尼拔及其麾下老兵的信心。汉尼拔虽然没能在意大利获得最终胜利，但也并未真正输掉这场战争。与此同时，罗马人在其他战场上节节得胜，与马其顿缔结和约，又在西班牙和西西里取得了全面胜利，所以他们已经准备好进攻非洲了。下面我们就将视线转向这些战役。[36]

10

西班牙、马其顿与西西里

在第一次布匿战争中，除了雷古卢斯入侵非洲，以及意大利与非洲沿岸时不时的袭扰，几乎所有战役都发生在西西里岛上或其周围。第二次布匿战争则在更为广阔的战场上展开。汉尼拔从他的西班牙基地出发，率领迦太基最精锐的部队侵入意大利，罗马人也把最多的兵力放在了意大利，但是之后迦太基人又试图夺回撒丁岛和西西里。从一开始，罗马人就对迦太基在西班牙的行省造成了威胁，并且他们将通过第二次入侵北非来结束战争。一些战争范围的扩大是在双方意料之中的。公元前218年，罗马元老院原本希望当年的执政官们在非洲和西班牙作战，汉尼拔也提前为以上两地做了防御准备。但另外一些战争的扩大又是双方始料未及的。马其顿的腓力五世对罗马在伊利里亚日益增长的势力深感忧虑，在看到汉尼拔在公元前218—前216年节节得胜后，选择与其结盟。马其顿国王的介入纯粹是一种投机行为，因此也令罗马人更加深恶痛绝。一连十年，罗马出于担忧，派了一支舰队和陆军一直在希腊和伊利里亚活动，阻止马其顿进军意大利。当叙拉古的政治动乱最终导致其与迦太基结盟后，西西里一带零星的海战才升级成了大规模战争。

这场战争的不同战场之间是有联系的。西班牙是汉尼拔进军意大利的基地，罗马人正是因为害怕迦太基人从那里再现汉尼拔的远征，所以才一直坚持在当地苦战。实际上，哈斯德鲁巴·巴卡早在公元前215年就试图向意大利进发了，那次未能成功，但在公元前208—前207年成功了。假如迦太基人在西西里重新站稳脚跟，那么那里的诸多港口就能让他们更密切地支援汉尼拔。事实上，汉尼拔与西西里岛上的迦太基和盟军指挥官几乎没给彼此任何直接支援。汉尼拔与马戈被召回非洲还击西庇阿对意大利的战役产生了更直接的影响。当时的通信效率低下，因此很难协调各个战场的行动。哈斯德鲁巴终于在公元前207年抵达意大利时，出人意料地未能与汉尼拔会合，支援彼此。国家权力中心的主要职责是分配不同地区的兵力和资源，也许还包括向各地的指挥官制定下达重要任务。罗马元老院每年都回顾和评估国家参加的战争，决定多少部队应当服役、应该将他们派往哪里、如何为其提供后勤补给，以及由谁指挥他们。即便汉尼拔在意大利纵横驰骋、击溃一支又一支罗马军队时，元老院依然能考虑其他战场的行动，而迦太基人对战争就没有如此清晰的指示。罗马的这一特点是由其每年选举政务官的传统在国家的基础层面奠定的。公元前218年，汉尼拔似乎在非洲和西班牙都安排了军力，但一到意大利，他和上述两个地区的联系就骤然减少了。迦太基政府远不如罗马政府那样与军事组织联系紧密。他们确实为西班牙和西西里的将领们提供了资源，并敦促他们行动，但只会偶尔给出指示，而且许多决定都是针对罗马人的行动做出的反应，而不是他们自己制定的目标。

西班牙（公元前218—前211年）

西班牙半岛由三大部族占据。最西边，大致相当于今葡萄

牙的地区由卢西塔尼亚人占领；西班牙南部和中部地区的占有者
是伊比利亚人，这片土地也被他们以自己的名字命名；北部则属
于凯尔特伊比利亚人，他们是一支由高卢部落移民与当地原住民
混合而成的部族，创造了独特的文化。这三支都是部落民族，但
远不像高卢诸部落一样团结一致，大多部落民忠于某座城镇或城
市。他们的聚落都会设防，并且通常建在小山顶上，因此规模都
比较小，比村庄大不了多少。南部海岸的几个聚落，比如萨贡图
姆，发展得更为壮大，拥有读写文化，而且在这一时期几乎已与
该地带的希腊或迦太基殖民地一样繁荣了。大量的国王和部落首
领出现在了西班牙战事的相关记载中，但他们的势力似乎并不是
固定的，而是取决于个人的领袖魅力，尤其是身为战士和战士们
的领导者的名望。在战争中彰显了自身实力的强大领袖能够控制
自己部族乃至其他部族的领土上的众多聚落。随着他们及其对手
势力的波动，忠于他们的地区的面积也变化不定。

　　战争，尤其是劫掠，在西班牙半岛上很常见。与高卢部落一
样，这些西班牙人也总是劫掠自己的邻近部落，正是一场这样的
纠纷为汉尼拔提供了进攻萨贡图姆的表面理由。部落或城镇若在
别人眼中显得很软弱，便会遭到无情的洗劫，而每一次成功的攻
击又会鼓励其他人效仿，陷入恶性循环。只有当一位首领有能力
保护社群不受侵犯时，他才能维持盟友的忠诚。他们军事实力的
名望主要来源于主动攻击他人的战役以及对来犯者迅速的回击。
这种声望能够威慑想要进犯的外族，但很难维持，而且哪怕一次
微小的失利都会招致更多的进犯。罗马和迦太基都极其依赖西班
牙士兵，几乎在半岛上的每一支军队中，他们都是人数最多的。
这些部队中有些是雇佣军，但大多数是双方的盟友，其忠心基于

一种认为自己所加入的一方（至少在当地）是更为强大的一方的信念。这种观念主导了他们的忠诚，一旦罗马或迦太基显示出颓势，他们就会立刻叛变。迦太基的旧行省只覆盖了一小块区域，其核心区域在新迦太基与加底斯一带。在其他地方，尽管迦太基人迅速战胜了其他部落，但还未建立起稳定的统治。[1]

公元前 218 年，执政官普布利乌斯·西庇阿没能在罗讷河阻截汉尼拔，于是在自己重新去与山南高卢的敌人作战之前，让其兄长格奈乌斯带领自己的主力军前往他的西班牙行省。格奈乌斯手下有两个军团，还有一支强大的辅军部队，总共约有 2 万到 2.5 万人，组成了一支大军。他们沿着海岸航行，在希腊殖民地恩波利翁登陆。这座城市可能是通过直接联系或通过罗马的盟友马赛利亚，已经和罗马缔结了某种关系。这一地区的其他社群也即将与罗马结盟。汉尼拔在几个月之内席卷了埃布罗河以北，留给哈农 1 万名步兵和 1000 名骑兵在此镇守。格奈乌斯带军登陆不久后便向哈农的人马进军，在一个名叫奇萨（Cissa），许是靠近塔拉科（Tarraco，今塔拉戈纳［Tarragona］）的地方轻松取得了胜利。哈农本人被俘，汉尼拔在进军意大利前留下来交给他保管的辎重也落到了罗马人手中。一道被俘的还有一个伊勒尔该特人的首领，名叫印迪比利斯（Indibilis，波利比乌斯称他为安多巴勒斯［Andobales］），他似乎是一个能够支配自己及其他部落社群的强大首领。罗马军队分散开来，在很广的范围展开了行动，埃布罗河以北的大多数部落和城市很快纷纷落败或自愿倒戈了。哈斯德鲁巴·巴卡之前受汉尼拔之托总管西班牙事务，听到西庇阿到来和（至少根据波利比乌斯的说法）哈农战败的消息后，匆忙组织了一支讨伐军队。他带领 8000 名步兵和 1000 名骑兵渡过了埃布罗河，攻打分散在沿海区域掠夺当地社群的罗马舰队。很多罗马劫掠者因为兵力分散且缺乏防备，被迦太基人擒获并碎尸万段。幸存者仓皇败逃，几名军官因这次本可避免的失败而受到了格奈乌斯的惩罚。取得小胜后，哈斯德鲁巴撤退了，原因是缺乏足够的兵力，也可能是缺少充足的补给，而不敢冒险进行长期战役或与罗马的主力部队正面交锋。[2]

罗马人在西班牙站稳了脚跟，与沿海的希腊城市和内陆的当地部落建立了同盟。格奈乌斯在率领全军主力回到塔拉科过冬前派遣了一些部队去驻守已占领的城市以及罗马的新盟邦。他向士兵们分发了战利品，其中缴获的汉尼拔的辎重中的资源尤其鼓舞了士气。公元前217年春，哈斯德鲁巴聚集了一支更庞大的军队前去攻打被罗马人占领的土地，还为汉尼拔给他留下的一些战船招募了船员。之后，哈米尔卡带领着40艘战舰从新迦太基出发了，其中大多为五列桨座战船。他们沿着海岸航行，与哈斯德鲁巴的陆军保持步调一致。在后者的保护下，船只每晚都可安全登岸，船员也能得到休息。我们不知道这支迦太基军队的规模，不过鉴于格奈乌斯认为，遵从他自己的最初直觉与其直接交战是不明智的，其规模恐怕不小。相反，罗马人从军团中挑选出士兵武装了35艘战船。这些战船中至少有一部分是由马赛利亚提供的，这座沿海城市的海员是极负盛名的。格奈乌斯带领罗马舰队沿着海岸向南航行，在距离敌军10英里处停了下来，派出两艘马赛利亚小船前去侦察。当侦察船回报，迦太基舰队正停泊在埃布罗河河口附近时，格奈乌斯决定立即进攻，把敌人打个措手不及。然而，沿岸的迦太基侦察兵早就发现了罗马舰队，警告了哈斯德鲁巴，后者立即命令哈米尔卡登舰下海。两支舰队主动展开了交锋，但战斗没有持续多久，便以罗马人的完胜告终，这也许主要归功于马赛利亚人的出色表现。波利比乌斯认为，在场的迦太基陆军并没起到鼓励海军的作用，反而令他们认为还有后路可退。也许更重要的原因在于，迦太基舰队中至少有四分之一的船员都是新近招募的，甚至原有的船员也没有受过良好的训练。相比于海战，劫掠是迦太基舰队在西班牙更常见的活动。迦太基战船有 2 艘沉没，4 艘失去了其划桨和士兵，其余船上的人逃往了陆军的所在之处寻求保护，惊慌失措地上了岸。罗马人耀武扬威地划向近岸，拖走了很多靠岸的船只，共俘获了 25 艘敌船。此后，罗马舰队可能在同年内在迦太基人所控制的海岸发动了数次劫掠，但是我们并没有确切的细节。看到罗马人所展示出的强大实力后，更多的伊比利亚部落与其结了盟。没有现存的波利比乌斯的文段能印证李维对这一时期的描述，但后者声称，伊勒尔该特人劫掠了与罗马人友好的社群，遭到了格奈乌斯的回击，同时罗马人也成功说了一些凯尔特伊比利亚人去蹂躏迦太基人的领地。[3]

受格奈乌斯的胜利，尤其是海军胜仗的鼓舞，罗马元老院决定向西班牙派遣援军，由格奈乌斯的弟弟、现已经从提契努斯河之战的伤势中恢复的普布利乌斯带领。公元前 217 年年末，普布利乌斯率领 20 或 30 艘战舰和 8000 人的部队，带着粮食和物资抵达了西班牙。西庇阿兄弟都获得了同执政官的军权，罗马命令他们采取进攻战术，不惜一切代价阻止汉尼拔得到西班牙输送的援军、补给和金钱。兄弟俩带兵一起渡过了埃布罗河，向萨贡图姆挺近，当地的一个西班牙首领背叛了迦太基人，让西庇阿兄弟得到了意外收获。这个人名叫阿比里克斯（Abilyx），哄骗当地的迦太基长官释放了一批人质，其中大多是汉尼拔从当地部落抓来的贵族的儿子们，随后阿比里克斯将人质转交给了罗马人。他之所以这么做，是因为相信现在罗马人实力更强，比他以前高调效忠的迦太基人更有可能成功。罗马人将人质送回了他们各自的社群，以此说服了更多的部落加入他们，阿比里克斯在其中出力不少。[4]

与此同时，哈斯德鲁巴正忙于镇压一个部落的反叛，李维称其为塔泰索斯人（Tartesii）。他们可能是受某些从迦太基舰队中逃跑的人——很可能是西班牙部落民——的鼓动而造反的。公元前 216 年，迦太基送来一小支援军，并命令哈斯德鲁巴前往意大利与其兄长会合。他对此回复称，自己缺乏足够的资源，无法在发动远征的同时保卫西班牙的行省。只有当后来希米尔科带来更多援军后，他才能真正开始准备进军意大利。当哈斯德鲁巴在公元前 216 年末或公元前 215 年作战季之初动身时，罗马人集结了军力，在埃布罗河以南的伊贝拉镇（Ibera）附近与他对峙。一连几天，两支军队在相隔 5 英里的地方各自扎营，但谁都没准备好开战，直到有一天，两支军队都摆开了战斗阵形，向前推进。罗马人采用了常规的三线战阵，骑兵分列两翼。哈斯德鲁巴将西班牙步兵布置在中军，左侧是利比亚士兵和雇佣军步兵，右侧是迦太基士兵，后者很可能来自迦太基在西班牙的殖民地，而非迦太基本土。骑兵分别位于两翼，其中右翼是努米底亚人。骑兵或步兵战线的侧翼有一队战象支持，可能就是汉尼拔于公元前 218 年留下的那 21 头。两军人数相差无几，不过史书对双方的人数都没有记载。人们经常拿哈斯德鲁巴的布阵与汉尼拔在坎尼的阵形做比较，认为他可能希望罗马人逼退己方的中军，以便他之后将其合围，这种说法显然是错误的。坎尼会战的战术应对的是当地独特的情况。也许哈斯德鲁巴的布阵与特里比亚河之战相似的一点是，当时汉尼拔也将自己最优秀的步兵布置在了两侧，以便在骑兵得胜后扩大战果。李维告诉我们，哈斯德鲁巴中军的西班牙部队阵形坚固，不像汉尼拔在坎尼会战中那样故意把中军布置得十分薄弱。即便如此，这些战士还是迅速溃败了，这也许能解释为何有人会将哈斯德鲁巴与汉尼拔在公元前216年的大胜相比较，但当时汉尼拔的中军至少坚持战斗了一段时间。李维称，西班牙人不愿离开家乡远征，并把这当作他们在短暂的远程投掷武器作战后、近距离交手之前便溃逃的原因。罗马军团随即发挥了步兵支队系统应有的优势，后备部队趁着敌方战线被突破，绕到左右两翼包围了敌军。利比亚人和迦太基人奋力同罗马战线的两翼战斗，但哈斯德鲁巴手中没有可以去填补中军缺口的后备军。两军的骑兵显然并未发生激战，迦太基骑兵在看到己方的步兵崩溃后便逃跑了。格奈乌斯和普布利乌斯强攻并洗劫了敌军的营地，为这场胜利画上了圆满的句号。意大利短期内被第二次入侵的威胁就此解除，这场胜利也促使更多的西班牙部落抛弃了迦太基，转投到了罗马人一方。[5]

李维关于之后几年的西班牙战况的记载存在很多疑点。伊贝拉之败令迦太基人派遣了更多部队前往西班牙，其中就包括马戈·巴卡原先准备带去意大利的援军。在坎尼会战后的几年里，格奈乌斯和普布利乌斯得到援助的希望更小了，后者至少有一次向元老院抱怨他们资源匮乏，而且我们在上一章谈到过，一些负责向驻扎在西班牙的军团提供补给的承包商的腐败行为加剧了他们的艰难处境。然而，虽然迦太基人开始有了人数优势，但罗马

人并非他们唯一的敌人。迦太基人在西班牙半岛控制的领土面积
更大，这迫使他们分散兵力，保护盟友们免受袭击，还要镇压受
罗马人贿赂或受罗马胜利影响而叛变的部落。迦太基人有三支主
要部队，但是每一位指挥官一般只关注自己直接管辖地区的问
题。除此之外，他们个人的意见不合也经常妨碍迦太基军队之间
的高效协作和互相支援。西班牙也不是他们唯一的麻烦来源。阿
庇安说，哈斯德鲁巴和一支大军曾不得不返回非洲，镇压正在造
反的努米底亚国王西法克斯（Syphax）。李维也告诉我们，格奈
乌斯和普布利乌斯如后来的西庇阿·阿非利加努斯一样，曾与这
位国王交涉，甚至派了一些百夫长按照罗马的方法和纪律训练他
的军队。罗马人的更多功夫用在了煽动迦太基的西班牙同盟造反
上。公元前215年之后，尽管罗马人在西班牙的势力主要还集中
在北方，但一直稳步扩张。他们进一步深入迦太基人所控制的领
土发动劫掠，赢得了一些小胜，也占领了一些市镇。[6]

公元前 211 年，或者根据李维的记载（不过可信度较低），
在公元前212年，在西班牙的罗马将领们决定发动一次大规模进
攻。马戈·巴卡与哈斯德鲁巴·吉斯戈所率领的两支军队此时首
次，也是唯一一次合并在了一起，距罗马军队不过五天的路程。
哈斯德鲁巴·巴卡则在一座名叫阿姆托吉斯（Amtorgis）的城镇
附近，离罗马人更近一些。罗马人军中加入了 2 万名凯尔特伊比
利亚盟军或雇佣军，自认为有能力同时应对迦太基的两支军队。
西庇阿兄弟一同率军行至阿姆托吉斯，然后普布利乌斯率领三分
之二的旧部队（罗马军团和意大利盟军）去迎击马戈与哈斯德鲁
巴，格奈乌斯则带领剩下的三分之一和凯尔特伊比利亚人去对抗
哈斯德鲁巴·巴卡。后者利用战前的几天与凯尔特伊比利亚部落

的首领们秘密协商，对方接受了他的贿赂，带兵返回了家乡。这些部落民完全不认为这一背约行为是不光荣的，因为他们没有被要求调转矛头攻击原盟友。凯尔特伊比利亚人行军离开了，令西庇阿及其手下大跌眼镜。这些部落勇士有着在战场上十分凶悍的威名，但仅限于他们决意战斗的时候。这并不是他们第一次做出这种背信弃义的事情了。现在格奈乌斯的兵力远逊于哈斯德鲁巴，他别无选择，只能匆忙撤退。[7]

此时此刻，普布利乌斯·西庇阿已经遭遇了灾难。罗马人的队伍在向相邻的马戈与吉斯戈的营地挺近时，饱受努米底亚轻骑兵的袭扰。后者的将领是年轻的王公马西尼萨，在日后的战斗中将扮演至关重要的角色。罗马人的前哨和征粮队遭受了重创，接连不断的袭击也让士兵们精神紧张。西庇阿发现，部落首领印迪比利斯马上会带领 7500 名苏塞塔尼（Suessetani）部落士兵与迦太基军队会合，于是决定拦截并摧毁这支部队。他留下少量卫戍部队守营，率领自己的部队趁夜出发，这是一次典型的大胆行动。两军在途中相遇，展开了混战，双方都无法组成正规的战斗阵形。形势很快变得对罗马人不利。马西尼萨和他的努米底亚士兵发现了罗马人，从其侧翼发起突袭，之后迦太基军队的主力也抵达了，形成了压倒性的优势。普布利乌斯·西庇阿履行着罗马将军的职责，在前线骑马奔走，激励并组织士兵继续战斗，最终被一支标枪刺中身亡。随着指挥官阵亡的消息传开，罗马军队开始溃散，很多人在逃命途中被积极追赶的努米底亚人和迦太基轻装步兵所杀。

两名迦太基将军急忙赶去与哈斯德鲁巴·巴卡会合，并在格奈乌斯得知弟弟兵败身亡之前抵达了。然而，敌方援军的到来，无论他们是从哪里来的，都让格奈乌斯清楚地意识到自己必须继续撤退。他趁夜离营，得以甩开敌军一段路程，但是努米底亚骑兵第二天下午就追上了他。罗马部队饱受这些敏捷的骑兵骚扰，行军速度越来越慢，总是不得不停下来部署阵形击退敌军。临近黄昏时分，西庇阿带着疲惫不堪的人马来到一座小丘上，围成圆圈保护辎重和数量不多的骑兵。迦太基主力部队的前锋此时已经出现在他的视野范围内了。山上的地面岩石太多，罗马人因此无法像往常那样挖掘战壕，在营地外建立防御工事，只能用驮鞍和行李堆成简陋的掩体。他们短暂地抵御了敌军，但寡不敌众的罗马人很快就被打垮了。一些幸存者趁夜逃到了普布利乌斯的军营，与那里人数不多的卫戍部队会合。格奈乌斯在战斗中或后续的追击中丧命了。在短短一个月内，迦太基人粉碎了罗马人在西班牙的军队。罗马经此显示出劣势后，很多同盟纷纷背弃了他们。一个名叫卢基乌斯·玛尔奇乌斯（Lucius Marcius）的骑士，许是当时的军事保民官或高级百夫长，召集了西庇阿兄弟军队的残部，成功守住了埃布罗河以北的一些领地，但是李维对其功绩的描述可能有所夸大。迦太基军队分散到了各处，再次控制了西班牙半岛其余的地区。[8]

　　格奈乌斯和普布利乌斯的失败很突然，而且考虑到他们此前胜利的战绩，更是出人意料。数年以来，西班牙战事是唯一能让罗马人略感欣慰的，因为其他战场的情况都不容乐观，而且这些成果只消耗了罗马人相对很少的财力和人力。更重要的是，迦太基一方将极大比例的资源投入到了西班牙战场，意大利才因此免于被第二次进攻。西庇阿兄弟双双证明了自己是出色的将领，但格奈乌斯也许比弟弟更具天赋，其战术具有典型的罗马人的侵略性。战斗的这些年来，他们持续劫掠敌方的领土，尽可能地与当地部落结盟。然而，哈斯德鲁巴对凯尔特伊比利亚人的操控可能说明了他对些蛮族战士的了解更深。然而，我们无法得知，如果罗马人的凯尔特伊比利亚盟友没有变节，他们会不会战胜这三支迦太基军队。即便算上这些蛮族战士，迦太基人可能依然具有人数上的明显优势。考虑到当时军队收集情报的能力有限，两位罗马将军也许不知道这一点。[9]

第一次马其顿战争（公元前 215—前 205 年）

希腊的战事是由罗马与迦太基之间的战争直接发展而来的，但是在几个重要方面上与其他所有战场的情况都不同。它完全是希腊人之间的战斗，罗马人在此投入的兵力远远少于其他战场，很少派出超出一个军团及辅助舰队规模的兵力。同样，迦太基人唯一的直接参与也只是在后期派了一支舰队，对战局无甚影响。罗马从来不是马其顿唯一甚至主要的对手，只是多年以来角逐希腊霸权的另一个参与者。这一长期争夺中仅有的一次对阵战，公元前 207 年的曼丁尼亚（Mantineia）之战中，没有一个迦太基人或罗马人的身影。大多数战斗是袭扰和攻城战，军队规模很少超过 4000—5000 人。

公元前 3 世纪末，马其顿的疆域不比腓力二世和亚历山大的大征服之前大多少，其影响力以及对临近的色雷斯、伊利里亚和希腊的控制随着每一位马其顿国王的实力以及上述地区内部的团结程度的变化而波动。色雷斯和伊利里亚诸部落十分不稳定，与这些民族维持和平都很难，更别提对其建立长久的控制了。在希

马其顿尼亚、伊利里亚与希腊

利苏斯
底拉西乌姆
阿波罗尼亚
奥里库姆
菲尼柯
科奇拉
伊庇鲁斯
皮德纳
莱夫卡斯岛
阿卡纳尼亚
埃奇诺斯
凯法拉尼亚岛
埃托利亚
温泉关
德尔斐
帕加马
亚该亚
雅典
埃利斯
科林斯
马格尼西亚
曼丁尼亚
斯巴达
罗得岛

0　　　　　150 千米

腊出现了两个强大的同盟，其实力远超其他尚存的独立城邦（比如斯巴达和雅典）以及规模较小的地区同盟。伯罗奔尼撒的大部由亚该亚同盟（Achaean League）支配，希腊中部则由埃托利亚同盟（Aetolian League）掌管。各个同盟、城邦以及马其顿彼此争夺统治权，不时两两联手对抗共同的敌人。可以理解，他们都追求自身的利益，因此这种联盟一般都不稳固。比起马其顿，亚该亚同盟更担心旁边的埃托利亚同盟的威胁，因此自然与前者结盟。马其顿人因为缺少凭武力掌控希腊的实力，于是借助联盟网络来维持自己在这一地区的统治。几个主要角色及其盟友之间经常爆发冲突，但任何一方都从未积攒起足以摧毁对手的优势。他们通过军事行动控制新的领土或城市，但这些冲突总是以签订和平条约告终，这些和约通常只代表另一次战争爆发之前的短暂休息，接下来相同或相似的参与者们又会随着联盟的变化而重新打响战争。

公元前217年，马其顿国王，时年21岁的腓力五世，与埃托利亚同盟达成了一项停战协定，暂时结束了与后者长期不断的战争。马其顿人一直对罗马在自己西部边界沿着伊利里亚海岸一带的扩张心怀忌惮。罗马人在公元前229年和公元前219年在该地区成功剿灭海盗后，与当地的很多城市缔结了盟约，将其置于自己的保护之下，包括位于今阿尔巴尼亚（Albania）境内的阿波罗尼亚（Apollonia）和利苏斯（Lissus），但罗马还未将其纳入行省，或派遣永久的卫戍部队。据说，腓力听闻罗马人在意大利战场陷入了困境，尤其是特拉西梅诺湖的惨败，因此在法洛斯的底米特里乌斯（Demetrius of Pharos）的鼓动下，决定直接攻击罗马在伊利里亚的盟邦。底米特里乌斯是罗马人的首要敌人之一，逃来了马其顿宫廷避难。腓力雇用了本地的造船工人，建造了100艘伊利里亚海盗常用的双列桨座快船（lemboi）。公元前216年夏天，新船下水并训练了一段时间，随后腓力亲率舰队驶向了凯法拉尼亚岛（Cephalania）和莱夫卡斯岛（Leucas），在那里等待罗马舰队位置的报告，并在得知罗马舰队集中在西西里岛附近后，开始沿着希腊西海岸前进。在阿波罗尼亚附近，腓力得到最新报告，称罗马舰队正在靠近，他为此惊慌失措，立即放弃了原来的计划。实际上，他们后来发现，罗马人只派了10艘战船前来支援他们的伊利里亚盟友。这起事件再次突出了古代战争收集情报的困难，而很多现代的评论家往往忽视了这一点。[10]

汉尼拔在意大利节节得胜，其势力在坎尼大捷后达到了顶点，这令腓力坚信，罗马当下已经不堪一击。公元前 215 年，他派出一个使团前去与汉尼拔商谈结盟事宜，带领使团的是一名演说家，雅典的色诺芬尼（Xenophanes）。使团似乎费了很大劲才抵达目的地，而且在回程途中与几名迦太基军官一起被一支罗马骑兵中队抓获了。色诺芬尼试图蒙混过关，谎称他们是被腓力派去罗马的使团，但迦太基军官们的口音和服饰出卖了他们。使团被扣押，他们所携带的协约副本以及汉尼拔给国王的信也被搜了出来。马其顿后来向身在意大利的汉尼拔又派出一个使团，与汉尼拔确认了盟约，并安全返回。协约规定，腓力五世、马其顿及其在希腊的同盟与汉尼拔、迦太基以及他们目前和将来在意大利、高卢、利古里亚和北非的盟邦互相给予保护，彼此公平真诚相待，并以对方的敌人为敌。条约特别提到，他们将在战争中联合对抗罗马，直到取得最终胜利，而且在确保罗马人不会再与腓力战斗，让国王占有伊利里亚海岸的一系列城市，并恢复法洛斯的底米特里乌斯的领土之前，汉尼拔不能与罗马讲和。如果未来罗马与马其顿或迦太基开战，另一方应前来支援。[11]

至于汉尼拔和腓力在战争中具体要进行哪些协作，条约写得有些模糊，因为双方后来实际上并没怎么协同作战，所以史料对此都只是推测。腓力的首要目标显然是将罗马人逐出伊利里亚。和约中预期，罗马在战争中将会有足够的实力进攻盟约中的任何一方，这一点我们在介绍汉尼拔的战争目标时已经讨论过了。汉尼拔与腓力结盟以及后者保证他将在另一个战场攻击罗马，这些都对四面楚歌的罗马共和国施加了更大的压力。不过腓力五世显然将这场战争视为一场用于实现特定目标的局部战争，并不是一场关乎任何国家生死存亡、非要决出你死我活的战争。这位国王自私地趁着罗马正处弱势，进一步实现了自己在本地的野心。

李维必然认为罗马人怕被袭扰，或者马其顿会直接入侵意大利。公元前215年秋，一名叫作马库斯·瓦列里乌斯·莱维努斯（Marcus Valerius Laevinus）的大法官被派到布隆狄西乌姆保护海岸，他的任务还包括与马其顿王国作战。罗马的伊利里亚盟友们几乎就在布隆狄西乌姆正对岸，中间隔着亚得里亚海最狭窄处。莱维努斯手下有新近从西西里撤出的两个军团。到了第二年，莱维努斯手下就只剩一个军团了，但是有一支规模相当的舰队作为支援，他也作为同大法官继续掌有指挥权。奥里库姆城（Oricum）向他送来消息，称一支由120艘双列桨快船组成的马其顿舰队向阿波罗尼亚发动了奇袭，在当地受阻后转而攻打奥里库姆，在一次夜袭中攻破了城市。莱维努斯带领军团的大部分人马乘船前去救援，迅速击败了驻守的一小支马其顿部队，然后派出一支分队驰援阿波罗尼亚。这支部队趁夜进入了城市，随即冲出城，偷袭了马其顿围城部队缺乏防备的军营。虽然李维可能夸大了罗马人的胜利的规模，但敌方对其同盟的进攻的确被击退了。[12]

在接下来的一年里，莱维努斯和他的部队留在奥里库姆，元老院再一次延长了他的指挥权。腓力五世没有再攻打罗马的飞地，莱维努斯也一直采取守势，因此当年没有发生大规模战斗。公元前211年，罗马与马其顿近期的敌人，埃托利亚同盟达成了协议，此协议内容的一部分通过位于阿卡纳尼亚（Acarnania）的一处碑文保存了下来。埃托利亚人同意向腓力五世展开军事行动，罗马人将在海上派出至少25艘五列桨座战船作为支援。条约中还包括胜利后瓜分战利品的条款细节：盟军在战斗中攻下的科奇拉（Cocyra）及以南的所有土地、城市和堡垒，特别是西海岸的阿卡纳尼亚地区，都归埃托利亚同盟所有，但罗马人可以带走上述地区的动产作为战利品。双方都发誓不与腓力单独议和，以免让对方腾出手来攻击缔约的另一方。还有条款规定，其他与腓力敌对、与埃托利亚人友好的社群或领导人都按照完全相同的条件与罗马人结盟，其中特别提到了斯巴达、埃利斯（Elis）和帕加马王国（Pergamum），以及某些伊利里亚的部落首领。[13]

这个条约更多体现了希腊人的特点，并没显示出罗马人通常对战争制定的坚定目标。显然，正如汉尼拔与腓力五世的同盟并未打算彻底摧毁罗马一样，罗马与埃托利亚同盟的条约也预期，马其顿在战后仍将保有相当的实力，足以独自对罗马人或埃托利亚人构成潜在威胁。埃托利亚人的首要目标是扩张自己的领土，将更多的社群纳入同盟。他们是盟约的首要参与者，负责提供大部分军队。埃托利亚人期望希腊和小亚细亚的其他势力加入他们，共同对抗腓力五世，这表明，他们将这场战争视为双方之前冲突的延续。有关瓜分战利品的条款反映了战利品一直以来在罗马战事中的重要性。对于罗马的军团士兵来说，除了强烈的爱国热情，刺激他们奋勇作战的同样还有对战利品的渴望。元老院也指望战败的敌人支付至少一部分己方的战争消耗，所以投降的国家通常被要求向罗马军队提供大量的食物、衣物或其他物资。对作战所需资金的需求可能是莱维努斯的一大困扰，因为他肯定已经从元老院分配战争资源时看出，他的任务不是元老院最重视的。[14]

在罗马与马其顿彼此公开显露出敌意的几年后，埃托利亚人才与罗马人结盟，而实际上，元老院到公元前209年才正式批准了这一条约，不过莱维努斯与埃托利亚同盟在彼此表露合作意向后就立即开始了协作。马其顿自然是埃托利亚人的敌人，但是埃托利亚同盟也需要相信，与罗马结盟是有价值的。同样，在罗马人和埃托利亚人赢得了一些胜利后，腓力五世的其他对手及其盟友才感到，加入战争的良机到了。公元前210年，埃利斯加入了联盟，斯巴达紧随其后。同年年底，帕加马国王阿塔罗斯（Attalus）也加入了。亚该亚同盟同时面临着斯巴达与埃托利亚人的威胁，选择与腓力联手。[15]

埃托利亚人与罗马人的联手战役以一系列针对腓力及其盟友的袭扰战开始了。罗马人的舰队突然登陆，奇袭了沿海的社群。他们早期攻打阿卡纳尼亚未果。大部分胜利，尤其是城市的占领，都是凭借快速偷袭或是守城方有人叛变实现的。现在伊利里亚的部落首领们开始骚扰腓力五世的领土，埃托利亚人、罗马人及其日益增加的盟友也攻打他在希腊的附庸，使其腹背受敌。这位年轻的国王用充沛的精力回应了这些威胁，带领士兵迅速迎击了一处又一处的进攻。如同其他希腊化王国，马其顿拥有一支相对庞大的职业军队。在公元前2世纪早期，腓力有能力召集一支超过2万人的军队，其核心是训练有素的长枪兵方阵。我们缺少关于这一时期马其顿军队的详细史料，但是如此多的士兵不太可能会聚集在同一地点。骑兵所占的比例相比亚历山大大帝时期要低得多，但是在有关这些战役的简短史料中是被突出的重点。有时候，腓力五世用像他杰出的前辈亚历山大一样的方式统率军队，手握长矛，率领骑兵冲锋陷阵，好几次死里逃生或差点被俘。攻城战，例如公元前210年攻占埃奇诺斯（Echinous）的战斗，则更能展现马其顿职业军队的威力。[16]

腓力五世在这些战役中展示了出色的实力，赢得了不少大规模的散兵战，但他毕竟分身乏术，埃托利亚人和罗马人也因此持续获得有限的胜利。当莱维努斯于公元前210年返回罗马出任执政官时，他甚至建议遣散自己留在希腊的军团。之后，在他的继任者普布利乌斯·苏尔庇奇乌斯·伽尔巴（Publius Sulpicius Galba）的任期内，罗马留在当地的兵力的确减少了。尽管罗马人如此自信，腓力五世还是渐渐拥有了更多优势。李维说，公元前209年，包括埃及托勒密王朝、雅典以及富庶的罗得岛在内的几方势力纷纷派遣使节来劝说国王与埃托利亚人讲和，因为他们担心马其顿国王很快就要取得军事上的全面胜利，如此，他在不久的将来就将在希腊拥有压倒性的势力。马其顿与埃托利亚同盟签订了一个30天的休战协定，这在希腊城邦之间的战争中很常见，但是并没有商定长期协议。30天后，战争又重新打响了。腓力五世继续尽其所能地保护自己的盟友，或亲自率兵前去援助，或派遣援军。公元前207年，腓力率领一支大军坚定地侵入了埃托利亚同盟的领土。在伯罗奔尼撒半岛，有天赋的军人、政治家菲洛皮门（Philopoemen）率领着亚该亚同盟新近重组和训练的军队在曼丁尼亚一举击溃了斯巴达军队，这一战场也见证过几场希腊军事史上最重大的战役。这两次打击让埃托利亚同盟无心再战。如同其他希腊化国家一样，他们希望通过协商结束战争，并于公元前206年与腓力签订了和平条约。[17]

罗马的主要盟友已经投降并退出战争，但这并不意味着战争就此结束了。罗马在希腊增添了兵力，统帅也从同大法官升级成了同执政官。公元前205年，同执政官普布利乌斯·森普罗尼乌斯·图底塔努斯（Publius Sempronius Tuditanus）带来了 1.1 万名士兵和 35 艘五列桨座战船。双方都展开了一些侵略性活动，腓力再次前来攻打阿波罗尼亚，但罗马人拒绝同他进行会战。双方在这一阶段的行动都局限于今阿尔巴尼亚西海岸一带，这也是冲突最初爆发的地方，毕竟罗马人在失去了希腊内部的主要盟友的情况下再去那里活动是不现实的。最后，伊庇鲁斯（Epirus）向双方派遣了使者，成功促成双方进行和谈，达成了《腓尼基和约》（the Peace of Phoinike）。条约规定，腓力五世放弃一些已经攻占的城镇，尤其是罗马的同盟，但得以保留很多其他他所征服的地区。这次和约不是罗马人所习惯的终战协定，而是一份平等条约。马其顿仍是一支完全独立的势力，并未沦落至罗马的从属盟友地位。[18]

第一次马其顿战争的结果与罗马在公元前 3 世纪所经历的任何一场战争都不同。罗马人对于未能击败腓力五世的不满，以及因其在罗马遭遇大难时乘人之危的行为而产生的长久的憎恨和不信任感令罗马在最终击败迦太基后几乎就立刻与马其顿又打响了新的战争。在第二次布匿战争的背景下，与马其顿作战使罗马人以最小的代价阻止了汉尼拔从他与腓力的联盟中获得任何实际的好处。这场战争本质上是一场希腊式战争，基本是由各个希腊化国家按照自己的军事传统打的，最终也以希腊化的方式结束了。

西西里（公元前 215—前 210 年）

西西里岛被·分为二，西部和北部由罗马直接管辖，其余地区则由叙拉古的希耶罗掌控。公元前 218 年，森普罗尼乌斯·隆古斯被派去西西里为计划好的入侵北非行动做准备，并且与开始袭扰西西里的迦太基舰队进行了几场海战，但后来又被召回了意大利，前往山南高卢抵御汉尼拔。在接下来的几年里，元老院通常一直在西西里留有至少两个军团的驻军，此外还有强大的海军。公元前216年末，由坎尼会战残部组成的两个军团接替了原先的驻防部队，后来，两次在赫多尼亚之战被打败的部队也前来加入了他们的队伍。公元前215年，迦太基人试图夺回撒丁岛，但因运气不佳失败了。他们先是被暴风雨耽误了舰队的行程，之后，罗马元老院迅速做出了反应，派出了一支军队前去支援，指挥官就是最初征服撒丁岛的将领之一，提图斯·曼利乌斯·托夸图斯（Titus Manlius Torquatus）。曼利乌斯是公元前235年的执政官，同玛尔凯路斯和法比乌斯·马克西姆斯一样，具备丰富的经验，尽管他们都年事已高，但是在汉尼拔战争这一危难时刻，罗马还是给了他们指挥权。迦太基舰队从撒丁岛撤回时遭到了在西西里行动的罗马舰队的骚扰。[19]

罗马的另一位老盟友希耶罗，在第二次布匿战争开始时已经70多岁了，但是他仍然像在第一次布匿战争中一样，对罗马忠心耿耿。他在公元前217年或公元前216年派出了一支强大的轻装步兵雇佣军，其中包括克里特弓箭手，还送去了粮食补给支援罗马人。公元前216年末或是公元前215年初，希耶罗去世，随他的生命一起终结的还有在他五十年僭主统治期间叙拉古的政治稳定。希耶罗的儿子早些年便先于他去世，继位的是他年仅15岁的孙子希罗尼莫斯（Hieronymus），由一群顾问辅佐。叙拉古几乎立刻就陷入了经常荼毒希腊城邦内部政治的派系斗争。希罗尼莫斯还很年幼，缺乏其祖父的经验、成就和才干，无法控制住局面。他的顾问们都争相控制幼主，其他团体则密谋结束君主制，重建共和制度。人们有时倾向于根据他们对罗马和迦太基的态度来定义这些团体的派系，但这是错误的，因为罗马和迦太基不太可能是这一争端的主导因素。在大多数情况下，一个团体只是与敌人的敌人结盟罢了。公元前215年，希罗尼莫斯起先与汉尼拔协商，后来与迦太基政府谈判，不断提高要求，最后要求，一旦叙拉古与迦太基联手将罗马人逐出西西里，他要统治全岛。然而，叙拉古与罗马的关系并没有正式破裂。希罗尼莫斯统治了叙拉古13个月后，被由叙拉古控制的城市列奥提尼（Leontini）中的某一派系杀害了。叙拉古选出了一批官员治理国家，取代了君主制，其中包括希罗尼莫斯的叔叔安德拉诺多罗斯（Adranodoros），但他和希耶罗的其余大部分后代都被另一支想夺权的派系杀害了。[20]

希波克拉底（Hippocrates）和埃披库代斯（Epicydes）两兄弟在这段时期很活跃，他们的祖先是一个被放逐后在迦太基扎根的叙拉古人。他俩曾经跟随汉尼拔在西班牙和意大利服役，并且曾是汉尼拔向希罗尼莫斯派出的使团的成员。公元前214年，两兄弟当选为高级官员，填补了希耶罗家族惨遭屠戮后留下的两个位置空缺，但其权力遭到了别的倾向于维持与罗马之间的和约的派系领袖的威胁。希波克拉底被派带领一支4000人的部队去驻守列奥提尼，这支部队由雇佣军和西西里西部的战斗中的罗马逃兵组成，后者强烈反对罗马，并对国家的稳定造成了威胁。不久后，希波克拉底与弟弟会合，宣布列奥提尼独立，并开始袭扰罗马的行省。最近抵达的罗马指挥官，玛尔凯路斯正值自己的第二次执政官任期，叙拉古告诉他，列奥提尼已不在自己的控制下了，于是玛尔凯路斯向该城进军，一举将其攻下，俘虏了卫戍部队的大部分士兵。按照公民背叛国家的惯例刑罚，罗马逃兵们被先鞭笞后斩首。希波克拉底和埃披库代斯逃了出来，遇上了一支由 8000 叙拉古人组成的部队。这支部队是叙拉古送来支援罗马攻打列奥提尼的，条件是叛乱平定后，列奥提尼仍由叙拉古统治。有流言称，罗马人在大肆屠戮列奥提尼全城，这帮助两兄弟赢得了这支部队的指挥权，他们率领部队返回了叙拉古。经过简短的战斗，他们杀死了敌人，赢得了城市的绝对控制权。叙拉古与罗马的战争已是不可避免了。[21]

可能在公元前 213 年初春，罗马人对叙拉古发起了全面进攻。玛尔凯路斯作为同执政官统领全局，同大法官阿庇乌斯·克劳狄乌斯·普尔喀（Appius Claudius Pulcher）予以辅助。玛尔凯路斯手下有四对经过特殊改装的划桨战船，每对战船中有一艘移除了右桨，另一艘移除了左桨，然后连接在一起。船头处安有坚固的攻城梯，可以用桅杆上的滑轮放下来搭在城墙上。这种装置有个绰号叫"桑布卡"（sambuca），因为它的形状与乐器桑布卡琴十分类似。凭借这种装置，罗马人就能在陆地上发起攻势的同时从海上袭击城墙。在三次布匿战争中，这是极少数的直接进攻设防坚固的大城市的攻城战之一，但结果是罗马人一败涂地。多年以来，叙拉古的城墙被历代僭主加固，这座城市也一向以建造世界上最先进的攻城器械闻名。许多用来击退罗马人的器械是由著名的几何学家阿基米德设计的。这位年迈的哲学家是希耶罗的亲戚，是负责组织部署其投射武器和其他器械的主要人物。随着罗马人接近城墙，他们被威力强劲的投射物、覆盖各个射程的石弩猛烈攻击。阿基米德还设计了一种装置，能够降下吊钩，将罗马战船先吊出水面再摔下，把船员甩出去并把船只摔得粉碎。多年之后有史料甚至称，他发明了一种镜子装置，能把阳光聚焦到敌船上将其点燃。然而，普鲁塔克告诉我们，阿基米德懒得把设计的细节写下来，因为他认为他的研究的理论价值远比不上其实际用途，所以我们无法确定有关他的器械的描述是否准确。但是晚于阿基米德不到一个世纪的波利比乌斯坚信，砸碎了罗马人的"桑布卡"、把罗马战船吊出水面的"爪子"机械确实存在。普鲁塔克讲了一个听上去十分可信的故事，称罗马攻城士兵被阿

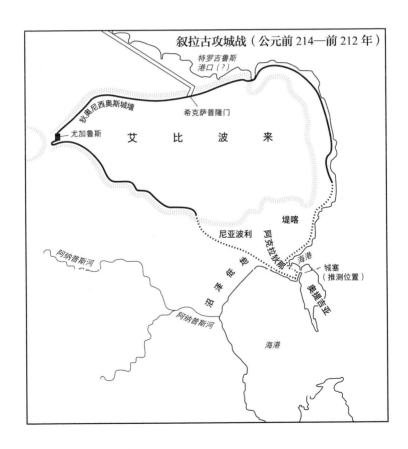

基米德的装置搞得惶惶不安，以至于每当城墙上冒出一根横梁或竖杆时都会陷入一阵惊慌。经历了惨重的伤亡后，玛尔凯路斯最终彻底放弃了直接攻城的计划，转而希望通过封锁城市迫使其屈服。毫无疑问，阿基米德的聪明才智在叙拉古的胜利中扮演了重要角色，但我们也应记住，直接向一座防守坚固的城市发动攻击的情况十分稀少，正是因为成功的概率很低，而且会造成重大伤亡。[22]

阿庇乌斯·克劳狄乌斯率领三分之二的部队继续围城，玛尔凯路斯则率领其余部队攻打跟随叙拉古一起反叛的社群。当一支包括2.5万名步兵、3700名骑兵和12头战象的迦太基大军在希米尔科的率领下于南海岸的小赫拉克利亚登陆时，局势发生了戏剧化的转变。他很快就挥师东进，占领了阿格里根图姆，可能还受到了当地居民的欢迎。其他城市也跟随其脚步加入了迦太基阵营。玛尔凯路斯没能及时赶到阿格里根图姆去阻止其落入敌手，但是碰巧遇到了一支由希波克拉底率领的叙拉古军队，此时正要前去与他们的新盟友会合。玛尔凯路斯向敌方军营发动突然袭击，杀死或俘虏了敌军主力的8000至1万名步兵，只有希波克拉底及其手下的500名骑兵逃了出来，加入了希米尔科的军队。罗马军队之后返回了叙拉古，迦太基军队紧随其后。

希波克拉底能够带兵突破罗马人的封锁，说明当时罗马对叙拉古的包围并不严密。不久之后，波密尔卡率领一支由55艘船组成的迦太基舰队驶入了叙拉古港口，又再次证明了这一点。然而，在这段时间里，玛尔凯路斯得到了一个军团的援军，这样一来，罗马人总共有了三或四个军团，同时还有盟军部队佐助。希米尔科没有在叙拉古城外停留太久。也许他的兵力数量此时已经处于劣势，但是史料中并未记载有哪一方试图挑起战斗。迦太基军队离开，打算挑拨更多罗马的西西里盟友进行反叛，借此把罗马的兵力从叙拉古引开。有一些社群做出了响应，特别是当在恩纳（Enna）的罗马卫戍部队指挥官怀疑当地居民不忠，因此大肆屠戮后，西西里人的不满情绪变得更加强烈了。罗马人对这种暴行总是怀着一种实用主义的态度，认为如果屠杀能起到让当地人归顺的效果，那么便没有什么不妥，但这一次暴行却激起了其他社群的反抗。尽管有盟友叛变且失去了位于穆尔甘提亚（Murgantia）的主要粮仓，罗马人依然整个冬季一直维持着对叙拉古的封锁，而希米尔科则撤回到了在阿格里根图姆的冬季营地过冬。[23]

以古代的标准来看，叙拉古是一座大城市，分为若干个城区，每个城区都有自己的防线。罗马人的直接进攻并未对其造成多大打击。城中曾有派系密谋叛变，但被发现并镇压了。然而公元前212年初，玛尔凯路斯决定发动奇袭。双方在城外不远处一座名叫加莱格拉（Galeagra）的高塔附近就俘虏的赎金进行了一系列谈判。一名罗马谈判人员通过点数砖石的层数（正巧那里的砖石大小是均匀的）计算出了防御工事的高度。罗马人利用这一信息算出了攻城用的梯子所需的高度。不久之后，机会来了。罗马人得知，叙拉古人正在庆祝阿尔忒弥斯节，埃披库代斯向居民们分发了大量葡萄酒，部分原因是为了弥补面包的短缺。在节庆的第三天晚上，一支罗马突击队悄悄爬上了加莱格拉塔附近的城墙。事实证明，他们之前得到的情报是准确无误的，梯了的高度足够让他们攀上城墙。哨兵们戒备不严，而且大多聚集在塔楼上，在偷袭时被迅速制服了。突击队来到希克萨普隆门

（Hexapylon Gate）并将其夺下，在破晓时迎进了玛尔凯路斯的主力军队。埃披库代斯试图击退入侵者，但等他意识到罗马的进攻规模时为时已晚。不到几个小时，罗马人就控制了位于高地的整个艾比波来（Epipolai）城区。没过多久，另一个要塞，尤拉鲁斯堡垒（Fort of Euralus）的守军也在指挥官的带领下向罗马人投降了。除了这些成功，阿克拉狄那区（Achradina）、港口，以及半岛上的奥提吉亚城塞（Citadel of Ortygia）还牢牢掌控在叙拉古人手中，因此玛尔凯路斯持续着封锁。[24]

　　希米尔科和希波克拉底抵达时，已经来不及阻止罗马人之前在城内的胜利了，于是他们攻击了罗马的围城军队。一些无关紧要的散兵战之后，灾难降临在了迦太基军中——军营里爆发了严重的疾疫。当时正值初秋，迦太基人驻扎在低洼潮湿的地带，根据李维的记载，这些士兵对当地的气候很不适应。罗马人的军营组织更严密，也许保持了基本的卫生条件，这可能是罗马一方的疫情相对较轻的原因之一。希波克拉底和希米尔科和大量士兵一起死于疫中，幸存的也都无力作战了。迦太基舰队继续冲破封锁向城中输送粮食。公元前212年末，波密尔卡率领150艘战船，护送载着700名商人的巨大船队返回了叙拉古。玛尔凯路斯所调集的拦截舰队不太可能和迦太基船队的规模一样大，但我们不清楚具体数字。比起迦太基舰队，罗马战船上很有可能配备了更多从围城部队中调集的陆战士兵。此时海上起了风暴，使作战变得很困难，两支舰队分别停在西西里最南端的帕奇努斯海角两侧等着风暴过去。天气好转后，玛尔凯路斯率领舰队向敌军进发，波密尔卡则选择避战。让运输船返回非洲后，他驶向了同年早些时间被汉尼拔占领的塔伦图姆。我们永远无法得知波密尔卡此举的真实原因，但他经常因此被指责畏敌怯战。[25]

解救叙拉古的最后希望也消失了。埃披库代斯从城中逃往了阿格里根图姆。西西里人的部队和叙拉古居民都希望向罗马人投降，但雇佣兵和罗马逃兵不许他们这么做，尤其是后者，因为他们害怕被俘后将面临的残酷惩罚。一名叫作摩尔里库斯（Moericus）的西班牙军官向罗马人献出了半岛上的奥提吉亚城塞。他打开了一扇门，把一队乘着被一艘四列桨座战船拖着的商船渡过港口的罗马士兵接进了半岛。不久之后，阿克拉狄那区也投降了，罗马人洗劫了城市。玛尔凯路斯命令士兵生擒阿基米德，但那位老人还是死于一名军团士兵之手，正如最常见的说法，他当时在地上演算一个数学问题，不让任何人打断他，结果惨遭罗马士兵杀害。[26]

叙拉古陷落后，很多反叛的市镇再次归顺了罗马，这证明了反抗罗马的难度。对抗罗马人的势力现在集中在阿格里根图姆一带，在那里，希米尔科的继任者哈农得到了埃披库代斯的支持。迦太基的人数大概仍然不占优势，因此他们将精力集中在了袭扰罗马盟友的领地上。汉尼拔从意大利派来了一些援军，其中包括一位名叫穆提内斯（Muttines）的军官，他是利比亚人和腓尼基人混血，并不是纯血统的迦太基人。他率领努米底亚人，在袭击罗马盟邦的领土时展示出了高超的技巧，同时有效保护了投靠迦太基的城市的土地。他的成功鼓舞了迦太基军队，他们离开阿格里根图姆，进发到了希美拉河（River Himera），穆提内斯在那里赢得了几次与玛尔凯路斯军队的前哨的散兵战。他后来被召回，去处理300名努米底亚士兵在小赫拉克利亚的兵变。没有了他，哈农和埃披库代斯溃不成军。李维称，当时还在迦太基军中的努米底亚人答应了玛尔凯路斯不参加战斗。罗马人杀死和俘虏了数以千计的迦太基人，还将8头大象带回了罗马展览。公元前211年末，玛尔凯路斯返回罗马，当选了下一年的执政官。由于西西里战事尚未结束，他不能举办正式的凯旋式，只能退而求其次，庆祝一场小凯旋式。他在小凯旋式上展示了从西西里带回的大量战利品，其中包括从神庙里和纪念碑上剥下的艺术品，远比以往任何一名罗马统帅所展示过的更奢华。后世一些道德主义的作家谴责玛尔凯路斯怂恿了当时依然质朴的罗马人追求奢靡之风。[27]

　　战事至此还不算结束。迦太基人再次从非洲派出援军，总计有8000名步兵和3000名努米底亚轻骑兵。穆提内斯继续以高超的技巧指挥这些轻骑兵，行动迅捷，烧毁了大量的庄稼和农场。因为得不到罗马的有效保护，很多市镇转投了迦太基一方。岛上的罗马部队，尤其是坎尼军团，以及取得了多次胜利但仍未获准回家的赫多尼亚之战的幸存者们感到自己遭到了政府的漠视。公元前210年，玛尔凯路斯的执政官同僚、在马其顿战争的最初几年负责指挥的马库斯·瓦列里乌斯·莱维努斯前来统领西西里的战事。西西里行省原本是被分配给玛尔凯路斯的，但岛上的盟邦对他怨声载道，于是就换成了莱维努斯。后者调集了一支强大的军队，向阿格里根图姆的迦太基主要据点直接发动了攻击。迦太基人将帅之间的不和正中罗马人下怀，帮助他们快速赢得了一场大胜。哈农嫉妒穆提内斯的成就和与日俱增的名望，还鄙夷他的出身，最后将其罢免，把努米底亚轻骑兵的指挥权给了自己的儿子。穆提内斯的手下仍然忠于他，他为哈农对他的轻视倍感愤怒，开始与莱维努斯谈判。当罗马军队抵达阿格里根图姆城外时，穆提内斯的人夺取了一个城门，放罗马人进了城。哈农和埃披库代斯从海路逃脱了，但卫戍部队被罗马人大量俘虏。一座大城市再次因内应的出卖而陷落了。李维说，在这场胜利后，40个市镇自愿投降，20个城市被内应出卖给了罗马人，只有6个是罗马人直接用武力夺下的。这不仅表明，即便战争已经到了这个阶段，依然有大量城市反抗罗马，也说明了直接攻打设防坚固的城市有多么困难。莱维努斯惩罚了战败城镇的领导人，奖赏了在罗马诉诸武力前主动归附的城镇。穆提内斯被奖励了罗马公民权，并且将继续作为军官指挥一支罗马辅军。向玛尔凯路斯献出叙拉古的城塞的伊比利亚人摩尔里库斯也被奖励了罗马公民权以及被打败的反叛者的部分土地。[28]

　　西西里的战事以罗马的完胜告终。这是罗马人在第二次布匿战争中第一次取得胜利。伴随着在西班牙的惨败以及汉尼拔在意大利的持续肆虐，罗马人从这场胜利中得到了一定的鼓舞。倘若迦太基人在西西里战场获胜，那么整场战争的走向可能都会发生改变。罗马征服西西里后，岛上肥沃的土地成了对其日益增长的人口愈发重要的粮食来源。在汉尼拔战争期间，罗马人之所以能够投入如此多的军团作战，其中很大一个原因就是西西里产出了足够的粮食。莱维乌斯在公元前210年末离开前花了很大功夫恢复当地的农业生产。西西里作为海军基地的重要性在有关第一次布匿战争讨论中就被指出了。迦太基海军在第二次布匿战争中的表现平平无奇，其原因之一便是缺乏地中海上的岛屿作为基地。如果迦太基人至少能在西西里的部分地区站稳脚跟，他们也许就能向汉尼拔输送足够的援兵和补给，扭转意大利的战局，但前提是迦太基当局真想帮助汉尼拔在意大利取得成功。[29]

迦太基人向西西里的战事投入了大量的资源，尽管叙拉古沦陷了，希米尔科的军队还是给予了强大的增援，同时迦太基的舰队在岛屿周围展开了有力的行动，努力延长了叙拉古的抵抗时间。但除此之外，他们没能在陆地或海上赢得任何一场重大的胜利。罗马人部署在西西里的军队应该从未超过四个军团，这也许给了迦太基人兵力上的优势，但这个优势也不是很大。双方都需在盟邦或攻占的城市部署驻兵，尤其是占据着岛屿大部分的罗马人，因此能集中在一处的兵力就减少了。迦太基的军队指挥缺乏侵略性，相比之下，玛尔凯路斯、莱维努斯和其他在西西里的罗马将领则始终坚持罗马人一贯的进攻战略。迦太基的将领缺乏罗马统帅的好斗精神，经常无精打采的，只有穆提内斯是例外，然而他的成功又令其遭到了排挤。我们不清楚，如果希米尔科的军队没有遭遇瘟疫的话，他能否解叙拉古之围，而波密尔卡不敢应战则是怯懦到了极致。此外，像穆提内斯这样的高级军官的叛变，在罗马的高级指挥层中简直是天方夜谭。

西西里的战局最终很大程度取决于当地社群的选择，虽然有很多确实背叛了罗马，投靠了迦太基，但大多数并未改换阵营。无论是出于害怕遭到报复，还是出于对盟友的忠心，大多数社群没有冒险反叛，而迦太基人在西西里也没获得足够多的胜利，以至于让大多数城镇信服他们是优势一方，从而抛弃罗马。叙拉古用了一年多才与罗马正式决裂，这给了罗马人在遭受公元前216年的损失后喘息并募集够派往西西里的军团的时间。和大多数城邦的情况一样，叙拉古的贵族在对待罗马和迦太基的态度上产生了严重分歧。纵观整场西西里战争，通过城市内的叛徒受益最多的是罗马人。

II

西庇阿的崛起

公元前 210—前 205 年

西班牙（公元前 211—前 205 年）

在经历了公元前 211 年的惨败后，罗马军队的残部设法守住了埃布罗河以北的一处飞地。士兵们推选卢基乌斯·玛尔奇乌斯为指挥官，他自称为"同大法官"（propraetor），击退了迦太基部队对这一地区的几次进攻，但三支迦太基军队迅速分开了。当他们集中在一处时，让这样一支大军填饱肚子是很困难的，此外，三位指挥官也都急于回到自己的辖区，恢复当地的秩序。西庇阿兄弟已经被打败，罗马人已不再是迦太基在西班牙最主要的对手了。玛尔奇乌斯向元老院写信汇报了自己的行动，并请求后者送来粮食补给和衣物，但是他擅用官员头衔的行为引起了很多人的反感。当年年末，盖乌斯·克劳狄乌斯·尼禄，即之后梅陶鲁斯河之胜的缔造者，被派去西班牙接管当地战事。根据李维记载，他带来的增援兵力有 1.2 万名步兵，其中一半是罗马人，一半是拉丁人，还有 300 名罗马骑兵和 800 名拉丁骑兵，但阿庇安说，他的兵力只有 1 万名步兵和 1000 名骑兵。大约在第二年春天，尼禄率军渡过了埃布罗河，小胜哈斯德鲁巴·巴卡。[1]

公元前 210 年末，尼禄返回了罗马，代替他统领西班牙战事的是普布利乌斯·科尔内利乌斯·西庇阿，公元前 218 年的执政官西庇阿的长子。在接下来的 5 年中，他证明了自己是第二次布匿战争中最具天赋的罗马将领，彻底扭转了西班牙的战局，在他统率期间将迦太基人彻底逐出了伊比利亚半岛。在看到西庇阿的成就的同时，我们也不能忽视，他被任命的条件是史无前例的——他只是一名普通公民，却得到了同执政官级别的军权。在战争早期也有其他人获得了类似的权力，但他们此前都曾身居要职。西庇阿曾在公元前 213 年担任贵族营造官（curule aedile），但即便在汉尼拔战争中形势最危急的时刻，这也仅仅是个民政官职。虽然在其父亲和伯父战死后，他就成了罗马最显赫、最有势力的氏族之一的领袖，但他当时只有 25 岁左右，对于出任大法官和执政官来说都太年轻了。与大多同龄人一样，西庇阿成年时，第二次布匿战争刚刚开始，因此虽然他还年轻，却已经有了不少军事经验。公元前 218 年，他与父亲一道参军，可能还在提契努斯河之战中救了父亲的命。他肯定参加了特里比亚河之战，甚至可能还参加了特拉西梅诺湖之战。作为第二军团的军事保民官，他在坎尼会战中逃过了一劫，也在集结幸存的掉队者并将其重整为一支有组织的兵力的过程中发挥了重大作用。现存的史料虽未提及，但在后来的几年中，他很可能至少参与过几场意大利的战役。

李维说，元老院决定在百夫长大会进行选举，选出一名同执政官派往西班牙，但是似乎没人想接受这一差事。最终，年轻的西庇阿站了出来，全票当选。这种记载很奇怪，因为各种同政务官级别的官员并不是通过选举产生的，而是由元老院从已经担任过高级政务官的人中挑选任命的。在选举之前，西庇阿的意图很可能早就在元老阶层封闭的政治圈子里广为人知了。也许元老院早就做出了决定，正式选举只是为了使这一决定以及西庇阿的权力合法而已，但这并不能解释他当选的原因。从派系斗争的角度理解这件事依旧无法给出令人信服的解释，并且过多依赖于有关不同家族的"政策纲领"的未被证实的假设。战争初期的接连失败让罗马丧失了大量富有经验的指挥官，但肯定有担任过高级官员的人能够担起这一任务。李维称，指挥西班牙的战事并非美差，他说的也许是对的，因为即便在遭遇最后的惨败之前，西庇阿兄弟都在抱怨补给短缺。新任指挥官将继续面对人数占优的敌军，因此很难取得重大成果。在意大利作战则有远远更多的机会赢得盛名，并且日后能利用这些战绩轻易在罗马成功当选政务官。此外还有一个因素让西庇阿成为更合适的人选，但我们不知道元老院是否也意识到了以下这一点。正如巴卡家族的经历所展现的，西班牙的部落倾向于效忠领袖个人，而非某个国家。因此，比起一位经验丰富却不被西班牙人所熟悉的罗马元老在别的地方获得的声望，西庇阿的名字可能更有助于他收回曾经追随其父亲与伯父的盟友。我们永远无法得知，西庇阿具体是如何且为何被选中前往西班牙的，但就像经验丰富的指挥官可以多次当选执政官一样，他的任命体现了罗马政治系统在这一时期的灵活性。[2]

西庇阿·阿非利加努斯是布匿战争期间罗马最富领袖魅力的人物。他在许多方面都符合年轻军事天才的典范，这一典范在亚历山大大帝之后在很大程度上塑造了西方英雄主义概念。他是一个人们所熟悉的实干家和敏感、有智慧的文化爱好者的混合体，尤其钟情于希腊文化。他的军事行动大胆且极富想象力，并常有好运相伴，以至于人们有时很容易忽视他年轻人惯有的急躁之外的细心准备与计划。由于波利比乌斯与西庇阿·埃米利亚努斯关系密切，因此在他的书中，后者的所有先祖都被美化了，但他对阿非利加努斯的钦佩似乎是发自内心的。他不遗余力地强调西庇阿的统领才能，称他所采取的冒险行为都基于冷静的考虑，而非出自鲁莽的冲动。波利比乌斯是一个理性至上的希腊人，他对于宗教抱有怀疑态度，将其视为一种控制大众的有效工具。他提出，阿非利加努斯通过讲述以前的人得到神明援助的故事激励手下士兵，但他自己其实并不相信这些。波利比乌斯说的也许有道理，但其他史料把西庇阿描绘成了一个坚信自己与神祇有特殊关系的人，这在罗马将领中并不少见。后世的苏拉和恺撒都宣称，他们之所以非常幸运，是因为自己得到了某位神的垂青，他们的士兵们也都很吃这一套。[3]

新迦太基（公元前 209 年）

西庇阿率领 1 万名步兵援军前往了西班牙，可能还有一些骑兵，如此，罗马在当地的兵力增加到了 2.8 万步兵和 3000 名骑兵，这个规模勉强与三支迦太基军队中的一支相当。公元前210 年作战季末，西庇阿在恩波利翁登陆，把兵力集中在塔拉科过冬，并与西班牙诸部落首领谈判。早在抵达之前，西庇阿就为他第一年的战役构想了大胆的方针，而冬季几个月的休战期给了他收集情报和制定详细计划的时间。他在后来给腓力五世的一封信件中解释了这些计划，波利比乌斯在创作时也参考过这封信。三支迦太基军队彼此相隔甚远——哈斯德鲁巴·巴卡在大约今托莱多（Toledo）区域与卡佩塔尼人作战，他的弟弟马戈在海格力斯之柱（Pillars of Hercules，直布罗陀海峡边）附近，哈斯德鲁巴·吉斯戈则和卢西塔尼亚人在一起。罗马军队可以选择在另外两支军队得以介入之前去挑战其中一支，然而，即便西庇阿得以与一支敌军碰面，他也无法保证能迫使对手应战并取得最终胜利。时间拖得越久，另两支军队就越有可能前来会合，形成压倒性的优势，届时最好的结果就是屈辱地撤退，更糟糕的后果则可能是遭遇公元前 211 年那样的灭顶之灾。西庇阿秘密决定，不去与敌军直接较量，而是前往巴卡家族在西班牙最重要的据点之一——新迦太基城。敌军的分散使罗马人一路畅通无阻，但他们没有把握之后一定能夺取城市，因为直接攻城的成功率很低，而他们在敌军前来救援前又没有足够的时间通过封锁使城市投降。情报称，新迦太基城的守军相对薄弱，同时，常年在沿海地区进行贸易的塔拉科的渔民们提供了一个非常有价值的消息，即新迦太基城外的潟湖看似可以阻挡敌人靠近城墙，但实际上有几处是人能涉水通过的。西庇阿做了谨慎和全面的准备，但这细致的准备以及他最终取得的胜利都不应掩盖这个计划极为大胆且风险极高的事实。[4]

西庇阿对此行的目的地保密，第二年春天率领 2.5 万名步兵和 2500 名骑兵出发，同时他的朋友盖乌斯·莱利乌斯（Gaius Laelius）率领舰队沿着海岸线驶向新迦太基城。波利比乌斯告诉我们，西庇阿行军 7 天后抵达了城下，但没有指明他是从哪里出发的。如果他是从塔拉科或其他埃布罗河以北的地方出发的，那么这段行军是相当迅速的。无论具体细节如何，罗马人显然迅速且出其不意地抵达了新迦太基城。西庇阿在城外扎下营，但并不打算布下包围圈封锁城市。他把部队集结起来，发表了演说，向士兵解释自己夺取这座城市的原因，并许诺，在攻城战中表现突出的战士，特别是第一个登上城墙的人，将得到丰厚的奖赏。最后他宣称，整个计划都是海神尼普顿（Neptune）托梦告诉他的。像所有在大规模军队前的演说一样，西庇阿可能也是依次向各支部队分别致辞的。[5]

新迦太基城守军的指挥官也是一个叫马戈的人，他手下有1000 名雇佣兵以及 2000 名武装的公民对抗第一天的进攻。这些渴望一战但未受过训练的公民兵被部署在主城门后，随时准备冲出去；雇佣军兵分两路，一半据守城塞，剩下的把守城东的山丘，这是城市靠海的一侧，那里还有一座医神阿斯克勒庇俄斯（Aesculapius）的神庙。第二天早晨，罗马人的进攻立刻受到了新迦太基城的民兵的还击，他们冲出城门，与罗马的攻城队伍交战。在古代的守城战中，守方即便寡不敌众，也会经常表现得乐于出城作战，因为这种突围象征着自信，还具有拖延攻方搭起任何攻城设施的实际目的，因为对方若想控制攻城的通路，就必须先应战。尽管 2000 名民兵的队伍由于必须从同一个狭窄的城门出城，出城后再部署成战线，拖延了一些时间，但是这场战斗发生在城东连接城市与大陆的地峡上，狭窄的地形让罗马人无法充分发挥人数优势。双方交战的地点距离城门四分之一英里，相比城墙，反而更靠近罗马人的营地。波利比乌斯说，西庇阿预料到了敌人会出击，打算大挫守军，因此故意不让自己的人过于逼近城墙，以便于充分发挥一切优势。新迦太基城的公民兵尽管缺乏

训练，但作战时英勇顽强。苦战持续了很久，但随着越来越多的
罗马后备部队加入战局，加固前线的步兵支队阵形，迦太基人终
于顶不住压力，溃散逃回了城里。很多人在逃跑时被砍杀，还有
不少人在争相挤进狭窄的城门时受伤。[6]

　　罗马人热情高涨地进行着之后的计划，攻城部队争相把梯
子架上高高的城墙。与此同时，莱利乌斯率领舰队从城南靠海的
一侧也发起了进攻。西庇阿亲自在靠近城墙的一处高地上指挥战
斗，身边有三名士兵手持大盾保护他免受投射武器的攻击，波利
比乌斯十分欣赏这种谨慎。罗马人怀着坚定的决心攻城，但是梯
子上的士兵们纷纷被倾泻如雨的投矛飞矢击落。时间渐渐过去，

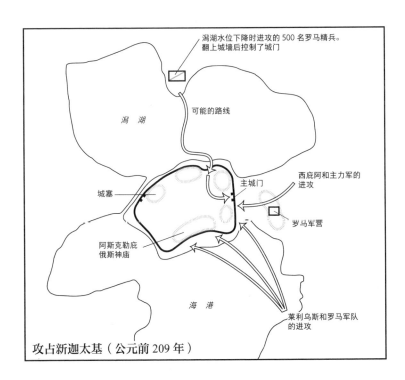

攻占新迦太基（公元前 209 年）

攻城始终没有取得实质进展，西庇阿只得让号手吹响撤退的信号。在此阶段，马戈估计对局势比较满意。尽管出击的部队被击退了，但他们拖延了罗马人的入侵，削弱了对方的势头。罗马陆军和舰队都没有对城墙造成实质性的破坏，而他最精锐的卫戍部队依然毫发无损。他似乎有足够理由相信，自己能坚守到援军到来。波利比乌斯称，三支迦太基主力军队都位于不到 10 天的行军距离以外。[7]

　　罗马人失败了一次之后决定重新发起攻势，这让迦太基人有些吃惊，因为通常来说，一支军队在失败后要休息几天再第二次进攻。攻城队再次冲向了城墙，这次甚至带来了更多梯子，因为军队在休息时又多造了一些。守军的弹药大部分已经耗尽了，阻挡攀梯而上的罗马士兵变得越来越困难，只能勉强支撑。与此同时，西庇阿把他挑选出的 500 名精兵部署在新迦太基城北部，在宽阔的潟湖边上待命。塔拉科的渔民告诉过他，潟湖的水位在下午会下降得更低，于是他特意等到这个时候让他们出发。他们跟随西庇阿带来的向导轻易蹚过了潟湖的浅水区。马戈此前已经将北部的守卫都调到了正门处，抵御来自地峡一带的攻击，因此这 500 名罗马精兵畅通无阻地架起梯子，翻上了城墙。城东剩余的罗马部队看到尼普顿显灵了，士气大振，将长盾举过头顶，组成了著名的龟甲盾阵形（testudo formation）靠近城墙，并开始用斧头劈砍木制的城门。奇袭的 500 名精兵沿着城墙行进，他们的长盾和短剑非常适合近身搏斗，轻松解决了中途一切试图阻止他们的守军。他们抵达并夺取了正门，把主力部队放入了城。此时，其他地带的守军开始撤退了，因此更多的罗马士兵得以爬上城墙。[8]

进入城市并不意味着一定能将其攻克。进攻方部队从狭窄的入口或用攻城梯翻越城墙让大量士兵进入城市需要时间，而且随时有被重新集结的、比进攻方更熟悉城市布局的守军反击并逐出城的危险。随着越来越多的部队进入城市，西庇阿亲自率领1000人扼住了城塞，马戈在此抵抗了没多久便投降了。其余罗马士兵在街上解散，被命令杀死他们遇到的所有人。波利比乌斯称，他曾亲眼见过被罗马人洗劫一空的城市——许是他跟随西庇阿·埃米利亚努斯在非洲或西班牙征战期间——人和动物的支离破碎的尸体遍布街头。后世的一些考古发现证明了这种在很多地方出现过的暴行。波利比乌斯认为，此举的目的在于制造恐惧，既是为了威慑当地市民，令他们以后不敢反叛，也是为了杀鸡儆猴，让其他城市不敢与罗马军队作对。罗马人洗劫一座城市的方式是屠尽男人，凌辱女人，这即便按照古代的标准来看也是极为残忍的。然而，我们也要记得，犯下如此暴行的罗马士兵曾对这座城市发起过两次攻击，连续两次伤亡惨重，却没能取得进展或伤到敌人。从被罗马洗劫过的城市出土的遗骨来看，罗马人不像在冷静地杀人，而更像是在发泄狂暴的怒火。此外，新迦太基城的公民并非平和的中立者，而是积极地参与了守城战斗。这些并不能为罗马人的暴行开脱，但对其做出了一部分解释。[9]

波利比乌斯也可能夸大了西庇阿对军队的掌控，称罗马士兵在接到西庇阿的信号后才开始抢劫，不过罗马共和国的军队的确是有一套严格的集中分配战利品的系统。这一系统可能源自古代意大利的掠夺战争，但随着罗马军队发展得愈发有组织，在其他人劫掠时需要有人留守军营或保持武装状态，该系统就被巩固了。如果所有军团士兵都知道自己将公平地得到一份战利品，他们就更有可能尽心地履行职责。所有战利品将被集中到一个地点，在军事保民官们的监督下仔细分发，这突出了罗马军队代表一整个武装国家所体现的集体精神。这次的战利品是在攻克新迦太基城后的第二天分发的，之后西庇阿还特别嘉奖了表现突出的战士。他曾许诺授予第一个登上城墙的士兵"公民冠"（corona civica）和额外奖励，有两个人激烈竞争这项荣誉，一个是第四军团的百夫长昆图斯·特雷贝利乌斯（Quintus Trebellius），另一个是海军士兵塞克斯图斯·狄基提乌斯（Sextus Digitius），他可能是随莱利乌斯从城市靠海的一侧进攻的。在仔细的调查以及陆海军之间激烈的争执之后，西庇阿对两人都授予了桂冠。[10]

西庇阿所得到的有关潟湖水位的信息的具体性质一直存在很大争论，到底水位下降是因为潮汐还是大风，是每天规律出现的现象还是偶然，恐怕永远都不会有定论。西庇阿在使用潟湖能被蹚过这一情报时十分谨慎。倘若这个方位的城墙上有任何驻守的兵力，那么从这个方向发起攻击的部队可能就无法用梯子攀上城墙。罗马人最初的攻势集中在城市东部和南部的入口，让敌人把注意力全部集中到了这些地区。罗马人在第二次进攻时在这两处加强了兵力，使马戈确信只有这些地方有危险，从而将预备部队调集了过来。为了把敌人的注意力从潟湖一侧的城墙吸引过来，西庇阿愿意接受直接攻城所伴随着的不可避免的高伤亡率。假如马戈手下有更多兵力，那么这一计谋成功的概率就会大大缩小，但是西庇阿知道敌军的确切数量，并且愿意赌守城军力会分布得很稀疏，从而让他的奇袭计划有很高的成功概率。[11]

新迦太基城中存有大量的物资和战争器械，还有一个充盈的金库，这些都被财务官弗拉米尼乌斯（战死在特拉西梅诺湖的执政官之子）仔细编目了。俘虏中除了马戈，还有数名迦太基要人。在 1 万名战俘之中，公民被释放，非公民工匠（这类人在商业城市中很常见）成了公共奴隶，但西庇阿许诺，他们在战争结束后会被释放。城中其余大多数人是奴隶，西庇阿从中挑出合适的人充当了罗马舰队的桨手。最重要的收获可能在于俘虏了 300 多名西班牙各部落的贵族成员作为人质，从而确保这些部落会乖乖听话。西庇阿对待这些人质极为客气，给予他们奖赏并将其送回，以此打开了与他们的部落协商沟通的渠道。与相传的亚历山大大帝善待被俘的波斯王室妇女的故事一样，后世也流传着许多西庇阿对待人质中的贵族妇女十分彬彬有礼的故事。很多女人，包括伊勒尔该特人的首领印迪比利斯的弟媳，都受到了他的亲自保护。当士兵们将一个特别美丽的年轻女子进献给自己的统帅时，西庇阿向他们表示了感谢，但将这个女孩还给了她的父亲。在李维叙述的版本中，这名女孩已被许配给了一名贵族青年，西庇阿向后者保证，她的贞洁丝毫未损。这是典型的围绕西庇阿·阿非利加努斯具有魅力的形象衍生出的传奇点缀。善待人质其实是有实际目的的，为的是拉近罗马人与西班牙部落的关系，但我们也无须因此认定，西庇阿的义举是与他的本性不相符的。[12]

拜库拉之战（公元前 208 年）

新迦太基城被攻克之后，莱利乌斯立即乘一艘五列桨座战船把胜利的消息带回了罗马。西庇阿希望这场大捷能够从元老院争取更多的支持。在去塔拉科过冬之前，他在新迦太基停留了一段时间，监督军队进行了严格的训练。西班牙的形势开始变化了。失去新迦太基城严重损害了迦太基的威望，还令他们失去了相应的资源和一个至关重要的基地。自从公元前211年取得大胜以来，他们对待西班牙部落的态度变得越来越严苛，因为他们无须再为了防止对方转投罗马人而讨好他们。如今，很多部落首领回应了罗马人的外交，其中包括即使在公元前218年被俘也一直坚定忠于迦太基人的伊勒尔该特人的首领印迪比利斯。西庇阿似乎打算在下一个作战季迎战一支迦太基主力军队，从舰队中抽调了部分士兵补充陆军的力量。还原迦太基人的目标比较困难。哈斯德鲁巴·巴卡显然已经开始计划向意大利进军了，而实际上他是当年晚些时候才去的。他决定与西庇阿一决胜负，但波利比乌斯说，哈斯德鲁巴明确打算，如果这场战斗失败的话再前往意大利，这一说法很难令人信服。[13]

公元前208年春天，当西庇阿率领军队离开塔拉科时，他在拜库拉附近发现了哈斯德鲁巴。这座城市相当于今天的拜伦（Bailén），位于一个以银矿而闻名的地区。1808年，当杜邦将军被迫向西班牙军队投降时，拿破仑的军队也在这一片崎岖的地带遭受了第一场惨败。哈斯德鲁巴得知罗马军队正在接近后，立即在一处高地扎营。他的军营后方受一条河流保护，侧翼则是多岩石的山丘。他在前方斜坡顶端布置了一支强劲的部队，守护军营。此处地势易守难攻，没有哪个将领愿意主动出手进攻此处，因此，倘若哈斯德鲁巴希望一战，那这个选址就十分奇怪了。也许他想拖住罗马人，等马戈或哈斯德鲁巴·吉斯戈率军赶到、形成人数优势后再开战，或者是希望罗马人因为害怕上述情况发生而急急硬着头皮在此等不利的条件下开战。西庇阿从山下的谷地观察了敌军两天，最后决定必须发起进攻，因为其他迦太基军队有可能正在赶来。[14]

西庇阿派出了一些轻装步兵，让他们在摆好阵形的重装步兵的掩护下直接到山坡上攻击迦太基的掩护部队。罗马士兵斗志昂扬，慢慢将敌军逼退。李维甚至称，随军侍奴们（calones）也加入了进攻队伍，从地上捡起石块砸向敌人。随着他们一步步接近山顶比较平坦的地带，迦太基轻装步兵无法抵挡组成战斗阵形的罗马步兵支队和轻装步兵急于展开近战的势头，哈斯德鲁巴不得不命令剩下的军队出营，在接近山脊顶端的地方列阵。西庇阿已将自己剩余的军队分成了两部，分别由自己和莱利乌斯率领。此时，两支队伍出发包抄敌军的侧翼，罗马军队几个月来的训练成果开始显现了。西庇阿率军从左侧登上高地，到达山顶后摆开阵形，威胁敌军的侧翼，莱利乌斯的部队在右侧也如此移动。哈斯德鲁巴还没完全摆好阵形，罗马人就已经占领了高地，他已没有时间再更改命令，让部分部队去迎击来自两翼的威胁。在罗马人的进攻下，迦太基军队迅速溃败，哈斯德鲁巴下令让还未加入战斗的部队撤退。

李维称，8000迦太基人在追击中丧命，但波利比乌斯说，他们有1万名步兵和2000名骑兵被俘。李维和波利比乌斯都表示，哈斯德鲁巴在战斗刚开始时，或者甚至在开始之前就开始撤退了，转移了他的钱财和移动缓慢的大象。他集结了尽可能多的逃兵，随后带领他们朝北向塔古斯河（River Tagus）河谷进发，开始了漫长的意大利远征。他的做法无疑令人怀疑，他究竟想不想和西庇阿一战。即便他有这个打算，拜库拉之战也并不是像公元前215年的伊贝拉之战那样的惨败，不足以打乱他的计划。西庇阿并未打算阻截哈斯德鲁巴，而且他的军队规模太小，不足以办到这一点。即便在哈斯德鲁巴离开伊比利亚半岛之后，当地的迦太基兵力依然是大于西庇阿的军队的。拜库拉之役的胜利促使更多西班牙部落首领加入了罗马人一方，有些还尊称西庇阿为王。这个趋势与罗马人的制度格格不入，西庇阿费了很大功夫才让他们不再这么称呼自己。[15]

也许一些偏爱西庇阿家族的史料夸大了他在拜库拉的战果，但即便如此，这场战斗也确实再次展现出了他的胆识与极富想象力的战术。他善于在战斗开始前就将阵形布置成对自己最有利的样子，并擅长打乱敌军将领的计划，这些特点也出现在了日后他的数次战役中。这也得益于罗马军团在西庇阿麾下所接受的长期细致的训练，使其能在他的指挥下适应各种极灵活的战术。

伊利帕之战（公元前 206 年）

经过两次主动出击的战役后，西庇阿在公元前 207 年似乎不再那么活跃了。当来代替哈斯德鲁巴·巴卡的迦太基军官哈农从凯尔特伊比利亚人中招募新兵时，一支罗马部队似乎成功把他打了个措手不及。此时，迦太基人仍把维持对西班牙部落的控制视为同击败罗马人一样棘手的任务。当哈斯德鲁巴·吉斯戈在西班牙南边的加底斯附近的拜提卡（Baetica）展示其实力时，西庇阿集合兵力向其进发了。哈斯德鲁巴之前将军队分散到了当地的各个城镇驻守，因此他拒绝与西庇阿正面对决。如同在前几次深入迦太基所控制的领土上的战役中一样，西庇阿此时不能在那里停留太久，一是因为军需补给跟不上，也是因为敌军人数将稳步增加，最终产生压倒性优势。他派担任自己副帅的弟弟卢基乌斯去攻占奥隆基斯城（Orongis），以确保罗马人在向北撤回到塔拉科及其附近的营地过冬之前能取得一场象征意义的胜利。[16]

次年，迦太基人决定采取一次大规模行动，集合了一支大军去击溃这位年少轻狂的罗马统帅。波利比乌斯说，哈斯德鲁巴率领了7万名步兵和4000名骑兵，还有32头大象作为辅助，但是李维所给出的数字只有5万名步兵和4500名骑兵。他在一座名叫伊利帕（Ilipa）的城镇附近扎营，将军营布置在了易守难攻的高地上，前方是一块开阔的平原。这里可能位于今天的塞维利亚，在里奥堡（Alcalá del Rio）附近。这对于罗马人来说是一个清晰的信号，说明这次哈斯德鲁巴已准备好且愿意一战。西庇阿召集了各支部队，组成了4.5万名步兵和3000名骑兵。在这之中只有一半多一点的人是罗马人和意大利人，即由两个军团与两支辅军组成的、西庇阿在公元前210年就已拥有的标准执政官军队。其余的都是盟军部队，许多是最近从罗马新近结盟的西班牙盟邦城镇中招募的，和当年临阵脱逃、加速了西庇阿的父亲和伯父的惨败的蛮族战士很像。即便算上这些新加入的兵力，西庇阿的部队规模顶多和敌军勉强持平，甚至可能依然处于明显劣势。尽管如此，由于他去年就想与迦太基人一决胜负了，但没能如愿，现在他迫不及待地想打这一仗，于是率军向哈斯德鲁巴进发。[17]

当罗马军队在正对敌军的一排低矮山丘上安营时，马戈率领骑兵发动了突然袭击，希望打罗马人一个措手不及。这场散兵战再次表明，西庇阿在大胆的行动之下也有周密的准备——除了依照惯例，负责掩护搭建营地的前哨，他还安排了一队骑兵埋伏在一座小丘后方。当马西尼萨的努米底亚骑兵率领迦太基骑兵杀到罗马的前哨和还未进入营地的队伍前时，罗马骑兵突然杀出，从

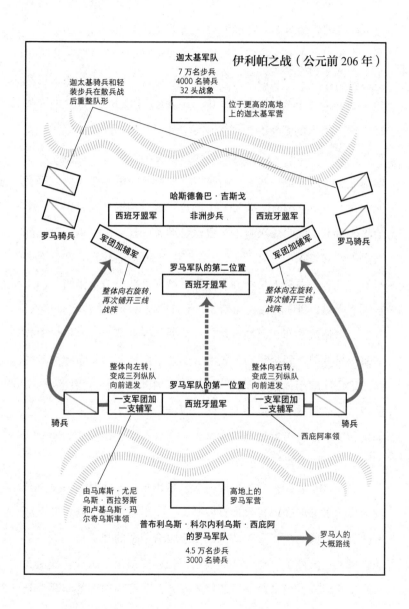

伊利帕之战（公元前 206 年）

迦太基军队

7 万名步兵
4000 名骑兵
32 头战象

位于更高的高地上的迦太基军营

迦太基骑兵和轻装步兵在散兵战后重整队形

哈斯德鲁巴·吉斯戈

| 西班牙盟军 | 非洲步兵 | 西班牙盟军 |

罗马骑兵

罗马骑兵

军团加辅军

军团加辅军

罗马军队的第二位置

西班牙盟军

整体向右旋转，再次铺开三线战阵

整体向左旋转，再次铺开三线战阵

整体向左转，变成三列纵队向前进发

罗马军队的第一位置

整体向右转，变成三列纵队向前进发

骑兵

| 一支军团加一支辅军 | 西班牙盟军 | 一支军团加一支辅军 |

骑兵

西庇阿率领

由马库斯·尤尼乌斯·西拉努斯和卢基乌斯·玛尔奇乌斯率领

高地上的罗马军营

普布利乌斯·科尔内利乌斯·西庇阿的罗马军队

4.5 万名步兵
3000 名骑兵

罗马人的大概路线

侧面冲击敌人，令迦太基部队陷入了混乱。迦太基骑兵冲锋的势头被打断了，这给了西庇阿时间，他调出了一些原本在搭建营地的士兵，派他们和他特意提前排好作战阵形的部队去增援。迦太基骑兵被慢慢击退，最终从撤退演变成了惊慌逃窜，被逐回了原先的战线，途中还遭受了一些伤亡。[18]

这次胜利鼓舞了罗马军队的士气。在接下来的几天内，双方在两军营地之间的空地上部署了阵形，准备交战，然而任何一方都没有前进到足以迫使对手应战的位置，只有一些零星的骑兵和轻装步兵的散兵战，这种小规模战斗和单挑的胜利被认为能显示各自军队的勇气与实力。双方都没有一大早就出营列阵，因为出来得太早会显得他们没打算速战速决。每天都是迦太基人首先出动，而西庇阿只是为了回应对方才命令自己的部队走出营门列阵。哈斯德鲁巴将手下最精锐的步兵，利比亚人布置在中军，西班牙人分列两侧，最外两翼是骑兵和战象。西庇阿的阵形也很传统——罗马军团居中，辅军在其左右，西班牙步兵分列辅军两侧，最外两翼是骑兵。双方在骑兵上都没有什么优势，尤其相比于汉尼拔的军队，在西班牙作战的部队中，骑兵所占的比例都普遍较低。因此，如同在西班牙展开的其他战役，这场战斗胜负的关键主要在于密集队形步兵。

西庇阿再次决定打乱对手的阵脚。他命令士兵们在第二天破晓之前就吃饱并摆好战斗阵形，并召集军事保民官们参加作战会议，下令更改阵形。可能此时他也向军官们解释了第二天将要采取的复杂的调遣计划。天一亮，或天亮之前，罗马骑兵和轻装步兵就被要求尽可能地接近敌营。其后，剩余的罗马主力军队列队出营，摆成了战斗阵形，这次西班牙人组成了中军，罗马人和意大利人居于两侧。迦太基的哨卫很快就被赶回了军营，哈斯德鲁巴立即做出回应，首先命令他自己的骑兵和轻装步兵出击，然后全军出营列阵，摆出了与前几天一样的阵形。迦太基士兵此时还没来得及吃早饭。当他们逼退了罗马的轻装步兵，并在营地下方的平地上列完阵时，哈斯德鲁巴才意识到西庇阿更改了阵形，但自己已经来不及重新部署了。两条战线相隔半英里或更远，双方对峙了很长时间，也许有数个小时之久，其间各自的轻装部队继续着散兵战，时不时从战阵中的间隙撤退到后方休整，然后再继续用远程武器作战。

西庇阿之后命令轻装步兵撤回到两翼，随后下令全军向前推进。中军的西班牙人被命令前进得慢一些，我们不知道是谁在率领他们。罗马的两翼由骑兵、罗马军团和拉丁辅军组成，右翼由西庇阿亲自指挥，左翼的指挥官是马库斯·尤尼乌斯·西拉努斯（Marcus Junius Silanus）和卢基乌斯·玛尔奇乌斯。后者就是曾在公元前211年率领残部苦守阵地的骑士，西庇阿对他礼遇有加。西庇阿起初按常规的三线战阵面向敌军部署了他的部队，之后下令让部队全员向右转，变成了三列侧面朝向敌军的长队。左翼也对应地向左转，做出了同样的阵形调整。罗马的将领们随后将队伍的方向调整至直冲敌军，然后直接向其进发。狭窄的长列行进起来向来比铺开的战线要快，因为在前进途中遇到的阻碍更少，军官们也无须定时停下来整顿队伍，所以罗马军队的两翼迅速将西班牙人落在了后面。等接近敌人后，罗马的两翼再次旋转了90度，重新铺开组成了面向敌人的三线战阵。罗马人此时已经非常靠近哈斯德鲁巴军中西班牙步兵部队的外沿了，以至于轻装步兵和骑兵能够从侧面包抄对手。西庇阿的战术是基于罗马常规部署所做出的调整，但此前从未有罗马军队在整装待发的敌军眼皮子底下这么做过，这也得益于西庇阿给自己的军队制定和实施的无比严格的纪律和训练，这种调动才得以实现。

看着罗马人这么嚣张地径直向自己走来，迦太基军队怔住了。哈斯德鲁巴没有做出任何反应。罗马人执行了一项周密的计划与准备充分的调动是一回事，而让哈斯德鲁巴临场应变做出新的部署、派出一部分士兵前去迎敌则困难得多。如果他派利比亚步兵去包抄罗马军队的两翼，那么他们也会将自己的两侧暴露给对方中军的西班牙人。如果改变己方部队的朝向，又可能打乱整个阵形，在取得任何成果之前就会先让自己的阵线陷入混乱。无论情况如何，罗马人的以上调动都不会花太多时间，也许只用了一个小时，所以没给迦太基人太多反应的时间。

罗马的两翼士气高涨地发起了进攻，轻装步兵的投掷武器如雨点般飞向战象，使它们受惊狂奔。军团和辅军冲向敌方的西班牙步兵，对方也坚定迎战。在战线中央的迦太基部队没有加入战斗，一度像旁观者一样被闲置在那里，过了一会，罗马的西班牙盟军开始与其交战。在两翼，罗马人开始渐渐取得进展。波利比乌斯提到，随着战斗在炎热的白天持续进行着，迦太基军中的西班牙战士因为饥饿而渐渐后劲不足，同时我们推测，罗马的多线阵形使他们得以不断向前方的战线补充生力军。哈斯德鲁巴在己方阵线骑马奔走，鼓励士兵们奋战，罗马指挥官们可能也在对面做了同样的事。起初是西班牙人，后来整支迦太基军队都开始面向着敌军一步步后退。最终，他们实在顶不住罗马人的攻势，弃阵溃逃。他们似乎一度在军营所在的山脚下重新集合，但当罗马人攻打过来时，他们又再次逃散了。史书记载称，罗马人没有洗劫敌营，因为一场突如其来的暴雨意外终止了战斗。[19]

史书并未给出伊利帕之战的伤亡数字。罗马军队具体调动的细节像布匿战争的其他方面一样，至今让学者们争论不休。不过所有人都同意，罗马军队在这一仗中所表现出的协同作战的纪律性远比战争初期时的高。人们有时候会试图将这场战斗与坎尼会战做对比，比较西庇阿的战术技巧与汉尼拔对战场的把控，但这种比较是错误的，因为这是两场在完全不同的情况下发生的完全不一样的战斗。西庇阿所展示的是通过操控正式会战的常规步骤，利用拖延、散兵战和展示自信使局面变得对自己有利的能力。他支配了战斗展开的方式和时间，出其不意地打乱了敌人的阵脚。如此看来，他在与哈斯德鲁巴交战时展现出了和汉尼拔在公元前 218—前 216 年对阵罗马将军们时一样的优势。[20]

在瓢泼大雨中苦挨了一夜后，哈斯德鲁巴第二天发现，军中的西班牙部队已经开始弃他而去。他放弃了继续战斗的念头，下令撤退。在与敌军近距离交战后撤退本就不易，更何况罗马人受到胜利的鼓舞，积极地追击，就使之变得更困难了。哈斯德鲁巴和马西尼萨逃到了海边，乘船前往北非，马戈则逃往了加底斯。被指挥官抛弃后，在西班牙的迦太基军队迅速土崩瓦解，而西班牙部落则蜂拥般效忠了西庇阿。罗马军队分散开来，对还没有投诚的部落发动了惩罚性的进攻。有些战斗非常残酷，据说，有一个城镇的居民们誓死不投降，杀死家人后集体自尽了。在加底斯，有一些叛兵密谋将城市献给罗马人，被马戈及时发现并镇压了，但这表明，迦太基人在伊比利亚半岛的势力正在崩塌。[21]

大约在此时，西庇阿得了重病，一则称其已经病故的流言迅速传遍了各个部落。伊勒尔该特人强大的首领，印迪比利斯把这看作一个反叛的机会，召集了大量伊比利亚和凯尔特伊比利亚战士，率领他们袭击罗马的盟邦。也许这表明，西班牙人担心现在势力壮大的罗马人会像之前的迦太基人一样压迫他们，更有可能表明，西班牙部落只忠于某个特定的领袖，而不是某个境外政权。与此同时，苏克罗城（Sucro）的 8000 名罗马驻兵发生了兵变，士兵们抱怨自己没能拿到应有的报酬，要求罗马让他们继续参加战斗并分享战利品，或者让他们解甲归田。一些在西班牙的罗马士兵已经在当地服役了超过 10 年，大部分人也已服役了 5 年以上，而现在罗马人似乎已经赢得了战争，因此他们退伍的要求也是可以理解的。实际上，还有些人日后选择留在了西班牙，在新建的意大利卡（Italica）殖民地定居。然而，历史上大多数兵变都发生在部队不参战的时候，还常常伴随着各种复杂的原因。最终，挑起兵变的头目们被处决，剩下的人被支付了报酬，在严格的纪律下被带回了主部队，并被要求向病愈的西庇阿重新宣誓。随后，西庇阿率领军队主力攻打印迪比利斯，将其击败了。在这场战斗中，他的部队又一次展现了高超的机动性，西庇阿本人也再次展现了其主导战斗进程的实力。许是因为常年与迦太基人在战场上碰面（尽管有时是作为战友，有时是敌人），或是受当地战争文化的影响，西班牙人似乎很适应罗马、迦太基和希腊化世界的战争程序。但这些战士有极强的个人主义，任何首领都很难控制他们，其部队移动起来也极其笨拙。叛乱被成功镇压了，但印迪比利斯得以逃脱，在西庇阿后来最终离开西班牙后再次反叛时身亡。[22]

看到罗马人遇到麻烦，马戈可能稍微重燃了希望。不久，他疏远了加底斯人后，被命令去为进军意大利做准备。他走后，加底斯立刻向罗马人投降了。自此，迦太基人在西班牙的统治彻底结束了。西庇阿返回意大利述职，在罗马城外受到了元老院的集体迎接，但鉴于他未曾担任过政务官，便没有给他举办凯旋式。由于西庇阿威名正盛，即便他还没有达到通常担任执政官的最低年龄，还是在公元前 205 年毫无悬念地当选了。西庇阿的成就无疑是相当辉煌的。虽说玛尔奇乌斯和尼禄曾经成功避免了罗马人被彻底逐出西班牙，但当西庇阿在公元前 210 年抵达时，迦太基无疑是势力更盛的一方。这位初任统帅的年轻人仅通过 4 次战役就彻底扭转了局势，将敌人逐出了西班牙半岛。他通过支配手头仅有的远逊于敌人的有限资源实现了这一成就。局势变得有利于罗马人，特别是当地部落对日益严厉的迦太基统治的普遍不满情绪令罗马人如虎添翼，但西庇阿成功的主要因素是他自己的能力。他将罗马指挥官一贯大胆进取的态度与细致的准备、周详的计划和严格的训练结合了起来，为罗马人建立了一种使军队一直保持高作战技巧和高效率的方法。西庇阿的这种复合理念在随后近 5 个世纪里都令罗马在地中海占据着军事主导地位。

西庇阿离开后不久，西班牙便爆发了叛乱，这再次证明，各个部落和首领们只向特定的个人效忠，但是西庇阿的目光早就投向更遥远的战场了。尚在西班牙时，他就已经开始考虑攻击迦太基在非洲的腹地。他多次试图与努米底亚的王公们结盟，还派人去与马西尼萨协商，希望游说他加入罗马一方。他重新利用了父亲和伯父与西法克斯国王的联络关系，甚至渡过直布罗陀海峡到其王国拜访对方，结果出现了这样匪夷所思的一幕——伊利帕之战不过几个月后，西庇阿和哈斯德鲁巴·吉斯戈带着各自的随行官员，作为国王的客人坐在了同一张桌子前。最终，西庇阿与西法克斯未能达成协议，但他经过一番努力后成功与马西尼萨结了盟，后者是将对罗马入侵非洲的结果起到重要影响的盟友。接下来，我们就该将视线转向非洲了。[23]

12

非洲战役

西庇阿明确表示，身为执政官，他希望能带领一支远征军入侵非洲，宣称只要元老院批准了自己的计划，他就将赢得这场战争。这个计划已经不是第一次被提出了，早在公元前 218 年，森普罗尼乌斯·隆古斯在被召回前就曾受命准备远征非洲，然而罗马人在第二次布匿战争第一年中的自信早就被汉尼拔粉碎了。最终，元老院决定，公元前 205 年的执政官辖区为意大利南部和西西里，这几乎保证了西庇阿能如愿以偿，因为当年的另一位执政官普布利乌斯·李契尼乌斯·克拉苏斯（Publius Licinius Crassus）同时兼任着大祭司（pontifex maximus），出于宗教原因需要留在意大利，所以他肯定要前往布鲁提乌姆对抗汉尼拔，因此西庇阿会被派往西西里。西西里的战争已经结束了五年，且该岛位置理想，可以作为入侵迦太基腹地的基地。然而，元老院内从一开始就出现了强烈反对派兵前往非洲的计划和授予西庇阿指挥权的声音。当时有传言说，这名年轻的执政官不介意采用激进的办法来实现自己的计划，如果元老院拒绝他的方案，他会说服一名保民官在平民会议通过一道法令，将非洲分配为他的辖区。这么做虽然在原则上是合法的，但绝对是史无前例的，会威胁到极其依赖传统的罗马政治系统的稳定性。实际上，不到一个世纪以后，罗马的政治制度就是这样开始崩溃的。[1]

在西庇阿的反对者中，最有名的是法比乌斯·马克西姆斯，他现在年事已高，不能再上战场，其长寿的人生也快要走到尽头了。史书描写道，法比乌斯仍然执迷于避免任何军事上的风险，而且可能还对西庇阿这位罗马的新英雄有一丝嫉妒，不过他的理由倒也足够合理。汉尼拔仍然在布鲁提乌姆，意大利的十几场战役之后的一场恶战也未将其打败。罗马人可能已经得知马戈·巴卡正在计划与兄长会合，这也许像公元前208年哈斯德鲁巴准备翻越阿尔卑斯山时一样，再次令罗马人陷入了恐慌。意大利所受的威胁仍未解除。年长的法比乌斯还清楚地记得公元前255年，雷古卢斯的战败让士气衰颓的迦太基人重燃了战意，把一场本来已接近胜利的战争又延长了十多年，把罗马几乎逼到了耐力耗尽的边缘。派一支军队在地中海的另一侧登陆并为其提供补给本身就不是易事，更何况还要面对在本土作战、人数必定占优的敌人。法比乌斯可能还认为，西庇阿在西班牙战斗的经验还不足以支持他执行一次这样艰巨的行动。

最后，他们达成了一个更偏向西庇阿的折中方案。西西里成了他的执政官辖区，他也获许在他确信对罗马有利的情况下进入非洲。有史书称，西庇阿的反对者依然试图通过阻止他招募新军来限制其活动，不过这种说法时而受到质疑。西西里的卫戍部队人数众多，作为侵略军来说已经足够了，此外还有受西庇阿的感召主动加入的大量志愿兵，总共有7000人，其中包括一支卡麦里努姆城（Camerinum）派来的600人的大队，其他社群也提供了食物和装备。伊特鲁里亚表现得尤为积极，也许是因为他们的忠诚在战争初期遭到了罗马人的怀疑，此时迫切地想证明自己的忠心。我们并不清楚这支非洲远征军的最终规模，李维根据不知名的信息来源给出了三种不同的说法，第一种称有 1 万名步兵、2200 名骑兵；第二种称有 1.6 万名步兵、1600 名骑兵；数量最大的第三种说法称有步骑兵总计 3.5 万人。这支军队的核心是两个在坎尼的军团，现在被编号为第五和第六军团。西庇阿剔除了其中的老弱病残，补充上了新招募的志愿军，组成了两支劲旅，各有 6200 名步兵和 300 名骑兵。纵观公元前 3 世纪，这是罗马组建过的规模最大的军团。李维笔下数字的准确性虽然经常存疑，但我们不能就此否认罗马军事体系基本的灵活性。当面对特别危险的敌人时，扩大军团的规模是很正常的，而此时西庇阿的军队就即将执行这样一项艰难的任务，所以我们没有理由否定这个数字。此外，按照常规，两个军团多半还有两支辅军支援，这样西庇阿便拥有一支标准的执政官级的军队。假设盟军士兵与罗马公民兵人数大致相当，那么军队中能上战场作战的人数就在 2.5 万—3 万人左右，此外还有随军的仆从和其他人员。我们怀疑骑兵的占比是否超过了 10%，考虑到运送马匹渡海的难度，这个比例可能甚至更低。尽管一切都只是推测，但如果这个估算值接近真实情况，那么这便是三场布匿战争中经海输送到敌境的规模最大的一支军队。[2]

西庇阿在公元前 205 年到了西西里，但他直到第二年才对非洲发动进攻。他将 30 艘西西里卫戍部队的舰船编成了一支小舰队，派其前往北非海岸袭扰劫掠。舰队的指挥官是又一次成为西庇阿的高级副帅的盖乌斯·莱利乌斯。这次袭击惊吓到了迦太基，令其以为是罗马人大举入侵，后来才意识到这只是一次小规模的行动。莱利乌斯还借此机会接触到了马西尼萨，后者正为控制其亡父的王国而忙于内战，并抱怨罗马人怎么还不进军非洲。

除了当时的人都以为罗马人会在公元前205年入侵非洲，一些史家也不懂西庇阿为何推迟了行动。这可能是因为他们不了解此次远征计划的规模之大及其所需的准备之多，不是短短几个月就能完成的。西庇阿需要组建一支庞大的舰队，尤其需要很多运输船，还要为这些船配备船员。有一次他就遇到了一个难题。事实证明，他带来西西里的船只是用没处理好的木料建造的，需要拖上岸进行大幅维修。补给这个老问题也给计划远离基地作战的军队造成了严重的难题。尤其在冬季，通过寻粮喂饱这样一支大军是很难的，而且这么做会严重限制西庇阿在非洲的行动自由。相反，在将要持续两年之久的非洲战役期间，罗马军队所消耗的大部分粮食都是从西西里或意大利经海路运来的。士兵们自身也必须准备面对一种全新的作战方式。坎尼的两个军团的服役时间比其他任何一支罗马军队都要长，但在过去的10年中，他们在西西里极少经历对阵战，参与的大多是劫掠和围城。此外，他们当中现在也许高达一半的人都被西庇阿新招募的志愿兵替换了。军队需要大量严格的训练，才能让新兵融入老兵，并且把整支军队的训练标准和纪律提升到与西班牙军团同等的水平，从而实现拜库拉之战和伊利帕之战中那样复杂的战场部署和调动。西庇阿用了一整年准备此次入侵，这在古代世界是准备一次大型远征普遍所需的时间，也再次显示了支撑西庇阿大胆行动的周密计划和精心准备。据李维说，西庇阿知道让军队在非洲登陆并非难事，主要的困难在于让军队不被赶走并击败敌方坚固的防守。西庇阿的态度在军事角度上很合理，但这建立在他的指挥权会延续至少一年的前提下。他似乎确信，自己在元老院中的朋友和支持者足够多，以至于他们的人数和影响力足以确保他的计划实现，或者他相信整个国家都已经意识到，他是最适合此项任务的人选。然而，在他在西西里的这几个月里，一件丑闻爆发了，差点让西庇阿的如意算盘落空。[3]

公元前 205 年作战季末，一群洛克里囚犯叛变，想将城市要塞献给罗马人。西庇阿把握住了这个从汉尼拔手中夺走为数不多仍效忠他的城市之一的机会，随后命令军事保民官马库斯·塞尔吉乌斯（Marcus Sergius）和普布利乌斯·马提埃努斯（Publius Matienus）率领 3000 人从利吉乌姆前往洛克里。他的副帅之一，昆图斯·普莱明尼乌斯（Quintus Pleminius，李维称此人是同司令官［propraetorian］，可能是年代错误）也参与到了这次行动中，可能掌握着总指挥权。尽管这项计划并非处处顺利，罗马人最终还是成功了，迦太基卫戍部队撤出了洛克里，前去与汉尼拔会合。迦太基人在占领期间对洛克里施以高压，但普莱明尼乌斯和他的手下有过之而无不及。房屋、神庙，包括一座著名的珀耳塞福涅神殿被洗劫，公民被袭击，他们的妻子女儿被奸污。意大利西南的战事多年来一直伴随着双方的暴行，这一地区的部队已经堕落得与盗匪几乎无异了。随着军事保民官和普莱明尼乌斯手下的军人分成了对立的两派，洛克里的卫戍部队也分裂了。分配战利品时的一场争执最终升级成了公开械斗，最后获胜的是保民官的手下。为示惩罚，普莱明尼乌斯下令鞭笞两名保民官，这就他们的身份而言已经算得上极为严重的刑罚了。保民官手下的士兵们愤而围攻普莱明尼乌斯，后者被击中头部陷入了昏迷。听闻发生骚乱，西庇阿乘船来到了洛克里，站在了他的副帅一边。两名保民官遭到了逮捕，被铐上锁链，即将被送回罗马受审。事毕，西庇阿返回了西西里，留下普莱明尼乌斯掌管洛克里。后者认为，西庇阿给予保民官的处罚太轻了，于是愤然拷打、折磨并处决了二人，并对任何敢于反对自己的城市领导人处以了同样的刑罚。[4]

最终，在公元前204年初，洛克里人派了10名使节前往罗马，报告他们所遭受的虐待。消息传开后，舆论哗然，反对西庇阿的元老们获得了宝贵的证据，但所幸当这件事发生时，当年的辖区已经分配完毕了，西庇阿也以同执政官的身份又获得了一年的指挥权。洛克里使团汇报称，西西里有人向西庇阿投诉，但他忙于入侵的最后准备工作无暇理会，并且由于他对普莱明尼乌斯颇有好感，就没有给他们任何回应。法比乌斯·马克西姆斯这次又是谴责西庇阿的领头人物，指责西庇阿对这些在西班牙也闹过兵变的士兵的纪律疏于管理。此外还有流言称，这位年轻的将领行为不端，经常和手下身着希腊式样的服装四处游荡，在叙拉古的体育馆中像希腊贵族那样安逸享乐，置军队和舰队于不顾。西庇阿的财务官马库斯·波尔奇乌斯·加图（Marcus Porcius Cato）是在战争初期凭借出色的军事记录进入元老院、填补战死的元老们留下的空缺席位的骑士之一。他日后被誉为罗马传统美德的坚定化身，而罗马传统美德正面临着与日俱增的被希腊文化所侵蚀的危险。在这几个月里，加图提供了大量对西庇阿不利的证词，但即便如此，法比乌斯也没如愿让西庇阿丧失他的指挥权。然而，人们一致支持法比乌斯严查普莱明尼乌斯。后者遭到逮捕，以死刑指控被送到罗马受审，但关于他具体的命运，李维记载了多种不同说法。面对如此严重的问题，元老院采用了一种传统的罗马人的处理方式，派了一支十人使团前往西西里判定西庇阿应为最近的这些罪行负多大责任。西庇阿为使团准备了为期数天的精密演习，向其展示了陆军与海军几个月来的训练成果。使团对于军队的表现以及入侵前的其他准备工作非常满意，向同执政官确认了他的指挥权，然后返回了罗马。我们无法知悉使团成员到底有多偏心，但当时的作者们似乎也并无证据表明他们大多依附于西庇阿及其家族。西庇阿唯一可以指摘的地方在于，他过于信任自己的手下，以及在短暂造访洛克里期间没有好好调查问题。[5]

入侵非洲（公元前 204—前 203 年）

公元前 204 年作战季之初，罗马的远征舰队在一系列庄严的仪式中离开了西西里。罗马人举行了传统祭祀，西庇阿亲自将牺牲动物的内脏抛进了大海。大约 400 艘运输船在仅 40 艘战舰的护送下起航。除了人员和马匹，船队还运载了足够 45 天的饮用水和食物，其中占 15 天分量的粮食已经预先烹制好，谷物可能做成了面包或硬饼，可以直接分发给士兵们。每艘船互相离得很近，船尾都挂着灯，战船挂一只，运输船挂两只，旗舰挂三只，以便在夜间定位，保持队形。战舰分成了两队，运输船左侧的由莱利乌斯和加图指挥，右侧的由西庇阿及其弟卢基乌斯指挥。战船数量这么少，说明罗马人并不预期会遭遇迦太基海军的强烈抵抗，因为从第二次布匿战争开始至今，对方在海上都表现不佳。也可能是因为，西庇阿手下受过训练的桨手的数量不足以装备更多的战船，所以只能赌自己碰不到敌军舰队。如果是后一种情况的话，那么他算是赌赢了，因为罗马舰队在离开西西里的第二天就顺利看到了非洲的海岸线。[6]

李维称，罗马人原本打算到距迦太基较远的东部地区，在一个恩波里亚（Emporium）贸易社区附近登陆，但是在看到伯恩角后，领航员们带船队向西，第三天，他们在一个名叫"美丽之地"（或"神之地"）的海岬，即今天的法里纳角（Cap Farina，也称西迪阿里迈基角［Ras Sidi Ali el Mekki］）上了岸。我们不知道这段描述的真实性有多高，而且也没有波利比乌斯有关这一时期的记载作为参考，但罗马人似乎确实是在离乌提卡不远的法里纳角登陆了。他们的到来引起了恐慌，当地村民纷纷带着牲口逃向附近的城市，其中有很多都涌向了迦太基城。如伊利帕之战之前一样，西庇阿再次展示出了部署防卫、掩护大部队的技巧，500 名在外侦察的迦太基骑兵被轻松击败，总指挥官哈农和骑兵的首领双双阵亡。尽管当地居民大批出逃了，罗马人还是虏获了相当可观的战利品和 8000 名俘虏，将他们用运输船送回了西西里。[7]

没过多久，马西尼萨前来加入了罗马人。在他的父亲加拉（Gala）死后，其部族麦苏里人（Maesulii）在内战期间换了一个又一个领袖。努米底亚人的部落政治极为复杂，因为王位并非世袭制，各种争端经常是通过暴力解决的。各个争权者都寻求外界势力，包括别的努米底亚国王的援助，比如西法克斯，以及迦太基人和现在的罗马人。马西尼萨的主要竞争对手名叫马扎图鲁斯（Mazaetullus），娶了另一个国王的遗孀，即哈米尔卡·巴卡的外孙女，其父是纳瓦拉斯（Navaras），他与哈米尔卡·巴卡的女儿的联姻旨在加深迦太基贵族与努米底亚王室之间一贯密切的关系。马西尼萨击败了马扎图鲁斯，但随后西法克斯介入，后者担心，有了一个强大的国王的麦苏里人会威胁到自己的部族马赛苏里人（Masaesulii）。尽管西法克斯考虑过与罗马人结盟，但他最终还是被哈斯德鲁巴·吉斯戈说服了，继续效忠迦太基，娶了吉斯戈的女儿索芙妮斯巴（Sophonisba）。各种史料都称，她是一个不得了的女人，在西法克斯面前有巨大的话语权，凭此为自己的父亲和祖国争取利益。西法克斯在一次战斗中击败了马西尼萨，后者不仅受了伤，军队的大部也溃散了，所以他加入西庇阿时身边可能只有 200 人，不过据李维记载，有其他说法称他手下还有 2000 人。[8]

迦太基人派出另一支骑兵来刺探罗马人的位置。这次的指挥官也叫哈农，有人称他是哈米尔卡的儿子，也有的说他是哈斯德鲁巴·吉斯戈之子。他手下有 4000 人，大部分是新近招募的努米底亚人，但也有一支迦太基公民部队。哈农来到了赛莱卡城（Salaeca），距离罗马军营大约 15 英里。据说，西庇阿嘲讽一位骑兵指挥官在本应有所行动的夏季让军队待在城中无所作为。西庇阿命令马西尼萨前去进攻，然后将敌人引入罗马骑兵的埋伏地。这是努米底亚人用来对付过罗马人的战术，这次也被证明十分有效。哈农阵亡了，他的手下有 1000 人在起初的交战中战死或被俘，其余 2000 人在长达 30 英里的追杀中遭到了同样的命运。由于在两场战斗中阵亡的迦太基骑兵指挥官名字相同，于是有人怀疑这两场战斗其实是同一场，是史料搞错了，但李维也意识到了这一可能性，并坚信这是两场不同的战斗。这场胜利之后，罗马人继续蹂躏周边的土地，并将战利品和俘虏用定期送来补给的船只运回了西西里。[9]

此时，西庇阿开始围攻乌提卡，希望夺取这座城市及其港口当作基地。罗马人的阵地建在一个直至一个半世纪后，在恺撒的时代依然被叫作"科尔内利乌斯军营"（castra Cornelia，或称西庇阿军营，科尔内利乌斯是西庇阿所属的氏族名）的地方。和往常一样，这次围城在没有偷袭的机会或内应的帮助的情况下持续了很久，耗费了公元前 204 年和公元前 203 年之间的这一整个冬天。前一年夏季，吉斯戈和西法克斯终于派出了军队抵御入侵者，现在这两支军队在远处观察着罗马军队。波利比乌斯和李维均记载称，哈斯德鲁巴有 3 万名步兵和 3000 名骑兵，西法克斯有 5 万名步兵和 1 万名骑兵，但事实上应该没有这么多，因为供应这样一支大军一整个冬天的粮草绝非易事。即便如此，罗马人可能依然在人数上处于明显的劣势，尤其是骑兵，因为努米底亚军队中骑兵的比例一贯很高。两支军队分别扎营，彼此间隔 1 英里多，距罗马人大约 7—8 英里。因为知道自己要在当地驻扎较长时间，迦太基士兵们建造了比较坚固的木制临时营房，而努米底亚人或许是遵照传统，也或许是因为盟友没给他们剩下足够的木材，住的是芦苇扎的草屋。西法克斯的军营远不如哈斯德鲁巴的安排得整齐有序，很多士兵甚至睡在防御工事外。[10]

在冬季，西庇阿再次试图将西法克斯争取过来与他结盟，希望他已经对索芙妮斯巴失去了新鲜感。西法克斯答复称，他愿意在罗马和迦太基中间调停，让双方就西庇阿率军撤离非洲、同时汉尼拔撤出意大利为条件达成和约。西庇阿在进入敌营的使团中混入了一些打扮成奴隶的百夫长，后者掌握了营地的布局，并且了解到了其营房的易燃属性。公元前 203 年开春，西庇阿大张旗鼓地准备继续围攻乌提卡，并公开向士兵表示，他不久后就要发动一次直接攻击。然而，他同时告诉西法克斯，自己准备接受之前提出的条款，到了最后一刻却声称自己议会的军官们反对这份条约，因此他们还需要时间讨论。与此同时，他准备夜袭两座敌营。他加紧了对乌提卡的封锁，不过其目的不在于夺取城市，而是在了防止守城部队出城威胁罗马人的后方。在西庇阿选定的发动攻击的那一天中午，他召集了军事保民官们，向他们简述了夜袭计划的细节。罗马军营里每天晚上都会吹响军号，意味着白天的任务结束，夜岗开始，而这天晚上的号声将是军团出击的信号。罗马人仔细分析了侦察兵的地形勘探情报以及马西尼萨提供的当地知识，为部队制定了最合适的进攻路线。

罗马主力军一半由莱利乌斯率领，在马西尼萨的努米底亚部队的支援下攻打西法克斯的军营，西庇阿则率领剩下的兵力对付哈斯德鲁巴。莱利乌斯将率先发起进攻，但在这之前，马西尼萨仔细地在努米底亚军营进出的各条路线上布下了掩护兵力。罗马人之后发起了进攻，点燃了粗略搭建的临时营房，营房顿时熊熊燃烧了起来。很多努米底亚人并未意识到这是敌袭，还以为只是意外火灾，结果在逃出营地时纷纷被杀。混乱蔓延到了迦太基军营，一些雇佣兵冲出来帮助友军灭火。此时，西庇阿迅速下令让士兵发动袭击，点燃了迦太基人的木制营房。迦太基士兵同样在逃窜时被杀，或是死在了大火之中，因为营房排列紧密，火势蔓延迅速，敌军完全没有防备，罗马人的奇袭大获全胜。到第二天的追击结束时，两支迦太基军队都已萎靡不振，溃散得不成样子了，波利比乌斯称，哈斯德鲁巴身边只剩 500 名骑兵和 2000 名步兵了。迦太基人解乌提卡之围并将罗马军队逼进狭小的半岛的计划至此彻底失败了。[11]

波利比乌斯将这场夜袭誉为西庇阿最大的成就之一。夜间攻击向来很难实施，这种相对更复杂，且要求数支队伍互相配合的行动更是难上加难。罗马人在这次行动中使用的技巧再次表现了西庇阿的周密准备以及军队的严格训练。他小心地骗过了敌人，让他们误解了罗马人围困乌提卡的目的，但根本上，这次诓骗计划成功的基础是他成功地让西法克斯与哈斯德鲁巴相信了自己真心想要议和。尽管波利比乌斯相信，西庇阿给努米底亚国王去信称自己的军官反对这项和约，显然表明了协议尚未达成，因此双方仍处于战争状态，但以当时的标准看，这种行为的正当性是存在争议的。[12]

胜利之后，西庇阿将部队分成了两部，一部继续围攻乌提卡，另一部出发沿路劫掠，威胁新近失败的敌人。罗马军营中堆积的战利品实在太过丰富，以至于随军的商人可以用极低的价格购买。军队也虏获了一些牲畜和食物，但是他们的粮食大部分仍是从西西里和撒丁岛海运而来的。罗马人在"科尔内利乌斯军营"建起了数个大粮仓来储存食物。此外，李维还提到了衣服的补给，比如有一次运来了 1200 件束腰外衣和 1200 件托加袍，不过后者可能是指军用斗篷。[13]

大平原之战（公元前 203 年）

惨败的消息传来，迦太基城内再次爆发了恐慌，一些人呼吁召回汉尼拔和他的军队，甚至还有人建议与罗马议和。然而在此阶段，苏菲特们召集的迦太基元老院的大部分成员仍然倾向于继续作战，所以他们下令通知西法克斯，催促他重新加入哈斯德鲁巴的军队。这位国王当时正在阿巴城（Abba）重新组织军队。在他的妻子的强烈要求下，且受到了率领一支刚刚招募的凯尔特伊比利亚战士来到阿巴城的哈斯德鲁巴的鼓舞，他对迦太基的忠诚没有动摇。这支由部落民组成的部队有 4000 人，但迦太基人夸大其词，号称有 1 万人，并竭力吹嘘他们有多么剽悍骁勇。虽然迦太基人已被逐出西班牙，但他们仍然能够从半岛上征募雇佣军，这有趣地显示出，罗马人对西班牙半岛大部分地区的控制程度其实很低。30 天后，西法克斯率军加入了哈斯德鲁巴，两军会合后共有约 3 万人，在一处易守难攻的地方安营扎寨。这个地方被称为大平原，可能是今天的萨赫勒星期四集市（Souk el Khemis）。[14]

西庇阿在得知敌人集结了一支新军后，当即决定率兵前去对峙。他留下了舰队和部分军队继续包围乌提卡，自己率领其余士兵出发，在第 5 天抵达了大平原的边缘地带。我们不清楚罗马军队的规模，但很可能人数少于敌军。罗马人将较重的行李留在了后方，显然是计划速战速决，在距敌人仅 4 英里的地方安营休整。第二天，罗马人开进平原，在距离迦太基军队不到 1 英里处摆开了战斗阵形。双方的骑兵和轻装步兵像往常一样展开了散兵战，但双方在当天和接下来的两天内都没有选择强行开启大规模战斗。到了第四天，两军统帅似乎同时决定开战，把战线向前推进到了无法避免交锋的位置。哈斯德鲁巴将自己最为信赖的部队，凯尔特伊比利亚战士安排在了中军，其右侧是哈斯德鲁巴在上次战役中残存的步兵，外侧是骑兵，左侧的部队由西法克斯的努米底亚士兵组成。罗马人的部署与之类似，军团在中央，两侧可能是辅军，罗马和意大利骑兵在右翼，马西尼萨的努米底亚骑兵在左翼。

随着马西尼萨的努米底亚骑兵与意大利骑兵在首轮冲锋中横扫了对手，战斗的结局便很快变得明朗了。大部分迦太基与努米底亚步兵似乎都迫于辅军（如果他们参战了的话）的压力溃散逃命去了，留下凯尔特伊比利亚人在原地孤立无援。溃逃的部队都还记得这些罗马人不久前是怎样攻破自己的军营的，自那时起就士气大伤，如今尚未恢复。现在只剩凯尔特伊比利亚人独自对抗罗马军团。李维称，他们对非洲并不熟悉，即便逃跑也不知该逃到何处，因此只能负隅顽抗。他们在人数上至少与西庇阿中军两个军团中的青年兵大致相等。罗马人部署了常规的三线战阵，但没有像往常一样让后方的士兵补充到前线，投入战斗，而是采取了一种全新的、正在成为西庇阿军队的标志的调动。壮年兵和后备兵调转方向变成了长队，然后从青年兵的后方绕出，从两侧包抄凯尔特伊比利亚人。我们不清楚是一整条战线的壮年兵或后备兵向左、另一条向右，还是从中间分割，向每个方向移动的壮年兵和后备兵各占一半。在敌人的合围之下，西班牙人终于溃不成军，只有少数人逃了出来，不过他们的牺牲让迦太基的其余士兵得以逃脱。[15]

大捷之后，西庇阿召集了议会商讨下一步的计划。罗马的各级官员都应向有经验的人征求建议，但在考虑他人观点的同时，统帅应该自己做出决策。召集高级军官开会便于将军向将要执行自己的计划的下属们解释这些计划。西庇阿决定将军队一分为二，自己带领主力军袭扰周边地区，莱利乌斯则率领其余部队和马西尼萨一起去帮助后者夺回其部落的统治权。在附近富饶的平原上，西庇阿再次收获了大量战利品，并发现，一些利比亚社群苦于迦太基为进行战争而加在自己头上的重税，因此愿意降服于罗马。西庇阿受此鼓舞，决定向迦太基城展示自己的实力。[16]

尽管迦太基元老院惊愕于又一次战败，但仍然十分坚决，下令全城准备应对围困。在过去的几个月中，他们把大量精力投入到了装备舰船和招募船员中，起初是为了威胁罗马人与西西里之间的补给线，之后鉴于当时封锁乌提卡的罗马兵力相对薄弱，迦太基便决定将舰队派往该处，这样他们最起码能解乌提卡之围。但迦太基也确实打算攻击他们确信并未做好海战的准备的罗马舰队，这个猜测是正确的。此外，迦太基元老院做出了召回汉尼拔及其军队的重要决定，一队元老渡海前往意大利向其传达这个消息。[17]

西庇阿进军突尼斯，当地守军已经放弃了这座城市。他现在离迦太基城只有 15 英里，已经能看见城市及其海港。罗马人看到迦太基舰队离港出海，立即意识到，他们在乌提卡的海军将面临威胁。西庇阿下令舍弃新营地，立即赶回科尔内利乌斯军营。他自己可能骑马先行了，因为他赶在敌军舰队到来前回到了基地。西庇阿意识到，已经没有时间让罗马舰队准备迎战了，因为很多船都被改用于搭载攻城器械了，于是他下令将船只绑在一起，令运输船组成三四排的船墙，围绕着中间的一排战船。战船上部署了 1000 名精兵，配备了大量的远程武器。迦太基舰队并没有急于赶到乌提卡，而是等到第二天才发起了进攻。这可能仅仅是迦太基指挥官的一个战术性错误，或许是过于自信，也或许是想让船员在正式作战前再做一些训练。当迦太基的舰队进攻时，他们在罗马船只组成的坚固屏障前难以推进，特别是因为运输船要比低矮的战船高很多。但迦太基人成功割断了绳索，掳走了 60 艘运输船，将它们作为战利品拖回了迦太基。[18]

莱利乌斯和马西尼萨花了 15 天时间抵达了麦苏里人的王国。在那里等待他们的是西法克斯组建的另一支军队，其中大部分是其本部族的人。在一场混战中，西法克斯人数占优的骑兵最初占据了上风，但当莱利乌斯的军团士兵前来支援马西尼萨的骑兵时，局势开始逆转了。阵形紧密的罗马步兵构筑了一道稳固的战线和坚固的屏障，让他们的骑兵可以在后方重整队伍，再度发起冲锋。罗马人的战线稳步推进，西法克斯军队的阵形最终崩溃了。西法克斯试图以身作则，号召士兵们重新集合，但他的马摔倒了，他也同时被俘，被押送给了莱利乌斯。在马西尼萨的建议下，莱利乌斯向西法克斯的首都锡尔塔（Cirta）进军，发动了突然袭击，轻松将其拿下。索芙妮斯巴有尊严地向马西尼萨投降，恳请对方不要将自己交给罗马人。马西尼萨一时冲动，没有通知莱利乌斯便决定娶她为妻。罗马人显然极度反感自己在非洲最亲密的盟友与迦太基贵族建立关系，他们认为努米底亚人的忠诚靠不住，但莱利乌斯决定让西庇阿决定该如何处理此事。成功剿灭了少数仍然效忠西法克斯的卫戍部队后，他们回到军营与西庇阿会合。被俘的西法克斯哀叹自己的命运，将自己不幸的原因归结到了哈斯德鲁巴的女儿身上，称自己要不是受了她的教唆，本不愿与罗马为敌。他旁敲侧击地称，他很高兴看到自己的对手马西尼萨现在臣服在了索芙妮斯巴的魅力之下，并将遭受同样的厄运。西法克斯的话令西庇阿更加疑心这位努米底亚青年的举动，这或许跟他自己在新迦太基曾拒绝过类似的诱惑尤其有关。西庇阿宣布，西法克斯和索芙妮斯巴都是罗马人的俘虏，不属于马西尼萨。没有他的允许，别人无权处置。意气用事的马西尼萨送给了新婚妻子一瓶毒药。在索芙妮斯巴的文化中，贵族自杀的故事数不胜数，她也毫不犹豫地喝下了毒药，为第二次布匿战争中最浪漫且最具悲剧色彩的情节之一画下了句号。第二天，西庇阿在公开的仪式中确认了马西尼萨部落国王的身份，授予了他大量的赞美和荣誉。[19]

和谈与汉尼拔归国（公元前 203 年秋—前 202 年春）

　　迦太基在北非的军队已经瓦解，他们最重要的盟友西法克斯一败涂地，舰队的小胜也来不及对入侵者造成严重的威胁。罗马远征军的人员损失不大，且随着更多努米底亚人加入马西尼萨，他们的数量还在不断增加。公元前 203 年作战季结束时，迦太基元老院中要求和谈的呼声已经压过了主张继续抵抗的声音。由 30 名最资深元老组成的长老会（gerousia）被派去西庇阿的军营，开始以结束战争为目的的谈判。使团把战争的打响归咎到了汉尼拔及其支持者身上。如同对所有短暂的和约一样，我们无法弄清史书中所记载的条款有多少是可信的。李维称，西庇阿要求迦太基人交出所有俘虏、逃兵和逃跑的奴隶，将军队撤出意大利和山南高卢，永远切断与西班牙仅存的所有联系，放弃他们在地中海上的全部岛屿，除了允许保留的 20 艘战船，其余船只全部交予罗马人。此外，他们必须提供大量粮食：50 万摩底（约 3390 吨）小麦和 30 万摩底（约 2034 吨）大麦，分别供给罗马在非洲的军队中的士兵和牲畜。关于赔款额，不同史料的记载则各有不同。[20]

　　迦太基人接受了以上条款，不过李维称，这只是他们的缓兵之计，实际上则希望汉尼拔归来后能扭转军事态势。条约还需要罗马元老院和百夫长大会的批准，于是一队使节出发前往了罗马。罗马已经接到了莱利乌斯有关最近战况的报告，故而宣布举行四天公共感恩活动。对于之后发生的事情，史料的记载出现了矛盾。波利比乌斯告诉我们罗马批准了条约，而李维则说谈判破裂了，因为迦太基使团试图更改先前与西庇阿定下的条款，想调整得像公元前 241 年与卡图鲁斯签订的条约一样宽大。李维称，元老院决定将迦太基使团逐出意大利，并且经过投票表决，把决定是否接受此后的和谈请求的权力交给了西庇阿。[21]

休战持续了整个冬天，尽管在此期间，汉尼拔和他的军队已经回到了非洲。西庇阿的军队依然依赖着从西西里和撒丁岛海运来的补给，尤其是在冬季。休战期间，许是在公元前 203 年开春，同大法官格奈乌斯·屋大维（Cnaeus Octavius）率领 200 艘运输船和 30 艘战船从西西里出发，但在途中遭遇了恶劣天气。划桨战船能够顶风前进，最终在目的地靠岸，但是风力驱动的商船被顺着海岸吹散到了东边，很多漂到了位于迦太基城下的大海湾。受到民意的支持，迦太基元老院无法抗拒这个天上掉下的馅饼，命哈斯德鲁巴带领 50 艘战船包围了罗马运输船，船上的船员都已弃船逃走。迦太基人把船只拖回城，把船上的货物存入了城中的谷仓。也许由于乡下难民涌入城内，加剧了食物的消耗，这批粮食可能正好可以救急。[22]

西庇阿派出三名使者乘一艘五列桨座战船前往迦太基，要求后者归还船只和货物，并控诉对方的举动破坏了休战协定。如果波利比乌斯的记载是正确的，那么迦太基也违反了在罗马达成的和约。受汉尼拔及其麾下老兵归来的鼓舞，迦太基人再次变脸，各阶层现在一致倾向于继续战斗，希望取得一场胜利，以便签订对自己更有利的条约。罗马的使者遭到了民众围攻，多亏有城市官员的保护才没有受伤。迦太基派了 2 艘三列桨座战船，护送罗马战船回到了罗马舰队的视线范围内。当罗马的五列桨座战船经过在乌提卡附近监视罗马人的迦太基舰队时，有 3 艘迦太基的三列桨座战船（或李维记载中的四列桨座战船）出来拦截罗马战船。罗马船长和船员们用娴熟的驾驶技术避开了敌舰的撞击，而且五列桨座战船高度更高，搭载的人员更多，让敌人不敢登舰，但这艘船还是受到了大量投射武器的攻击，遭受了不少伤亡。[23]

　　战争几乎立即就重启了。西庇阿更加无情地展示出自己彻底结束战争的决心，不再向自愿投降的城镇提出和约条款，而是像对待被直接攻下的城镇一样，使其居民沦为奴隶。尽管条约没过多久就被撕毁了，但西庇阿很高兴元老院接受了自己制定的条款，这表明元老院的大多数成员仍然支持他。结束重大战争的指挥官会获得极大的荣耀，因此在战争的末尾，总是可能有虎视眈眈的对手出现，想要更换指挥官，窃取这份荣誉。公元前 203 年，元老院延长了西庇阿的指挥权，允许其在赢得战争的最终胜利之前一直担任指挥官，但这并不意味着这一决定一定不会被撤销。汉尼拔现在已经离开意大利，非洲成了能给罗马人最多名垂青史的机会的战场。公元前 203 年的执政官之一，格奈乌斯·塞尔维里乌斯·凯比奥（Cnaeus Servilius Caepio）本应在当年年末前往西西里，以便于接下来前往非洲，但他似乎被即将上任的独裁官召回了罗马，主持下一年的选举工作。公元前 202 年当选的两位执政官都希望非洲能成为自己的辖区。西庇阿在元老院依然有足够多的支持者，其中有著名的昆图斯·凯奇里乌斯·梅特卢斯（Quintus Caecilius Metellus），他们把这件事提交给了公民大会，公民代表们投票以压倒性的优势支持延长西庇阿的军权。但是还是有一名执政官率领着一支由 50 艘五列桨座战船组成的舰队被派往了非洲。此人是提比略·克劳狄乌斯·尼禄（Tiberius Claudius Nero），是赢得了梅陶鲁斯河之战的盖乌斯·克劳狄乌斯·尼禄的堂弟,奉命在海上协助西庇阿的军队行动。当时,西庇阿·阿非利加努斯凭借人民的拥护和元老院中的盟友,暂且挫败了企图取代自己的人。现在,西庇阿和汉尼拔,这二位毋庸置疑的第二次布匿战争中双方最出色的将领,即将展开正面对决。[24]

扎马之战（公元前 202 年）

面对罗马人对非洲市镇施加的暴行,迦太基政府不断催促汉尼拔出战。汉尼拔拒绝仓促出兵,继续停留在哈德鲁门图附近的军营。他知道自己军队的骑兵薄弱,便成功说服了西法克斯的一个亲戚,提凯乌斯（Tychaeus）带领 2000 名努米底亚轻骑兵加入自己。西庇阿同样关心着即将到来的大战,认为马西尼萨现在应该兑现帮助自己的承诺了,为此不断去信催促马西尼萨率领强大的盟军前来援助罗马军队。最终,汉尼拔决定打破僵局,率军前往西边距迦太基有 5 天路程的扎马,在那里暂缓脚步,派出间谍和侦察兵去探察敌军的位置和兵力。三名间谍被罗马人抓获了,西庇阿下令带领他们参观自己的军营,并让其将所见的一切报告给汉尼拔。这一策略展现了他的自信,但也可能是为了让汉尼拔以为马西尼萨还未赶到,因为波利比乌斯说,后者在第二天才抵达罗马军营。他带来了 4000 名骑兵和 6000 名步兵增援,步兵中可能还包含一部分莱利乌斯的手下。李维在书中也用了相同的数字,但是他认为,马西尼萨在西庇阿抓获间谍前就到了,而且汉尼拔接到回报后深受打击。两位史家都说,汉尼拔急于见一见自己这位年轻的对手,于是两位将军进行了一次会谈，但史料中所描述的对话内容不一定真正出自他们之口。[25]

罗马军队驻扎在一座城镇外的小山丘上，波利比乌斯说，这个城镇名叫马加隆（Magaron），李维则说它叫纳拉加拉（Naragarra）。我们仍然无法确定战场的确切位置，但肯定是扎马以西的某地。罗马人的驻扎位置有靠近充足水源的优势。汉尼拔继续进发，在不到4英里外的另一处山丘上安了营。这里更加

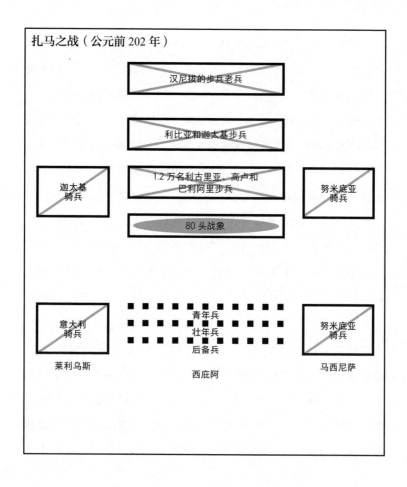

扎马之战（公元前202年）

汉尼拔的步兵老兵

利比亚和迦太基步兵

迦太基骑兵 　　1.2万名利古里亚、高卢和巴利阿里步兵 　　努米底亚骑兵

80头战象

意大利骑兵 　青年兵 壮年兵 后备兵 　努米底亚骑兵

莱利乌斯 　　西庇阿 　　马西尼萨

易守难攻，但是缺少充足的水源。第二天，两位指挥官展开了会谈。次日，两军出营会战。双方立即展开了正面对决，并未像其他战役一样先进行几天散兵战，这说明双方统帅都急于决一胜负。表现出对战斗的渴求会给别人建立一种自己信心十足的印象，能够起到打击对手士气的作用。[26]

我们不清楚两支军队的规模，可能罗马的步兵比对方少，但骑兵数量明显更多。阿庇安给出的数字是，汉尼拔一方共有 5 万人，罗马人有 2.3 万名步兵、1500 名骑兵，外加马西尼萨的努米底亚部队，不过他对这场战役的记载的可信度整体较低，因此我们需慎重采信。西庇阿将罗马与意大利骑兵部署在左翼，命时任财务官的莱利乌斯指挥。马西尼萨的 4000 名努米底亚轻骑兵组成了右翼。中军是组成经典的三线战阵的军团士兵和辅军，不过阵形上有一点变动，他没有让壮年兵支队站在青年兵支队间隙的后方，而是将其调整到了青年兵们身后，同样，后备兵也在壮年兵的正后方。这种变化让罗马的阵形中间出现了多条贯穿前后的宽阔通道。轻装步兵就在这些间隙中待命，可能排成了散兵战的队形，但也可能起初排列得比较密集，以掩盖阵形部署上的变化。他们的任务就是专门对付敌军的战象，因为汉尼拔在开战时一定会用战象打头阵。80 余头巨兽在迦太基军队阵前形成了一道防线。汉尼拔将骑兵分别部署在两翼，让努米底亚骑兵对阵马西尼萨，迦太基和其他民族的骑兵对阵莱利乌斯。中军的步兵分成了三线，与罗马的阵形类似。第一线由利古里亚人、高卢人、巴利阿里投石手和一些努米底亚人组成。他们应该是马戈从意大利带回的剩余部队。第二线包含在抵御罗马人入侵非洲时征募的部队、利比亚人和一支强大的迦太基公民兵，后者这次很罕见地作为一个正规的建制参加了战斗。有一种说法称，这条战线中还有一支强大的马其顿部队，但是如果真有一支希腊化的部队参与，那么波利比乌斯肯定会提到此事，所以这种说法普遍不被认可。最后一线离第二线有几百码远，当中是汉尼拔的来自各个民族的老兵，现在几乎都装备着罗马人的铠甲和盾牌。根据史料对战斗的描述，他们大致与罗马的全部重装步兵人数相当，因此大约有 1.5 万到 2 万人。[27]

两军的部署十分相似，这说明在多年的战争里，他们都在很大程度上学习借鉴了对方的军事体系。这是汉尼拔第一次效仿罗马人，将步兵大部分用作预备部队。他一直清楚敌军的力量在于阵形密集的军团步兵。现在他在以前的战斗中曾拥有的骑兵优势已不再，便意识到自己基本上没有机会再像在特里比亚河之战与坎尼会战中一样包围罗马中军了。他唯一的能取而代之的选择就是直接突破敌军的中央战线。罗马多条战线的阵法在搏斗中给了原本就态度坚决的军团士兵极强的持久力，当敌人在战斗中逐渐耗尽体力时，罗马的生力军可以不断被填补进前线投入战斗。汉尼拔打算像公元前 255 年迦太基人击败雷古卢斯时那样，首先派出战象直接冲击罗马的第一条战线，造成伤亡，最好还能在敌军当中引发混乱，随后汉尼拔的步兵便能趁敌人阵形失序时推进，并派出预备队令军队保持不断向前的攻势。在理想的情况下，在汉尼拔人数明显占优的老兵出动、完成最终胜利前，罗马的全部三线士兵就都已投入战斗了。这个计划不算特别精妙，但在当时的情况下却是最切实可行的。西庇阿是一个非常有才华的将领，以至于汉尼拔无法像在战争早期通过引诱对手在对自身不利的情况下应战并打败他们那样智取西庇阿。更重要的是，当下汉尼拔手下的军队不如公元前218 年他带入意大利的那支劲旅优秀，而西庇阿却率领着罗马民兵体系训练出的迄今为止最优秀的队伍。汉尼拔的老兵经验丰富，对自己和将领们都充满信心，但是数量才不到全军的一半。迦太基的前两条战线分别由两支不同军队的残部组成，既不熟悉汉尼拔，也不熟悉彼此。冬季的几个月时间完全不足以将这些差异巨大的部队转变成一支有着清晰一致的指挥架构的军队。因此，汉尼拔这样部署的一个优点就是能有效地允许三支不同的部队独立行动。值得注意的是，汉尼拔对自己的士兵发表演说时，还命令两队不同的军官分别向第一战线和第二战线的士兵训话。对于西庇阿来说，沿着他自己士兵的战线骑马鼓舞士气更为容易，因为除了很多马西尼萨手下的战士，他的士兵们跟着他打了三年仗，军队和指挥官彼此都已十分了解。[28]

两支军队花了几个小时走上战场并布好阵形，在这期间只有双方的努米底亚骑兵进行了零星的散兵战。最终，当两军都完成部署、指挥官也做完动员演讲后，双方军队发出了欢呼声，军号也随之吹响，这是展示自信和威慑敌军的传统做法。突然爆发的巨响惊动了大象，并似乎使它们过早地发动了进攻。迦太基人这一次投入的战象数量远超以往，说明其中大部分是新近征集的，可能没接受足够的训练。队伍左侧有一群大象受惊，向后逃窜，一路践踏了本军的骑兵。马西尼萨抓住这个机会，立即率领部下出击，攻向汉尼拔的努米底亚盟军，几乎在顷刻之间就将其击溃了。剩余的战象涌向了罗马步兵。如此多的巨兽冲向严阵以待的罗马人，必定是一副骇人的景象。轻装步兵们上前，用如雨点般密集的标枪射向冲来的野兽。大象或是受伤，或是看到同伴被杀而变得更将惊慌失措。一些轻装步兵倒下了，其余的躲到了青年兵战线之后，但几乎没有战象冲进罗马重装步兵的战阵里。相反，它们大多数都从罗马人阵形内故意留出的通道穿过去了，之后在罗马军队后方被轻松捕获了。一些在右侧的大象转向朝着罗马骑兵而去，但在一阵猛烈的投矛攻击后调转了方向。现在大象们完全失去了控制，回头冲进了迦太基骑兵当中。莱利乌斯效仿马西尼萨，向陷入混乱的敌军骑兵发起了冲锋，将其击溃。

　　战象的攻击就此失败，而且汉尼拔两翼的骑兵在战斗刚开始时就都全军覆没了。莱利乌斯和马西尼萨的骑兵把敌人逐出了战场，让他们无法重新集合，但这也意味着，罗马骑兵一时半会儿无法再参与主战场上的活动。有一些人猜测，汉尼拔是故意命令自己的骑兵逃走的，由此把人数占优的敌方骑兵引开，但这显然是错误的，因为迦太基骑兵留在战场上尽可能地拖住西庇阿的骑兵才对汉尼拔更有利。我们的史料都认为，罗马及其努米底亚盟军骑兵并没有太夸张的人数优势，但战象的失控踩踏令汉尼拔的很多骑兵都快速逃跑了。[29]

　　迦太基前两线的步兵可能在战象发起进攻时就开始向前推进了，第三线按照汉尼拔的指挥原地不动。战象被击退或穿过阵形中的空隙后，罗马步兵也上前迎战了。同往常一样，双方军队喧嚣着前进，士兵的呼喊声与军号声响彻战场。波利比乌斯再次提到了罗马人用武器敲击盾牌的习俗，预备队的壮年兵和后备兵激励着青年兵奋勇向前，与迦太基军队中多个民族发出的不和谐的叫喊形成了对比。这个主题其实早在荷马的《伊利亚特》中就被描写过，波利比乌斯在这里其实就引用了其中的诗句，作家们在描述希腊人战胜波斯人时也经常会囊括这个主题。但前进时呼喊主要是为了震慑敌人和激励自己，很多史料也证实，响声和军容都属于能够决定战斗结果的重要因素。罗马人在这方面也许真的获得了一些优势，但即便如此，因为迦太基的第一战线表现出色，所以这一优势并不具有压倒性。波利比乌斯的记载在这里不太完整，但他的意思应该是，双方没有花太多时间进行远程攻击就迅速开始了近战，说明他们都战意高昂。[30]

马戈的旧部积极地发起攻击，令罗马青年兵伤亡惨重。在每一波攻势的间隙后他们都会重新投入战斗，但他们的冲锋渐渐变弱了，而罗马人则一直稳步向前推进。李维说，军团士兵用盾牌上的凸饰撞击敌人，令其失去平衡。这在日后罗马的职业化军队中是一种常规的战斗方式，不过在布匿战争时期，罗马的盾牌非常沉，差不多超过 20 磅（大约 10 千克），因此更难被挥动。罗马壮年兵紧跟在青年兵后面，但似乎还没有加入战斗。利古里亚人、高卢人和迦太基第一战线的其他部队几乎没有得到后方的任何支持，因为第二战线的利比亚人与迦太基人离他们较远。两条战线没有合理地配合，这也许再次说明了汉尼拔的军队中的各支部队缺乏统一性。甚至有史料称，第一战线的士兵在试图穿过第二战线撤退时和第二战线打了起来。或许汉尼拔曾命令预备队的战线和自己的老兵们不要让逃兵穿过自己的队伍。迦太基的前两条战线各有一部分士兵混在一起，几乎在中间形成了一道战线，罗马青年兵曾一度因此而不得不停下向前突进的脚步。波利比乌斯暗示道，至少有部分壮年兵支队之后加入了战斗，这些生力军的加入令罗马步兵恢复了前进的势头，击溃了敌军。两场战斗后，青年兵已经失去了阵形，涌上前追击、砍杀敌军。在战斗中，追杀逃兵总是造成伤亡最多的环节，腿部受伤的士兵们更是难逃一死。[31]

汉尼拔的老兵严守着队形，摆出一排矛头对准了向自己的方向逃来的友军，军官们大吼着命令逃兵们从第三战线的两侧绕过去，在后面重整队形。至少一些部队恢复了秩序，加入了迦太基军队最后的预备队。汉尼拔的老兵部队依然完整无缺，而且面对其他雇佣兵和公民兵的溃逃不为所动。不过可能正是因为前两条战线的逃散令汉尼拔无法派第三条战线上前反击现在已经有些散乱的罗马人军队。青年兵此时失去了控制，追击着曾在当天早些时候对自己造成过严重伤亡的敌军，壮年兵甚至也短暂地加入了战斗，并因此失去了一些秩序。此时可能就是汉尼拔趁乱进攻的良机。然而，罗马人与汉尼拔老兵之间的地面上遍布着尸体，也因血迹而变得湿滑，令后者很难在穿过时保持队形整齐。汉尼拔也许更愿意让部队整齐地留在原地，等罗马人来到自己面前，并寄希望于对手在当前的状态下会失去配合、攻势乏力。[32]

西庇阿的军队再次展示出了高度的纪律性，这次并非通过复杂的调动，而是通过更困难的在战斗中重组阵形所显示的。军号吹响，青年兵们依照命令停止追击，回到了大部队。在他们回撤并重新排好队伍的这段时间里，伤者被运到后方，其他部队也得以喘息。西庇阿，可能连同他的各级军官在内，急忙重新布置战线。青年兵重新构成了中军，壮年兵和后备兵分列两侧。罗马军团这一次采用了旧时重装步兵的方阵，和敌军一样组成了一道密集的战线。准备就绪后，罗马人再次开始前进，汉尼拔的老兵们也迎了上来。这是一场苦战，因为双方人数大致相同，装备也极为相似。两军中都有服役了十年以上的老兵。罗马人可能更为疲惫，但也因为刚刚击败了敌人的前两条战线而满怀信心。他们进行了长时间的鏖战，最后莱利乌斯和马西尼萨重新集结的骑兵杀回战场，决定了这场战斗的胜负。他们像这些迦太基士兵当时在特里比亚河之战与坎尼会战中对付罗马军团时一样，从后方袭击了他们。曾经惨败的坎尼军团如今为罗马赢得了第二次布匿战争中最大的胜利，这实乃莫大的讽刺。

迦太基人损失惨重。根据波利比乌斯的记载，有2万人战死，2万人被俘。罗马人损失了1500人，如果他们的总人数在3万人（实际数字应该不会比大大）的话，那么伤亡率约为5%，这对于一支获胜的军队来说算很高了，足以证实战斗的惨烈，所以我们没必要取信后来有一些史料所认为的伤亡人数2500。罗马人的伤亡再次印证了战斗的惨烈。尽管马西尼萨的骑兵给了罗马人巨大的优势，但扎马之战的结果并非是完全无法避免的。汉尼拔的基本计划很合理，而且有可能轻松成功。若不是西庇阿调整了阵形，让战象能从步兵支队之间穿过去，那么它们的冲锋可能会对罗马人造成像公元前255年对雷古卢斯的军团同样的巨大伤亡。汉尼拔将步兵排列成三线，把最好的部队留在最后，让前面的部队消耗罗马步兵的精力，使青年兵筋疲力尽，也削弱了壮年兵的战力。多亏了西庇阿出色的统领才能以及部下严格的纪律和高昂的士气，罗马士兵们才得以重新整队，最后背水一战。我们永远无法知道，如果罗马骑兵没有回来从背后攻击敌人的话，最终胜出的将是哪边的方阵。汉尼拔的战术不是像在早期的战役中那样，意图包围和歼灭敌军，他不需要那样的全面胜利，因为现在罗马人是人数较少、远离本土的入侵者，正如当年进入意大利的汉尼拔。尽管汉尼拔的大部分军队已经跑了，但只要西庇阿能吃一场结果分明的败仗，他的非洲远征便很可能就此结束。[33]

结　局

　　战斗结束后，汉尼拔和手下将领逃回了哈德鲁门图的主基地。罗马人围捕了俘虏并扫荡了迦太基军营。此外，西庇阿又收到好消息，新一批补给刚刚抵达科尔内利乌斯军营。莱利乌斯再次被派回罗马传递胜利的消息。迦太基的最后一支军队惨败，这令他们别无选择，只得求和。西庇阿率领舰队到迦太基城边炫耀武力，以求进一步施压，迫使其屈服。从军事角度上讲，罗马人实际上并不能给迦太基这种设防坚固的大型城市造成直接威胁。即便西庇阿投入全部兵力围城，这也会是一项巨大的工程，还不一定成功。尽管李维称，一些西庇阿手下的军官主张攻城，但西庇阿立即否定了这项提议。所以尽管他当初果断地拒绝了一支迦太基的议和使团，现在的他急于结束纷争，尤其是因为他可能又一次担心自己的指挥权不保，自己在战场上赢得的荣耀稍有不慎就会被偷走。公元前 201 年的执政官之一确实曾试图在这场战争的末尾取代西庇阿，把在非洲的统帅权据为己有，但经一些平民保民官的干涉以及元老院的讨论后，他最后取代了尼禄去指挥海军。[34]

　　西庇阿制定的条款十分苛刻。迦太基无偿交还了所有罗马俘虏、逃兵以及所有战象，舰队只保留了 10 艘三列桨座战船。迦太基保留了在非洲的大部分领土，但丧失了所有海外领地。即便在非洲，他们也必须承认大规模扩大后的马西尼萨的王国版图。西庇阿索要了1万银塔伦特赔款，让迦太基分50年还清，每年交付，目的是持续提醒他们自己惨败的事实。还有一项条款指明了迦太基从此以后的从属地位——迦太基人不能在非洲外发动战争，在非洲本土发动战争也要先得到罗马的许可。尽管迦太基对内仍是依照本国的法律自治，但显然在所有外事上都必须服从罗马的安排。最后，迦太基人还要为西庇阿的军队提供3个月的粮食和补给，并在条约最终确定前支付罗马的军饷。此外，为了提醒迦太基人不久前的背叛行为，罗马人要求他们赔偿那次打破休战协定并袭击罗马船队给罗马造成的损失。罗马人从迦太基的贵族家庭中挑选了人质，作为协商期间的担保，以防迦太基人故技重施。[35]

条约所传递的信息已经很清楚了，如果事实真像阿庇安所宣称的那样，迦太基人现在像罗马的意大利从属盟友一样被称为罗马人的"朋友和盟友"，那就更明确了这个信息，因为他们现在明显就是一个更强大的国家的从属盟友，每年向其缴纳贡赋，并在重大外事上服从对方的权威。它的海外帝国，以及曾经引以为傲、保护过它的强大舰队，如今都一去不返了。所以，有些迦太基领导人不愿接受这样严苛的合约条款，一点都不令人感到意外。汉尼拔则一向很现实，据说，当一名迦太基元老发表呼吁拒绝条约的演说时，他直接把这名元老从演讲的位置拖了下来。他解释道，自己36年没回迦太基，忘记了政治场合应有的礼节，但他随后强硬地力劝元老们不要意气用事，因为接受目前的条约已经是他们眼下最好的选择了。最终，迦太基元老院接受了议和条件，并派使节前往罗马正式定约。[36]

公元前201年初春，罗马元老院终于确认了迦太基愿意接受西庇阿所提出的任何和约条件的决定。当使节和随行的负责监督相关重大仪式的罗马神职代表（fetiales）回到非洲后，条款立即开始生效。大量迦太基战船（根据李维记载有 500 艘）驶出了城市的巨大港口，随后被焚毁。曾为迦太基作战的罗马逃兵则面临着悲惨的命运，其中的罗马人被钉死在了十字架上，拉丁人被斩首。西庇阿返回了罗马，庆祝自己盛况空前的凯旋式。

13

罗马，帝国的开端

总　结

　　第二次布匿战争自一开始便远比第一次布匿战争激烈。后者爆发于西西里，而且双方的争斗也都基本围绕争夺这座岛屿的控制权。雷古卢斯对非洲的入侵曾差点迫使迦太基屈服，但却以惨败收场，此后罗马在第一次布匿战争中没再第二次进军非洲。战争演变成了漫长的拉锯战，直到迦太基最后一支舰队在埃加特斯群岛覆灭后才分出最终胜负。最终的和约让迦太基依然在非洲保留了强大的实力，并且仍然能在西班牙扩张，但在罗马夺取撒丁岛后，条约中更严苛的属性就显现出来了。

　　第二次布匿战争是一场更直接的争夺霸权的战争，领土对于双方来说只是第二重要的。迦太基人夺回撒丁岛的意图并不强烈，更是在战争开始数年之后才进军西西里，而且主动权都在岛屿上的首领们手里，而不是迦太基人手里。夺取敌人的土地、怂恿其盟友叛变，都只是给敌方施压的手段，并不是最终目的。迦太基与卡普亚和塔伦图姆等城市订立的协议都向后者保证了他们的独立，这明显表示出迦太基没打算在意大利南部建立永久的行省。战争的目的只是让对手屈服，并签下对胜方极度有利的和约。公元前218年，双方都计划直捣敌国的腹地，罗马人踏足了非洲和西班牙，汉尼拔则进军意大利。尽管双方都曾中途遭遇到挫折，内部也曾因权力倾轧而分散精力、产生分歧，但双方都将这个战略贯彻到了最后：哈斯德鲁巴和马戈再次入侵意大利，西庇阿更是在非洲为整场战争画上了句号。双方为了向对手进一步施压，抓住了一切机会发起额外进攻，将战火烧至其他战场，但这些行动都不如主要战场的战斗重要。

从三种主要战斗方式——正面会战、攻城战和袭扰战之间的平衡就能看出第二次布匿战争比第一次布匿战争更加激烈。遭遇战变得更加常见，但双方在海上相遇的次数很少，规模也很小，远远比不上第一次布匿战争中的大型海战。公元前218年到公元前202年间约有12场会战，是公元前265年至公元前241年间会战数量的3倍，此外可能还有20多场稍有规模的战斗。有关很多冲突的记载非常简短，因此我们难以确定它们的规模和性质，有时甚至连结果都不清楚，所以以上都只是大致数字。只有一半多一点的主要战役发生在意大利，其余的都在西班牙和非洲。正如在第一次布匿战争中双方所认识到的，西西里的地形不适合大规模会战，第二次布匿战争中的西班牙、伊利里亚和希腊的大部分地区也是如此，但大型战斗除了在地理上集中在某些地区，时间上也时常集中在短暂且非常紧张的军事行动期间。汉尼拔在公元前218年至公元前216年参加了三场大战和其他几场规模较大的战斗，之后十几年则相对沉寂了许多。西庇阿·阿非利加努斯在公元前208年在西班牙打了一仗，在公元前207年试图发起战斗但未能如愿，最后在公元前206年赢得了全面胜利。他在非洲行动的节奏也是这样，在公元前203年和公元前202年都进行了大战。当一方的指挥官的行动极具侵略性时（通常表现为深入敌人的腹地），会战才最有可能发生，比如双方最初入侵意大利和非洲，或者西庇阿长驱直入攻击迦太基在西班牙的行省。罗马人一般都是用正面交战回应这类威胁的，直到经历了一系列惨败后，像法比乌斯·马克西姆斯这样的指挥官才在意大利的行动中注入了一丝谨慎。大规模会战只有在双方都完全同意的情况下才可能发生，否则即便像汉尼拔与西庇阿这样杰出的将领，面对不愿迎战的敌军也是无能为力。因此，西庇阿主动攻打占据着拜库拉极其有利地势的哈斯德鲁巴这一决定本身，与他的这场胜利一样不同凡响。[1]

罗马人在一些小型军事行动上失利过，但只有在意大利与汉尼拔的对阵战能算得上是惨败。普布利乌斯·西庇阿和格奈乌斯·西庇阿两兄弟公元前212年的战败是在一系列由极度恶劣的战略处境所产生的混战中发生的。除了这场战斗，罗马人在别的地方的会战中在面对其他迦太基军队和将领时表现出了明显的优势。毫无疑问，汉尼拔在意大利的军队是迦太基有史以来最强大的军事力量，这都要归功于他个人的领袖魅力以及部队在西班牙多年的作战经验。另一个优势在于军队中极高的骑兵步兵的比例，最高时在1:3到1:4之间，比其他迦太基与罗马军队中的平均比例高出超过一倍。汉尼拔接连战胜了罗马人，因此其麾下的士兵直到意大利战役的末尾都一直有着士气上的优势。其他迦太基军队也是类似的多国多兵种部队的混编，但是在战场上却表现得很糟糕。其他大部分将领根本不是和汉尼拔一样出色的指挥官和战术家，也没有机会对手下部队进行长期训练或让他们在熟悉的军官手下取得一些胜利，从而将这些零散的部队在自己的指挥下凝聚成一个整体。我们所掌握的史料经常表示，在一些战斗中，单一种族的部队是一支军队中唯一真正可靠并有很强的作战能力的单位，例如伊利帕之战中的利比亚人，或是大平原之战中的凯尔特伊比利亚人。即便是汉尼拔，由于在非洲时他的时间很有限，因此也没能将三支部队凝聚成一体，将其打造得像赢得了坎尼会战的那支劲旅一样强。

相比之下，罗马民兵体系所培养的军队在语言、指挥结构、训练方式和组织上都具有更高的统一性，这让他们能很容易地把来自不同指挥部的军团合并成同一支军队。较长的服役时间增强了罗马军队的战斗力，但这一过程对于迦太基的多民族部队而言则要困难得多。第二次布匿战争中的军团的服役时间是那时所有罗马部队中有史以来最长的，所以到了战争的后期，很多士兵已经像职业战士一样训练有素和有信心了。罗马人在梅陶鲁斯河之战、伊利帕之战和扎马之战所表现出的战术灵活性便是这一点的有力证据。无论是士兵还是军官们，此时都有能力实现他们在公元前 218 年时想都不敢想的复杂战术。这样的军队比大多数迦太基军队都强大得多，而且就像西庇阿所证明的那样，面对悬殊的人数劣势也能取得胜利。随着战争的发展，罗马人对迦太基军队及汉尼拔以外的将领们的蔑视越来越有基于事实的底气了。

尽管第二次布匿战争期间的会战和其他有规模的战斗有很多，但大多数士兵很少参与这些，更经常参与的是攻城战和劫掠。虽然有时军队会在劫掠中顺便补充粮草，但他们的首要任务并不是这个，而是尽可能地破坏敌方控制的乡下土地、杀死或俘房当地居民、摧毁他们的农场和村庄、烧毁庄稼和盗窃牲畜。以上一切行动都需要付出时间和精力，而且有些行动，比如毁坏庄稼，只有在每年收获季之前的几周这一段很短的时间内才能开展。尽管这些破坏对直接受到影响的人来说无疑是很可怕的，但是往往只局限在某一小范围内，而且没有什么长期效果。但如果长时间袭扰一个地区，日积月累就会对其造成严重的影响。村民被杀、被俘或入伍造成了农村劳动力的损失，而且土地、庄稼和牲畜持续遭受破坏会令生产率降低，造成粮食短缺，从而使人民的身体素质变弱、助长疾病的肆虐，导致人口进一步减少。一些地区，尤其是布鲁提乌姆和别的汉尼拔及其军队长期盘踞的意大利南部地区，反复被双方蹂躏，必然遭受了极大的损失。第二次布匿战争的主要争议之一就是它对人民和意大利农村经济的冲击，这一点我们将在之后的章节讨论。[2]

袭扰最直接的结果之一便是通过显示敌人无法保卫自己的领土而折损他们的威望。公元前217年，汉尼拔大军在意大利一路焚烧农田，这番景象刺激了弗拉米尼乌斯去贸然追击，急于报复这份令罗马人显得软弱的羞辱。后来在同一年，法比乌斯·马克西姆斯因为不肯采取行动制止敌军的袭扰而令罗马人民十分不满。一个不能保护同盟的领土免遭蹂躏的国家所失去的可能不光有颜面，还有盟友。在西西里和西班牙这样的地方尤其如此，当地的社群对任何一方都不抱有绝对的忠诚，但也是可以理解的。汉尼拔没能保护许多意大利盟友免受罗马人侵袭，就是这些城镇无可避免地重回罗马阵营的一个主要原因。

拥有城墙的城市能免受袭扰之苦，只有极为小型的城市可能被直接攻陷。对于大部分卷入战争的民族而言，城镇是他们的政治中心，控制着周围广阔的领土。袭扰能恐吓一个地区的居民，但是唯有占领他们的要塞才可能获得对其永久的控制。罗马在西西里的胜利就得益于他们在叙拉古和阿格里根图姆攻下了敌人的两大要塞。双方都无法通过攻占敌方的首都来结束战争，尽管罗马和迦太基有几次都被敌军攻到了城下，但这两座城市都太大、防守太严密了。攻占一个设防坚固的地点极为困难，这便是自从古埃及以来，"伟大的国王们"在政治宣传中都爱吹嘘攻城战胜利的原因之一。只有当职业化的罗马军队掌握了高超的工程技术，并且愿意接受不可避免的伤亡时，守城一方才失去了绝对优势。正如我们所看到过的，直接攻打大型城市时，只有当内部有人接应，或者攻方洞悉了城防的弱点，然后进行奇袭时，才有机会成功。封锁耗时长久，而且需要一支庞大的军队在一个地方停留数月乃至数年，增加了补给的困难。罗马军队的人数优势和充足的后勤保障令其有条件长期封锁并最终拿下卡普亚与叙拉古。[3]

踯躅乡间农地、占领城镇和正面会战是瓦解敌人斗志的三种主要手段。在不同的战场，三者的比例也不同，但无论在什么地方，对阵战的失败都是冲击力最大的。罗马最终凭借扎马之战的胜利结束了第二次布匿战争，正如在第一次战争结束于埃加特斯群岛的海战。其他战役带来了更多战术上的全面胜利，但并不具备这样的决定性作用。汉尼拔在意大利初期的一系列对阵战中取得的压倒性胜利尤其证明了这一点，罗马人因此不得不承认自己无法在正面战场上与之抗衡。他所到之处的土地都难逃被踯躅的命运，成功劝诱罗马在南方的许多盟友叛变。在这种情况下，任何同时期的其他国家都会求和，但罗马人不肯，于是汉尼拔继续用同样的方式施压，但他之后的胜利都不像之前的那么辉煌了。罗马人始终顽强不屈。等到他们重新夺回最重要的两个叛变的城邦，卡普亚与塔伦图姆时，罗马已经再度控制了大部分之前变节的地区，汉尼拔在意大利的势力也逐渐衰退了。从来没有一个拉丁城市加入过汉尼拔，迦太基为其派去援军的计划也一一失败，此时他显然已再无取胜的可能了。与此同时，罗马人重新占领了西西里，将迦太基人逐出了西班牙，还在非洲站稳了脚跟。

我们很难说汉尼拔为了争取胜利还能再做些什么，我们也永远无法知道，罗马人曾经距离承认失败有多近。也许汉尼拔在坎尼会战后直接进军罗马会粉碎罗马人的意志，但对此谁也说不准，而且这种行动本身也是一场风险极大的赌博。迦太基人所面临的一大问题是，虽然他们拥有一位杰出的将领及其麾下卓越的军队，而在别的地方，他们只有糟糕的指挥官和一般的军队，或者一般的指挥官和糟糕的军队这两种组合。从一开始，罗马人就能组建大量能力不算太差的军队，指挥官们的总体素质也都说得过去，因此他们在面对汉尼拔之外的敌人时都有优势。罗马的指挥官和士兵随着战争的进行积累了更丰富的经验，把与其他迦太基军队之间的差距拉得更大了。倘若罗马人没组建军队、走出意大利战斗并赢得胜利，那么战争的结果肯定会截然不同。这很大程度上要归功于罗马元老院，当意大利面临的危机尚未解除时，依然持续将士兵和资源派往海外战场。[4]

罗马与迦太基在面对威胁时的表现大相径庭。公元前255年、公元前203年和公元前202年，罗马军队三次兵临迦太基城下时，迦太基当权者们的反应都是求和。李维认为，他们在公元前203年不是真心想求和，和公元前255年时一样，他们认为，条款与自己仍然强大的势力不匹配，于是重新开始了战争。而无论是在公元前216年、公元前212年还是战争期间的任何低谷时期，罗马元老院或任何罗马指挥官都没有考虑过认输并与敌人和谈。尽管遭受了可怕的损失、一系列屈辱的惨败与部分意大利盟友的背叛，同时汉尼拔还持续率领军队在意大利肆意横行，罗马人一如当初拒绝皮洛士那样，就是不肯向迦太基人低头。他们之后在其他所有战场上都击败了敌人，迫使还没被完全打败的汉尼拔撤出意大利，回去保卫迦太基。迦太基人希望以谈判结束一场战争，而罗马人则认定，只有在自己获得全面胜利或者被彻底毁灭这两种情况下，战争才能结束，同时代没有任何别的国家有这么做的资本。正是这种态度使罗马人避免了失败，并最终取得了胜利。

允许罗马采取这种强硬态度的最重要的原因之一可能是其庞大的军事人力资源。罗马遭受了远超第一次布匿战争时的惊人的损失，富裕阶层、元老、骑士和作为军团中的重装步兵的自耕农们这一次遭受了尤其沉重的打击。在战争的最初几年，可能四分之一有资格服兵役的人口战死或叛逃了，但尽管如此，军团的数量依然增加了。罗马采取了一些特殊的措施来开拓兵源，因此超出或没达到常规年龄的人也入伍了，服役的最低财产要求也降低了，甚至还出现了罪犯和奴隶组成的军团。总体而言，正是因为罗马的普通公民愿意多年服从严苛的军纪、踏上危险的战场，此次扩军才得以实现。我们需要牢记，罗马的所有阶层以及大多数盟友对彼此和国家都十分忠诚。当然也有例外，最著名的便是公元前209年，12个拉丁殖民地拒绝再提供人力，但这种情况极为罕见，而且这些殖民地也只是表示，自己实在拿不出任何资源了。他们没有建议罗马与敌人议和，也没有任何叛变的苗头。同样，有人试图逃避兵役，也有人试图从应用于购买部队补给的花销中牟利，还出现了极少数的逃兵和为敌人卖命的叛徒，但绝大多数人都没有上述行为，并怀着强烈的爱国心，甘愿为国家牺牲自己。

迦太基人的伤亡无论是在总数上还是在全体公民占比上都要少得多。迦太基公民只有在非洲才大批走上了战场，而且他们在大平原之战与扎马之战中的损失也不多。迦太基所缺少的似乎不是招募雇佣军的钱，而是招募后者并让其凝聚成一支高效的军队的时间。迦太基人完全不像罗马人一样适应战争，而对后者而言，战争已经成了其政治生活中不可分割的一部分。罗马元老院每一年都会分配指挥权和军事资源，在汉尼拔战争期间，他们也不过是继续往常的惯有程序罢了。相比同时代的其他民族而言，罗马人不一定发动了更多战争，但可以确定的是，他们的战斗力更强，对战争也更全身心投入。波利比乌斯强调了罗马的政治组织、社会结构与军事制度，认为这是他们战胜迦太基的关键，这个评价无疑是正确的。在汉尼拔战争期间，以上元素都为了应对这次危机而做出了调整，因此官员以及保有权力的前任官员数量增加成了常态，损失了成员的元老院补充了新鲜血液，奴隶也可以参军，同时军团的训练水平也达到了前所未有的高度。这些制度都显示了足够的灵活性，在不改变本质的情况下适应时局。在之后的半个世纪里，正是它们让罗马成了地中海世界的主人。

世界帝国（公元前 201—前 150 年）

罗马与迦太基的战争在公元前 201 年结束了，但在之后的数十年内，战争的余波一直让罗马身陷各种冲突之中。汉尼拔是从西班牙发动入侵的，为了杜绝这种情况再次出现，罗马在西班牙半岛设立了两个行省和永久驻军。这个举动让罗马陷入了几乎无休止的战争中，一方面是因为西班牙众社群对新的占领者的到来心怀怨恨，另一方面也是因为他们卷入了传统的战争模式。罗马若想稳固自己的统治，就必须有保护同盟免受袭扰的能力。20多年的苦战之后，提比略·森普罗尼乌斯·格拉古（Tiberius Sempronius Gracchus），公元前212年被杀的执政官之子，巧妙地结合了武力与外交手段，成功建立了长期的稳定局面，为近一代人造就了一段相对平静时期。[5]

　　在罗马人与山南高卢部落旷日持久的冲突中，汉尼拔的入侵只是一段插曲。汉尼拔的胜利和高卢人自己对阵罗马所赢得的胜利在波河谷地激起了新一轮抵抗罗马入侵的热潮。有一个名叫哈米尔卡的迦太基将领，可能是之前与马戈一道抵达的，后来留在了当地，在公元前201年后继续领导高卢部落战斗。迦太基政府收到过投诉，但回复称，此人并不是依照迦太基政府的命令在行动，但是这个问题直到后来哈米尔卡被杀时才真正解决。在公元前2世纪的最初10年里，罗马派往山南高卢的执政官和军团的数量超过了其他任何地区的，元老院也密切掌控着当地的战斗，毕竟这里距离罗马的心脏地带很近。在罗马人的努力下，波河谷地的高卢部落终于被击败了，有些部落作为政治实体被彻底毁灭，其他的则被吸收进了罗马的体系内。镇压利古里亚人耗费了罗马更长的时间，前者的政治结构松散，彼此独立，土地崎岖不平，这些因素令他们得以更长时间地抵抗罗马，罗马人因此不得不一个村庄接一个村庄地将其攻克。他们把一大部分利古里亚人迁居到了意大利南部，以弥补汉尼拔战争之后的人口损失，后者在这里做着成功且和平的农民。[6]

　　公元前200年，执政官普布利乌斯·苏尔庇奇乌斯·伽尔巴（Publius Sulpicius Galba）在百夫长大会上提出了向马其顿宣战的动议，借口是雅典人请求罗马人帮助他们对抗腓力五世。几乎所有百人队都投票反对了这项动议，这是历史上少有的罗马人不愿参加战争的情况。连年与迦太基交战让所有阶层都疲惫不堪，因此罗马不确定是否应再次开展大型的海外战争。百夫长大会并不负责辩论议题，只能进行议案投票表决。伽尔巴在召集大会二度表决前，于一次非正式会议（contio）上向各个百人队发表了演说。李维笔下的执政官给出了应当开战的两点主要理由：腓力五世曾在第二次布匿战争期间乘人之危，不宣而战，此举足以证明他是罗马的敌人。如果罗马人此时不攻击他并在希腊开战，那么马其顿人有朝一日就将利用他们规模可观的舰队派军登陆意大利。罗马必须保护雅典不受腓力荼毒，因为当初正是因为罗马没能保护另一个盟友萨贡图姆不被汉尼拔攻陷，才给了后者入侵意大利的信心。在百夫长大会第二次投票时，议案轻松通过了，罗马向马其顿宣战。其实罗马人这么做也许还有别的原因。腓力五世与塞琉古国王安条克三世秘密决定，将趁埃及新君托勒密五世年幼，瓜分他的领土，这势必会打破三大王国之间的实力平衡，不过我们不清楚罗马人是否对此事知情。不管怎么说，罗马人已经明确视腓力五世为敌人，而且根据他们的标准，第一次马其顿战争的结局令他们很不满意，因此两国之间重新打响战争已是不可避免的了。[7]

第二次马其顿战争直接引发了罗马与昔日的盟友埃托利亚同盟的冲突，随后罗马又与塞琉古王国展开了叙利亚战争。这些敌人在公元前189年前都被罗马彻底击败了。相比于第一次马其顿战争，这些战斗更为迅速，早早便分出了胜负，毕竟一场对阵战的失败便足以令希腊化王国认输了。赢得这些战役的罗马军队的规模并不算很大，几乎都是标准的执政官级军队，由两个军团和两支辅军组成，外加当地的一些盟军，就像赢得扎马之战的军队一样。罗马人一度派出了两支这样的军队分别在希腊和亚细亚行动，但事实证明，罗马人无须为这些战事调动过多后备人力。希腊军队远比迦太基雇佣军与盟军的混编队伍成分统一，主要由职业士兵构成，这些职业士兵受过严格的训练，纪律十分严明，但数量相对较少，出现伤亡后很难被替代填补。

各支希腊军队的主力都是方阵，士兵们排成至少 8 排，手持21 英尺（6.4 米）长的萨里沙长矛（sarissae）。这是一种双手持握的武器，重心在尾端，所以以长矛三分之二的长度在士兵身前。当军队排好阵形时，方阵前 5 排士兵的矛尖指向前方，后面的人则以一定的角度向上举起长矛，让密集的矛杆起到一些抵御投射武器的作用。希腊化方阵的正面十分坚固，其他步兵很难从前方将其击败，而且他们经常能凭借极强的持久力取得胜利。阵形的高密度的长纵深，以及每个士兵手里的萨里沙长矛让方阵士兵很难弃阵逃脱。当方阵向敌军逼近时，也是非常可怖的一幕。一名罗马将军将其描述为自己一生中见过的最可怕的东西。腓力二世和亚历山大正是用长矛方阵锁定敌军并持续向其施压，从而给骑兵创造机会，向敌军阵线的薄弱环节发起致命冲击。到了战斗晚期，骑兵已不再是战场上的关键角色，主要是因为诸继任者的王国都没法召集起像公元前 4 世纪的先人们麾下一样多的高质量骑兵。相反，方阵成了攻击的主力，尽管这并非方阵发明之初的目的。[8]

在公元前 280—前 275 年与皮洛士和塔伦图姆的战争中，罗马人第一次遭遇了新型的希腊化军队。在前两场激烈的血战中落败后，罗马军团终于在第三场决定性战役中获胜了。双方在公元前2世纪再度交手的战况则没那么难舍难分了。在公元前2世纪早期地中海东部的几次战役中，罗马士兵迅速证明了自己的水平远超对方的职业士兵。这些军团士兵是在罗马与汉尼拔交战的年代长大成人的一代人，他们中的很大一部分积累了多年的军事经验，服役时间远超一般罗马军队。公元前200年派往希腊的军队中甚至包含了一大支来自坎尼军团的部队，这些可怜人还在苦等退伍的那一天。这些军队中各阶位的军官总体上都比通常情况下的更年轻、更有经验。很多前任大法官和执政官都担任过军队副帅甚至军事保民官。以一场大胜结束第二次马其顿战争的提图斯·昆克提乌斯·弗拉米尼努斯（Titus Quinctius Flamininus）在公元前198年当选执政官时只有30岁，而且此前没有担任过大法官。他的成功是继西庇阿·阿非利加努斯崛起后，罗马政治体制给予的最后一次通融。之后，罗马人从政的程序变得更为严格了。富有经验的士兵和将领共同组成了极为高效的军队，和布匿战争末期的罗马军队一样训练有素、战术灵活。[9]

罗马的军事优越性在这些战役中得到了充分的体现。公元前197年，弗拉米尼努斯与腓力五世的行军队伍在从不同方向向一处关隘进发时在辛诺塞法利意外相遇了。和往常　样，两军将行军队伍向右转，摆开了战斗阵形。如此，双方的右翼，即队首，能够更快地摆好阵形并发起进攻，击溃敌军尚未准备好的左翼。腓力的军队按照希腊化传统，只组成了一条战线，没有预备队。罗马排成了常规的三线战阵，一名不知姓名的保民官在右翼率领20个步兵支队脱离大军，包抄了已准备好的马其顿右翼。腓力无力应对，其士兵惨遭屠杀。公元前190年，阿非利加努斯的弟弟卢基乌斯·科尔内利乌斯·西庇阿（Lucius Cornelius Scipio）在马格尼西亚（Magnesia）迎战了安条克三世。后者效仿亚历山大大帝，亲自率领骑兵发起进攻，并似乎冲破了一个军团的阵形。然而，塞琉古军队没有后备部队，加上他们的统帅本人陷入战局过深，以至于无法看到战场的其他地方发生了什么，因此无法继续扩大这一局部优势。安条克的骑兵先是被罗马军营外的警戒队阻拦，与其匆忙交手，接着又被一名次级罗马将领所带出的后备部队击败了。与此同时，罗马的后备部队填补了战线中的间隔，而其他各处的敌军都溃败了。公元前168年在皮德纳，罗马前哨部队与马其顿军队之间的冲突随着越来越多的部队投入，升级成了一场大规模会战。此次战斗在混乱中展开，而且部队要走过很远的距离去布阵，因此加快了马其顿方阵分解的速度。罗马人组建起足够阻止马其顿人挺近的战线后，百夫长们积极率领手下突入了马其顿方阵各部之间的缝隙。长矛兵无力抵御来自侧方的攻击，随着马其顿人陷入恐慌，整个阵形瓦解溃败了。[10]

　　皮德纳之战奠定了第三次马其顿战争（公元前172—前167年）的结局，实际上也是第二次布匿战争那一代人的最后一搏。甚至此时就已经有人担心，新入伍的士兵已不再具备老一辈的尚武美德。为了恢复传统，卢基乌斯·埃米利乌斯·保卢斯（Lucius Aemilius Paullus）在公元前168年再度当选执政官。他是在坎尼会战中阵亡的执政官保卢斯之子，此时已经60多岁了，比法比乌斯·马克西姆斯与玛尔凯路斯之后的大多数将领年长得多。保卢斯带着很多经验丰富的军官，在希腊严格细致地操练了军队，最终赢得了胜利。这场战斗的起因显示了罗马人对手下败将的态度。辛诺塞法利之战后，腓力接受了类似于当年迦太基与罗马签订的和约。从此以后，未经罗马人允许，他不得在马其顿之外发动战争，还要支付 1000 塔伦特赔款，分十年还清。他承认了希腊与小亚细亚各社群的独立，撤出了上述两地中臣服于他的地区。马其顿舰队被削弱到只具备象征意义，让罗马人再也不用担心马其顿可能会攻打意大利。此外，马其顿还无条件归还了所有罗马俘虏和逃兵。其实弗拉米尼努斯在希腊处理战后事宜的这些年中发现了一群当年被汉尼拔俘虏的奴隶，后者可能是坎尼会战的败兵，在元老院拒绝支付赎金后，被汉尼拔卖掉了。弗拉米尼努斯谨慎地调查了这些奴隶的身份，然后为他们赎回了自由，把他们送回了意大利。[11]

第二次马其顿战争结束后签订的条约清楚地表明，即便马其顿王国依然有自行处理内部事务的自由，但它是从属于罗马的。罗马现在主导其外事，裁决腓力与希腊城邦之间的争端，并要求他成为忠实的盟友。击败马其顿人的罗马军队的粮草中至少有一部分来自新近战败的迦太基。当卢基乌斯·西庇阿率领军队进入亚细亚攻打塞琉古王国时，腓力五世同时使用了武力和外交，帮助他们穿过了被劫掠成性的色雷斯部落控制的道路和关隘。曼利乌斯·乌尔索指挥罗马军队按原路返回时没有要求马其顿人援助，结果遭到了一系列伏击，损失惨重。安条克二世接受了类似腓力五世在马格尼西亚之战后签订的和约，同意撤出小亚细亚，被禁止在小亚细亚和希腊发动战争，只有被这些地区的其他城邦攻击时才能进行自卫性质的战斗。罗马向他索要了 1.5 万塔伦特赔款，这比他们之前向迦太基人要的还要多，但是富裕的塞琉古王国也有能力拿出这笔钱。此外，安条克还放弃了几乎全部舰船与战象。[12]

尽管腓力五世仔细遵守了与罗马人签下的条约，但他和儿子珀尔修斯（Perseus）也都尽其所能地在马其顿境内积蓄力量。他们扩张了军队，仔细训练士兵，加强了对边界上的色雷斯与伊利里亚部落的控制，还与希腊城邦恢复了联系。尽管这些行为按照希腊人的标准是完全合理的，但在罗马人眼中却不是一个从属盟友应有的举动。李维说，马其顿人对罗马人构成了威胁，或珀尔修斯有入侵意大利的计划，这些说法都是极度值得怀疑的，但罗马人显然对马其顿近来的发展非常起疑。罗马人断不能容忍旧敌的军事实力得到提升，或外交渐渐恢复独立。在珀尔修斯战败后，马其顿王国灭亡了，但罗马人仍然不愿在已有的4个行省外再增加新的行省。因此，马其顿被分割成了4个独立的自治区（Merides），分别拥有各自的法律和官员。这一规制持续了几个世纪。[13]

罗马的政局（公元前201—前150年）

公元前2世纪初期，罗马的政局出现了一些变化。元老院现在主要由两种人构成，一是战争期间大量填补了战死的元老们所留下的位置空缺的骑士，二是家中年长成员们战死且现已成年的年轻贵族。汉尼拔战争让老一辈们损失惨重，大量年长且有经验的元老，特别是前执政官们战死沙场。布匿战争后，永久行省的数量增加了，与之对应的每年大法官数量的增加便能反映出这一点。公元前265年，罗马只有1名大法官，但在第一次布匿战争期间增加到了2名，到公元前3世纪20年代初期变为4名，最终在公元前201年后的10年内增加到了6名。在公元前265年前，大法官只需在罗马负责司法工作，很多执政官从未担任过这一职务。公元前198年的弗拉米尼努斯是最后一位没当过大法官的执政官。公元前2世纪早期，大量大法官被派往海外行省，指挥军队作战并为罗马赢得胜利，甚至可能举办凯旋式。他们带着荣耀与财富回到罗马，这两样都增加了他们日后竞选成功的概率。每年的执政官仍然只有两名，这便很明显地意味着，每3名大法官中只有一人能够赢得这一最高的政务官位，大大增加了执政官选举的竞争激烈程度。古老且声名显赫的贵族家族不再垄断执政官的选举，尽管他们依然能经常依靠财富、庞大的门客关系网络以及家族声望获胜，但如今已很难凭此多次当选了。现在能够参与高级官职的角逐的家族更多了，但我们也不能忘记，大多数元老仍然连大法官都当不上。大多数政务官都希望获得行省的军权，所以前政务官的任命频率就远低于战争时期的了。大多数行省总督只有一年任期，所以他们必须快速抓住这有限的机会从中获利。在这种竞争激烈的政治气候下，政治晋升体系也越来越规范和严格。每一种官职都被设定了最低年龄限制，且被严格遵守——财务官为30岁，营造官36岁，大法官39岁，执政官42岁——而且每人每隔10年才能再度出任同一官职。这套制度在接下来的半个世纪里都被执行着。

罗马在公元前2世纪初的战争中的收益颇高。通过战利品以及将战俘卖为奴隶所获的财富有一大部分都流进了带兵打仗的将军们的腰包。在东部的希腊化世界进行的战争尤其利润丰厚。第二次布匿战争期间，玛尔凯路斯攻克叙拉古后举办的小凯旋式和西庇阿·阿非利加努斯举办的正式凯旋式展示了前所未有的奢华战利品。在接下来的几十年内，为弗拉米尼努斯战胜腓力五世、卢基乌斯·西庇阿战胜安条克、格奈乌斯·曼利乌斯·乌尔索战胜小亚细亚的加拉太人（Galatian）部落，以及埃米利乌斯·保卢斯战胜珀尔修斯举办的这些凯旋式上展出的战利品都曾被分别称为罗马有史以来最壮观、最丰富的。能够获得军事指挥权的元老们变得越来越富有，特别是少数在东方的重大战斗中担任统帅的那些，元老院中的贫富差距也从而变得越来越大。巨额的财富让这些家族得以通过庞大的公共娱乐开支提高声望，比如举办日益流行的角斗士竞赛。也是在这一时期，随着成功的将军们从战利品的收益中出钱建造长方形会堂（basilica）、神庙和引水渠等，修建纪念性建筑的风潮开始在罗马兴起。元老们用这种方式纪念自己的成就，还能为自己和家族成员在未来的选举中加分。[14]

由于每个人都为了不落后于竞争对手而被迫大肆挥霍，从政变得越来越昂贵。成功当选需要花费大价钱，所以很多人因此负债，这使得他们更迫切地需要从高级官职中牟利。曼利乌斯·乌尔索因未经元老院批准便挑起了对罗马人不利的与加拉太人的战争，而遭到了指控，差点被判死刑，多亏了他在罗马的朋友和政治同盟才勉强逃过一劫。一个富有的人可以利用自己的财富赢得很多这样的盟友，比如说贷款给那些在为参政的消费而头疼的人，不过并非所有人都具备这个能力。大多数赢得过辉煌胜利的指挥官都遭受过元老院中政敌的猛烈攻击。曼利乌斯·乌尔索和埃米利乌斯·保卢斯都为了获准举办凯旋式而费尽了周折。公元前184年，监察官以行为不端的罪名把弗拉米尼努斯的弟弟卢基乌斯逐出了元老院，后者被指控的罪行之一是他曾在宴会上为取悦一个男妓而处决了一名俘虏。不过，在所有政治攻讦中，最成功的还要数普布利乌斯和卢基乌斯·西庇阿所遭受的控诉。[15]

西庇阿·阿非利加努斯在公元前 201 年时不过 35 岁左右，无论是根据传统还是即将实行的限制官员最低年龄的法案，他都没达到当选执政官的最低年龄。战争结束后，他的职业生涯很难再续在西班牙与非洲的辉煌了。他在公元前 194 年再度当选执政官，出色地指挥了罗马与利古里亚人和山南高卢人的战争，但并没有取得特别突出的成就。他公开宣布，愿意作为副帅陪同弟弟卢基乌斯出征，才让后者得到了亚细亚战场的指挥权，因为当时所有人都知道，汉尼拔已经逃到了安条克的宫廷，所以很多人都想借此大展身手。实际上，汉尼拔和阿非利加努斯这两位老对手并未在战场上再度交锋，后者甚至据说因病缺席了马格尼西亚之战，但他也有可能是故意称病，从而让卢基乌斯能独享胜利的功劳。按照大多数元老、甚至在公元前 218 至公元前 201 年间成年的那一代人的标准来看，西庇阿成年后在罗马度过的时间相当短暂。他第一次当选执政官期间就曾引起很多争议，有传言说，他意图用不正当手段保住非洲战役的指挥权，之后他还卷入了普莱明尼乌斯的丑闻。尽管阿非利加努斯是一名出色的军人和有感召力的指挥官，但并不是一个精明的政治家，不擅长于在不起冲突的情况下就在元老院中悄无声息地达到自己的目的。公元前 1 世纪的"伟大的"格奈乌斯·庞培（Pompey the Great）同样是个成功的军人，但也对罗马的日常政治缺乏经验，在最终返回罗马时没能充分利用自己积累的财富和声望。西庇阿·阿非利加努斯是他那个时代最声名显赫的前执政官，当了至少十年元老院的首席元老（princeps senatus），他自己的财富和成就为家族的势力锦上添花，但他在政治上依然有弱点。罗马的政治系统中总有野心分子在等待攻击表现出弱点的显赫元老的时机。[16]

　　西庇阿兄弟从亚洲返回罗马几年后，就都遭到了指控，尽管对于这些指控的现存记载多有矛盾之处，但可以确定的是，他们主要被指控在叙利亚战争期间挪用公款。两人均拒绝回应，并认为过去的成就和名声足以证明自己是真正的国家公仆。阿非利加努斯当众撕毁了弟弟在战争期间的账簿，以示对指控的蔑视。阿非利加努斯的审判再次开庭的那天正好是扎马之战的纪念日，他便宣布自己打算前往卡庇托山的三主神神庙，感谢众神保佑他赢得了胜利。除了起诉者及其奴隶，在庭的大部分人连同聚集在广场上围观的民众都随他前往了，让那一天的审判无法继续下去。尽管阿非利加努斯展现了当年鼓舞过士兵的个人魅力，还一直享有人民的拥戴，起诉还是再次开庭了，且只有极少数元老站在了西庇阿兄弟一方。阿非利加努斯看到，国家对立下汗马功劳的自己如此忘恩负义，心灰意冷地自愿流放，去了他在利特努姆（Liternum）的庄园隐居，不久后在公元前 187 年，或公元前 184 年（此说法可信度较低）去世了。卢基乌斯以身体不佳为由请辞，退出了政坛。[17]

　　加图在公元前 205 年任财务官时曾指控西庇阿在西西里行为不端，在后来数十年间也经常参与对西庇阿兄弟和许多其他显要人物的攻击。他是一名新贵，是战争期间因表现勇武而被招入元老院的众多骑士中的一员。他并非那个时期唯一当上执政官的新贵，但他作为执政官和监察官的经历给了他很大的影响力，使他能利用这些影响力对付自己的敌人。纵观其职业生涯，加图标榜自己捍卫了罗马传统美德与道德规范免受外来文化，尤其是希腊文化的侵蚀。公元前 195 年，有人建议废除在公元前 215 年战争最危急的时刻通过的一条限制罗马妇女在服装和首饰上的消费金额的法令。作为当年的执政官，加图反对了废除该法案的提议，但是没能如愿。他在公元前184年担任监察官，严格清理了他认为不配列入元老与骑士阶层的人，其中最出名的就是卢基乌斯·弗拉米尼努斯。在其长寿的一生中，加图参与了44场诉讼，次数远超大多数资深元老，后者通常只会在为自己的朋友辩护时出庭，而非直接出面起诉政敌。他总是批判元老们，例如提图斯·弗拉米尼努斯（Titus Flamininus）公然表现出的亲希腊主义，以及罗马贵族中日益推崇希腊教育、哲学与宗教的风气。

加图算得上是罗马历史上最不讨喜的人物之一。在他所著的有关农场管理的手册《农业志》（de Agricultura）中，他建议卖掉丧失工作能力的年老奴隶，但是没有阐明该去哪儿找买主。我们很容易从现代的角度谴责他是一个守旧的反动者，他对希腊学术的敌意则给了人们又一个讨厌这个明显十分古板的人物的理由。但这种看法是对于当时罗马政治的特性的误解。一个新贵需要与势力根深蒂固的贵族家族竞争，后者因为祖先的各种成就而更为选民所熟知。为了赢得选举，他需要让自己的名字变得像贵族成员的名字一样广为人知和易于辨识，而最佳的方式就是抓住一切机会强化自身一个单一的特点。加图选择将自己塑造成一个来自一个爱国但相对贫穷的家庭的普通罗马人，尽管他在政治上获得了成功，却继续过着节俭的生活，与身边的堕落之徒形成鲜明对比。他写下了第一部以拉丁语散文形式记述罗马历史的著作《创始记》（Origines），在书中没提罗马诸位将军的名字，且不把过去的胜利仅仅归功于某些贵族将领个人，而是归功于整个国家。为了突出这份故意的冷落，他还特地提到了汉尼拔军中最勇敢的一头大象的名字，叙鲁斯（Surus，意为"叙利亚人"）。然而，加图实际上并不是像他所公开表现的那样，容不下半点外来文化。他的《农业志》就深受诸多迦太基农业论著的影响。尽管他对希腊文化与作品嗤之以鼻，但他其实似乎对其有一定的了解，在与波利比乌斯交谈时，他还援引荷马的诗句讲了个笑话。加图为拉丁文学所做出的贡献能反映出，他想与希腊文化的成就竞争，而不是将其彻底拒之门外。[18]

在过去的一个世纪中，罗马越来越多地参与海外事务，因此与希腊文化产生了更多的直接接触。有些元老拥抱了希腊的思想与生活方式，争相表示自己比同辈人更亲希腊。其他人，比如加图，则站在其对立面，公开表达自己对希腊对罗马的影响的抵触。一般来说，罗马人愿意将外来的宗教引入自己的城市，并将其吸收进国教中。公元前205年，根据一条西比尔神谕的解读，元老院决定引入信奉伊达山圣母（Idaean Mother）的宗教。经过与帕加马王国的协商，象征女神的黑石头从海上被运到了奥斯提亚。大批身份显赫的妇女前去迎接它，带头的是普布利乌斯·科尔内利乌斯·西庇阿·纳西卡（Publius Cornelius Scipio Nasica），此人是阿非利加努斯的堂弟，被认为是罗马最优秀的人，因而被授予了这项使命。妇女们手捧着石头，一个接一个传下去，最后将其安放在了帕拉丁山的胜利女神庙中。而在公元前186年，元老院下令在全意大利境内严格禁止了对另一位东方的神祇，酒神巴克斯的崇拜。在这起事例中，一个外来宗教被视为对国家有威胁，因为酒神信徒的行为被视为是放荡不羁、不道德的，此外也可能是因为其祭仪不受元老阶层的祭司掌控。[19]

罗马如今进一步强化了它在更广阔的地中海世界的地位。在西部，他们把主要岛屿和西班牙都纳为行省管辖着；在东方，盟邦之间的争端都由他们来仲裁。假以时日，对希腊文化的热爱将在罗马贵族中扎根，且保留其本质。接连的胜仗让海量的战利品和奴隶涌入意大利。富裕的人投资了规模巨大的、依靠奴隶进行劳动生产的乡间庄园（latifundia）。后来有人担忧，随着兴建大规模庄园变得日益流行，向来是军团主力的小自耕农会被取代，但在公元前 2 世纪早期，罗马人仍然满怀信心。他们克服了汉尼拔入侵这一最严峻的考验，现在他们正享受着自身的强大所带来的回报。罗马官员和使节在海外的举止也变得愈发盛气凌人了。[20]

迦太基的复兴（公元前 201—前 150 年）

公元前 201 年之后的几年内，迦太基经历了短暂的政治动荡。同样，因为缺少来自迦太基内部的记载，我们很难知晓究竟发生了什么，但这一时期民众对寡头统治的不满情绪似乎愈演愈烈了。汉尼拔可能继续指挥了几年迦太基剩余的军队，一份稍晚的史料称，他让手下的士兵们去屯田。公元前 196 年，汉尼拔当选苏菲特，与一名被李维称为"财务官"的官员以及一百零四人会议展开了一系列对峙，指控了很多人盗窃国家财富。他宣称，如果消除国家官员的腐败，那么欠罗马的债务就能被轻松还清。汉尼拔加强了公民大会的权力，削弱了寡头们的权力，但遭到了政敌们的强烈反对，其中一些人前往罗马，指控他与安条克三世勾结对抗罗马。尽管西庇阿·阿非利加努斯表示了反对，罗马元老院还是决定干涉，并在公元前 195 年派出了一个三人委员会，在迦太基公开控诉汉尼拔。此时，汉尼拔的苏菲特任期已满，他清楚敌人的势力很强，因此逃出了迦太基，把自己流放到了东方。他先到了古老的母邦推罗，最后到了安条克的宫廷。他在迦太基的房屋被拆除，剩余的财产也被没收了。[21]

汉尼拔大刀阔斧整顿公共财政的举措也许达到了他想要的结果，因为迦太基迅速开始从战争的重负中恢复元气了。10年之后，迦太基已有能力一次性还清50年债务中的全部剩余金额，但是被罗马人拒绝了。他们让迦太基继续每年按期偿还，以此提醒他们战败者的身份。尽管迦太基的一些领土被马西尼萨的努米底亚侵占了，但迦太基人仍然控制着大部分十分富饶的地域，当地的农业生产没过多久就恢复了繁荣。正如之前所提到的，在东方作战的罗马军队的很多军粮都来自迦太基。贸易似乎也复苏了，迦太基商人的身影再次出现在了地中海地区，包括罗马的各个市场上。我们不清楚罗马城内的迦太基人社区是否在战争期间撤离了，但确有说法称，罗马人在第一次和第二次布匿战争中逮捕了一些疑似迦太基间谍的人，不过这些人似乎只是奴隶。考古记录显示了迦太基城内大片新建的房屋，反映了迦太基的高度繁荣与发达的物质文化。现如今依然可见的迦太基巨大的环形军港可能就是在第二次与第三次布匿战争之间建造的，也可能是在这段时间进行了大规模翻修。其规模再次反映了这座城市的富裕。战败似乎并未给迦太基人带来过于深远的经济影响。[22]

汉尼拔在世时没能见证迦太基新的繁荣，甚至没有从远方听说。在叙利亚战争期间，他为安条克指挥一支舰队，且据罗马的史料记载，他一再敦促安条克入侵意大利，称这是击败罗马人的唯一办法。当安条克与罗马议和时，后者提出的一项条件是，他必须交出包括汉尼拔在内的几个人。汉尼拔抢在被捕之前逃跑了，在公元前183年来到了比提尼亚（Bithynia）国王普鲁西亚斯（Prusias）的宫廷。一名罗马使节认为，国王收留汉尼拔的举动十分可疑。迫于前者的施压，普鲁西亚斯派兵包围了年迈的汉尼拔的乡间住宅。汉尼拔见自己已无路可退，便服毒自尽了。[23]

汉尼拔与西庇阿都郁郁而终。有一种说法称，当西庇阿作为罗马使团成员之一去会见安条克三世时，两人曾在以弗所（Ephesus）再次会面。据说，西庇阿问汉尼拔，他心目中史上最伟大的将军是谁，对方依次列出了亚历山大大帝、皮洛士和他自己。当西庇阿问道，如果他赢了扎马之战，这个排名会有何不同时，汉尼拔称，那他会把自己列在榜首。如此回答，汉尼拔既夸赞了自己，又巧妙地恭维了西庇阿。这个故事可能是杜撰的，但是有关两位统帅谁更优秀的争论，以及将他们与其他伟大将领进行的比较一直持续到了现在。探讨这种话题也许是种有趣的消遣，但是不会有结果的。我们倒不如说，按照他们那个时代与文化的标准来看，尽管汉尼拔最后失败了，两人都是无与伦比的天才将领，为国家竭智尽忠，赢得了许多扭转乾坤的胜利。[24]

第三部分

第三次布匿战争

公元前 149—前 146 年

I4
"迦太基必须毁灭"

罗马与迦太基之间的最后一次交锋仅仅持续了 4 年，并以后者的彻底毁灭告终。战争全程都是在非洲展开的，罗马人作为入侵者，想尽一切办法占领敌人的首都。最后的结果从一开始就是毫无悬念的，除非罗马人决定放弃这次远征。在回顾古代的战争时，我们往往很难断定究竟是谁引发了最初的冲突，但第三次布匿战争毫无疑问是下定决心要彻底消灭老对手的罗马人故意挑起的。罗马的谈判代表们无耻地利用了迦太基人为避免与罗马交战而愿意做出让步的心态，层层加码，最后让这个实力已经被削弱的敌人被迫与罗马一战。罗马的这一做法比任何记载中的"迦太基式背信弃义"的刻板印象还要恶劣。以现代的战略标准来看，这场战争是毫无必要的，因为迦太基似乎并未对罗马构成实质上的威胁。为了理解罗马人为何故意实施了这样残酷的政策，我们必须先回顾罗马人对于战争的态度，以及公元前 2 世纪中期特殊的大环境。[1]

自公元前 201 年起，迦太基人一直是罗马忠诚的盟友。他们为罗马军队提供补给，还在公元前 191 年把自己所剩无几的海军派了一半去加入罗马人对抗安条克三世的舰队。得益于汉尼拔对国家财政的改革，迦太基在公元前 151 年最终付清所有赔款之前，每年都能如期向罗马支付定额。在与马西尼萨的一系列边境争端中，迦太基都服从了罗马的裁决，哪怕后者的决定总是明显或至少在战略上对努米底亚国王有利的。不管这一指控是否属实，但向罗马人汇报汉尼拔勾结安条克，并迫使汉尼拔在公元前195年逃亡的是迦太基贵族。汉尼拔公元前193年派了他的代理人，推罗的阿里斯吞（Ariston of Tyre）到迦太基，鼓动迦太基联合塞琉古王国对抗罗马。迦太基贵族逮捕并审问了阿里斯吞，不过最后他在最终判决前逃跑了。迦太基人派使团到罗马汇报了此事，并向罗马元老院保证了迦太基不变的忠诚。史书记载，在这半个世纪内，主导迦太基政坛的有三个派系，其一是以"伟人"哈农（Hanno the Great）为首的亲罗马派，其二是以"椋鸟"汉尼拔（Hannibal the Starling）为首的亲马西尼萨派，最后是由"萨莫奈人"哈米尔卡和加泰罗为首的，依靠贫穷公民支持的团体。哈米尔卡有这个外号可能是因为他父亲或祖父曾跟随汉尼拔在意大利作战。这一时期还有个人叫"布鲁提乌姆人"马戈，他的绰号估计也是这么来的。不过迦太基的民主派不一定像有些学者所认为的那样，与巴卡家族联系如此密切。这三个派系似乎都没有公开与罗马为敌。我们不清楚迦太基在经济复苏后是否重整了军备，因为尽管史料称，他们并未这么做，但海军军港的考古证据却与此说法背道而驰。可以确定的是，即便公元前2世纪中期的迦太基人想重创罗马，也没有能力做到。尽管如此，罗马人在这一时期显然对这个盟友越来越不放心了。[2]

　　公元前151年，迦太基偿清了50年的赔款，这意味着他们不会再每年被提醒自己是败方以及自己当前的附庸地位了。两国签订条约明确规定了一段时期的和平，这是希腊式的停战解决方案的普遍特征，但罗马人则总是期待战争能有更永久的结果。公元前 265 年，迦太基把自己从一个距离遥远的长期盟友变成了罗马的敌人，这永远改变了罗马人对迦太基的态度。罗马从来不满足于让一个昔日的对手一直做与自己可能在任何程度上平等的盟友。公元前 200 年，罗马人很快与马其顿重新开战了。当珀尔修斯愈发表现出其强大和独立时，罗马人又立刻采取了行动。在对罗马有利时，一个忠诚的盟友应当服从罗马的干预，特别是在对外事务上。在公元前 241 年与公元前 218 年间，罗马人夺取了撒丁岛，涉足了西班牙，强迫迦太基领导人做出让步，却丝毫没给自己设限，这种态度在公元前 201 年以后仍在持续。公元前 151 年之后，迦太基不再每年向罗马支付赔款。这座城市依然繁荣，而且尽管有些土地落入了马西尼萨之手，它在北非的势力仍然不容小觑。根据迦太基的传统，战败并不意味着他们将永远受制于胜者，特别是在它并没有被征服和吸收的情况下。只有罗马人才认为，战败的一方要永远服从胜利的一方。迦太基人不再是明确意义上的罗马的附庸盟友了。一个一度将罗马推到了灭亡的边缘的敌人如今再一次变得强大和独立，立刻重新变成了威胁。这就是罗马人日益增长的对迦太基的担忧的根源。

加图正是这种情绪的化身。到了公元前 2 世纪中期，这位曾经参加过塔伦图姆之战、梅陶鲁斯河之战和非洲战役的新贵已经成了元老院最具影响力、最受尊敬的人物之一，是其同辈中少数的依然还积极参与国家事务的人之一。可能是在公元前 153 年，他作为使团的一员前去仲裁迦太基与马西尼萨之间的争端。当时他已经快 80 岁了，但仍然是一名精力充沛、能言善辩的演说家。看到老敌对国的财富和人口蒸蒸日上，他颇受触动。回去以后，加图每次在元老院发表演讲都以同一句话作结——"迦太基必须毁灭"。据说有一次，他将一些无花果从自己托加袍的褶皱中抖落，听众们都惊叹于果实硕大的个头，随后他告诉他们，这些是从一个距罗马乘船只需 3 天的国家出产的。尽管从北非出发，在几天之内乘船抵达意大利南部是有可能的，但加图夸大了迦太基海军可能到达罗马的速度。一些学者甚至无谓地怀疑，这些无花果根本就是他从罗马的市场上买的，或者在他自己的庄园里种的。这是一个颇具象征性，且很有说服力的策略，许多史书都认为它有被记录下来的价值，因此这个故事一直流传到了今天。另一名地位显赫的元老，西庇阿·纳西卡（Scipio Nasica）与加图相反，在每次演讲最后都表示应该留着迦太基。据说他认为，拥有一个强大的竞争对手会使罗马人坚守美德。当罗马人在公元前 1 世纪陷入内战的泥潭时，这个观点变成了持续不断的哀叹。但在此时，似乎没有几个罗马人认同他的意见。普鲁塔克称，是加图的影响力说服了罗马，使其认为应该毁灭迦太基。在一些现代人眼中，这位老人执着的怨恨情绪同样起到了很大的作用。和他政治生涯的其他很多方面一样，加图似乎表达了大多数民众的情绪。[3]

公元前 2 世纪 50 年代，一股不安的情绪在罗马弥漫了开来。在这个世纪的前几十年的战争中，由极富经验的军官和士兵们组成的罗马军队都能轻松取胜。渐渐地，经历过汉尼拔战争的那一代人上了年纪，无法作战了，罗马军队就此失去了他们的知识与技巧。罗马军团的非永久性意味着，每支军队解散后，就必须从头开始训练新军。代替经验丰富的老兵的年轻人们并没像前辈们一样深刻地意识到，罗马的军事胜利的基础是严格的训练、仔细的后勤准备与熟练的指挥技巧，而是确信，他们会取胜是因为他们是罗马人。公元前 175 年至公元前 150 年之间，武装部队的数量有所减少，罗马参与的战役也相对较少。公元前 155 年，卢西塔尼亚部落对罗马的远西班牙行省发起了一系列袭扰，随着部落军队接连取得胜利，袭扰的规模也不断扩大。公元前 154 年，一名罗马大法官战死，他的军队也遭遇了惨败。公元前 153 年，凯尔特伊比利亚人多次击败了执政官昆图斯·弗尔维乌斯·诺比利奥尔（Quintus Fulvius Nobilior）所率领的军队。西班牙频频传来有关艰难和危险的战斗的报告，给罗马带来了一个小危机，因为卢基乌斯·李契尼乌斯·卢库鲁斯（Lucius Licinius Lucullus）在公元前 151 年奉命前去对付凯尔特伊利比亚人时，没有多少人响应号召加入他的军队。只有当阿非利加努斯的养孙，普布利乌斯·科尔内利乌斯·西庇阿·埃米利亚努斯公开表示要志愿作为保民官参军时，才为罗马人树立了榜样，说服了足够多的人挺身而出参军。实际上，战斗在卢库鲁斯抵达前就已经结束了，但是出于对荣耀和财富的渴望，这名大法官率军攻击了一个与罗马友好的部落，在对方投降后又背信弃义地对其展开了屠杀。次年，罗马人又犯下了类似的暴行。远西班牙行省的大法官普布利乌斯·苏尔庇奇乌斯·伽尔巴（Publius Sulpicius Galba）败在了卢西塔尼亚人手下，提出与部落民讲和。伽尔巴许诺将给卢西塔尼亚人分配优质的农地，然后将他们分成了三部，解除了他们的武装，最后命令军团屠杀了这些手无寸铁的勇士们。他们中有少数人逃了出来，其中一人名叫维里亚图斯（Viriathus），日后成了一名受人拥戴的领袖，也成了一个对罗马充满仇恨的敌人。此后十数年间，罗马人同时陷入了与卢西塔尼亚人和与凯尔特伊比利亚人的苦战。公元前 140 年，罗马人买通了维里亚图斯的一名手

下，让后者杀死了他，但是他们又花费了 7 年时间和大量的资源
才攻克了凯尔特伊比利亚人在努曼提亚（Numantia）的要塞。伽
尔巴回到罗马后，因背弃了罗马人极为重视的信义（fides）而受
到控诉，加图也加入了抨击他的队伍。伽尔巴把自己泣不成声的
孩子们带到了法庭上，让他们为自己求情，结果意外地被免除了
罪责。他后来成了罗马最著名的演说家之一。[4]

　　罗马人在西班牙所遭遇的失败凸显了大多数军队缺乏经验的
问题。行省总督每年一换，而且现在被任命的同政务官也很少，
这使罗马将领们希望抢在卸任前赢得荣誉，也使他们没有足够的
时间将士兵们训练成一支高效的军队。这在公元前 2 世纪初期，
罗马军人的素质都更高时算不上什么大问题，但即便在那时，必
须抢在一年之内赢得胜利的压力也促使弗拉米尼努斯在公元前
198 年开始与腓力五世议和。但他一得知自己的指挥权将被延长
一年后，就立刻终止了谈判，转而追求军事胜利。战场上的接连
受挫打击了罗马人的士气，还可能在未来招致更多的失败。罗马
没能为西班牙的盟友提供有效的保护，导致后者纷纷叛变，罗马
的敌人与日俱增。远西班牙行省的大部分地区一度都投靠了维里
亚图斯。虽说西班牙的损失远不至于对意大利构成直接威胁，但
极大地损害了罗马的声誉。罗马在公元前 151 年为西班牙战事
征集军官和士兵时遇到了异乎寻常的困难，因为即便是在汉尼拔
大举入侵的危急时刻，罗马公民中也没有出现如此抵触服兵役的
情况。[5]

　　阿庇安称，加图从非洲返回不久后，罗马元老院便秘密决定
为与迦太基开战寻找借口。不论这种说法真实与否，罗马人的行
为都明确表明，他们在公元前 150—前 149 年的态度就是如此，

也许迦太基在公元前151年彻底付清了赔款促使元老院最终做出了这项决定。罗马人现在需要的只是一个开战的借口。不久后，他们的努米底亚盟友就把这个借口送上门了。

马西尼萨的王国（公元前201—前150年）

就像希耶罗、法比乌斯·马克西姆斯和玛尔凯路斯的军政生涯跨越了第一次与第二次布匿战争一样，加图也串起了第二次与第三次布匿战争。马西尼萨也是另一个连接过去的人。他在公元前150年已是88岁的高龄，但仍然足够矫健，能够按努米底亚的传统方式不用鞍骑马，并率领他的人民冲锋陷阵。当他在两年后去世时，还留下了一个4岁的儿子。他在长寿的一生中留下了婚生和私生的儿子共计10个。马西尼萨早年居住在迦太基，对迦太基文化十分了解，把其文字和宗教等许多方面引入了自己辛辛苦苦在各个独立的同胞部落中建立起来的王国。他鼓励建造市镇，但我们不清楚这些市镇的居民是外来移民还是被劝说放弃游牧生活的努米底亚人。马西尼萨意识到，农业的进步会增强王国的力量并能赋予掌握新产源的人权力，于是给了每个儿子一大块地产，让他们用最先进的迦太基农业技术来耕种。尽管马西尼萨对迦太基的文化十分钦佩，也曾在西班牙为迦太基立下杰出的战功，但纵观其统治生涯，他对迦太基这个旧盟友一直展现了强烈的敌意。[6]

公元前201年的和约包含了一条模糊的条款，称迦太基应当归还属于马西尼萨或其祖先的领土。阿庇安称，迦太基的领土以"腓尼基战壕"为边界，但这些壕沟的确切位置都已不可考了。马西尼萨利用条款模糊的性质，通过宣称这片土地原来属于努米底亚人，蚕食了越来越多的迦太基领土。最终，他索要了太多土地，以至于迦太基人合法的领地只剩下毕尔萨（Byrsa）一带，即神话中埃莉莎特最初从当地统治者那里获取的迦太基人最早的定居点。前来调停的罗马使节向来偏袒努米底亚国王，因此后者得到了大片沃土，最终恩波里亚地区的重要沿海港口也落入了他的手中。[7]

　　最终，主张安抚和顺应马西尼萨的政治家们在公元前152—前151年前后被迦太基放逐，人民党派暂时掌握了主导权。被逐出城市的领导人们投奔了马西尼萨，后者派自己的儿子古路撒（Gulussa）和米奇普萨（Micipsa）前往迦太基，要求迦太基政府让被放逐者归位。古路撒过去曾在罗马担任马西尼萨的代表，但迦太基此时却根本不让两兄弟入城。当他们返回时，古路撒一行人遭到了"萨莫奈人"哈米尔卡及其支持者的抢劫，几个随从被杀了。公元前150年，努米底亚人再次开始攻击迦太基的领土，蹂躏其土地，包围了一座名叫奥洛斯库巴（Oroscopa）的城市（其确切位置不详）。此时，迦太基决定自公元前201年以来第一次在不请求罗马仲裁或批准的情况下开战，并组建了一支由2.5万名步兵和400名骑兵组成的军队，由哈斯德鲁巴指挥。据记载，这些骑兵是从迦太基城中招募的，因此大概都是迦太基公民。他们本身人数不多，但马西尼萨的儿子们和另两个努米底亚部落首领，阿萨西斯（Asasis）和苏巴（Suba）发生了争执，后者带领6000名轻骑兵转投了迦太基一方，为其提供了援军。哈斯德鲁巴在一些小规模散兵战中占了上风，努米底亚军队故意后撤，将紧追不舍的迦太基军队引入了缺水少食的崎岖地域。

　　最后，马西尼萨决定一战。经过一天的漫长战斗，双方都没有取得决定性优势。西庇阿·埃米利亚努斯在不远处关注着战斗的走向。他现在正在非洲试图利用自己家族与马西尼萨的关系说服老国王为卢库鲁斯在西班牙的军队提供战象。哈斯德鲁巴撤退到了小山顶上的营地,开始与马西尼萨议和,由西庇阿担任此次谈判的仲裁者。马西尼萨要求迦太基人交出阿萨西斯和苏巴作为惩罚,但随着迦太基人的拒绝,谈判就此破裂了。马西尼萨的军队围着敌军占据的高地建了一圈围墙和壕沟,这也许是努米底亚人在罗马军队中服役时学到的技巧。哈斯德鲁巴的补给被切断,但又不愿假意认输并找机会突围,军中的粮食很快就被消耗一空了。受困的迦太基人宰杀并吃掉了驮畜,后来甚至连更有价值的骑兵坐骑也被用来充饥了。因为动物变成了主要食物来源,所以用来烹制肉类的柴火很快就耗尽了,于是士兵们把盾牌劈碎,当成柴火烧。哈斯德鲁巴似乎指望努米底亚人会耗光补给然后撤围,但是马西尼萨在其统治期间所组建的努米底亚军队比部落民以前的任何军队都更有组织和效率。最终,哈斯德鲁巴投降了,承诺迦太基将支付为期 50 年的赔款,并重新接纳了投奔马西尼萨避难的被逐贵族们。迦太基军队走出营地投降时遭到了一队由古路撒率领的努米底亚骑兵的袭击,很多人被杀了。我们无从得知这次袭击是不是有预谋的,或如果是的话,马西尼萨又是否参与了,因为这次和许多场近期发生的屠杀一样,很难断定是谁先挑起的事端。哈斯德鲁巴与手下的许多军官成功逃脱了。[8]

罗马的回应

迦太基有能力组建军队并进行战争,就算战败了,也印证了罗马人的担忧和疑虑。公元前 201 年的条约明确禁止迦太基未经罗马批准在非洲开战，这一点或许已经足够罗马人向迦太基提出强烈抗议了，但罗马元老院现在已经与希腊化世界打了半个世纪的交道，在外交上更有经验了，所以继续等待着一个更充分的发起战争的借口。与此同时，罗马人已经开始着手准备一次入侵非洲的大规模远征了，但没有声明自己的目的。迦太基政府又故技重施，试图将最近的战事归咎于战场上的指挥官，撇清自己的责任。哈斯德鲁巴、人民党派的领袖加泰罗和其他一些军官被判了死刑。哈斯德鲁巴的军队肯定仍然忠于他，因为不久之后他似乎又成了一支 3 万人大军的统帅。迦太基人派使团去罗马控诉马西尼萨的挑衅，并谴责了急于开战的迦太基军官们。罗马人的回应指出，如果迦太基政府真的反对战争，那么他们在自己的指挥官开战前就应当给他们治罪。罗马人含糊地告诉迦太基使节，他们必须"满足罗马人民"。迦太基派出的第二批使节仍然没有弄明白罗马人这句话究竟意味着什么。[9]

此时，乌提卡已经向罗马人投诚，它的港口为后者提供了攻打迦太基的理想基地。公元前 149 年，元老院和百夫长大会双双批准宣战，两名执政官都被派往了非洲，曼尼乌斯·曼尼利乌斯（Manius Manilius）指挥陆军，卢基乌斯·玛尔奇乌斯·肯索里努斯（Lucius Marcius Censorinus）统率海军。像公元前 218 年与公元前 205—前 204 年时一样，罗马人先在西西里的黎里贝乌姆集结，然后再向非洲进发。与此同时，迦太基又派了另一个使团前往罗马。这一次元老院要求迦太基从主要贵族家庭中挑选出 300 名孩童作为人质，在 30 天内交到黎里贝乌姆。尽管元老院只是承诺，迦太基人将保留自己的领土，以及按照自己的法律自治的自由，迦太基人还是照办了。罗马人的措辞中刻意回避迦太基城本身，与西庇阿在公元前 203 年为打破停战协定所使用的有技巧的解释类似。人质们乘坐一艘巨大的"十六列"桨座战船驶往了罗马，这艘船可能是罗马人在第三次马其顿战争结束时从马其顿舰队中缴获的。[10]

尽管迦太基人接受了罗马的要求，两位执政官还是在乌提卡登陆了。迦太基人仍然不清楚罗马人的意图，又成立了一个使团，派其去和执政官们谈判。后者坐在高台上，以隆重的礼仪接待了他们，高级军官位列两旁，身后是整齐排列的军队。罗马人展示出了令人生畏的军力，意在让使节明白，任何抗拒执政官要求的企图都是无谓的。肯索里努斯（Censorinus），许是一位更年长、更优秀的演说家，最初被公民大会推选去回应使节的申诉。他要求迦太基交出城中所有武器和盔甲的库存。尽管迦太基人对罗马人的提议感到很不安，但还是再一次服从了。据说，他们交出了 20 万套盔甲、2000 架扭力器械，以及大量标枪、箭和投石机的弹药。同往常一样，这些数字不是完全可靠的，而且罗马史书肯定倾向于夸大这座即将被自己摧毁的城市的战备程度，不过迦太基的大量兵器库存显然都被交给罗马代表了。

谁知，迦太基刚把这些装备器械送到罗马人的军营，对方就提出了另一项更为严苛的要求。肯索里努斯告诉使节，迦太基人必须舍弃他们的城市，全部居民搬到新的定居地，具体位置可以由他们自己选，但必须距海至少 10 英里。迦太基城将被夷为平地，只有神庙和墓地会被保留，供迦太基人日后回来祭拜。这对迦太基人来说是一个可怕的冲击，因为这座城市不仅是其国家的实质中心，也是所有迦太基人精神与情感的中心。迦太基的财富一直都来源于海上贸易，现在要它切断一切与新社群的联系，更加剧了这一要求将对迦太基造成的致命打击。据说，肯索里努斯援引了柏拉图的观点，称大海对一个城市的政治与社会生活有不健康的影响。最后，执政官的扈从将使节们粗暴地赶了出去，但后者保证会将这些条款呈报给迦太基政府。他们甚至建议罗马舰队到城外的海湾示威，提醒迦太基公民不接受罗马人的要求的后果。[11]

迦太基城中立即流言四起。当使节进城时，焦虑的人群将其团团围住，并在他们向一百零四人议会报告时等候在会堂外。议会当即拒绝了罗马人的要求。主张与罗马议和的人被私刑处死，当时不幸在城中的意大利商人也惨遭杀害。一百零四人议会投票决定与罗马开战，并开始准备作战。奴隶们被释放并编入了军队，哈斯德鲁巴得到了赦免，迦太基人送信请求他回来援助忘恩负义的公民同胞。另一个哈斯德鲁巴，也是马西尼萨的外孙（他的身份再次印证了迦太基与努米底亚贵族之间的密切联系），受命在城内指挥守军。迦太基全体公民这次难得全身心地投入到了战争中。他们匆忙生产了大量武器，女人们甚至捐出长发给扭力投石器做绳索。[12]

第三次布匿战争开始了。罗马人对于迦太基人在逆来顺受地服从了自己的无理要求后最终决定战斗的这一转变感到非常惊讶。罗马人的手段极为阴险，在逼迫迦太基不断做出让步的同时，一直隐藏着自己想毁灭迦太基的真实意图。如今，迦太基人的命运似乎全凭罗马人摆布，因为他们既没有准备，又手无寸铁。然而，这场战争将一直持续到公元前146年，且远比罗马执政官们所预想的更艰难。

15

第三次布匿战争

迦太基是一座设防坚固的大城市，被超过 20 英里的城墙环绕着。它所占据的地形易守难攻，再加上有港口，所以很难对其实施包围和封锁。迦太基有一道特别坚固的三重防线，横跨了从陆地通向城市的宽约 2—3 英里的地峡，防线的主体是一道 30 英尺（约 9 米）宽、约 50—66 英尺（15—20 米）高的城墙，前面是一道 60 英尺（约 20 米）宽的战壕和一道木栅栏。这些城墙被建成了炮塔墙，分为上下两层，每层又被分成了许多房间，下层的空间足够饲养 300 头战象，上层是能容纳 4000 匹战马的马厩，以及能容纳 2 万名步兵和 4000 名骑兵的营房。在公元前 149 年，迦太基缺少大象、马匹和组织良好的军队，但是大量公民志愿者保证了城防人员充足。[1]

为了攻打这个极难拿下的位置，罗马人集结了一支庞大的远征军。阿庇安称，他们有 8 万名步兵和 4000 名骑兵，此外还有 50 艘五列桨座战船和 100 艘轻型的战船作为支援。如果这个数字无误，那么这就是罗马在坎尼会战之后所投入战场的规模最大的军队。不过大多数学者认为，阿庇安的信息有夸张的成分，或者他把奴仆和其他随军人员也都计为士兵了。普遍的推测认为，罗马人有四个军团，算上辅军的话，总人数应在 4 万到 5 万之间。如此，这支军队的人数也比公元前 204 年阿非利加努斯

的军队的最大估计人数要多得多。罗马人这一次对参战爆发出了
极大的热情，与公元前 151 年公民不愿前往西班牙的情况形成了
鲜明对比，不仅没缺人，还有很多志愿者主动加入，扩大了军团
的规模。罗马人相信，这次战役相对轻松，会速战速决，而且还
会有大量的战利品，这些因素无疑激励了许多人挺身而出。但罗
马人这一态度上的区别也可能是因为，攻打罗马最大的敌人相比
于冒着生命危险去对付那些名字拗口的凯尔特伊比利亚部落更具
有情怀上的吸引力。公元前 149 年，罗马的军队规模庞大，热情
高涨，满怀信心，但缺乏训练。当年，尽管西庇阿手下的部队中
大多是拥有多年经验的老兵，他依旧在入侵非洲前花了一年多时
间在西西里进行准备。然而，公元前 149 年的执政官们只花了几
个月的时间来组织和操练这支军官和士兵们普遍都更缺乏经验的
军队。这一时期，罗马人战前准备不足是普遍现象。军队在乌提
卡等待开战时，马上遇到了补给不足的问题，因为执政官们本希
望可以就地取粮，但哈斯德鲁巴的 3 万精兵大军也在周围，严重
压缩了罗马人觅粮的范围。西庇阿当时在西西里储备了丰富的存
粮，并制定了一套完善的系统，保证船队能定期把补给输送给非
洲远征军，而现在的执政官们并没提前安排这些。在后勤方面，
公元前 149 年同样驻扎在科尔内利乌斯军营的军团远远比不上他
们的前辈。[2]

　　随着罗马的最后通牒被驳回，执政官们立刻向迦太基进发
了。即便到了这一后期阶段，罗马人似乎还是以为自己只需展示
一下武力，迦太基就会不战而降。曼尼利乌斯率领陆军攻打保卫
地峡的城墙，肯索里努斯率领舰队攻打城市南部突尼斯湖边上一
处沙嘴旁防守相对薄弱的城墙。有些士兵在登陆后用人力在城墙

上架起了梯子，其他梯子则是直接架在罗马战船的船头上，搭在城墙上的。两处攻城的罗马士兵都遭到了骤雨般的投射武器攻击。罗马人被如此顽强的抵抗打了个措手不及，只得撤退。第二波攻势同样没有奏效，守方的信心越来越强，罗马人则选择在城外安营。哈斯德鲁巴率领军队从湖的另一侧对罗马军队展开了骚扰。被肯索里努斯派出搜集木材的一队士兵遭到了希米尔科·法迈阿斯（Himilco Phameas）和一些迦太基骑兵的伏击，500人被杀。第三次，罗马人试图从两面同时攻城，但又失败了。曼尼利乌斯成功越过了外侧的壕沟，在木栅上打开了缺口，但对横跨地峡的主城墙无能为力。[3]

　　由于用梯子登上城墙这一方法行不通，肯索里努斯便组建了两架撞车，把突尼斯湖填上了一部分，造出了一条足够宽且坚固的路，以便于把撞车带到城墙下。每架撞车配有6000人，他们可能负责推车和挥动撞木。一队是由保民官率领的军团士兵，另一队是由自己的长官们带领的海军士兵，两队人展开了竞争，争相率先在城墙上撞出缺口。罗马人撞出了两个缺口，但迦太基人在当日黄昏将其击退了，并在夜里尽力修补了城墙。在夜色的掩护下，一支迦太基突袭队出城点燃了两架撞车，尽管没有将其彻底破坏，但所造成的损坏足以让它们失效了。天亮之后，守城者们发现，尽管他们已经做了力所能及的一切，但还是没能堵住城墙上的全部缺口，至少还有一个能为罗马人所用。在意识到危险后，迦太基士兵们在缺口后面列阵严守，同时大量只配备了投射武器的人聚集到了附近的屋顶上候敌。罗马人迅速组起了一支进攻队伍，从这个缺口发起猛攻。罗马人的这次攻击组织散乱，在最初取得了优势后就陷入了困境。指挥进攻的军事保民官之一，即之前在卢库鲁斯手下服过役，且向马西尼萨乞求战象的西庇阿·埃米利亚努斯严密控制着手下士兵的行动，没让他们跟随大部队攻进城市，而是命令他们守在城墙缺口周围。当迦太基人的抵抗越发强烈、攻城部队被逐出城外时，西庇阿的人保护了战友免遭围剿，顺利掩护他们撤退。[4]

西庇阿是唯一一个在第三次布匿战争初期表现突出的高级军官。他在埃米利乌斯·保卢斯的四个儿子中排行老二，十几岁时在皮德纳初登战场。当时，他在战斗的最后阶段与大部队失散，差点就被计入了罗马的阵亡人员名单，但他和几个朋友逃过了敌人的奋力追杀，全身血淋淋地回去了。他的两个弟弟留在家族继承姓氏，而他和大哥则被两个缺乏男性继承人的著名家族收养了。大哥成了昆图斯·法比乌斯·马克西姆斯·埃米利亚努斯（Quintus Fabius Maximus Aemilianus），他自己则被阿非利加努斯的儿子，普布利乌斯·西庇阿（Publius Scipio）收养，后者因为身体不佳，没有什么显赫的从政经历。他的三弟和四弟在其父过世之前就去世了。罗马贵族非常重视收养关系，西庇阿·埃米利亚努斯这样背景的人在别人眼中肩负了两个家族的名望，罗马社会期望他能同时满足并彰显亲生父母与养父母双方的行为标准。公元前151年，西庇阿主动请缨出任军事保民官，他的举动感染了许多志愿军加入了对凯尔特伊比利亚人的战争。在西班牙时，他曾在一次单挑中杀死了对方的勇士，在赢得威名的同时，也让人回想起了在第一次布匿战争中单枪匹马杀死敌军首领的年轻的玛尔凯路斯。也许西庇阿是在西班牙的从军经验中学到了保留预备队和不贸然追击的重要性，因为一旦罗马人草率攻击，半岛上的部落民就会快速抓住机会还击，令敌人付出惨痛的代价。而其他罗马军官们似乎没学到这个教训。[5]

　　肯索里努斯在湖边的军营所处的环境恶劣，容易诱发疾病。七月末，疾疫开始在营中蔓延，迫使执政官撤到了靠近大海的地方重新安营。每次只要风向合适，迦太基守城者就会派出火船攻击罗马舰队，给他们造成了严重的损失。迦太基人有一次还突袭了曼尼利乌斯在地峡的营地，一些人带着柴捆和木梁，填平了围绕着营地的壕沟，或在其上架了桥。他们趁夜出动，打了罗马人一个措手不及，令其陷入了慌乱。这一次，又是西庇阿·埃米利亚努斯稳住了局面。他率领一队骑兵从营地后门出去，然后绕回来攻击迦太基人的侧翼，使对方在混乱中撤退了。执政官随后加强了营防，免得再像这次一样差点酿成大祸。罗马人还在海岸附近又建了一个堡垒，掩护罗马的补给船靠岸。[6]

　　罗马人的攻击没有对迦太基的城防造成任何实质性的伤害。随着冬季来临，肯索里努斯也返回了罗马主持下一年的选举，曼尼利乌斯抽调了 1 万名步兵和 2000 名骑兵去蹂躏附近忠于迦太基的乡郊地区。这么做的一部分原因是为了向敌人施压，但主要原因还是为人马收集粮草，搜集做饭和建筑用的木料，为迦太基外的围城军队提供过冬的补给。罗马人再次暴露出了经验不足的一面，率领搜粮队的保民官粗心地让自己的部队分散了。希米尔科·法迈阿斯当时可能率领着一支在公元前 150 年从马西尼萨手下叛逃的努米底亚人和摩尔人骑兵，伏击了罗马搜粮队，给其造成了极大的伤亡。西庇阿·埃米利亚努斯则从来不让部队过于分散，总会留有几队骑兵和步兵保持阵形，时刻准备掩护没有武装的寻粮队，因此能避免遭受此类袭击。有恶意的流言在罗马军营中传播，称希米尔科特意没有攻击西庇阿是因为他的祖辈和阿非利加努斯交情不浅，这也许意味着，法迈阿斯是迦太基人与努米底亚人或利比亚人混血。当曼尼利乌斯率军归营时，城中的努米底亚人又发动了一次夜袭，这次他们的目标是罗马人用于保护运输船靠岸处的小堡垒。西庇阿带领 10 支骑兵小队（turma）出击，大约有 300 人，估计是他自己军团中的骑兵，但他并没有直接迎击夜袭的敌人。相反，罗马骑兵们手持点燃的火把在迦太基人附近来回移动，假装有一支更大的部队正在集结，准备进攻。这个计谋成功令夜袭者们惶恐地撤退了。[7]

　　尽管希米尔科·法迈阿斯的骑兵活动范围很大，哈斯德鲁巴却将他的主力部队带回了尼菲里斯（Nepheris）附近一带，即今宰格万山（Djebel Zaghouan）所在的区域，位于突尼斯东南方向不到 20 英里外。迦太基人和罗马人隔着一条小河，在河谷尽头扎营，地势十分有利，令罗马人只能排成狭长的队伍靠近。曼尼利乌斯决定发起直接攻击，这是典型的罗马将领的大胆主动的行动。同样符合这一时代典型的还有此次进攻的计划不周。罗马人行军过后，没有加强军营防守或稍做休息就直接向敌军进发了。曼尼利乌斯的部队渡河进攻，取得了一些进展，经过一番苦战后将迦太基人逼回了高地。这里易守难攻，疲惫的罗马人从山下向山上发起进攻的成功概率微乎其微。哈斯德鲁巴耐心等候，因为他知道罗马人不能在原地停留太久，一定会撤退。在与敌军距离很近时撤退既危险，难度又高，对此时的曼尼利乌斯来说更是如此，因为河上可以蹚水渡过的浅水区域比较窄。当罗马人的队伍出现混乱时，哈斯德鲁巴下令进攻，杀死了大量迅速陷入慌乱的军团士兵。之前反对过这次进攻的西庇阿重新率领着 300 骑兵，还召集了更多罗马骑兵，带他们发起了一次次有序的冲锋。

他的人马只冲到了足以逼退敌人的地方，便没再继续追击，而是重新整队，以免阵形散乱或让马匹过于疲劳。西庇阿阻断了迦太基人的追击，为罗马败兵赢得了足够的时间逃到河对岸。西庇阿所争取到的时间刚好够他手下的人马在被敌军击败前撤回，之后在敌人猛烈的投射武器攻击下，他们骑马疾驰回到了河对岸。四个罗马的作战单位，可能是步兵支队，也可能是大队，在撤退时被切断了退路，在一座小丘上被敌人包围了。西庇阿率领手下骑兵组织了成功的救援，用实际行动证明，自己能在必要情况下采取十分大胆的行动。他还成功与哈斯德鲁巴协商，为几名在溃败中阵亡的军事保民官同僚举行了葬礼。

这次进军实属一场灾难。更让罗马人蒙羞的是，撤回的队伍在返回营地的途中又遭到了希米尔科·法迈阿斯和迦太基守城军的袭击。在表现糟糕的罗马军队中，由西庇阿·埃米利亚努斯指挥的几次成功救援是唯一的亮点，元老院派来记录、汇报战况的委员会也注意到了这一点。当这些描述西庇阿功绩的报告被送到罗马时，加图引用了荷马的诗句，赞美西庇阿是非洲战场上唯一的得力干将。这位年迈的元老在几个月后去世了，没能亲眼见证迦太基的最终毁灭。另一位参与过两次布匿战争的老人——90岁高龄的马西尼萨也在公元前148年初过世了。西庇阿作为马西尼萨的保护人和阿非利加努斯的后人，被他钦点替他处理身后事，并把王国分给了马西尼萨的3个婚生子。努米底亚人至今还未给罗马军队贡献过什么重大援助，但西庇阿成功说服了接管马西尼萨军队指挥权的古路撒率领一支轻骑兵加入了曼尼利乌斯的军队。早春，曼尼利乌斯打算在新执政官换下自己之前再度攻打尼菲里斯。这一次的远征准备得比上一次充分，军团携带了足够支撑 15 天的粮草，在渡河前建造了军营，还挖了一道战壕，并建了一道围墙封锁河谷。尽管如此，罗马人还是再度失败了，但是这次行动为希米尔科·法迈阿斯及其手下的 2200 名骑兵在西庇阿的安排下叛投罗马一方提供了机会。这又是一个迦太基的高阶位军官变节的例证，而罗马人当中从未发生过这种事。曼尼利乌斯与敌人对峙了 17 天，所以当他被迫撤退时，他的军队面临着食物短缺的危险。直到西庇阿带着法迈阿斯和古路撒的手下寻粮归来后，他们才摆脱了困境。西庇阿得到了全军的一致称赞，随后他回到罗马引荐了法迈阿斯，元老院送给了后者一匹骏马、一套精美的铠甲、一顶军帐以及一笔数量可观的白银以示嘉奖。这名倒戈的将军承诺，将继续为罗马人而战，直到战争结束。[8]

公元前 148 年只有一名执政官去了非洲，此人是卢基乌斯·卡普尔尼努斯·皮索·凯索尼乌斯（Lucius Calpurnius Piso Caesoninus），与他一同前往的是卢基乌斯·曼奇努斯（Lucius Mancinus），负责指挥舰队，他是同大法官或执政官副帅。罗马人继续对迦太基保持着宽松的封锁，同时决定先征服这一地区的其他小城市，但并没有取得显著的成果，水陆齐攻阿斯庇斯未果，长期围困西帕格莱塔（Hippagreta）最终也不了了之。迦太基人士气高涨，派遣使团前往马其顿，打算与安德里斯库斯（Andriscus）结盟，此人是珀尔修斯的王位觊觎者。安德里斯库斯组建了一支色雷斯人军队，进攻了马其顿的四个自治区，先是击败了当地的公民兵，又战胜了一支罗马军队，杀死了作为统帅的大法官。这是罗马人在马其顿人手里所遭遇过的最惨重的失败，再次说明了这一时期罗马军团的战斗力的下降。法迈阿斯变节后，古路撒手下的一个部落首领带着 800 人重新投靠了迦太基人，给他们带来了些许宽慰。曾经被判死刑的战地指挥官哈斯德鲁巴重新得到了重视，代替另一个哈斯德鲁巴指挥城内的防御，因为后者被指控曾与其亲戚古路撒密谋叛变，被私刑处死了。[9]

西庇阿重回战场（公元前147—前146年）

公元前148年，西庇阿·埃米利亚努斯作为一名氏族成员，计划参选下一年的贵族营造官。鉴于他不久前立下的战功以及其祖父的名声，百夫长大会将他选为了执政官的第一候选人。他当时只有三十六七岁，还未达到出任执政官的最低年龄，但是当主持选举的执政官指出这一点时，投票的众百人队仍然坚持推选西庇阿。一名平民保民官支持百夫长大会的要求，并威胁道，如果不让西庇阿当选，自己就要动用保民官的否决权，让整次选举无效。元老院决定回避处理。规定担任高级行政官职最低年龄的法案（lex Villia annalis）被废止了一年，之后又立即被恢复了。西庇阿的执政官同僚，盖乌斯·李维乌斯·德鲁苏斯（Caius Livius Drusus）来自一个非常富有且具影响力的平民家族，想得到非洲战役的指挥权，于是元老院建议两名执政官像以往一样抽签决定辖区。这一次又有保民官干预，宣布此事应由平民会议投票决定，结果是西庇阿获得了压倒性的胜利。同一法案还允许了西庇阿招募足够多的新兵壮大在非洲的军队，并与他的前辈阿非利加努斯一样，带上所有自告奋勇的志愿兵。[10]

以上便是阿庇安笔下关于西庇阿超前当选执政官并获得非洲战役指挥权的主要内容。像其他不符常规的选举步骤和特殊任命一样，我们无从得知到底具体发生了什么，以及有多少事情在举

办公开会议前就已经被决定了。我们不确定西庇阿自己对于争取
更高级的职位有多积极，但他很可能的确为之采取了一些行动。
我们同样不清楚，其他元老在多大程度上反对了为了西庇阿而暂时
取消限制最低当选年龄的法案。把西庇阿的当选看作一场完全依
靠民众支持所赢得的胜利是不恰当的，因为可能很多元老对西庇
阿也颇有好感，还有一些元老可能只是单纯地将他视为最合适的
人选，因为在这一罗马军队屡屡惨败，以至于吃败仗已经令人沮
丧地成了家常便饭的时期，西庇阿的军绩是鹤立鸡群的。罗马人
十分相信家族品质的传承，这个被派去挫败来自繁荣且目前势头
良好的迦太基的新威胁的人选不光是一个西庇阿家族的人，更是

阿非利加努斯的孙子，因此，这件事对于罗马的各个阶层都有着巨大的情怀上的吸引力。我们也应该记住，此次任命远不如公元前210年授予阿非利加努斯同执政官级的兵权，并把其派去西班牙的决定出格，因为西庇阿·埃米利亚努斯与担任执政官的最低年龄只相差不到5岁，而且已经有了符合惯例，且成就突出的政治生涯。元老院爽快地把西庇阿的军权延续至公元前146年战争结束的决定足以证明，至少他在非洲战场的统领权得到了有力的支持。[11]

公元前147年初，曼奇努斯率领舰队继续封锁着迦太基。他们发现了迦太基城防的一处薄弱环节，这里地形险峻，形成了天然的防御，以至于迦太基人觉得不需要额外添加防御工事。罗马人在这里登陆，试图爬上去，引得迦太基守军从附近的一座城门冲了出来，与其交战。在随后的交锋中，罗马人击退了迦太基人，一路追进了城门。曼奇努斯受这场意外之胜的鼓舞，急忙召集了手下所有人攻进去，其中甚至包括武装薄弱的船员。这些人当中只有500人是全副武装的士兵，其余的3000人都不是。迦太基城的一隅现在落到了罗马人手里，但是他们的控制并不稳固，因为他们既缺乏食物补给，又孤立无援，而罗马的大部队都在执行别的任务，距离迦太基有一定距离。曼奇努斯向乌提卡和正在统军的皮索派出了信使，请求援军和食物补给。碰巧，当晚西庇阿乘船驶入了乌提卡，收到了曼奇努斯的来信，立即向皮索派出了骑手，并准备第二天一大早驶向迦太基。为了让敌人陷入恐慌，西庇阿放弃了奇袭的机会，释放了一些迦太基俘虏，后者赶回城内，为迦太基人带去了西庇阿大军到来的消息。第二天，迦太基人集结了大量人马攻击曼奇努斯，稳步将罗马人逼退了。

当西庇阿的舰队出现时，迦太基人的攻势才停了下来。甲板上密密麻麻的军团士兵表明，到来的是一支大军，而非从西西里调来的替补部队。迦太基人看到这一幕后暂停了攻击，这给了曼奇努斯的手下足够的时间撤离，后者乘罗马舰船离开了。[12]

西庇阿把军队集结在迦太基城外。哈斯德鲁巴率领6000名步兵、1000名骑兵以及部分城内守军在离他半英里（5斯塔德）的位置扎营，观察着罗马军队。在非洲的罗马军队本来就纪律不佳，但经过几个月的挫败后，情况变得更糟了。军队回避正面冲突，士兵们所从事的军事活动大多只是劫掠。就像在第二次布匿战争期间，在意大利南部长期从事袭扰的军团几乎沦落成了盗匪一样，这种活动进一步削弱了军团的效率。西庇阿发表演说，宣布自己要重振严格的军纪，然后将许多以劫掠而非战斗为目的的志愿者和随军人员逐出了军营。西庇阿没有时间正规地训练士兵了，相反，他决定直接攻打迦太基的旧城塞（即毕尔萨）周围最大的郊区之一，麦加拉（Megara）。两支罗马人的袭击部队趁夜向相隔甚远的两处城墙分别进发，起初给敌人造成了一些混乱，但是在快到达城墙时被发现了，马上被一波投射武器的攻击逼退了。据阿庇安记载，罗马人后来在城墙旁边发现了一座废弃的塔楼，于是登上塔楼，用木板在塔与城墙之间搭了一座桥，杀了上去。罗马士兵由此控制了一座城门，把西庇阿和其手下的4000名士兵放了进来。守军们惊慌失措，纷纷逃回了毕尔萨，在城外扎营的部队也逃回了城中。但罗马人十分小心，缓慢前进，因为当地大多是花园和果园，而非房屋，所以他们在夜间看不清道路。最终，西庇阿认为他无法长期据守此地，于是撤回到了自己的营地。罗马人的这次突破让守方心惊胆战，以至于哈斯德鲁巴万不得已下令将罗马俘虏带到了城墙上，在围城的罗马士兵面前将他们折磨致死，借此告诉迦太基人们，不要再抱有任何投降的幻想。一百零四人会议中的一些成员向来与哈斯德鲁巴关系紧张，当他们对此举提出抗议时，哈斯德鲁巴将这些人逮捕并处死了。[13]

罗马人此时决定对城市建立更紧密的封锁。西庇阿下令烧毁敌军遗弃的军营，然后率领自己的部队继续向前推进到了地峡上，花了 20 天在那里建造了一系列防御工事，尽管敌军在此期间想尽了办法拖慢他们的进度。罗马人挖了一道巨大的矩形壕沟，其后有一座 12 英尺（约 4 米）高的壁垒，壁垒上每隔一段距离都建有塔楼，最中间的一座塔楼最高，为罗马人提供了一个观测点。这一套工事支配了整个地峡，堵死了进入城市的陆路。尽管如此，但迦太基人依然能通过海路获得补给。古代的划桨战船很难实现严密的封锁，尤其是考虑到迦太基海岸的情况，而且有少数船只一直进出港口，令封锁变得更难了。据说，哈斯德鲁巴几乎保管着供给 3 万守军的所有物资，和手下军官过得相当奢靡，而城中的人民已经开始挨饿了。为了破坏敌方最后的补给来源，西庇阿下令在通往迦太基大港口的狭窄入口的航道上建立了一道堤坝。[14]

古代的攻城战一般就是攻方与守方之间的反复拉锯，双方都投入工程技巧和大量劳力，设法占据优势或令对手的计划落空。迦太基人此时将全部精力都放在了保持海路畅通上。当意识到，罗马人的计划很可能会成功，且海水无法冲塌这道堤坝时，他们决定开辟一条新的航道，连接军港和大海。这项工作是在夜间秘密进行的，大量妇女和儿童也主动去帮忙了。与此同时，迦太基人还从零组建了一支由 50 艘三列桨座战船和一些小型船只组成的舰队。罗马人对此一无所知，直到某天破晓时分，迦太基帝国的最后一支舰队从新的航道驶出了。

阿庇安指出，罗马舰队在这几个月不被重视，大部分船员都被调去参加围城工作了，他惊讶于迦太基舰队没有立即攻击罗马舰队。不过迦太基人可能是利用了接下来的 3 天时间训练船员，让他们掌握最起码的操船技术，因为迦太基近年没有太多熟练的桨手。最终，两支舰队在靠近岸边的地方近距离交战了。迦太基战船体积较小，更快更灵活，能够潜入船体较大的罗马战船之间，撞断对方的桨或舵，然后迅速撤离。直到迦太基人开始撤退时，战斗也没有决出胜负。他们用三列桨座战船掩护较小的船只，也许新航道建造得匆忙，没有正式竣工，也可能有些船员和船长陷入了慌乱，总之一些小型船只相撞，很快造成了严重的阻塞，彻底堵住了回港的路。迦太基的三列桨座战船无法从此撤进港口，只得后退并泊在了城墙下的一片码头旁。这片区域似乎是以前用于装载大港口容纳不下的商船的地方。这些战船一致将撞角向外，码头上的壁垒也为船只提供了额外保护，这些壁垒是在围城刚开始时建造的，以防罗马人从这里登陆。罗马舰队斗志高昂，冲上前去进攻，但是几乎和敌方遭受了同样大的损失，因为战船每发动完一次撞击再向后撤时很容易被攻击。直到 5 艘来自小亚细亚的斯达特城（Sidatae）的盟军船只在撞击前先抛下了尾锚，完成撞击后再将自己拽回来时，罗马人才开始获得优势。他们模仿那些经验丰富的水手的战术，用船体更为庞大的罗马战舰给敌船造成了严重伤害。直到夜幕降临，少数幸存的迦太基船只才得以回港，之前新航道口的拥堵可能此时已经被疏解了。[15]

迦太基城与外界的联系和所有补给线现在已经被彻底切断了。假以时日，这座城市就会陷入饥荒，不得不投降，然而西庇阿不想浪费时间，继续尽可能地推进进攻。罗马人从新建的堤坝上攻打迦太基最近使用过的码头上的壁垒，撞开了缺口，并用密集的投射武器阻止敌人修补。深夜，一些迦太基人带着干燥的火把和火源，赤身裸体地游过了港口。尽管伤亡惨重，这些勇士在猛烈的攻击中成功点燃了罗马的许多攻城器械。罗马士兵再次暴露出了昔日的紧张和纪律不佳的弱点，在噪音和混乱的局面当前惊慌失措。西庇阿带领卫队骑马出营，四处疾奔，试图阻止士兵溃散。当遇到不愿停下脚步的逃兵时，西庇阿和他的护卫就当场将其砍杀，这是罗马将领很少采取的做法，但也并非是史无前例的。[16]

没有了投射武器的阻挠，迦太基人得以在白天继续修复壁垒，填补了缺口，并建造了更多木制的塔楼作为远程攻击压制的平台。罗马人再度发起进攻，建造了新的器械，并在城墙下堆砌了能让士兵登上墙头的土坡，还放火烧了几座迦太基人新建的木塔，守军最终不得不放弃了城墙。罗马人控制了码头，西庇阿下令面对迦太基主城墙建一堵同样高的砖墙，完工后在上面部署了4000名士兵，使其能够在很短的距离内用投射武器攻击对面壁垒上的迦太基守军。这样巨大的工程相当耗时，直到公元前147年入秋时才完成。在接下来的几个月内，西庇阿一面让部队继续加紧围城，一面决定彻底摧毁如往年一样正在尼菲里斯过冬的迦太基野战军。罗马人发起了计划周密、配合良好的攻势，攻进了敌营。西庇阿不断输送后备部队到敌营防御工事的缺口处，把敌人的全部精力吸引到了此处，然后与另一支后备队从敌营的另一侧发起了进攻。古路撒的人马全力追击敌方败兵，罗马人则前去占领了尼菲里斯城。最后一支能够威胁罗马人对迦太基的控制的军队就此被消灭了。这一地区的大多数社群认命，向罗马投降了。[17]

公元前 146 年，罗马人以攻占的码头地区为基地，再次向迦太基城发起了进攻。哈斯德鲁巴猜到了罗马会首先攻打矩形商港，于是点燃了港口周围的仓库。盖乌斯·莱利乌斯（Caius Laelius，其父是阿非利加努斯的好友）像父亲忠于阿非利加努斯那样，是西庇阿·埃米利亚努斯忠诚的伙伴。他率领一支部队趁夜潜入了迦太基军港内部，成功将其占领了。此时，迦太基人由于口粮越来越少，且处在绝望的境地，抵抗十分无力。当晚，罗马人推进到了民用港口旁边的市集（Agora）。第二天早晨，西庇阿率领 4000 人进城支援莱利乌斯，然而这支部队再次表现出了非洲军队纪律涣散的一面——军团士兵们停下前进的脚步，转而进入了装饰奢华的阿波罗神庙，剥掉了其中的金饰。在他们把金银财宝洗劫一空之前，西庇阿及其手下军官根本无法让他们回到自己的岗位上去。这次事件严重违背了罗马人将所有战利品集中平等分配的纪律。所幸迦太基人没能利用罗马人的此次耽搁有所作为。

有三条宽阔的街道从已经被占领的市集通往毕尔萨，每条路两侧都有高大的建筑，阿庇安称，它们足有 6 层之高。在这一地区的考古挖掘的确发现了这种大型住宅建筑，很多房屋中央还有庭院，以希腊化的方式建造在规则的道路网格上。道路都没有铺砌砖石，即便是主路也只有 21 英尺（7 米）宽，小街道平均只有 16 英尺（5 米）宽。这些道路以 1/7 的坡度向上通往迦太基的古老城塞，罗马人顺着这些道路上坡发起了进攻，领头的就是劫掠了阿波罗神庙的部队，但他们还未参加过任何正式的战斗。来自两侧房屋屋顶和窗户的猛烈的投射武器攻击几乎立刻逼停了罗马人的进攻。军团士兵们无法沿着开阔的街道推进，于是攻入了两边的楼房，一层一层地占领了这些房屋。他们之后爬上屋顶，在楼与楼之间架设木板，跨过去攻击相邻的建筑。随着他们一栋楼接一栋楼地向前推进，投向主路的投射武器变得越来越少了，街上的进攻部队得以继续向前移动。如同任何时代的巷战，这场战斗十分惨烈，双方都伤亡惨重。罗马人不断补充后备军，保持着推进的势头，直至抵达毕尔萨。西庇阿需要让进攻部队和攻城器械更快地抵达城市内的城塞，于是下令烧毁了三条主路旁的房屋。等这些建筑倒塌后，罗马的工程队开始抹平地上的碎砖，以便做出更宽阔、坚固的路面。西庇阿没怎么休息，一刻不停地催促手下加紧干活。罗马人眼下没有时间顾及太多，阿庇安描述了一番令人毛骨悚然的景象：倒塌的建筑物中的尸体和伤者与废石堆在一起，被填进了罗马人的进攻道路。从这一地区的废墟中考古发现的人类骸骨证明了这一描述并非夸大其词，其源头也许是亲眼看见过这一幕的波利比乌斯的记述。这一工程花了 6 天时间，完工后，罗马人向毕尔萨的城墙进发的一切准备也就都完成了。[18]

第二天，一个使团走出了城塞，手持在希腊化世界代表休战的橄榄枝提出投降，希望能换取一条生路。最后剩下的守军们聚集在毕尔萨有限的空间内，缺食少水，清楚地认识到，继续抵抗会是徒劳的，所以没有照例请求保留一些衣物和财产。据说，有共计 5 万男人、妇女和儿童走出了卫城，成了俘虏，此后一生为

奴。只有 900 名罗马和意大利逃兵没有得到宽恕，留下与哈斯德
鲁巴及其家人在一起。最后这群人将自己封锁在阿斯克勒庇俄斯
神庙中，这里处于高地，无法接近，但他们已无法再做别的抵抗
了。被波利比乌斯刻画成一个懦夫的哈斯德鲁巴曾公开宣布，自
己绝不会屈服，欲与自己的城市共存亡，但随后便抛弃了家人和
士兵投降了。罗马和意大利逃兵们选择了自杀。他们点燃了神
庙，葬身火海。据说，哈斯德鲁巴的妻子穿戴上了自己所剩的全
部华服和首饰，在众人面前辱骂痛斥背信弃义的丈夫，然后杀死
了自己的孩子，将他们的尸体抛入火中，最后自己走进了大火
中。这个可能只是一个有戏剧性的虚构故事，我们无法判断其真
假，不过如此惨烈的一幕算得上是迦太基帝国的最后一天的恰当
的尾声。[19]

　　攻城战结束了，在接下来的几天里，西庇阿允许手下士兵随
意劫掠，但黄金、白银和神庙中的贡品除外。一些战利品按照惯
例在军中被平均发放，但之前未经允许抢劫了阿波罗神庙的人没
有份。罗马人派使者到西西里，通知岛上的人现在可以认领以前
被迦基人夺走并当作战利品供奉在神庙里的物品了。没人认领
的物品之后被拍卖了，虏获的武器和战船被焚毁。一艘携带着一
些战利品样本的船在带着胜利的喜讯抵达罗马后引发了全城自发
的彻夜集体欢庆，罗马第二天又组织了更为规范的庆祝活动和献
祭仪式。[20]

　　公元前 149 年，迦太基人被迫与罗马开战，现在它被毁灭
了，满足了加图的殷切希望和罗马人的强烈要求。由十名罗马元
老组成的委员会很快抵达了迦太基，监督西庇阿有计划地摧毁城
市。大片区域被烧毁，大火留下的一层烧焦物质至今还大面积覆

盖着迦太基的遗址。剩余的建筑被拆除了。不过罗马人其实并没有把迦太基城毁灭得像人们所想象的那样彻底。考古学家发现，在罗马后来建造的新城之下，依然还有几码高的迦太基城墙。至于人们耳熟能详的罗马人把迦太基的土地翻起并撒上盐，让这里以后寸草不生的故事，是很久以后才被编造出来的。然而，尽管城市的废墟还在，迦太基作为一个有生命力的国家和政治实体已经不复存在了。罗马人之后在此建的新城除了名字和地点，剩下的一切都几乎与之前的迦太基毫无关联。据说，西庇阿·埃米利亚努斯看着这座曾经骄傲的城市如今化成了一片废墟，流下了热泪，并引用了《伊利亚特》中关于普里阿摩斯的特洛伊毁灭的诗篇。他向疑惑不解的波利比乌斯解释道，他在思忖，是否有朝一日自己的祖国也将遭受同样的命运。[21]

西庇阿返回罗马，举办了盛大的凯旋式。参照最近几十年的凯旋式的模式，此次展示战利品的游行被描述为有史以来最奢华的。埃米利亚努斯同祖父一样获得了"阿非利加努斯"的称号，但他与祖父的不同之处在于，他在罗马的政治生涯也十分成功，也许是因为他的政治经历更符合惯例。他的一众朋友，尤其是盖乌斯·莱利乌斯，后来被视为罗马贵族最杰出的代表，既有罗马传统的责任感，又了解希腊文化，因此西塞罗日后在讨论罗马共和制度时，将文章设计成了这几个人的对话的形式。公元前134年，西庇阿在民众的广泛热情拥护下再度当选执政官，受命前往了西班牙，次年攻取了努曼提亚，终于结束了凯尔特伊比利亚战争。在西班牙的罗马士兵在历经多次败仗后，信心严重不足，因此西庇阿没有与人数极度占优的努曼提亚人正面作战，而是选择围城封锁，用饥饿令其屈服了。公元前129年，西庇阿在有些可疑的情况下去世了，当时和之后都有传言称他是被谋杀的，不过他并未像养祖父那样经历不如意的晚年。[22]

比较埃米利亚努斯与阿非利加努斯的指挥才能，就如同非要将任意两位名将分个高下，尽管讨论起来可能很有意思，但是并没有什么意义。他们俩都胜利结束了一场战争，而战场上的成功是罗马人评判统帅的首要准则。公元前149—前146年的战役与之前两次布匿战争都大不相同，并不像第二次布匿战争那样有很多正式的会战。尽管我们无法确切知晓公元前149年罗马非洲远征军的规模，但可以确定的是，双方在第三次布匿战争中所投入的兵力都远少于之前。在大多数方面，军队和大部分将领的水平也远逊于他们的前辈。我们之前已经指出了这一时期罗马军团战斗力的衰退，我们同样也需记得，迦太基人在公元前149年并没有多少有经验的雇佣兵和指挥官，他们最近几年唯一一次军事远征也以惨败告终。阿非利加努斯在进军非洲前有足够的时间在西班牙和西西里充分训练军队，令其效率达到顶点，但埃米利亚努斯并没有这种时间上的奢侈。哪怕到了攻城的最后阶段，罗马部队也会轻易陷入慌乱，或不听指挥行动，做出抢劫阿波罗神庙那样违反纪律的举动。[23]

第三次布匿战争的战斗集中在北非的一片狭小区域内，这反映出，迦太基的领土已严重缩小，且没有多少进攻实力。罗马人在这一地区周围进行了大量的劫掠，攻打了其他一些城镇，三次攻打尼菲里斯，但这些本质上都是为最重要的战斗——围攻迦太基城服务的。这场攻城战再次证明，攻打一座设防坚固的大城市是无比困难的。罗马人的直接进攻一再失败，而且即便攻入城市后，攻城队也几乎无法守住夺下的阵地。要想避免进攻部队被击溃，罗马就需要注入强有力的支援以巩固最初的成功，而这需要一定程度的计划、组织和指挥官的有效领导，但这些恰恰是罗马人在攻城的最后阶段之前都不具备的。最后一次成功的进攻是从用了几个月、耗费了大量人力所建造的大规模围城工事的安全基地发动的，守军当时在饥饿的折磨下也已经变得十分虚弱了。守方最后时刻的意志崩溃来得非常突然，这在古代世界的其他守城战中也很常见，例如公元 70 年的耶路撒冷攻防战。迦太基人的防守积极高效且富有技巧，他们曾发动偷袭，焚毁了罗马人的撞车和攻城器械，秘密挖掘了一条从军港通往大海的新航道，并组建了一支舰队，这些行动都展现了迦太基人在以往的战斗中很少体现出的天赋和坚定意志。值得注意的是，城市的守军大部分是曾在公元前 255 年和扎马之战中表现糟糕的迦太基公民。当他们的城市命悬一线时，迦太基人经历了长时间艰苦卓绝的战斗，最后才因饥荒而不得不屈服。而纵观三次战争，两方的主要区别之处在于，罗马人无时无刻不怀揣着这种危机意识。[24]

在西庇阿·埃米利亚努斯主持摧毁迦太基城的同一年，另一支罗马军队也将希腊最古老、最大的城邦之一，科林斯变成了废墟。一个反罗马派系控制了科林斯，并说服了亚该亚同盟的其他城邦一起向罗马宣战，然而已经搞定了安德里斯库斯的罗马人迅速将其击败了。罗马人通过科林斯的毁灭警告其他人，反抗罗马是无用的。在第四次马其顿战争后，罗马对马其顿的态度有了显著转变。腓力五世在第二次马其顿战争中被打败后，马其顿王国成了罗马的从属盟友，在外部事务上基本失去了自由。罗马再度与马其顿开战并战胜珀尔修斯后，马其顿的君主制和统一的国家体制被废除了，取而代之的是 4 个自治区。公元前 149 年，这 4

个自治区的政府没能抵挡住安德里斯库斯的进攻，于是罗马人终于于次年建立了永久的马其顿行省。在与马其顿的每一次新的交手中，罗马的回应都愈发严厉，之后的和平条约也越来越严苛。他们对待迦太基也是如此。最终，罗马人对全面胜利的不懈追求令它在物质上和政治上毁灭了它的对手，并新建了阿非利加行省来管理这一地区。[25]

16

战争的遗产

只有当败方承认失败时，征服者才算赢得了胜利。[1]

迦太基没能挺过与罗马的战争，但它的文化的一些方面在该地区保留了下来，影响了努米底亚诸王国的语言、宗教和建筑。这些王国享受过短暂的繁荣，之后也与罗马发生了冲突。几个世纪以后，在早已成为罗马行省的地区里，很多城市的高级官员依然叫作"苏菲特"。迦太基的宗教和语言一直在北非存续，直到西罗马帝国灭亡。对于罗马帝国治下的大部分行省来说，这种文化的延续十分常见。罗马人的战争目的并不是毁灭迦太基的文化，两国的战争也从来不是意识形态、政治体制或宗教文化所引起的冲突，而仅仅是两个国家互相争夺主导权。罗马发动战争是为了制服并最终毁灭一个与自己利益相冲突，并被其视为威胁的国家。迦太基，这个罗马的敌人，作为一个政治实体、一个族群身份认同和忠诚归属的中心，在公元前146年彻底被毁灭了。

布匿战争是罗马的历史中一个至关重要的时期，因为在此期间，它从公元前265年的一支简单的意大利境内势力，在公元前146年成了地中海世界的主导力量，这一过程正是波利比乌斯意图在《历史》中解释的。此时，罗马已经建立了6个海外行省——西西里、撒丁岛与科西嘉、近西班牙、远西班牙、阿非利

加和马其顿。除了马其顿，其余 5 个都是从罗马与迦太基之间的
斗争中直接产生的。公元前 2 世纪末，罗马又建立了两个新行省，
亚细亚和山北高卢。哪怕在不受罗马直接统治的地区，譬如希腊
和东方的大部分地区，罗马的影响力也远远超过了其他任何国
家。事实证明，迦太基是罗马最后一个真正的对手，因为众希腊
化王国并不具备它那样丰厚的资源，所以都被罗马快速击溃了。

　　罗马的帝国主义并不是布匿战争的产物，但随着罗马军队在
与迦太基的战争中踏足越来越遥远的战场，布匿战争确实加快了
帝国建立的进程。第一次和第二次布匿战争让罗马人习惯了长期
将人力和资源交付于海外战场。尽管在公元前 201 年后，罗马共
和国缩减了武装士兵的数量，但其规模再也没跌回到公元前 265
年之前的水平。这一变化的另一个标志是，大法官的数量最终从
1 人增长到了 6 人，他们的职权也相应地扩大，理所当然地包括
了军事指挥。在公元前 265 年之前，元老院每年都会决定将两名
执政官派往哪里，要征召并为其配备多少部队。这一程序在公元
前 2 世纪基本未变，但涉及的范围扩大了许多。元老院现在还需
要为不断增多的行省委任总督，选择任命新官员或延长现任总督
的军权。此外，他们还需判断总督是否需要陆军或海军，如果需
要的话又应是多大规模。随着罗马的影响力日渐扩大，前来元老
院觐见的外国使团的数量也呈现了惊人的增长。很多小国都意识
到，与这一新兴的霸权搞好关系会让自己得到许多好处。罗马的
政治体制在没有改变其根本的情况下适应了这种新形势。他们增
加了一些官员来处理新增事务，但是执政官仍是两名，政治生活
的其他方面也一切照旧。至少在一段时间内，这个制度看起来运
作良好。

　　尽管罗马在第一次和第二次布匿战争中遭受了重大的损失，但其庞大的军事人力储备让它挺了过来。在坎尼会战后的 10 年里，每年都有超过 20 个军团在役，此外还有至少同样多的辅军为其提供支援。罗马无法长期维持规模如此庞大的军事调度，而且在公元前 2 世纪时也没有这个必要。在公元前 201 年后的 20 年内，军团数量可能从未超过 13 个，平均每年应该不超过 10 个，而且之后逐年减少。只有在山南高卢，偶尔有多于两个军团和两支辅军同时行动，其他行省可能从未出现过这种情况。然而，这些军团的服役时间往往都超过了汉尼拔战争之前的水平。没有任何另外一个古代国家能够组建起像罗马军团这样大规模、高水准的公民兵部队。[2]

　　罗马在这一时期的军事系统是独一无二的，不过人们很容易将焦点集中在罗马庞大的公民兵和盟军后备资源上，从而忽视罗马的战争胜利背后的经济力量。罗马军队需要军饷、装备、衣物和粮草，而随着战场变得越来越远，提供这一切的难度也变得越来越高了。根据传统，军团士兵是从拥有足够为自己配备武器的财产的人群中招募的，但是在第二次布匿战争中，军团的数量急剧增加，因此可能有越来越多的士兵的装备是由国家提供的。坎尼会战后，面临危机的罗马人将神庙中作为贡品的以前从敌方收缴的武器、盾牌和铠甲都取了出来，用以装备由罪犯组成的军团，但这只是一个短期的应对措施。为了从长计议，罗马购买或者安排生产了军队所需的装备和衣物，但有时这一负担被分摊给了罗马的同盟，让他们提供这些物品。第一次布匿战争期间，巨大的造船项目的开支对罗马造成了更大的财政负担。如果各种史料提供给我们的信息是准确的，那么罗马人在公元前 260 到公元前 241 年之间建造了近 1000 艘战船，其中大多数是大型的五列桨座战船。这项工程需要耗费巨大的资源和劳动力，其开销几乎全是由国家承担的。到了第一次布匿战争后期，国库已无力承担建造最后一支舰队的开销，从而不得不向公民个人贷款填补至少一部分，这再次凸显了罗马所背负的经济压力之巨大。[3]

长期以来，罗马一直将向公民兵和同盟兵发放给养视为其分内的责任。士兵都能收到口粮，骑兵能收到用于喂养其坐骑的额外粮草，此外可能还有少量的肉和葡萄酒。军团数量增加后，罗马需要征集和输送给各支军队的粮草也增多了。随着需求的增长以及意大利的一些产粮区被汉尼拔控制，无法再为罗马所用，元老院甚至从遥远的埃及调取了粮草。在公元前 265 年，罗马人还没有为在意大利以外作战的军队提供补给的经验，供给西西里军团的补给线也十分不稳定。普布利乌斯和格奈乌斯·西庇阿在西班牙的最初几年也抱怨过物资供应不足的问题，后来还出现了为西班牙军团提供给养的签约商人贪污的丑闻。但到了第二次布匿战争末期，罗马已经发展了用于支援各个战场上的军队的高效的后勤补给系统。为了入侵非洲，西庇阿·阿非利加努斯在西西里囤积了大量资源，从意大利、撒丁岛和西西里本地调集了大量粮食，并为从西西里向建在乌提卡附近的桥头堡输送物资建立了一套护航系统。西庇阿在正式入侵非洲一年多以前就开始了准备工作，并一直延续到战争结束，不过在等待确认和约的最后几个月中，迦太基人同意为罗马的非洲远征军提供补给，减轻了一些罗马的后勤负担。正是有了在布匿战争期间发展的后勤系统，罗马军队才得以在之后的几十年里将其军事影响力辐射到整个地中海地区。[4]

　　尽管学界达成了普遍共识，认为罗马这样的古代国家的经济与现代工业国家的非常不同，但对现代学者来说，研究它们依然非常困难。无论在哪个时代，涉及罗马经济的史料都非常有限，所以经济史学者们往往求诸理论模型，而这种分析方式不可避免地过于简单，而且往往完全不切实际。我们可以确定的是，第一次和第二次布匿战争给罗马共和国的财政造成了极大的压力，数次把其推向了崩溃的边缘。公元前 213 年前后，罗马铸造的钱币贬值，贵金属的含量降低，但事实证明，这一措施是一场灾难性的失败。在接下来的两年中，罗马又创建了一种以银第纳里乌斯（denarius）为中心的货币系统。这些变化都是罗马巨大的战争开支所带来的。我们很难说这一切对罗马的经济造成了哪些长期影响，以及从而给罗马社会带来了哪些打击。社会中的某些群体，尤其是为军队提供补给的签约承包商，可能在布匿战争和公元前 1 世纪罗马的一系列征服中赚取了利润。罗马在与迦太基的斗争中取得了胜利，不仅仅是因为它拥有巨大的人力和财力，更是因为它愿意把这些资源大量投入到战争中，并且在一场有时已经看似必输无疑的战斗中坚持不懈。随着罗马人将意大利半岛纳入他们的同盟网络，这些资源也稳步增加，以前的敌人转而为罗马此后的战争出力。罗马共和国的战争资源是巨大的，但它是在与迦太基的斗争的巨大压力之下才全面发挥出了自己的潜力。[5]

　　在公元前 265 年到公元前 146 年间，罗马成长为了地中海世界的主导力量，直接统治的领土大大扩张，势力范围更是大幅增长。在随后的 120 年里，罗马共和国陷入了内乱的泥潭，政治斗争日趋暴力，显赫元老之间的竞争经常通过内战解决。直到尤利乌斯·恺撒的养子奥古斯都在公元前 31 年击败了他最后一个竞争对手，并以名为元首制（Principate）的君主制取代了元老院和年选官员的统治，罗马才得以重回安定。一件明显很矛盾的事是，这一充斥着内乱的时期恰恰也是罗马帝国扩张最快的时期，直到公元 14 年奥古斯都去世才结束。至此，帝国的疆域基本确定了，在未来 4 个世纪里没再有太多扩张。罗马共和国衰亡的原因不是此书讨论的重点，但这个议题也值得我们停下来思考，一些造成其衰亡的趋势是否在公元前 146 年时就已十分明显，以及与迦太基的争斗是否开启或加快了这些趋势。

公元前 133 年，平民保民官提比略·森普罗尼乌斯·格拉古（Tiberius Sempronius Gracchus）及其许多追随者被一群元老殴打致死，此事标志了罗马政治暴力的开始。格拉古的祖父曾在坎尼会战之后的几年内成功领导了奴隶军团，他的父亲曾在该世纪早期为西班牙带来了一代人的和平，他自己也曾经在公元前 147—前 146 年围攻迦太基和随后的西班牙战役中有过不俗的表现。他曾在非洲效命于西庇阿·埃米利亚努斯麾下，而他的母亲科尔内莉亚是西庇阿·阿非利加努斯的女儿，因此他算是埃米利亚努斯的表弟。公元前 121 年，他的弟弟盖乌斯同样试图利用保民官的职权开展一系列大胆的改革，之后在一系列更严重的武装冲突中被杀了。格拉古兄弟都对农村贫民地位的没落以及此事将对罗马民兵军队兵源所产生的影响而感到担忧。盖乌斯还提出了一个极具争议的法案，要在迦太基旧址上建造新的殖民地，但这项计划在他死后就终止了。

罗马充足的兵源是其取得第一次与第二次布匿战争的胜利的重要原因。然而，在公元前 146 年之后的几十年里，罗马人确实认为，作为军团支柱的小农阶层陷入了衰落。从公元前 2 世纪 50 年代直至该世纪末，罗马军队的表现都十分糟糕，几乎每次战争都以令人蒙羞的失败和丑闻开始。一些失败十分惨重，最著名的便是公元前 105 年在阿劳西奥（Arausio）大败于日耳曼部落那次。据后来一史书称，罗马人在此战中的伤亡堪比坎尼会战中的伤亡。在这一充满军事失败的背景下，招募军团的问题变得尤其引人担忧，这最终导致了职业化军队在公元前 2 世纪末的诞生。罗马在征召士兵时不再对公民设最低财产门槛，因此应征入伍的士兵大多来自最贫穷的阶层。对这些人来说，不多但稳定的军饷已经能给他们提供很好的生计了。新军团的建制更为持久，令他们得以保持和积累更多经验，因为旧时的民兵军队一旦被遣散，其作为一支军队共同行动的经验也就都随之丧失了。由此，罗马军队的平均水平在公元前 1 世纪初有了显著的提升。然而，这些贫穷的士兵在退伍回归平民生活后几乎一无所有。元老院一直主张，服役是所有拥有财产的罗马人应尽的爱国义务，但却不为这些为祖国出力的人负责，不为他们提供生计，这就造成了这样一个趋势——军团士兵们更倾向于效忠于受人拥戴的指挥官，而非国家。从前的罗马军队是整个国家全民皆兵，各个阶层根据自身的财产状况在相应的部队服役，为了保护其所属的、且能从中受益的共同体而战，而现在，军团变成了正常社会之外的群体。正是这一变化让罗马将军们能够一个接一个地率领麾下的军队与彼此，甚至与罗马国家本身作对。西庇阿·阿非利加努斯在公元前 2 世纪 80 年代肯定做梦也想不到依靠在自己手下服役的军队武装对抗政敌这种事。[6]

　　职业化军队的兴起是罗马共和国衰亡的一个主要原因，因此我们有必要去理解，从前作为军团主力的农户阶层在公元前 2 世纪到底陷入了多大程度的衰落，并且其背后的原因是什么。我们如今无法确切评定这一问题的严重性，因为我们所掌握的证据只有史家们偶尔的评论以及并不完全可靠的普查数字。目前，我们只在意大利农村的一小片地区发现了来自这一时期的考古证据。尽管其中一些显示，这个时期依然有小型农场，但我们无法断定，这反映的是普遍趋势，还是个别地区的特例。有一种观点认为，小农阶层人数的降低是由第二次布匿战争直接导致的。汉尼拔的军队在意大利肆虐了 15 年，烧毁和消耗了大量农作物，破坏了大片的农地和村庄，杀死了大量人口。法比乌斯·马克西姆斯等罗马将领们对此采取的策略是故意破坏这些罗马自己的领土，坚决不给迦太基军队获取粮草的机会。意大利南角所遭受的毁坏尤其严重，因为汉尼拔被困在此地长达 13 年，在罗马和迦太基的拉锯中，这片土地遭受了来自两方共同的无情践踏和劫掠。

当罗马元老院在战争的最后几年开始遣散军队，鼓励士兵重新回家务农时，很多小农缺少足够的钱财重新建设自己的农场，无法产出足以养活自己的庄稼。很多人背井离乡，从乡下涌进了大城市，尤其是罗马。在这里，战争胜利所得的钱财被越来越多地花在了昂贵的娱乐活动与兴建公共建筑上。小农的田地以及从因叛变而受罚的意大利社群手中没收的大片土地都被富人们并入了自己的巨大地产。罗马人在海外扩张时，除了购买土地，还购买了大量奴隶成为这些庄园里的劳动力。意大利大部分肥沃的土地逐渐都被归入了这些大庄园。尽管在公元前 2 世纪，在役的军团和辅军已经有所减少，但兵源依然需要从数量已经变少了的罗马公民与盟邦的农民中征召，而且他们可能要在遥远的战场服更久的兵役。在一个西班牙行省服役 5 到 10 年便足以毁掉一个小农的未来生计，因为他的农场在他在外服役的这些年里会因无人管理而荒芜。从长远来看，这种趋势使城市的贫民人口膨胀，这些人主要依靠国家分发口粮和打零工为生，经常是债务缠身，乐于支持任何向他们做出美好许诺的激进政治家。而与此同时，农村大部分地区的劳务几乎都交给了奴隶阶层。城市的暴动、农村的混乱与大面积的奴隶起义都在公元前 1 世纪罗马动荡的局面中出现了。适于参军的公民人数下降，这一形势与罗马对长期在海外驻防部队越来越大的需求背道而驰，最终导致罗马军队发生了根本性的变化。有一种极端的观点认为，这个过程不仅是共和国衰落的主要原因之一，后来罗马帝国的衰亡也与此有关，甚至直到 20 世纪，意大利南部也依然比北部更加贫穷。

大多数声称汉尼拔的入侵造成了更深远的影响的观点都被合理地否定了，比如汉尼拔的入侵制造了一些促使罗马帝国在 6 个多世纪后不可避免地衰亡的因素，这种说法就很有问题。有些学者试图淡化罗马在公元前 218 年至公元前 203 年所遭受的损失，主张史书中有关意大利满目疮痍的记载都是夸大其词，甚至是相互矛盾的。此外，在双方的掠夺中遭到破坏最严重的地区集中在意大利南部，罗马公民在此占有的土地相对较少，因此，适合服役的罗马农民人数的大幅减少不应该是汉尼拔战争的后果。如此看来，罗马农民群体之所以衰落，主要是因为公元前 2 世纪的海外扩张所导致的军团服役时间的延长。然而，尽管史书可能夸大了战争对于意大利农田的破坏，这种夸大也是完全可以理解的，我们不能就此将其解读为战争没有给农民带来多么严重的困苦，因为至少有一些罗马公民的耕地在汉尼拔战争中受到了直接影响。此外，我们还需谨记，罗马的拉丁和意大利盟邦同样面临着自耕农衰落的问题。至少格拉古兄弟和之后的改革者们在某种程度上试图改善过罗马公民和同盟国贫民的困境。更有可能的情况是，汉尼拔入侵的伤害和公元前 2 世纪沉重的兵役一起毁掉了大量小农，并且让人口从农村向城市转移，导致城市贫民人口膨胀。这并不一定是普遍的现象，因为有些地区的小农就得以幸存，并繁荣发展了几个世纪之久。以奴隶为主要劳动力的大庄园在罗马插手西西里事务之前就存在了，但是汉尼拔战争所引起的骚乱和后续海外征服所带回的财富与奴隶大大促进了大型地产的普及。[7]

罗马社会在共和国中期到晚期出现了很多重大变化。布匿战争并不是唯一的原因，但绝对是罗马历史上极其重要的篇章。罗马人带着坚定的决心，动用了巨大的人力和财力发动战争，也由此与地中海沿岸各地产生了密切的联系，因此公元前 2 世纪罗马的许多战事都是布匿战争的直接结果。在与迦太基作战之前，罗马就已经积极开展了帝国主义扩张，战争早已成了罗马政治系统中不可分割的一部分，但是布匿战争永久地提升了罗马人的战争的规模与强度。他们由此开始习惯于供养一支规模庞大的军团以及统治和开发海外行省。罗马人，尤其是精英群体，多年以来都从帝国扩张中获利颇丰，而随着扩张速度加快，他们所收获的战利品也以惊人的速度增加着。财富、奢侈品、奴隶以及新的观念和文化影响一起涌入了罗马。在共和国灭亡前 1 个世纪困扰着罗马的种种问题——贵族日益激烈的内斗、从政成本的急剧增高、农村人口的凋零、奴隶数量大幅增长、城市人口陷入贫困并背负债务、兵源不足而导致职业化军队的出现——都是罗马帝国扩张的直接或间接后果。最终，共和体制没能解决这些问题，君主制应运而生。一些人主张，罗马的共和政体过分依赖于过时的建制，这对于统治一个城邦来说是完全足够的，但绝对无法用来管理一个庞大的帝国。这种观点的不足之处在于，元首制的制度结构在很多年内也都仍与城邦的政治框架相仿。也许罗马的共和制在公元前 2 世纪和公元前 1 世纪早期只是变得过于僵化了，没再像过去那样为适应局势的变化而做出调整。也许只是罗马海外扩张的速度太快了，使其作为一个国家无法及时地做出有效应对。如果事实真是如此，那么布匿战争的确造成了一定的影响，因为这三场战争无疑加快了罗马扩张的步伐。

多角度审视布匿战争

如果布匿战争的最终胜者是迦太基，那么今天的世界将会变得相当不同。罗马人只有在敌人对自己造成极为沉重的伤害后才有可能承认失败，而且这些伤害一定要比罗马自身能对别人造成的损伤更严重。这种规模的战败可能足以瓦解罗马这个国家，其帝国扩张的脚步在未来很长一段时间内将会严重放缓，甚至可能根本不会发生。覆盖了欧洲大部、北非与近东 500 多年的罗马帝国的希腊－罗马文化对西方世界的后续发展产生了极其深远的影响，并传播到了世界上的大部分地区。现在世界上很多国家和地区使用着拉丁语系或深受拉丁语影响的语言和拉丁字母。很多地方的法律系统都是以罗马法为基础的。罗马帝国和其治下相对便捷的交通大大促进了基督教的传播以及罗马天主教会的建立。如果罗马输了，那么上述的一切还会以同样的方式发生吗？

在第一次或第二次布匿战争中，罗马曾有几次接近了失败的边缘——虽然我们永远无法知道到底有多接近，但在第三次战争中完全没有这种情况。罗马人没有失败是因为，无论遭到多么惨重的损失，他们都拒不认输，然后以不屈的决心和不惜投入一切资源的魄力扭转败局。罗马的所有阶层都团结一致，这与其他古代城邦比起来尤为令人瞩目，而且大多数时候，罗马的同盟——拉丁人、意大利人和海外盟友也保持着忠诚。罗马整个国家都投入了战争，动员了人口中极高比例的人力，为支付部队的军饷、粮草、衣物、装备以及建造大量的战船的开销而掏空了国库。无论出于什么原因，罗马人在与迦太基人展开直接交锋后，立刻倾尽了所有争取胜利，毫不动摇地建造了新舰队、征召了新军团以替代已经损失的战力；在国家财力枯竭后，公民个人也都慷慨解囊，倾力相助。罗马人对自己向敌人学习的能力颇感自豪，他们复制了许多对手的武器和战术，并且经常青出于蓝。这一特点在布匿战争中得到了极为充分的体现：在第一次布匿战争后，罗马迅速成了海军强国；在第二次布匿战争中，其军队和将领的水平得到了稳步提升。[8]

迦太基人从未如此全身心地投入过战争，大多数人直到迦太基城在公元前 149 年面临灭顶之灾时才直接加入了战斗。他们之所以对战争缺乏足够的决心，并非是因为迦太基本质上是一个经商国家，其国民都是用利益和亏损判断每一件事的商人。他们对于战争的态度与地中海世界其他所有文明国家别无二致，只有罗马人才将每一场战斗都视为生死之争，只要还有力气继续作战，便坚决不承认失败，不取得全面胜利誓不罢休。迦太基人，特别是汉尼拔，对罗马人造成的压力是其所有海外对手中最大的。罗马人在通过遵循这种严苛的信条在战争中存活下来后，更加坚定了其对于战争的态度，把这种态度一直延续到了古代晚期，直到变幻莫测的客观条件令其无法继续坚守这种态度。罗马人对待战争坚持不懈的态度是其帝国建立的最重要因素之一，而且他们非常善于将其他民族纳入自己的体系，从而使帝国变得十分稳固。这种态度在最初的冲突后往往会导致一系列战争。公元前218年和公元前149年罗马和迦太基重启战端，在很大程度上是因为两国对于战败一方应当如何表现有着很不同的预期。⁹

　　20世纪的历史学家们经常认为，第一次与第二次布匿战争和20世纪的两次世界大战相似。正如第一次世界大战令欧洲各强国元气大伤一样，罗马与迦太基之间的冲突的规模和伤亡也是史无前例的。在公元前218年和公元1939年，失败一方的怨恨都引发了规模更大的新战争，并带来了更为惨重的损失。在这相隔2000年的两次战争中，一些个别事件看起来极具相似性。英国在1940年夏天所面临的局势在很多方面都和罗马在公元前216年末所面对的局势相似。二者都遭受了突然且意外的军事灾难，面对所向无敌的对手，失败似乎只是时间问题。二者的敌人都沉醉在了胜利的喜悦中，认为对方必定会承认失败并前来和谈。然而，罗马和英国都拒绝求和并继续抵抗，继续承受更多损失。一些持修正主义观点的人说，希特勒德国在1940年并不具备跨越英吉利海峡成功入侵英国的能力，但他们和争论汉尼拔在公元前216年能否攻陷罗马的人一样，没有搞清问题的重点。就纳粹德国和迦太基当时所能调动的资源来看，这些都是难度很大甚至根本不可能的行动。更重要的是，公元前216年的罗马人和1940年的英国人都认为，敌军完全有可能且很快就会兵临城下，自己已经陷入了生死攸关的绝境。尽管如此，他们还是选择继续作战，而非接受失败，坚持抵抗着敌人持续的强压。对于罗马人和英国人来说，这段时期在后来成了他们的"光荣时刻"，在那段时间里，各个阶层的团结一致、为了共同的福祉所忍受的巨大苦难都被国人铭记在了心中。也许两者之间最大的区别在于，二战发生在大英帝国的末期，但第二次布匿战争则标志着罗马的世界帝国的崛起。

战场上的胜利并不一定能带来战争的全面胜利，除非一方拥有压倒性的强大力量，否则在核武器时代以前，一方很难对另一方造成足够多伤害，以至于令其完全丧失还手之力。战争结束是因为其中一方失去了继续作战的意志从而屈服投降。在 20 世纪二三十年代发展起来的战略空军理论的最终目标就是摧毁敌方人口的集体抵抗意志。当这些理论在第二次世界大战被付诸实践时，普通民众的意志远比空袭提倡者们所预想的更为坚强。对城市的轰炸并未像他们所预期的那样，使平民们迅速丧失斗志，随后引发暴动和内乱，令政府被迫求和。独立空军战略的拥护者们主张，失败的原因不是在于这种概念本身存在缺陷，而是在于资源不足。这种理论在核武器的发展中达到了巅峰。

确切查明压垮一个国家或民族斗志的事件并非易事。1991年，联合国军对伊拉克实施了短暂但极为高效的打击，然而并未像许多政治家和大多数西方媒体所热切期望的那样，致使伊拉克人自己推翻萨达姆·侯赛因的统治。北约组织在 20 世纪 90 年代对巴尔干半岛展开的同类军事行动也未能让塞尔维亚的当权者倒台。战场上的胜利并未带来公开辩论中大肆鼓吹的政治结果，但对大多数军事分析家来说，这样的结果并不令人感到意外。军事上的失利并未让民众认识到本国的政治系统有多么——至少按照西方的标准来看——不平等和不公正，并起义打倒压迫者。相反，外部的威胁往往会让一个国家更加团结。在我们眼中，罗马的政治制度可能看起来极不公平，将权力集中在了少数精英手中，而罗马用于控制意大利的同盟体系对拉丁人和意大利人也无疑是沉重的压迫，令后者十分怨愤。汉尼拔在公元前218年进军意大利时可能就是这么认为的，但我们不清楚他到底有多了解罗马政治体制的特点。然而，罗马的盟友对汉尼拔所发出的挣脱压迫者枷锁的号召置若罔闻，没有一座拉丁城镇投靠他，大多数意大利城镇也继续效忠于罗马。它们一方面惧怕罗马的报复，另一方面可能还对迦太基的动机有所怀疑，但总的来说，我们不得不得出以下结论，即大多数意大利社群认为，支持罗马是对自己最有利的选择。同样，即便是罗马的贫民阶层也对国家怀有强烈的归属感，甘愿为之牺牲生命。

我在导言中声明过，我无意在本书中寻求布匿战争对现代战争的直接军事启示。比我更具资格探讨现代战争的战略战术的大有人在。本书的目标是把迦太基和罗马之间的争斗与公元前3世纪和公元前2世纪的时代背景准确结合。如果我们想要从历史中总结教训，那么一定要先将历史本身理解透彻。值得强调的一点是，每一个社会、每一种文化对于战争都有其独特的见解，这从而会决定他们如何战斗，以及如何被击败。这一点在大多数历史时期都曾得以体现，但是两种战争哲学的差异很少能像在布匿战争中这样被阐释得如此淋漓尽致。

注 释

导 言

1. 关于坎尼会战，详见本书第 8 章；有关拿破仑相信能从古代将领的事迹中
收获良多，见 D. Chandler, *The Campaigns of Napoleon* (London, 1966), pp.
137–139；有关 20 世纪的布匿战争研究，见 B. Liddell Hart, *A Greater than
Napoleon - Scipio Africanus* (Edinburgh, 1930), J. Fuller, *The Decisive Battles of
the Western World* (London, 1954)。

2. 比较近期的研究，见 T. Dorey & D. Dudley, *Rome against Carthage* (London,
1971), B. Caven, *The Punic Wars* (London, 1980), N. Bagnall, *The Punic Wars*
(London, 1990) 和涵盖了整场战斗的 Y. Le Bohec, *Histoire militaire des guerres
puniques* (Paris, 1996)；J. Lazenby, *Hannibal's War* (Warminster, 1978, reprinted
with new preface: Oklahoma, 1998) 和 *The First Punic War* (London, 1996), J.
Peddie, *Hannibal's War* (Stroud, 1997) 和针对单独的战争的 S. Lancel (trans. A.
Nevill), *Hannibal* (Oxford, 1998)，以及于 1993 年再版的 T. Dodge, *Hannibal*
(1891)；以及趣味盎然的论文合集：T. Cornell, B. Rankov & P. Sabin (edd.),
The Second Punic War: A Reappraisal, British Institute of Classical Studies
Supplement 67 (London, 1996)。上述著作均有参考书目，包含了更多近年
出版的关于这一主题不同方面的专著和论文。

3. Bagnall 和 Peddie 都是经验丰富的军人，对战争中很多实际方面的问题做
出了精确且有深度的评论。与大多数其他作者相比，Peddie 更关注后勤补
给的问题。关于不同文化在战争的概念和实践上有何不同，见 J. Keegan, *A
History of Warfare* (London, 1993)。

4. 西勒努斯（Silenus）和索西鲁斯（Sosylus），见 Nepos, *Hannibal* 13. 3。

5. 关于波利比乌斯，见 F. Walbank, *A Historical Commentary on Polybius 1* (Oxford,
1970), pp. 1–37。

6. 见 P. Walsh, *Livy* (Cambridge, 1961) 和 T. J. Luce, *Livy, the Composition of his History* (Princeton, 1977)；辛诺塞法利之战：Polybius 18. 24. 8–9, Livy 34. 8. 13。

7. 见 See Walbank 1 (1970), pp. 26–35；波利比乌斯批评菲利努斯和法比乌斯·皮克托不够中立客观：1. 14–15。

1 对阵双方

1. 一份很有帮助的对公元前 3 世纪地中海世界的考察：A. Toynbee, *Hannibal's Legacy. Vol. 1* (Oxford, 1965), pp. 20–83。

2. 迦太基的起源，见 G. Picard & C. Picard, *Carthage* (rev. ed.: London, 1987), pp. 15–35, S. Lancel, *Carthage* (Oxford, 1995), pp. 1–34；他施：Ezekiel 27. 12；西班牙：Lancel (1995), pp. 9–14。

3. 向美刻耳的献祭：Polybius 31. 12；迦太基的宗教和文化：Picard & Picard (1987), pp. 35–50, Lancel (1995), pp. 193–256, esp. 245–56。

4. Picard & Picard (1987), pp. 56–124, Lancel (1995), pp. 78–102.

5. 迦太基的勘察和殖民，见 Picard & Picard (1987), pp. 91–100, Lancel (1995), pp. 100–109；公元前 4 世纪迦太基的新殖民城市尼亚波利（Neapolis）：141–2。

6. Lancel (1995), pp. 269–88；阿加托克利斯：*Diodorus Siculus* 20. 8. 3–4。

7. 把 Picard & Picard (1987), pp. 125–81 和包含更新的观点的 Lancel (1995), pp. 111–21 相比较。

8. 皮洛士失传的手册：Plutarch, *Pyrrhus* 8；希腊化时期战争的总览，见 F. Adcock, *The Greek and Macedonian Art of War* (Berkeley, 1957)。

9. 关于造船和海战，详见本书第 5 章；迦太基的港口，见 Lancel (1995), pp. 172–8, H. Hurst, 'Excavations at Carthage, 1977–8', *Antiquaries' Journal* 59 (1979), pp. 19–49。

10. 标枪兵（Lonchophoroi），例如 Polybius 3. 72. 3, 83. 3, 84. 14；关于迦太基军队史料匮乏的讨论，见 J. Lazenby, *Hannibal's War* (Warminster, 1978), pp. 14–16；关于汉尼拔军中的高卢、西班牙和其他部落的部队，见 L.

Rawlings, 'Celts, Spaniards, and Samnites: Warriors in a Soldiers' War', in T. Cornell, B. Rankov & P. Sabin, *The Second Punic War. A Reappraisal* British Institute of Classical Studies Supplement 67 (London, 1996), pp. 81–95。D. Head, *Armies of the Macedonian and Punic Wars* 试图较为具体地再现迦太基的军队装备和组织形式，但其中结论很多都是基于推测。

11. 公元前 218 年汉尼拔交换部队位置：Polybius 3. 33. 5–16。注意雇佣兵战争期间叛军之间联络上的困难：Polybius 1. 67. 3–13, 69. 9–13。

12. 迦太基贵族与努米底亚王室之间的联姻，例如 Polybius 1. 78. 1–9, Livy 29. 23. 2–8；西班牙的情况：*DS* 25. 12, Livy 24. 51. 7, Silius Italicus 3. 97, 106。

13. 奥塔里图斯（Autaritus）率领的高卢雇佣军：Polybius 2. 7. 6–11。

14. 500 努米底亚人：Livy 26. 38. 11–14；萨贡图姆的利比亚部队：Livy 21. 11. 8；塔伦图姆的高卢部队：Polybius 8. 30. 1；坎尼的混编部队：Polybius 3. 114. 4, cf. 6. 24. 5。

15. 有关战象的整体研究，见 H. Scullard, *The Elephant in the Greek and Roman World* (London, 1974)；拉菲亚之战：Polybius 5. 84. 2–7。

16. 见第 12 章。

17. T. Cornell, The Beginnings of Rome (London, 1995) 是近年的一份出色的有关罗马早期历史的研究。

18. 有关这一时期的情况，见 Cornell (1995), pp. 345–68, & S. Oakley, 'The Roman Conquest of Italy', in J. Rich & G. Shipley, *War and Society in the Roman World* (London, 1993), pp. 9–37；罗马人拒绝与皮洛士媾和：Plutarch, *Pyrrhus* 18–20。

19. 贵族葬礼，见 Polybius 6. 53–4。

20. 派系是大多数描述布匿战争的现代作品中的主要议题，例如 B. Caven, *The Punic Wars* (London, 1980), pp. 20, 83–4，以及对派系提到得略少的 Lazenby (1978), pp. 4, 108。H. Scullard, *Roman politics 220–150 BC* (London, 1951) 就用了很大篇幅讨论派系。

21. 波利比乌斯著名的描述：Polybius 6. 11–19, 43–58, 以及 F. Walbank, *A Historical Commentary on Polybius* [3 vols] (Oxford, 1970), pp. 673–97, 724–746。罗马政治的概貌：M. Gelzer, *The Roman Nobility* (London, 1968), M. Crawford, *The Roman Republic* (Glasgow, 1978), P. Brunt, *Social Conflicts in the Roman Republic*

(London, 1978), pp. 1–73, F. Millar, 'The political character of the Classical Roman Republic', *Journal of Roman Studies* 74 (1984), pp. 1–19, 以 及 T. Wiseman (ed.), *Roman Political Life 90 BC-AD 69* (Exeter, 1985)。

22. 关于罗马军队发展的详尽介绍，见 L. Keppie, *The Making of the Roman Army* (London, 1984), E. Gabba, *Republican Rome: The Army and Allies* (Berkeley, 1976), A. Goldsworthy, *Roman Warfare* (London, 2000), F. Adcock, *The Roman Art of War under the Republic* (Cambridge, 1960) 和 E. Rawson, 'The literary sources for the pre-Marian Roman Army', *Papers of the British School at Rome* 39 (1971), pp. 13–31。

23. Polybius 6. 19–42 和 Walbank 1 (1970) pp. 697–723。

24. Polybius 11. 23. 1, 33. 1 和 Walbank 2 (1970), p. 302。另见 M. Bell, 'Tactical Reform in the Roman Republican Army', *Historia* 14 (1965), pp. 404–22。

25. 有关发现的疑似罗马方盾，见 W. Kimmig, 'Ein Keltenschild aus Aegypten', *Germania* 24 (1940), pp. 106–111。罗马军队装备的概貌，见 P. Connolly, *Greece and Rome at War* (London, 1981), pp. 129–42 和 'Pilum, gladius and pugio in the Late Republic', *Journal of Roman Military Equipment Studies* 8 (1997), pp. 41–57 和 M. Bishop & J. Coulston, *Roman Military Equipment* (London, 1993), pp. 48–64。

26. Polybius 2. 33. 4 记载道，青年兵在公元前 224 年有一次配备了后备兵的长矛，说明前者通常会使用另一种武器，很可能是罗马重标枪。有关罗马重标枪，见 Bishop & Coulston (1993), pp. 48–50。

27. 有关公元前 211 年的"改革"，见 M. Samuels, 'The Reality of Cannae', *Militärgeschichtliche Mitteilungen* 47 (1990), pp. 7–31，但他的观点并不是很有说服力。

28. 加图的祖父: Plutarch, *Cato* 1；关于马鞍，见 P. Connolly, 'The Roman Saddle', in M. Dawson (ed.), *Roman Military Equipment: The Accoutrements of War, BAR* 336 (Oxford, 1987), pp. 7–27。

29. 哨兵在执勤时打盹儿: Polybius 6. 35. 6–37. 6, Livy 44. 33；军中刑罚概述: Polybius 6. 37. 7–38. 4。

30. 本书对元老院的决策过程叙述得比较含蓄，较详细的描述见 Vegetius 3. 1。

31. 忒拉蒙之战：Polybius 2. 24–31, esp. 27. 1–6。

32. 例如被李维提到的斯普利乌斯·李古斯提努斯（Spurius Ligustinus）：Livy 42. 34。

33. 关于"virtus"的重要性，见 N. Rosenstein, *Imperatores Victi* (Berkeley, 1990), pp. 114–51。

34. 分配给每个军团的空间：Polybius 18. 30. 5–8, Vegetius 3. 14, 15 以及 A. Goldsworthy, *The Roman Army at War, 100 BC-AD 200* (Oxford, 1996), pp. 179–80 中的讨论。

35. 罗马军队遭到伏击，例如 Polybius 2. 25, 3. 118, Livy 38. 40–1, & chapter 7。李维指出，在公元前 193 年时，一名执政官甚至在白天行军时也派出了侦察兵，暗示这种情况并不寻常：Livy 35. 4。两支军队意外相遇，见 Polybius 2. 27–8, 3. 61, 65, Livy 31. 33, Polybius 18. 19。关于军事情报，见 M. Austin & B. Rankov, *Exploratio* (London, 1995)。

36. 战斗开始前的拖延，见 Polybius 3. 89–90, 110–113, 10. 38–9, 11. 21, 14. 8, Livy 34.46, 38. 20, and esp. Livy 37. 38–9；两军近距离扎营对峙却长时间不开战，见 Polybius 1. 19, 57–8, Appian Iberica 11. 65；近距离面对敌军时掩护撤退的策略：Polybius 2. 25, 3. 68, 93–4, Livy 31. 38–9。

37. 罗马军队布阵：Polybius 3. 72, 113, 6. 31, Livy 34. 46, 40. 31, 40. 48, 41. 26；迦太基军队显然也采用专业的方法：Polybius 3. 113. 6, 11. 22；辛诺塞法利之战中的马其顿军队：Polybius 18. 22–5；公元前 195 年仓促部署一支西班牙军队时出现混乱：Livy 35. 14；罗马保民官密切参与布阵：Polybius 11. 22. 4, Livy 44. 36。

38. 百夫长副手的职能，见 M. Speidel, *The Framework of an Imperial Legion. The fifth Annual Caerleon Lecture* (Cardiff, 1992), pp. 24–6。

39. 关于这一问题的详细讨论，见 Goldsworthy (1996), pp. 138–40。

40. 有关罗马阵形的风格化描述，见 Livy 8. 8. esp. 9–13。有关这一时期步兵作战的讨论，见 P. Sabin, 'The mechanics of battle in the Second Punic War', in Cornell, Rankov and Sabin (1996), pp. 59–79, esp. 64–73。关于罗马的战术体系，见 P. Sabin, 'The Multiple Line System in Republican Roman Armies', *Journal of Roman Studies* (forthcoming)。关于稍晚时期的军队作战方式的讨

论，见 Goldsworthy (1996), pp. 171–247；指挥官的职能，见 Goldsworthy (1996), pp. 116–70。

41.　见第 7 章和第 8 章。

2　大战的爆发

1.　Thucydides 1, esp. 1. 23, 89–117.

2.　Polybius 1. 7. 1–5。有关年代顺序的讨论，见 F. Walbank, *A Historical Commentary on Polybius* 1 (Oxford, 1970), pp. 52–3。

3.　Polybius 1. 7. 6–13。Dionysius of Halicarnassus 20. 4 称城市里部署了卫戍部队，以抵御布鲁提乌姆人。

4.　Appian, *Samnite History* 9. 3.

5.　Polybius 1. 8. 3–9. 8。希耶罗的生涯年表，见 Walbank 1 (1970), pp. 54–5。关于隆伽努斯河之战，见 *Diodorus Siculus* 22. 13。

6.　Polybius 1. 10. 1–2；汉尼拔对希耶罗使诈：*Diodorus Siculus* 22. 13；迦太基人控制麦撒那后必将征服西西里：Polybius 1.10. 7–8, Zonaras 8. 8。关于战争起因的讨论，见 J. Lazenby, *The First Punic War* (London, 1996), pp. 31–42, B. Caven, *The Punic Wars* (London, 1980), pp. 8–16, Walbank 1 (1970), pp. 56–63。

7.　Polybius 1. 10. 3–9.

8.　Polybius 1. 11. 1–3。另见 Walbank 1, p. 62, Lazenby (1996), p. 39。相关过程的详细讨论，见 J. Rich, *Declaring war in the Roman Republic in the period of transmarine expansion* (Collection Latomus 149, Brussels, 1976)。

9.　非利努斯描述的条约：Polybius 3. 26. 2–5；波利比乌斯对于三份保存下来的条约的描述：3. 22–26, cf. Livy 7. 27. 2, 9. 43. 26, *Periochae* 13 和 *Diodorus Siculus* 16. 91. 1；李维描述的公元前 306 年的条约：*Per.* 14。有关这些内容的讨论，见 Walbank 1 (1970), p. 337–56, Lazenby (1996), pp. 31–5; Caven (1980), pp. 15–16 和 S. Lancel, *Carthage* (Paris, 1995), pp. 86–8, 362 以上作者倾向于接受菲利努斯描述的条约。近期的有关罗马与迦太基关系的讨论，见 R. Palmer, *Rome and Carthage at Peace. Historia Einzelschriften Heft. 113* (Stuttgart, 1997)。关于塔伦图姆的插曲，见 Livy *Per.* 14, Zonaras 8. 6,

Orosius 4. 3. 1−2。

10. Dio 11. 1−4, Zonaras 8. 8.

11. 有关防御性帝国主义，见 T. Mommsen, *The History of Rome* (trans. M. W. P. Dickson) (London, 1877−80), T. Frank, *Roman Imperialism* (New York, 1914), M. Holleaux, *Rome, la Grèce et les monarchies hellénistiques au IIIe siècle avant J.C. (273−205)* (Paris, 1921), E. Badian, *Roman Imperialism in the Late Republic* (Oxford, 1968), R. M. Errington, *The Dawn of Empire: Rome's Rise to World Power* (London, 1971)。

12. 罗马帝国主义的经济动机，见 M. K. Hopkins, *Conquerors and Slaves* (Cambridge, 1978)；罗马的政治和社会体系助长了其侵略性的最有力论证来自 W. V. Harris, *War and Imperialism in Republican Rome 327−70 BC* (Oxford, 1979), esp. pp. 9−104。更平衡的观点，见 J. Rich, 'Fear, greed and glory: the causes of Roman war-making in the middle Republic', in J. Rich & G. Shipley, *War and Society in the Roman World* (London, 1993), pp. 38−68，他评论了罗马发动战争的密度的变化。

13. Harris (1979), pp. 183−5.

14. Polybius 1. 11. 3−11；罗马要求同盟提供船只：Polybius 1. 20. 13−14。盖乌斯·克劳狄乌斯的故事：Dio 11. 5−10, Zonaras 8. 8−9。

15. 对这一传统说法的批判，见 Lazenby (1996), pp. 43−6。罗马人俘获一艘迦太基人的五列桨座战船：Polybius 1. 20. 15；哈农的威胁：Dio 11. 9, Zonaras 8. 9；狄奥多罗斯记载的谈判：23. 1. 4。

16. Polybius 1. 11. 9−12. 4, 14. 1−8；罗马骑兵失利：Zonaras 8. 9。

17. Polybius 1. 16. 1−11, Zonaras 8. 9。关于“麦撒拉”的称号，见 Pliny *Natural History* 35. 22。

18. Polybius 1. 16. 4−17. 1。Eutropius 2. 19. 2 和 Orosius 4. 7. 3 称，希耶罗支付了 200 塔伦特。

3　陆　战

1. 雇佣军：Polybius 1. 17. 3−4；罗马削减军队：1. 17. 1−2；罗马再次向西西

里派出 4 个军团：1. 17. 6。

2. J. Roth, *The Logistics of the Roman Army at War* (Brill, 1999), p. 158, 171–2, 288, 316, 318.

3. 总体概述：Polybius 1. 17. 6–13；军营外的警备队：1. 17. 11–12 和 6.37. 11。这种制度在公元 70 年罗马人围攻耶路撒冷时被证实很有效：Josephus, *Bellum Judaicum* 5. 482–3。

4. Caesar, *Bellum Gallicum* 2. 32, Cicero *De Officiis* 1. 35.

5. Polybius 1. 18. 1–7.

6. Polybius 1. 18. 8–19. 4；迦太基军队的规模：Polybius 1. 19. 2, *Diodorus Siculus* 23. 8. 1。Orosius, 4. 7. 5，年代较晚，给出的数字只有 30 头大象、1500 名骑兵和 3 万名步兵。

7. Zonaras 8. 10; Polybius 1. 19. 6.

8. Polybius 1. 19. 7–11, *DS* 23. 8. 1, 9. 1, 7.

9. B. Caven, *The Punic Wars* (London, 1980), p. 25, Lazenby, *The First Punic War* (London, 1996), p. 58.

10. Zonaras 8. 10, Frontinus, *Strategemata* 2. 1. 4.

11. 阿格里根图姆：Polybius 1. 19. 13–15；希耶罗供给罗马军队：Polybius 1. 18. 11；罗马战争目标的延伸：Polybius 1. 20. 1–2 和 F. Walbank, *A Historical Commentary on Polybius* 1 (Oxford, 1970), p. 72, 同样援引了波利比乌斯的说法（2. 31. 7），认为公元前 225 年罗马人在忒拉蒙取得的胜利促使元老院计划将凯尔特人彻底逐出山北高卢。

12. 城镇倒戈支持罗马：*DS* 23. 4. 1；失败的行动：*DS* 23. 3. 1 和 23. 4. 2。摘录狄奥多罗斯的人也许把这些地方认错了，见 Lazenby (1996), p. 53；米提斯特拉图斯：*DS* 23. 9. 2–3；赫贝苏斯：*DS* 23. 8. 1；卡马里那：*DS* 23. 9. 4；埃那：*DS* 23. 9. 5。

13. 利帕拉的陷阱：Polybius 1. 21. 5–8, 8. 35. 9, Zonaras 8. 10, Livy Per. 17；特尔迈：*DS* 23. 19. 1；高卢人：Zonaras 8. 10, *DS* 23. 8. 3, Frontinus *Strat.* 3. 16. 3。

14. 特尔迈：Polybius 1. 24. 3–4, *DS* 23. 9. 4；罗马每年更换指挥官：Zonaras 8. 16。波利比乌斯笔下在西西里的迦太基军队两次最大规模的增兵，一次在公元前 262 年（1. 18. 8），另一次在公元前 255 年，还包括 140 头大象（1.

38. 2-3）。

15. Polybius 1. 29. 1-10；意大利囚犯：Zonaras 8. 12；科克瓦尼：Lancel (1995), pp. 268-9, 367。

16. 雷古卢斯不想担任指挥官：Dio 11. 20；他的军队：Polybius 1. 29. 9；第一军团：Polybius 1. 30. 11；罗马将领的职能，见 A. Goldsworthy '"Instinctive Genius"; The Depiction of Caesar the general', in K. Welch and A. Powell (edd.), *Julius Caesar as Artful Reporter. The War Commentaries as Political Instruments* (Swansea, 1998), pp. 192-219。

17. Polybius 1. 30. 1-7；有关阿底斯可能的位置的讨论，见 Lazenby (1996), p. 100。

18. 罗马军官们发现了迦太基人犯的失误：Polybius 1. 30. 9。

19. Polybius 1. 30. 10-14；黎明时的进攻：Polybius 1. 30. 10；夜间袭击：Zonaras 8. 13。

20. 罗马人把突尼斯用作基地：Polybius 1. 30. 15；雷古卢斯渴望获得结束战争的功劳：1. 31. 4-5；其他罗马将领的类似表现，例如公元前 218 年特里比亚河之战时的提比略·森普罗尼乌斯·隆古斯：Polybius 3. 70. 7, 以及公元前 198—前 197 年与马其顿的腓力五世谈判时的提图斯·昆克提乌斯·弗拉米尼努斯：Polybius 18. 11-12。

21. Polybius 1. 31. 1-8, Dio 11. 22-3.

22. Polybius 1. 32. 1-9；克赞提普斯的到来，*DS* 23. 16. 1；他的无能：Polybius 1. 32. 7。

23. Polybius 1. 33. 1-6；有关战场可能的位置的讨论，见 Lazenby (1996), p. 104。

24. Polybius 1. 33. 9，另见 Lazenby (1996), p. 104-5。有关公元前 1 世纪罗马军团布阵时排出三条以上战线的情况，见 Pharsalus, Caesar *Bellum Civile* 3. 89；整个军团作为预备队的例子，包括公元前 195 年的恩波利翁之战：Livy 34. 15, 公元前 193 年战胜波伊人：Livy 35. 5；第二次布匿战争期间的例子，包括努米斯特罗（Numistro）之战：Livy 27. 2, 12 以及公元前 205 年在西班牙的例子：Livy 29. 2。

25. Polybius 1. 33. 8-34. 12.

26. 有关克赞提普斯后来可能为埃及效力了，见 Lazenby (1996), p. 106，其中提到，托勒密三世在公元前 245 年任命了一个叫克赞提普斯的人为总督：Hieronymus *In Daniel* 11. 7–9；雷古卢斯的传说，见 Diodorus 23. 16. 1, *DS* 24. 12，以及相关讨论：A. Pauly, G. Wissowa et al., *Real-encyclopädie der classischen Altertumswissenschaft* (Stuttgart, 1893-), Atilius (51), cols. 2088–92。

27. 哈米尔卡对努米底亚人发动的战役，见 Orosius 4. 9. 9。哈农在利比亚的行动的时间顺序不确定：Polybius 1. 73. 1, 74. 7, *DS* 24. 10。

28. Polybius 1. 39. 7–40. 16。梅特卢斯作战时的身份是执政官还是同执政官并不影响此书探讨的中心。对于相关资料的讨论，见 Lazenby (1996), p. 120。

29. 伤亡数字：Eutropius 2. 24, Orosius 4. 9. 15；大象：Polybius 1. 38. 2, *DS* 23. 21, Zonaras 8. 14, Pliny *Natural History* 8. 16；高卢人：*DS* 23. 21。

30. Polybius 1. 41. 4–48. 11。波利比乌斯给出的守方军队人数为 1 万人：1. 42. 11，但狄奥多罗斯称只有 7000 名步兵和 700 名骑兵：*DS* 24. 1。但他还说，有一支 4000 人的援军由海路进入了城市。此章节也给出了罗马军队的人数。

31. Polybius 1. 56. 1–58. 9；厄律克斯：*DS* 24. 8。

4 海 战

1. Polybius 1. 20. 6–14.

2. 罗马海军的早期历史，见 J. Thiel, *A history of Roman sea-power before the Second Punic War* (Amsterdam, 1954), pp. 3–59；关于舰队财务官一职源自"负责装备与修理海军舰队的双人委员会"或舰队的猜测，见 Thiel (1954), pp. 33–4，（J. Lazenby, *The First Punic War* (London, 1996), p. 63 采取了更谨慎的猜测）；塔伦图姆人击败罗马海军：Livy Per. 12, Appian, *Samnite History* 7. 1。关于古代海军与海战的全面考察，见 W. Rogers, *Greek and Roman Naval Warfare* (Maryland, 1964), esp. pp. 266–305。

3. 麦撒拉主张组建舰队，见 *Ineditum Vaticanum* 4。

4. T. Shaw (ed.) *The Trireme Project: Operational Experience 1987–90; Lessons Learnt. Oxbow Monograph 32* (Oxford, 1993)；这一发现的简单概要，见 L. Casson, *Ships and Seafaring in Ancient Times* (London, 1994), esp. pp. 60–77。

5. 关于"四十列"桨座战船，见 Casson (1971), pp. 50–51, 82–3；"三十列"桨座战船，见 Athenaeus 5. 203c; Morrison (1996), pp. 1–40，以及 p. 309 称"十列"桨座战船是史料记载中投入战场的最大的战船；最先建造四列桨座战船的是迦太基人：Aristotle, *Fragment* 600；叙拉古是最早建造五列桨座战船的：*Diodorus Siculus* 4. 41. 3。

6. 见 Casson (1971) pp. 84–5; Polybius 1. 20. 15。

7. J. S. Morrison (& J. F. Coates) *Greek and Roman Oared Warships* (Oxbow, 1996), pp. 259–60, 270–72，以及罗马试图复制迦太基战船：pp. 312–17；舷外支架在别人眼中的弱点，见 Lazenby (1996), p. 65。

8. 亚特利特出土的撞角：Casson, pp. 74, 90–91；马萨拉沉船，见 L. Basch & H. Frost, 'Another Punic wreck in Sicily: its ram', *International Journal of Nautical Archaeology* 4 (1976), pp. 201–28 & H. Frost et alii, *Lilybaeum (Marsala) - The Punic Ship: Final Excavation Report. Notizie Degli Scavi di Antichita Supplemento al vol. 30, 1976* (Rome, 1981), pp. 267–70。

9. 空战缠斗的类比，例如 Lazenby (1996), p. 95, Shaw (1993), p. 99；关于 diekplus：Shaw (1993), pp. 99–104。

10. 罗马固有的保守主义，见 Thiel (1954), pp. 66–7；指出"五列桨座战船"一词作为"战船"的代称：W. W. Tarn, 'The Fleets of the First Punic War', *Journal of Hellenic Studies* 27 (1907), pp. 48–60, esp. pp. 59–60. F. Walbank, *A Historical Commentary on Polybius* 1 (Oxford, 1970), p. 74；罗马俘获迦太基战船并将其用作造船模型：Polybius 1. 20. 15；全部舰船在 60 天内完工：Pliny *Natural History* 16. 192, cf. Florus 1. 18. 7, Orosius 4. 7. 8。

11. H. Frost, 'The prefabricated Punic Warship' in H. Deviyner & E. Lipinski, *Studia Phoenica X: Punic Wars* (Leuven, 1989), pp. 127–135, esp. pp. 132–4；以前没人在意大利建造过五列桨座战船：Polybius 1. 20. 10。

12. 相关的讨论，见 Thiel (1954), pp. 73–8, Lazenby (1996), p. 65。人口普查数字，见 P. Brunt, *Italian Manpower 225 BC-AD 14* (Oxford, 1971), p. 13, 32；萨莫奈人，见 Zonaras 8. 11。

13. 变节：Zonaras 8. 10；"阿西那"的诨号：Pliny, NH 8. 169。

14. Polybius 1. 21. 9–11；关于米莱之战的混乱不清记载，见 Lazenby (1996), p.

67, Tarn (1907), p.51, Thiel (1954), pp.122 – 7。

15. Polybius 1. 22. 3 – 11; H. T. Wallinga, *The Boarding-Bridge of the Romans* (Gravenhage, 1956)。另见 Thiel (1954), pp. 101 – 28。

16. *DS* 23. 10. 1.

17. Polybius 1. 23. 1 – 10, Rogers (1964), pp. 276 – 7；关于"乌鸦": 1. 23. 9 – 10, Thiel (1954), p. 115。

18. *Corpus Inscriptionum Latinarum* 12. 2. 25，此评注包含蒙森复原的铭文。

19. Livy *Per*. 17.

20. 汉尼拔: Polybius 1. 24. 5 – 7；利帕里群岛: Polybius 1. 25. 1 – 4, Zonaras 8. 12。

21. Polybius 1. 26. 7.

22. 见 Tarn (1907), pp. 46, 53; Thiel (1954), pp. 83 – 96, esp. 94。

23. 相关例证: Thiel (1954), pp. 119 – 20；批判的观点: Lazenby (1996), pp. 87 – 8。

24. 例如 G. K. Tipps, 'The battle of Ecnomus', *Historia* 34 (1985)。

25. 迦太基的阵列中间"更薄弱": Polybius 1. 27. 7。

26. Lazenby (1996), pp. 95 – 6.

27. Polybius 1. 26. 10 – 28. 14, Rogers (1964), pp. 278 – 91.

28. Polybius 1. 29. 1，见 Thiel (1954), p. 117。

29. Zonaras 8. 14, Polybius 1. 36. 11.

30. 船只数目: *DS* 23. 18. 1, Orosius 4. 9. 8, Eutropius 22. 3。对数字的质疑: Tarn (1907), p. 53, Thiel (1954), p. 94。关于"乌鸦"，见 Thiel (1954), pp. 235 – 6, Lazenby (1996), p. 112。罗马人对"蛮力"的依赖: Polybius 1. 37. 7 – 10。

31. Polybius 1. 38. 5 – 10.

32. Polybius 1. 39. 6.

33. Polybius 1. 39. 8, 15；关于黎里贝乌姆: 1. 41. 3 – 4；汉尼拔: 1. 44. 1 – 7, 46. 1 – 3。

34. Polybius 1. 46. 4 – 47. 3.

35. Polybius 1. 47. 3 – 10.

36. Livy, *Per*. 19, Cicero, *de natura deorum* 2. 7, Florus 1. 19. 29, Suetonius *Tiberius* 2.

37. 德雷帕纳: Polybius 1. 49. 3 – 51. 12, Rogers (1964), pp. 296 – 9；克劳狄乌斯的审判，见 N. Rosenstein, *Imperatores Victi* (Berkeley, 1990), pp. 35 – 6, 43,

79－80, 84－5, 184－5。

38. Polybius 1. 52. 4－54. 8, Zonaras 8. 15；小型战船：Polybius 1. 53. 9。

39. 袭扰非洲：Zonaras 8. 16；人口普查数字：Brunt (1971), pp. 26－33；有关公元前 265 年—前 264 年：Eutropius 2. 18, 252－251 Livy *Per.* 18, 247－246 Livy *Per.* 19；克劳狄娅：Livy *Per.* 19, Suetonius, *Tiberius* 2.3, Aulus Gellius, *Noctes Atticae* 10. 6。

40. Polybius 1. 59. 7－8.

41. 小型战船无法对五列桨座战船造成损伤：Polybius 15. 1. 3－2. 15, Livy 30. 25. 1－10; Morrison & Coates (1996), pp. 271－2, 285－91。

42. Livy *Per.* 19.

43. 见 Lazenby (1996), pp. 153－4。

44. 埃加特斯群岛：Polybius 1. 59. 8－61. 8；双方的损失：*DS* 24. 11. 1－2 和 Rogers (1964), pp. 301－3。

45. 见 Frost (1989), p. 128；两位罗马指挥官的纠纷：Valerius Maximus 2. 8. 2。

46. Polybius 1. 62. 1－2.

47. 注意波利比乌斯的评价：罗马海军在质量上的优势盖过了迦太基海军在技巧上的优势：6. 52. 8－9。

5 结 局

1. *Diodorus Siculus* 24. 13. 1。李维暗示，即便如此，哈米尔卡手下的士兵最后还是被以每人 18 第纳里乌斯的赎金赎回的：Livy 21. 41. 6－7。

2. T. Cornell, *The Beginnings of Rome* (London, 1995), pp. 188－9.

3. Polybius 1. 62. 1－9, 3. 27. 2－6。另一个稍有不同的版本，见 Zonaras 8. 17。

4. 进一步参考详见 J. Rich, 'The Origins of the Second Punic War', in T. Cornell, B. Rankov & P. Sabin, *The Second Punic War: A Reappraisal* (London, 1996), pp. 1－37, esp. pp. 23－4。

5. 见 G. Rickman, *The Corn Supply of Ancient Rome* (Oxford, 1980), pp. 12－13, 32－3, 37。

6. 迦太基人在战争中的被动，见 J. Lazenby, *The First Punic War* (London, 1996),

pp. 168-170。

7.　Zonaras 8. 16.

8.　这一时期官员任职的情况，见 T. Broughton, *The Magistrates of the Roman Republic* (New York, 1951)。在公元前 284 年到公元前 265 年这 20 年间，有 11 名二度当选的执政官，而在公元前 241 年到公元前 222 年间只有 7 名。关于凯亚提努斯，见 Livy *Per.* 19，另见 Lazenby (1996), pp. 137, 141。

9.　G. Picard & C. Picard, *Carthage* (London, 1987), p. 194.

10.　见 N. Rosenstein, *Imperatores Victi* (Berkeley, 1990), pp. 35-6, 43, 79-80, 184-5 和 Lazenby (1996), pp. 136-7。

11.　波利比乌斯关于雇佣兵战争的记载：1. 66.1-88. 7。

12.　Polybius 1. 77. 5, 2. 7. 6-11.

13.　Polybius 1. 83. 5-11; Appian *The Punic Wars* 5.

14.　Polybius 1. 83. 2-4.

15.　Polybius 1. 83. 11.

16.　S. Dyson, *The Creation of the Roman Frontier* (Princeton, 1985), p. 246.

17.　Polybius 1. 88. 8-12, 3. 28. 1-4.

18.　见 Dyson (1985), pp. 239-51。

19.　Zonaras 8. 18.

20.　*DS* 25. 10. 4, 19. 1.

21.　Polybius 3. 13. 3-5.

22.　见 Picard & Picard (1987), pp. 202-203, 222-229。

23.　波利比乌斯批评了法比乌斯·皮克托笔下的巴卡家族遭到大多数迦太基精英反对的这一说法：3. 8. 1-11。李维把哈农描述成反巴卡家族一派的领袖，例如 21. 3. 1-4. 1, 10. 1-11. 2。佐纳拉斯（8. 17）称，哈米尔卡前往西班牙违背了迦太基政府的意愿。狄奥多罗斯称，哈米尔卡通过煽动民众得到了人民的支持，通过后者的投票得到了在西班牙的无限制领导权：*DS* 25. 8. 1。其他记载：Nepos, *Hamilcar* 3。

24.　Appian, *The Wars in Spain.* 5.

25.　这似乎是波利比乌斯简短的记述所暗示的：2. 1. 5。

26.　把 Picard & Picard (1987), pp. 209-29 和 S. Lancel, Carthage (Oxford, 1995), pp. 376–80 相比较。

27. 前去质问哈米尔卡的使团：Dio 12. 48；哈斯德鲁巴：Polybius 2. 13. 3–7, 3. 27. 9–10。有关罗马商人活跃在西班牙，见 Dyson (1985), p. 180。

28. 罗马在山南高卢的战斗，见 Dyson (1985), pp. 26–34。波利比乌斯对高卢战争的记载：2. 14. 1–35. 10；忒拉蒙：2. 26. 1–31. 7；弗拉米尼乌斯的土地法案：2. 21. 7–9；他领导的战役：32. 1–33. 9。

29. Plutarch, Marcellus 6–8。

6 第二次布匿战争的起因

1. 罗马与迦太基之间的贸易，见 R. Palmer, *Rome and Carthage at Peace* (1997), pp. 15–52。双方贵族间的友好：Livy 27. 16. 5, 33. 45. 6。

2. 罗马和迦太基在之前的条约中划定了物理边界：Polybius 3. 22. 4–7, 24. 4, 11；罗马与塔伦图姆：Appian *Samnite History* 7, 79；迦太基与昔勒尼（Cyrene）：Sallust *Bellum Jugurthinum* 2–10。

3. 罗马与萨贡图姆的条约：Polybius 3. 30. 1–2；调解萨贡图姆的内部纷争：3. 15. 7。

4. Polybius 3. 15. 1–13, 17. 1–11, Livy 21. 6. 1–9. 2, 12. 1–15. 2；汉尼拔负伤：21. 7. 10。

5. 使团：Polybius 3. 20. 6–21. 8, 33. 1–4, Livy 21. 18. 1–19. 5。关于法比乌斯·布泰奥，见 Broughton, *The Magistrates of the Roman Republic* no. 116。关于在使团离开罗马前就是否开战展开有条件投票表决的可能性：F. Walbank, *A Historical Commentary on Polybius* 1 (Oxford, 1970), p. 334。罗马外交上的无礼，例如公元前 229 年对待图达女王（Queen Teuta）的方式：Polybius 2. 8. 6–13，以及公元前 168 年对待安提奥库斯四世（Antiochus IV）的方式：Livy 45. 12。

6. Polybius 3. 9. 6–12. 7。

7. Polybius 3. 11. 5–8。

8. Polybius 3. 11. 5–8, Livy 21. 1. 4–5, Nepos, *Hannibal* 1. 2–6。

9. 近年来关于战争的起因最出色和详尽的讨论：J. Rich, 'The origins of the Second

Punic War', in T. Cornell, B. Rankov & P. Sabin (edd.), *The Second Punic War: A Reappraisal* (London, 1996), pp. 1–37。作者引用了近 30 条有关该议题的重要学术成果。

10. 见 Rich (1996), pp. 14–18, esp. p. 17。哈米尔卡将被俘敌兵编入了自己的军队：*Diodorus Siculus* 25. 10. 1；他对罗马使节的回复：Dio 12. 48。

11. 关于汉尼拔的野心，见 Livy 21. 5. 1–2。

12. 见 Rich (1996), p. 30。

13. 关于元老院公元前 218 年的计划和安排，见 Polybius 3. 40. 1–2, 41. 2, Livy 21. 17. 1–9。

14. Polybius 3. 40. 3–13, Livy 21. 25. 1–14.

15. Polybius 3. 40. 14, 41. 1–3, Livy 21. 26. 1–2.

16. 对于海军状况的深刻论述：B. Rankov, 'The Second Punic War at Sea', in Cornell, Rankov and Sabin (1996), pp. 49–57, esp. pp. 52–4。

17. Polybius 3. 33. 17–18.

18. Polybius 3. 35. 1；大象：Appian, *The Hannibalic War* 1. 4。

19. A. D. Domínguez-Monedero, 'La campaña de Aníbal contra los Vacceos, sus objectivos y su relación con el initio de la segunda guerra púnica', *Latomus* 45 (1986), pp. 241–58.

20. Livy 21. 21. 9.

21. Livy 22. 58. 3.

22. 认为汉尼拔的战略是摧毁罗马的同盟网络的观点：J. Lazenby, 'Was Maharbal right?', in Cornell, Rankov & Sabin (1996), pp. 39–48, 以及 J. Lazenby, *Hannibal's War* (Warminster, 1978), pp. 29–32, 85–6, 88–9。

23. 李维记载了一个说法称，哈斯德鲁巴将年轻的汉尼拔召往了西班牙，这暗示汉尼拔此前已经回到了迦太基。他还暗示，有流言称，汉尼拔和哈斯德鲁巴的关系非比寻常，正如之前也有传言说哈斯德鲁巴与哈米尔卡的关系不一般一样：Livy 21. 3. 1–6, cf. Nepos, *Hamilcar* 3. 1–2。

24. Polybius 3. 69. 12–13, 9. 22. 1–26, Livy 21. 4. 1–8.

25. "决斗者"汉尼拔：Polybius 9. 24. 4–8；汉尼拔·巴卡的贪婪：9. 25. 1–26. 11。

26. Livy 21. 38. 6–9。关于汉尼拔行军路线的研究，见 P. Connolly, *Greece and*

Rome at War (London, 1981), pp. 153−66, Lazenby (1978), pp. 34−48, 275−7, S. Lancel, *Hannibal* (Oxford, 1998), pp. 57−80 和精选了少量现存史料的 D. Proctor, *Hannibal's March in History* (Oxford, 1971)。

27. Polybius 3. 35. 1−8, Livy 21. 22. 5−24. 1；与埃布罗河的距离：Polybius 3. 39. 6；军队分为 3 队渡过埃布罗河：Livy 21. 23. 1。

28. Caven (1980), pp. 98−101。

29. Polybius 3. 35. 6−8, Livy 21. 23. 1−6；卡佩塔尼人：Livy 21. 23. 4.

30. Polybius 3. 42. 1−4, Livy 21. 24. 2−5, 26. 6−27. 1。天然分界线在部落战争中的重要性，见 Caesar, *Bellum Gallicum* 2. 17, 6. 23。

31. Polybius 3. 42. 5−43. 12, Livy 21. 27. 2−28. 4.

32. Polybius 3. 44. 4, 45. 6−12；李维提供了不同版本的记载：Livy 21. 28. 5−12。

33. Polybius 3. 44. 3−13, Livy 21. 29. 1, 30. 1−31. 1.

34. Polybius 3. 41. 4−9, Livy 21. 26. 3−5.

35. Polybius 3. 45. 1−5, Livy 21. 29. 1−7.

36. 见 M. Austin and B. Rankov, *Exploratio* (London, 1995), esp. pp. 12−86。

37. Polybius 3. 45. 5, 47. 1−5, Livy 21. 30. 1−31. 5.

38. Polybius 3. 49. 5−13, Livy 21. 31. 1−12.

39. Polybius 3. 50. 1−51. 13, Livy 21. 32. 6−33. 11.

40. Polybius 3. 52. 1−53. 10, Livy 21. 34. 1−35. 1.

41. Polybius 3. 54. 5−55. 9, Livy 21. 36. 1−37. 6；用酸葡萄酒清除巨石的故事：21. 37. 2−3；一位指挥官拥有广泛知识的重要性：Polybius 9. 12. 1−20. 10；其他将领发挥聪明才智的例子，例如 Josephus, *Bellum Judaicum* 3. 271−81。

42. 汉尼拔行军所花的时间：Polybius 3. 56. 3。波利比乌斯之前提到，迦太基人花了 9 天时间抵达第一个关隘的峰顶：3. 53. 9。参考波利比乌斯提到的休息天数，15 天显然是不够的。

7 入 侵

1. 汉尼拔军队的规模：Polybius 3. 56. 4, 3. 60. 5。关于汉尼拔在法国南部留下了卫戍部队的观点：J. Lazenby, *Hannibal's War* (Warminster, 1978), p. 34, fn.

9, citing G. Picard & C. Picard *The Life and Death of Carthage* (1968, rev. ed. 1987), pp. 248, 250。公元前 215 年，哈斯德鲁巴试图进军意大利：Livy 23. 27. 9。公元 1812 年，拿破仑的军队在入侵俄国初期遭受的严重损耗：D. Chandler, *The Campaigns of Napoleon* (London, 1966), pp. 780, 816。

2. Polybius 3. 60. 8–10。关于汉尼拔的补给问题的讨论，见 J. Shean, 'Hannibal's mules: the logistical limitations of Hannibal's army and the battle of Cannae, 216 BC', *Historia* 45 (1996), pp. 159–187。

3. Polybius 3. 61. 1–12, Livy 21. 39. 3–10.

4. 关于演说和角斗，见 Polybius 3, Livy 21. 40. 1–44. 9；汉尼拔许诺给予士兵公民权：21. 45. 5–6。有关决斗的讨论，见 L. Rawlings, 'Warriors in a soldier's war', in Cornell, Rankov & Sabin (1996), pp. 81–95, esp. p. 89。

5. 骑兵的潮汐式作战方式，见 Dio 56. 32, Tacitus *Annals* 6. 35。关于四角马鞍，见 P. Connolly, 'The Roman Saddle', in M. Dawson (ed.), *Roman Military Equipment: The Accoutrements of War*, BAR 336 (Oxford, 1987), pp. 7–27。

6. 提契努斯河之战的描述，见 Polybius 3. 64. 1–65. 11 & 10. 3. 3–6, Livy 21. 45. 1–46. 10。

7. Polybius 3. 66. 1–8, Livy 21. 47. 1–8.

8. Polybius 3. 66. 9–68. 8, Livy 21. 48. 1–8.

9. Polybius 3. 68. 9–15, Livy 21. 51. 5–7。相关讨论，见 Lazenby (1978), pp. 55–6。

10. Polybius 3. 69. 1–14；波利比乌斯称赞汉尼拔避战的决定：69. 12–13；Livy 21. 48. 9–10, 52. 1–11。

11. Polybius 3. 70. 1–12, Livy 21. 53. 1–11.

12. C. Duffy, *Austerlitz* (London, 1977), p. 72.

13. 波利比乌斯对特里比亚河之战的描述：Polybius 3. 71. 1–74. 11；各项数据：72. 2, 7–8, 11–13；战象：72. 9, 74. 2。李维的描述：Livy 21. 54. 1–56. 8；各项数据：55. 2–4；战象：55. 2, 7–56。波利比乌斯暗示马戈的部队主要是努米底亚人：3. 74. 1。相关讨论，见 Lazenby (1978), pp. 55–58, P. Connolly, *Greece and Rome at War* (London, 1981), pp. 168–171, J. Kromayer & G. Veith, *Antike Schlachtfelder in Italien und Afrika* (Berlin, 1912), III. 1, pp.

47–99 和 H. Delbrück (trans. W. Renfroe), *History of the Art of War. Volume 1: Warfare in Antiquity* (Nebraska, 1975), pp. 333–4。

14. 这是盖乌斯·坎特尼乌斯率领的骑兵的人数：Polybius 3. 86. 3, Livy 22. 8. 1。

15. 有可能是虚构的战斗：Livy 21. 59. 1–9；汉尼拔的伪装：Polybius 3. 78. 1–4, Livy 22. 1. 3。

16. 元老院这一年的安排：Polybius 3. 80. 1, 86. 1, Livy 22. 2. 1, 4。

17. 弗拉米尼乌斯的性格品质，见 Polybius 3. 80. 3–82. 8, Livy 21. 63. 1–15, 22. 3. 3–14。

18. Livy 21. 63. 5.

19. N. Rosenstein, *Imperatores Victi* (Berkeley, 1990), pp. 54–91.

20. Polybius 3. 78. 5–79. 12, Livy 22. 2. 1–3. 1。关于波雷塔山口，见 Lazenby (1978), pp. 60–61, fn. 20；关于科利涅山口，见 B. Caven, *The Punic Wars* (London, 1980), p. 119。加图称，汉尼拔军队中最勇敢的大象名叫"叙利亚人"：Pliny *Natural History* 8. 5. 11。

21. 汉尼拔的供给问题，见 Shean (1996), pp. 159–87, esp. 175–85。

22. Polybius 3. 80. 1–2, 82. 1–8, Livy 22. 3. 7–14。

23. 关于可能的战场位置，见 Lazenby (1978), pp. 62–4, Connolly (1981), pp. 172–5 和 Kromayer & Veith (1912), pp. 148–93。

24. 李维（35. 4）提到，公元前 193 年的执政官梅鲁拉（Merula）极为谨慎，哪怕在白天行军时也会派出侦察兵，暗示了这种做法并不寻常。

25. 对特拉西梅诺湖之战的描述，见 Polybius 3. 9–85. 5, Livy 22. 4. 1–7. 5。奥维德将战斗发生的那天称为"罪恶之日"（dies nefas）：*Fasti* 6. 767–8。希里乌斯·意大利库斯说，弗拉米尼乌斯的头盔顶上装饰着一块"苏维比人的头皮"（crine Suevo），虽然苏维比人其实是日耳曼人的一支，但此时他显然指的是高卢人：Silius Italicus, *Punica* 5. 132。有关不同版本的弗拉米尼乌斯之死的讨论，见 Rosenstein (1990), pp. 115–17。

26. Polybius 3. 86. 1–5, Livy 22. 8. 1.

27. Livy 22. 7. 6–14, 8. 2–4.

28. Polybius 3. 87. 6–9, Livy 22. 8. 5–7.

29. Plutarch, *Fabius Maximus* 1–4.

30. Livy 22. 9. 7–10. 10.

31. Livy 22. 11. 1–9；法比乌斯要求自己骑马：Plutarch, *Fabius Maximus* 4。

32. Polybius 3. 86. 8–87. 5, Livy 22. 9. 1–5.

33. Polybius 3. 88. 1–90. 6, Livy 22. 12. 1–12。见 P. Erdkamp, 'Polybius, Livy and the Fabian Strategy', *Ancient Society* 23 (1992), pp. 127–47，书中令人信服地论证了李维大幅夸大了法比乌斯试图对汉尼拔使用的饥饿战术的作用。关于此次战役中双方军队有可能的行军路线的讨论，见 Lazenby (1978), pp. 66–71, Connolly (1981), pp. 177–82。普鲁塔克提到军中俚语"打击敌人的胃"：*Lucullus* 11. 1。

34. Polybius 3. 90. 7–92. 10, Livy 22. 13. 1–15. 1.

35. Polybius 3. 93. 1–94. 6, Livy 22. 15. 2–18.

36. 法比乌斯的绰号：Plutarch, *Fabius Maximus* 5；米努奇乌斯当选执政官和他随后的战败：Polybius 3. 100. 1–105. 11, Livy 22. 18. 5–10, 23. 1–30. 10。

8　坎尼会战与罗马的危机

1. W. Heckmann, *Rommel's War in Africa* (London, 1981), p. 113; A. Beevor, *Stalingrad* (London, 1998), p. 297.

2. Polybius 3. 107. 8–15, Livy 22. 35. 1–36. 5。现代人的观点，见 J. Lazenby, *Hannibal's War* (Warminster, 1978), pp. 75–6 和 F. Walbank, *A Historical Commentary on Polybius* 1 (Oxford, 1970), pp. 439–40（该作者同意波利比乌斯给出的数字）；反对的意见：B. Caven, *The Punic Wars* (London, 1980), pp. 134–41 和 P. Brunt, *Italian Manpower* (Oxford, 1971), p. 419。

3. 李维笔下的瓦罗的激进政策：22. 25. 18–19, 34. 2–35. 4, 38. 6。另见 R. Feig Vishnia, *State, Society and Popular Leaders in Mid Republican Rome 241–167 BC* (London, 1995), pp. 57–8。

4. 保卢斯的演说：Polybius 3. 108. 1–13；盟友的情绪：Polybius 3. 107. 6；李维笔下法比乌斯·马克西姆斯与保卢斯的不太可信的对谈：Livy 22. 38. 6–40. 4。

5. Polybius 3. 107. 1–7.

6. 罗马人抵达坎尼：3. 110. 1；李维的版本：22. 40. 5–44. 1。关于战场的位置，见 Lazenby (1978), pp. 77–8, P. Connolly, *Greece and Rome at War* (London, 1981), p. 184, H. Delbrück (trans. W. Renfroe), *History of the Art of War. Volume 1: Warfare in Antiquity* (Nebraska, 1975), pp. 324–5 ；与之相反的观点，见 J. Kromayer & G. Veith, *Antike Schlachtfelder* (Berlin, 1903–31) III. 1, pp. 278–388，作者认为战场在河流南侧，但离海岸更近一点。

7. Polybius 3. 110. 2–11, Livy 22. 44. 1–3.

8. 西班牙人差点从军队叛逃：Livy 22. 40. 7–8，但另见 P. Erdkamp, 'Polybius, Livy and the Fabian Strategy', *Ancient Society* 23 (1992), pp. 127–47。汉尼拔与吉斯戈的谈话，见 Plutarch, *Fabius Maximus* 15. 2–3。

9. Polybius 3. 112. 1–5, Livy 22. 44. 4–45. 4. Connolly (1981), p. 184 指出，现普利亚大区圣费尔迪南多（San Ferdinando di Púglia）所处的山嘴最有可能是汉尼拔军营当时的所在地。

10. 李维称，瓦罗并未与保卢斯商量：Livy 22. 45. 5。关于战斗实际是由保卢斯指挥的观点，见 Connolly (1981), pp. 184–6。

11. 在梅陶鲁斯河之战中，执政官格奈乌斯·克劳狄乌斯·尼禄指挥右翼，大法官卢基乌斯·波尔奇乌斯·李契努斯指挥中军，另一名执政官马库斯·李维乌斯·德鲁苏斯·萨利那托指挥左翼，尽管他是此次战役的最高统帅：Livy 27. 98。

12. 罗马人的部署，见 Polybius 3. 113. 1–5, Livy 45. 5–8。

13. 在皮德纳之战之前，埃米利乌斯·保卢斯派后备兵去保护辎重并开始搭建军营，让其余部队掩护他们：Livy 44. 37；公元前 193 年，梅鲁拉在进军途中遇到波伊人时命令后备兵保护辎重：Livy 35. 4。然而，在上述情况中，指挥官均没有开战的计划。拉赞比认为，这 1 万人包含了军团和辅军：Lazenby (1978), p. 79。

14. 汉尼拔的部署，见 Polybius 3. 113. 6–114. 8, Livy 22. 46. 1–7。

15. Polybius 3. 115. 1–4, Livy 22. 47. 1–3；保卢斯受伤：Livy 49. 1。

16. Livy 22. 47. 5.

17. Polybius 3. 115. 5–116. 4, Livy 22. 47. 4–10。拿破仑的军队不得不使用大兵团以及由此而产生的问题：J. Elting, Swords Around a Throne (London, 1988), pp. 536–7。

18. 李维称，有 500 名努米底亚人假装投降：22. 48. 2–4，但阿庇安称，诈降的是 500 名凯尔特伊比利亚人，The Hannibalic War 22。

19. Polybius 116. 5–8, Livy 22. 48. 1–6.

20. Polybius 116. 9–117. 12, Livy 22. 49. 1–18。关于人数的讨论，见 Lazenby (1978), pp. 84–5。战斗最后阶段的生动描述，见 V. Hanson, 'Cannae', in R. Cowley (ed.) *Experience of War* (1992)。另见 P. Sabin, 'The Mechanics of Battle in the Second Punic War', in Cornell, Rankov & Sabin (edd.), *The Second Punic War* (1996), pp. 59–79, esp. 67，此书讨论了这一时期战斗双方一般的伤亡比例。

21. M. Middlebrook, *The First Day of the Somme* (1971), pp. 262–4.

22. Livy 22. 51. 5–9.

23. Polybius 3. 117. 4–5.

24. Livy 22. 52. 4, 7, 53. 1–54. 6.

25. Livy 22. 51. 1–4.

26. Field Marshal Sir Bernard Mongomery, *A History of Warfare* (London, 1968), p. 97。反对李维判断的观点，见 Lazenby (1978), pp. 85–6 和 'Was Hannibal Right?', in T. Cornell, B. Rankov, and P. Sabin (edd.) *The Second Punic War: A Reappraisal*, British Institute of Classical Studies Supplement 67 (London, 1996), 39–48，这并不是一个新观点；Delbrück (1975), pp. 336–44 得出了很相似的结论。

27. Livy 22. 58. 1–9.

28. 从第一次布匿战争开始，交换俘虏的制度复苏了：Livy 22. 23. 6–8, Plutarch, *Fabius Maximus* 7；关于秦奇乌斯·阿里门图斯：Livy 21. 38. 3。

29. 汉尼拔为荣誉和权力而战：Livy 22. 58. 3。

30. Polybius 6. 58. 1–13, Livy 22. 58. 9–61. 10.

31. 波斯图米乌斯的惨败：Polybius 3. 118. 6, Livy 23. 24. 6–13。

32. Livy 22. 57. 10–12, 23. 14. 1–4.

33. N. Rosenstein, *Imperatores Victi* (Berkeley, 1990), pp. 139–40, Livy 22. 61. 14–5.

34. Livy 22. 56. 4–5, 57. 2–9, cf. Polybius 6. 56. 6–12.

35. Livy 26. 11. 6.

9　鏖战意大利

1. 关于贫穷阶层渴望改变，以及贵族普遍忠于罗马，见 Livy 23. 14. 7–12, 24. 13. 8, and esp. 24. 2. 8–11；贵族领袖强迫城市叛变的例子：23. 30. 8, 24. 47. 6，以及尝试这么做的例子：24. 13；贵族领袖获得民众的支持：24. 13. 2–3。

2. 叛变，注意各个地区的例外：Livy 22. 61. 11–13。罗马在伊特鲁里亚的卫戍部队：Livy 23. 5. 4，替换：26. 28. 4–6；元老院准备好应对阿列提乌姆可能出现的棘手情况：27. 21. 6–7, 22. 5。

3. 布鲁提乌姆人进攻利吉乌姆之后的失望：Livy 24. 2. 1–11；萨莫奈人请求汉尼拔保护自己免受罗马人袭扰：Livy 23. 42. 3，坎帕尼亚人发出同样的请求：24. 12. 1–2, 25. 15. 1–3, 22. 15–16。

4. 卡普亚人派去会见瓦罗的使团：Livy 23. 4. 1–6. 8；叛变以及与汉尼拔的条约：23. 7. 1–3；汉尼拔占领卡普亚以及扣押德西乌斯·马吉乌斯（Decius Magius）：23. 7. 4–10. 13。佐纳拉斯称，是汉尼拔下令将罗马人关在浴场中杀死的：Zonaras 9. 2。

5. 汉尼拔试图夺取那不勒斯：Livy 23. 1. 5–10, 14. 5, 15. 1–6；诺拉：23. 15. 7–17. 1。

6. Livy 23. 17. 7–18. 9, 19. 1–20. 3.

7. 卡洛河之战：Livy 24. 15. 1–16. 5；公元前 212 年的贝尼文图姆之战：25. 13. 3–14. 14；波密尔卡：Livy 23. 41. 10–12。

8. 一般情况下的军团人数，见 P. Brunt, *Italian Manpower* (Oxford, 1971), pp. 416–22。关于公元前 215—前 214 年军团的情况，见 J. Lazenby, *Hannibal's War* (Warminster, 1978), p. 95。

9. Livy 25. 20. 4.

10. 公元前 215 年的选举：Livy 23. 24. 1–3, 31. 7–9, 12–14；公元前 214 年的选举：24. 7. 10–9. 3。

11. 占领卡西里努姆：Livy 24. 19. 1–11；占领阿尔皮：24. 45. 1–47. 11；叛逃：23, 46. 6–7, 24. 47. 8, 11；执政官之间的协作：23. 39. 5–8, 24. 19. 3–9。

12. 关于卢基乌斯·班提乌斯：Livy 23. 15. 7–16. 1, Plutarch *Marcellus* 10, cf. Plutarch *Fabius Maximus* 20。

13. Livy 23. 11. 7–13. 8.

14. Livy 24. 13. 1–5, 20. 9–15.

15. Polybius 8. 24. 125. 11, Livy 25. 7. 10–1(8)8. 10.

16. Polybius 8. 24. 4–34. 13, Livy 25. 8. 1–11. 20。李维不太确定这段插曲是发生在公元前 213 年还是公元前 212 年，但后者看起来可能性更大，见 Lazenby (1978), p. 110。

17. 有关战争对农作物的损害，见 V. Hanson, *Warfare and Agriculture in Classical Greece* (Berkeley, 1998), pp. 16, 30, 34–5, 50–52, 58–60, 106, 212–13, 219。

18. 塔伦图姆周围的早期战斗：Livy 23. 46. 9–11, 25. 15. 1–3, 19. 1–20. 5, 26. 4. 1–10；单挑决斗：23. 46. 12–17. 8, 25. 18. 4–15。

19. Livy 26. 1. 2, 坎帕尼亚人的叛变：24. 47. 12–13。

20. Livy 26. 4. 3–10，见 M. Samuels, 'The Reality of Cannae', *Militärgeschichtliche Mitteilungen* 47 (1990), pp. 7–29, esp. 11–15，该作者主张罗马军队进行了重大改革，但其论述不足以令人信服。

21. Polybius 9. 3. 1–7. 10, Livy 26. 5. 1–6. 13.

22. Livy 26. 6. 14–17, 12. 1–16. 13.

23. Livy 27. 15. 4–16. 9, Plutarch *Fabius Maximus* 21，其中包括涉及了法比乌斯前情妇的故事。

24. Livy 27. 16. 10–16.

25. 萨拉庇亚被出卖：Livy 26. 38. 11–14；第一次赫多尼亚之战：Livy 25. 21. 1–10；第二次赫多尼亚之战：27. 1. 3–15；其他出现过的以整个军团作为预备队的战役：27. 2. 1–12, 12. 7–17, 13. 11–14. 15。一支罗马军队从行军队伍列成了个不止一个三线战阵的明显例子发生在公元前 193 年：Livy 35. 4–5。公元前 195 年，加图在恩波利翁用一整个军团做预备队，但可能他部队的人数远远超过了对方：Livy 34. 15. 3。

26. 弗尔维乌斯的审判：N. Rosenstein, *Imperatores Victi* (Berkeley, 1990), pp. 106–8, 120, 146, 188–9 和 Livy 26. 2. 7–3. 12；玛尔凯路斯与克里斯庇努斯之死：Livy 27. 26. 7–27. 14, cf. Plutarch, *Marcellus* 29–30；汉尼拔试图诈取萨拉庇亚：Livy 27. 28. 1–13。

27. 卢卡尼亚人和其他部落向罗马投降：Livy 27. 15. 2–3；来自非洲的逃兵加

入罗马军队在西班牙作战，见 28. 20. 1。

28. 军队供货商的丑闻：Livy 25. 3. 8-4. 11；监察官降低某些骑士的等级：27. 11. 15-16；拉丁殖民地：27. 9. 7-10. 10。

29. 哈斯德鲁巴在公元前 216 年就计划进军意大利：Livy 23. 27. 9-12；他在公元前 208 年行军的实际情况：27. 36. 1-4。

30. Livy 27. 39. 1-14, 43. 1-3；李契努斯的军团人数不足：27. 39. 2。

31. Livy 27. 43. 4-46. 5.

32. Appian, *The Hannibalic War* 52.

33. Polybius 11. 1. 1-2. 11, Livy 27. 46. 6-49. 9；关于战斗的日期以及一个说哈斯德鲁巴自杀了的故事，见 Ovid, *Fasti* 6. 770；战场的位置，见 J. Kromayer and G. Veith, *Antike Schlactfelder in Italien und Afrika* (Berlin, 1913), III. 1, pp. 424-94；一个关于罗马军队的改进的观点，见 J-P. Brisson, 'Les Mutations de la Seconde Guerre Punique', in J-P. Brisson, *Problèmes de la Guerre à Rome* (Paris, 1969), pp. 33-59。

34. 感恩活动：Livy 27. 51. 8；凯旋式：28. 9. 2-20。

35. Livy 28. 46. 7-13, 29. 4. 6, 30. 18. 1-19. 6.

36. 汉尼拔被召回迦太基：Livy 30. 19. 12-20. 9。

10 西班牙、马其顿与西西里

1. 西班牙的大致情况，见 S. Dyson, *The Creation of the Roman Frontier* (Princeton, 1985), pp. 174-84。

2. Polybius 3. 76. 1-13, Livy 21. 50. 1-51. 11。波利比乌斯称，哈斯德鲁巴在进攻前就得知了哈农的失败：Polybius 3. 76. 8-9，但是李维予以否认：21. 51. 1。人们一般不采信李维在此之后对于战斗的描述，认为他错把同一事件的不同版本当成了后来的行动。

3. Polybius 3. 95. 2-96. 6, Livy 22. 19. 1-20. 3；之后的袭扰：Livy 22. 20. 4-21. 8。

4. Polybius 3. 97. 1-99. 9.

5. Livy 23. 26. 1-29. 17。比较伊贝拉之战与坎尼会战，见 J. Lazenby, *Hannibal's War* (Warminster, 1978) pp. 128-9 和 B. Caven, *The Punic Wars* (London, 1980),

pp. 140, 180。

6. Lazenby (1978), p. 129.

7. 罗马人之后试图利用凯尔特伊比利亚人的这一特点：Livy 34. 19. 2－8。

8. Livy 25. 32. 1－39. 18；玛尔奇乌斯的职位，见 Cicero, *pro Balbo* 34, Valerius Maximus 2. 7. 15。

9. 有关罗马共和国时期的军事情报，见 M. Austin & B. Rankov, *Exploratio* (London, 1995), pp. 18－108。

10. Polybius 5. 108. 1－110. 11.

11. 和约：Polybius 7. 9. 1－17；马其顿使团与汉尼拔的交涉与被罗马士兵扣押：Livy 23. 33. 1－24. 9。

12. Livy 23. 38. 8－10, 48. 3, 24. 10. 4, 40. 1－17.

13. *Supplementum Epigraphicum Graecum* 13. 382, Livy 26. 24. 1－25. 15.

14. 关于战利品的重要性的讨论，见 W. Harris, *War and Imperialism in Mid Republican Rome 327－70 BC* (Oxford, 1979), pp. 58－104。

15. 关于埃托利亚人不愿与罗马结盟，推迟了一段时间才正式批准条约，见 Lazenby (1978), p. 116。

16. 埃奇诺斯之战：Polybius 9. 41. 1－42. 4。一段引用了相关史料的叙述：Lazenby (1978), pp. 161－7。关于希腊化军队，见 F. Adcock, *The Greek and Macedonian Art of War* (Berkeley, 1962) 和 B. Bar Kochva, *The Seleucid Army* (Cambridge, 1976)。

17. 意图调停：Livy 27. 30. 4－7；曼丁尼亚：Polybius 11. 11. 1－18. 10；埃托利亚人与腓力五世和谈：Livy 29. 12. 1－4。

18. Livy 29. 12. 2－16.

19. 西西里：Livy 21. 49. 1－51. 4；撒丁岛：Livy 23. 9－12, 34. 10－17, 40. 1－41. 9。相关讨论，见 S. Dyson, *The Creation of the Roman Frontier* (Princeton, 1985), pp. 251－4。

20. Polybius 7. 2. 1－8. 9, Livy 24. 4. 1－7. 9。希耶罗援助罗马：Polybius 3. 75. 7－8。

21. Livy 24. 27. 6－33. 8.

22. Polybius 8. 3. 1－7. 12, Livy 24. 33. 9－34. 16, Plutarch *Marcellus* 14－17.

23. Livy 24. 35. 1－39. 13.

24. Polybius 8. 37. 1–13, Livy 25. 23. 1–25. 13, Plutarch *Marcellus* 18.

25. Livy 25. 26. 1–15, 25. 27. 2–13.

26. Livy 25. 27. 6–7, 28. 1–31. 11, Plutarch *Marcellus* 19–20.

27. Livy 25. 40. 1–41. 7；玛尔凯路斯的小凯旋式：26. 21. 1–13, Plutarch *Marcellus* 21–22。

28. 迦太基的援军，见 Livy 26. 21. 14–17；莱维努斯：Livy 26. 40. 1–15。穆提内斯后来出现在了位于德尔斐的一处铭文中，在其中被称为马库斯·瓦列里乌斯·穆提内斯（Marcus Valerius Muttines），他的 4 个儿子的名字也在上面：*Inscriptiones Graecae* 585。李维提到，他和一个儿子在公元前 188 年时仍在军中服役：Livy 38. 41. 12; Moericus, 26. 21. 10–13。

29. Livy 26. 40. 15–16.

11　西庇阿的崛起

1. 玛尔奇乌斯自称同大法官：Livy 26. 2. 1–6；尼禄：26. 17. 1–2, Appian *The Wars in Spain*. 17；他领导的战役：Livy 26. 17. 2–16。

2. 西庇阿被任命为西班牙战役的指挥官：Livy 26. 18. 1–19. 9 和 H. Scullard, *Scipio Africanus: Soldier and Politician* (London, 1970), p. 31；基于党派政治的理解，见 J. Lazenby, *Hannibal's War* (Warminster, 1978), p. 133 和 B. Caven, *The Punic Wars* (London, 1980), pp. 191–2。

3. 西庇阿的个人品质：Polybius 10. 2. 1–5. 10 和 Scullard (1970), pp. 18–23, 27–32。西庇阿和后来的罗马将领被赋予的美德，见 S. Weinstock, *Divus Julius* (Oxford, 1971), *passim*, esp. pp. 35–6, 113, 136, 228, 224。

4. 西庇阿的兵力：Polybius 10. 6. 7, 9. 6, Livy 26. 19. 10；对比迦太基的安排部署：Polybius 10. 7. 5。

5. 去往新迦太基的七日行军：Polybius 10. 9. 7；西庇阿的演讲：Polybius 10. 11. 5–8, Livy 26. 43. 2–8。

6. Polybius 10. 9. 8–10. 13, 12. 1–11, Livy 26. 44. 1–4。

7. 迦太基军队距离新迦太基城不远：Polybius 10. 7. 5；西庇阿指挥进攻：Polybius 10. 13. 1–5。

8. 攻城失败后再度进攻的困难，见 Josephus, *Bellum Judaicum* 3. 280–88, 4. 30–53, 62–83, 6. 29–67, 131–148。

9. Polybius 10. 13. 6–15. 7, Livy 26. 44. 5–46. 10。另见 A. Ribera, I Lacomba con M. Calvo Galvez, 'La primera evidencia arqueológica de la destrucción de Valentia por Pompeyo', *Journal of Roman Archaeology* 8 (1995), pp. 19–40, 罗马人暴行的证据，但此处描写的事件发生在一场内战中。

10. Polybius 10. 15. 8–17. 16, Livy 26. 47. 1–49. 10。关于罗马洗劫城市的讨论，见 A. Ziolkowski 'Urbs direpta, or how the Romans sacked cities', in J. Rich and M. Shipley, *War and Society in the Roman World* (London, 1993), pp. 69–91, 但其中有些结论并未被普遍接受。

11. 例如 Lazenby (1978), pp. 136–7, F. Walbank, *A Historical Commentary on Polybius* 2 (Oxford, 1970), pp. 192–6, Scullard (1970), pp. 39–67。

12. Polybius 10. 18. 1–19. 7, Livy 26. 49. 11–50. 14, cf. Plutarch, Alexander 21.

13. Polybius 10. 20. 1–8, Livy 26. 51. 3–14.

14. Polybius 10. 38. 7–10.

15. 战斗及其后续：Polybius 10. 39. 1–40. 12, Livy 27. 17. 1–20. 8；提及随军侍奴参加战斗：27. 18. 12。

16. 哈农之败：Livy 28. 1. 1–2. 12，在拜提卡的战役：28. 1. 13–4. 4。

17. Polybius 11. 20. 1–9, Livy 28. 12. 10–13. 5.

18. Polybius 11. 21. 1–6, Livy 28. 13. 6–10.

19. Polybius 11. 21. 7–24. 9, Livy 28. 14. 1–15. 11.

20. 关于战场的位置和西庇阿的调度策略的讨论，见 Lazenby (1978), pp. 147–9, Walbank 2 (1970), pp. 296–304 和 Scullard (1970), pp. 88–92。

21. Livy 28. 15. 12–16. 13.

22. Polybius 11. 25. 1–33. 6, Livy 28. 19. 1–29. 12, 31. 5–35. 12。另见 S. Dyson, *The Creation of the Roman Frontier* (Princeton, 1985), pp. 184–7。

23. Polybius 11. 24. 1–4, Livy 28. 16. 11–12, 16. 14–18. 12, 35. 1–13.

12 非洲战役

1. Livy 28. 38. 6–12, 40. 1–45. 10, Plutarch *Fabius Maximus* 25–26；传言西庇阿将向公民大会提出一项法案：28. 45. 1。

2. 志愿军和同盟社群的援助：Livy 28. 45. 13–46. 1；远征非洲的军队人数：29. 25. 1–4。拉赞比不愿接受李维给出的数字，但未提出充分的理由，见 J. Lazenby, *Hannibal's War* (Warminster, 1978), p. 203。

3. 莱利乌斯的远征：Livy 29. 1. 14, 2. 7–5. 1；军队在西西里的高强度训练：29. 1. 2–14, 22. 1–5；对西庇阿延迟进军的批评：Lazenby (1978), pp. 195–6；西庇阿远征军的补给，见 J. Roth, *The Logistics of the Roman Army at War* (Brill, 1999), pp. 161, 226。

4. Livy 29. 6. 1–9. 12.

5. Livy 29. 15. 4–21. 13, Plutarch *Cato the Elder* 3；关于普莱明尼乌斯的下场的不同说法：Livy 29. 22. 7–10。

6. Livy 29. 24. 10–27. 5.

7. Livy 29. 27. 6–29. 3.

8. Livy 29. 29. 4–33. 10；西法克斯与索芙妮斯巴联姻：29. 23. 2–10。更详细的总结，见 Lazenby (1978), pp. 198–9, 202。

9. Livy 29. 34. 1–17；李维认为，罗马人在两场战斗中先后击败了两个同叫哈农的将领：29. 35. 1–2, cf. Lazenby (1978), pp. 205–6；罗马人的劫掠：29. 35. 3–5；第二个哈农的出身，见 Livy 29. 34. 1, Dio 17. 65。

10. 围攻乌提卡和西法克斯抵达：Polybius 14. 1. 1–15, Livy 29. 35. 6–15；科尔内利乌斯军营，见 Caesar, *Bellum Civile* 2. 24；努米底亚军营：Livy 30. 3. 1–10；百夫长假扮成奴隶，30. 4. 1–3。

11. Polybius 14. 2. 1–6. 5, Livy 30. 4. 4–6. 9.

12. 见 Lazenby (1978), pp. 207–8, F. Walbank *A Historical Commentary on Polybius* 2 (Oxford, 1970), pp. 427–9。

13. 衣物补给：Livy 29. 36. 1–3。

14. Polybius 14. 6. 6–7. 9, Livy 30. 7. 1–13；战场可能的位置，见 Lazenby (1978), pp. 208–9, Walbank 2, p. 447, H. Scullard, *Scipio Africanus: Soldier*

and Politician (London, 1970), pp. 127−31。

15. Polybius 14. 8. 1−14, Livy 30. 8. 1−9. 1；凯尔特伊比利亚人顽强战斗的原因：30. 8. 8；利比亚城镇对战争感到疲惫不堪：Polybius 14. 9. 4−5。

16. Polybius 14. 9. 1−5, Livy 30. 9. 2；关于后来将军的议会的讨论，见 Goldsworthy (1996), pp. 131−3。

17. Polybius 14. 9. 6−10. 1, Livy 30. 9. 3−9.

18. Polybius 14. 10. 2−12, Livy 30. 9. 10−1. 21；相关讨论，见 Lazenby (1978), pp. 209−11。

19. Livy 30. 11. 1−15. 14.

20. Livy 30. 16. 3−14.

21. Livy 30. 17. 1−14, 21. 11−23. 8；波利比乌斯称罗马批准了条约：Polybius 15. 1. 2−4。

22. Livy 30. 24. 5−12, Polybius 15. 1. 1.

23. Polybius 15. 1. 3−2. 15, Livy 30. 25. 1−10.

24. 罗马在战役中的残忍：Polybius 15. 3. 14；西庇阿的指挥权被延长：Livy 30. 1. 10−11；凯比奥：30. 24. 1−4；公元前 202 年的执政官：30. 27. 1−5。

25. Polybius 15. 3. 4−5. 4, 5. 1−8. 14, Livy 30. 29. 1−10, cf. Frontinus, *Strategemata* 1. 1. 3, 6. 2. 1, 2.

26. 关于战场位置的讨论，见 Lazenby (1978), p. 218, Walbank 2 (1970), pp. 445−51, Scullard (1970), pp. 142−55, 271−4 和 J. Kromayer & G. Veith, *Antike Schlahtfelder in Italien und Afrika* (Berlin, 1912), III. 2 pp. 598−712。

27. Polybius 15. 9. 1−11. 12, Livy 30. 32. 1−33. 11, Appian, *Punic Wars* 40−41；马其顿"军团"：Livy 30. 26. 3, 33. 5。

28. 不同的军官向迦太基军队的各条战线训话：Polybius 15. 11. 4−6, Livy 30. 33. 8−12。

29. 认为汉尼拔命令骑兵逃跑是为了引诱罗马人追击的观点：Lazenby (1978), p. 223。

30. 波利比乌斯笔下的一段有问题的记述：15. 13. 1；引用的荷马的诗句：*Iliad* 4. 437, Polybius 15. 12. 9；对罗马士兵用武器敲打盾牌的描写：15. 12. 8。

31. 迦太基士兵反复冲锋：Livy 30. 34. 2；关于利用盾牌进攻，见 Livy 30. 34.

3, cf. Plutarch, *Caesar* 16, Tacitus, *Annals* 14. 36–7, *Agricola* 36；关于罗马共和国时期盾牌的大小和重量，见 M. Bishop & J. Coulston, *Roman Military Equipment* (London, 1993), pp. 58–9, P. Connolly, *Greece and Rome at War* (London, 1981), p. 131。拉赞比和沃尔班克认为，壮年兵此时没有加入战斗，但波利比乌斯此处的记述模棱两可，他们俩的判断也是基于推测：Lazenby (1978), p. 224, and Walbank 2 (1970), p. 469。

32. 汉尼拔的老兵阻止逃兵穿过自己的阵列：Polybius 15. 13. 9–10。

33. 对战斗的记述：Polybius 15. 12. 1–16. 6, Livy 30. 33. 12–35. 11。阿庇安的类似英雄颂歌的记述中的细节参考价值不大：Appian, *Punic Wars* 40–47，或佐纳拉斯的简短概述：Zonaras 9. 14。阿庇安说，罗马有 2500 人伤亡，此外还有很多马西尼萨的部下：*Punic Wars* 48。

34. Livy 30. 36. 1–11；公元前 201 年的执政官：30. 40. 7–41. 1；西庇阿的议会考虑摧毁迦太基：Livy 30. 36. 10–11。

35. Polybius 15. 18. 1–8, Livy 30. 37. 1–6.

36. Polybius 15. 19. 1–9, Livy 30. 37. 7–38. 5; Appian *Punic Wars* 54.

13　罗马，帝国的开端

1. 正面会战包括：特里比亚河之战、特拉西梅诺湖之战、坎尼会战、伊贝拉之战、卡洛河之战、第一次与第二次赫多尼亚之战、拜库拉之战、梅陶鲁斯河之战、伊利帕之战、击败马戈的战斗、大平原之战和扎马之战。

2. 关于搜寻粮草和袭扰，见 J. Roth, *The Logistics of the Roman Army at War* (Brill, 1999), pp. 117–55, 286–92；关于希腊战争中的劫掠和破坏农作物的详细讨论：V. D. Hanson, *Warfare and agriculture in Classical Greece*, rev. ed. (California, 1998)。

3. 攻城战在政治宣传中的作用，见 J. Keegan, *A History of Warfare* (London, 1993), pp. 151–2。

4. 关于汉尼拔的战略的观点，见 B. Caven, *The Punic Wars* (London, 1980), p. 141, J. F. Lazenby *Hannibal's War* (Warminster, 1978), pp. 85–6 和 'Was Maharbal Right?', in T. Cornell, B. Rankov and P. Sabin (edd.) *The Second Punic War:*

A Reappraisal, British Institute of Classical Studies Supplement 67 (London, 1996), pp. 39–48, H. Delbrück *Warfare in Antiquity*, (trans. by W. J. Renfroe: Lincoln and New York, 1975), pp. 336–44, B. D. Hoyos 'Hannibal: What kind of genius?', *Greece and Rome* 30 (1983), pp.171–80, esp. pp.177–8, and S. Lancel, *Hannibal* (Oxford, 1997), pp. 109–11。

5. 见 S. Dyson, *The Creation of the Roman Frontier* (Princeton, 1985), pp. 186–98。

6. Dyson (1985), pp. 35–86, 87–125.

7. Livy 31. 1. 6–2. 4, 5. 16. 1。关于罗马人发动战争的其他动机的讨论，见 F. Walbank, 'Polybius and Rome's Eastern Policy', *Journal of Roman Studies* 53 (1963) 1–13 (= *Collected Papers* (1988)), P. Derow, 'Polybius, Rome and the East', *JRS* 69 (1979) 1–15, Harris (1978), pp. 212–18。

8. Plutarch, *Aemilius Paullus* 19；关于希腊化军队，另见 B. Bar Kochva, *The Seleucid Army* (Cambridge, 1976)。

9. 公元前 200 年的远征军中有西庇阿手下的老兵：Livy 31. 14. 1–2。

10. 辛诺塞法利：Polybius 18. 19. 1–33. 7, Livy 33. 6. 1–10. 10；马格尼西亚：Livy 38. 37–44, Appian, *Syrian Wars*, 30–36, Bar Kochva (1976), pp. 163–73；皮德纳：Livy 44. 40–42, Plutarch, *Aemilius Paullus* 18–22。

11. Polybius 18. 44. 1–45. 12, Livy 33. 30. 1–11；保卢斯在马其顿仔细训练军队，反映出了他对军队纪律的担忧：Livy 44. 33–4, 36–40；奴隶：Plutarch, *Flamininus* 13。

12. Livy 37. 45.

13. R. Kallett-Marx, *Hegemony to Empire* (California, 1995), pp. 11–96.

14. 对这一时期的介绍，见 M. Crawford, *The Roman Republic* (London, 1978), pp. 49–83。

15. 关于曼利乌斯·乌尔索，见 Livy 38. 44–50。

16. H. Scullard, *Scipio Africanus: Soldier and Politician* (London, 1970), pp. 210–44.

17. 西庇阿兄弟的审判，见 Livy 38. 50–56。

18. 关于加图的政治生涯的大致情况，见 A. E. Astin, *Cato the Censor* (Oxford, 1978)；关于叙鲁斯，见 Pliny *Natural History* 8. 5. 11。

19. 关于象征女神的黑石头，见 Livy 29. 10. 4–11. 8, 29. 14. 5–14。禁止崇拜巴克斯的活动：Livy 39. 8–19, *Inscriptiones Latinae Selectae* 18 = *Corpus Inscriptionum Latinarum* 1. 2. 581。

20. 体现罗马人傲慢的著名事例：盖乌斯·波庇里乌斯·莱纳斯（Gaius Popilius Laenas）恐吓安提奥库斯四世，令其屈服：Livy 45. 12。以奴隶作为主要劳动力进行生产的乡间庄园兴起，见 K. Hopkins, *Conquerors and Slaves* (Cambridge, 1978)。

21. 关于汉尼拔继续指挥军队：Nepos, Hannibal 7. 1–4，让士兵屯田：Aurelius Victor, *De Caesaribus* 37. 3, S. Lancel, *Carthage* (Oxford, 1995), pp. 277, 402, & (1997), pp. 180–185。他与其他政客的冲突以及最终遭到流放：Livy 33. 45. 6–49. 8。

22. 迦太基的富裕：Lancel (1995), pp. 401–409；迦太基间谍：Zonaras 8. 11。

23. Livy 39. 51.

24. Livy 35.14.

14 "迦太基必须毁灭"

1. 对罗马人的行径的批评，见 W. Harris, *War and Imperialism in Mid Republican Rome 327– 70 BC* (Oxford, 1979), pp. 234–40。

2. 公元前 201 年后迦太基的政局：Appian, *Punic Wars* 67–8 和 G. Picard & C. Picard, *Carthage* (London, 1987), pp. 272–82；推罗的阿里斯吞：Livy 34. 61. 1–6, 62. 6–7；"布鲁提乌姆人"马戈：Polybius 36. 5. 1。关于罗马人在这一时期发动战争的动机的讨论，见 J. Rich, 'Fear, greed and glory', in Rich & Shipley (edd.) *War and Society in the Roman World*, pp. 38–68, esp. p. 64。

3. Appian, *Punic Wars* 69, Plutarch, *Cato the Elder* 26–7, Livy *Per.* 47 和 A. Astin, *Cato the Elder* (Oxford, 1978), pp. 125–30。

4. 关于在西班牙的战争，见 S. Dyson, *The Creation of the Roman Frontier* (Princeton, 1985), pp. 199–218；公元前 151 年西庇阿·埃米利亚努斯主动加入军队：Polybius 35. 4. 1–14；伽尔巴：Appian, *Hispania*. 60。

5. 关于弗拉米尼努斯，见 Polybius 18. 11. 1–12. 5。

6. 关于马西尼萨的个人品质：Polybius 36. 16. 1–12, Appian, *Punic Wars* 106。比较马西尼萨对迦太基的态度与现代的殖民地对旧殖民者的态度，见 Picard & Picard (1987), p. 272。

7. Appian, *Punic Wars* 67–9; Polybius 31. 21. 1–8；关于这一事件的日期和李维记载的其他事件，见 F. Walbank, *A Historical Commentary on Polybius* 3 (Oxford, 1970), pp. 489–91；另见 B. Caven, *The Punic Wars* (1980), pp. 263–70, Picard & Picard (1987), pp. 279–90。

8. Appian, *Punic Wars* 70–73.

9. Appian, *Punic Wars* 74.

10. Polybius 36. 1. 1–6. 6, Appian, *Punic Wars* 75。从珀尔修斯手下俘获的"十六列"桨座战船：Livy 45. 35。

11. Appian, *Punic Wars* 76–90。西塞罗指出了肯索里努斯的柏拉图主义倾向：Cicero, *Acad*. 2. 32. 102。

12. Appian, *Punic Wars* 91–3.

15　第三次布匿战争

1. Appian, *Punic Wars* 95–6；考古证据，见 S. Lancel, *Carthage* (1995), pp. 415–19 和 'L'enceinte périurbaine de Carthage lors de la troisième guerre punique', *Studia Phoenicia, X: Punic Wars*, pp. 251–78。

2. 罗马的兵力：Appian, *Punic Wars* 75, cf. P. Brunt, *Italian Manpower* (Oxford, 1971), p. 428 和 Appendix 26, Appian, *Punic Wars* 93。

3. Appian, *Punic Wars* 97.

4. Appian, *Punic Wars* 98；后世的罗马军队经常会利用军中各部队之间的竞争心理，例如 Caesar, *Bellum Gallicum* 1.39–41, Josephus, *Bellum Judaicum* 5. 502–3, Tacitus *Hist*. 3. 24, 5. 16, *Inscriptiones Latinae Selectae* 5795。

5. 西庇阿的早年经历和个人品质：Polybius 31. 25. 2–30. 3；他在公元前 151 年的行动：Polybius 35. 4. 8–5. 2；关于西庇阿的总体情况，见 A. Astin, *Scipio Aemilianus* (Oxford, 1967), pp. 12–47。

6. Appian, *Punic Wars* 99.

7. Appian, *Punic Wars* 100.

8. Appian, *Punic Wars* 101–09。关于确定尼菲里斯在宰格万山一带: Lancel (1995), p. 419。

9. Appian, *Punic Wars* 110–11.

10. Appian, *Punic Wars* 112.

11. 关于战争的第一年的情况，见 Caven, *The Punic Wars* (London, 1980), pp. 282–3, Astin (1967), pp. 48–60；西庇阿当选执政官: 61–9。

12. Appian, *Punic Wars* 113–14.

13. Appian, *Punic Wars* 115–18.

14. Appian, *Punic Wars* 119–20；哈斯德鲁巴分配物资不均: Polybius 38. 8. 11。

15. Appian, *Punic Wars* 121–3, Lancel (1995), pp. 422–4。

16. 例如公元 69 年的安东尼乌斯·普利姆斯（Antonius Primus）: Tacitus, *Histories* 3. 17。

17. Appian, *Punic Wars* 124–6.

18. Appian, *Punic Wars* 127–30；关于这一带的考古发掘，见 Lancel (1995), pp. 156–72, 425–6。

19. Appian, *Punic Wars* 130–1；波利比乌斯对哈斯德鲁巴的刻画: 38. 7. 1–8. 15。

20. Appian, *Punic Wars* 132–5；关于迦太基幸存的一些遗迹，见 Lancel (1995), pp. 428–9。

21. Appian, *Punic Wars* 132.

22. 西庇阿·埃米利亚努斯之后的政治生涯，见 Astin (1967), pp. 80–241；攻陷努曼提亚: Appian, *The Wars in Spain*. 90–91；有关西庇阿之死的传言，见 Appian, *Bellum Civile* 1. 19–20, Astin (1967), p. 241。

23. 老普林尼将恺撒评为最伟大的罗马统帅，因为他赢得的战斗比其他所有将领都多: *Natural History* 7. 91–2, cf. Plutarch *Caesar* 15, Appian, *Bellum Civile* 2. 149–154。

24. 关于耶路撒冷攻城战的最后阶段，见 Josephus, *Bellum Judaicum* 6. 403–8。

25. 罗马插足希腊事务并设立马其顿行省，见 R. Kallet Marx, *Hegemony to Empire* (California, 1996), pp. 57–96。

16　战争的遗产

1.　*Qui vincit non est victor nisi victus fatebur*, Ennius, *Fragment*. 31, 493.

2.　P. Brunt, *Italian Manpower* (Oxford, 1971), pp. 422–34.

3.　坎尼会战后，罗马人取出神庙中作为贡品的武器装备：Livy 22. 57. 10–11。

4.　后勤，见 J. Roth, *The Logistics of the Roman Army at War, 264 BC–AD 235* (Leiden, 1999)。

5.　罗马铸币的变化，见 M. Crawford, 'War and finance', *Journal of Roman Studies* 54 (1964), pp. 29–32。

6.　关于这一时期罗马军队的情况，见 L. Keppie, *The Making of the Roman Army* (London, 1984), E. Gabba, *Republican Rome: The Army and Allies* (Oxford, 1976), and R. Smith, *Service in the Post-Marian Roman Army* (Manchester, 1958)。

7.　有关第二次布匿战争的长期影响的最有力论证：A. Toynbee, *Hannibal's Legacy. 2 vols.* (Oxford, 1965)。布伦特（Brunt, 1971）批判了这种观点，并质疑意大利战役对当地的破坏程度。对于这场争论的深刻考察，见 T. Cornell, 'Hannibal's Legacy: The effects of the Hannibalic War on Italy', in T. Cornell, B. Rankov & P. Sabin, *The Second Punic War: A Reappraisal* British Institute of Classical Studies Supplement 67 (London, 1996), pp. 97–117.

8.　例如 Sallust, *Bellum Catilinae* 51. 38。

9.　关于商人思维主导着迦太基人的思想，见 B. Caven, *The Punic Wars* (London, 1980), *passim*, esp. pp. 291–4。

年　表

罗马执政官的执政年一般从 3 月开始，因此下列执政官在自己执政年后一年的前几个月依然在任。学界对于这一时期的罗马纪年与现代纪年的一致程度尚存争议。姓名后括号内的罗马数字代表他重复担任执政官的次数。以下不包括才当选几天就卸任的和选举被判无效的执政官。

年份*	执政官	事件
264	阿庇乌斯·克劳狄乌斯·考戴克斯 马库斯·弗尔维乌斯·弗拉库斯	第一次布匿战争爆发。罗马派出远征军支援麦撒那。
263	马库斯·瓦列里乌斯·马克西姆斯·麦撒拉 马库斯·奥塔齐里乌斯·克拉苏斯	希耶罗投降，叙拉古与罗马结盟。
262	卢基乌斯·波斯图米乌斯·麦伽卢斯 昆图斯·马米利乌斯·维图鲁斯	阿格里根图姆攻城战。
261	卢基乌斯·瓦列里乌斯·弗拉库斯 提图斯·奥塔齐里乌斯·克拉苏斯	阿格里根图姆陷落。迦太基海军袭扰意大利海岸。罗马人决定建造舰队。
260	格奈乌斯·科尔内利乌斯·西庇阿·阿西那 盖乌斯·杜伊利乌斯	西庇阿·阿西那在利帕拉被俘。杜伊利乌斯在米莱赢得海战胜利。
259	卢基乌斯·科尔内利乌斯·西庇阿 盖乌斯·阿奎利乌斯·弗洛鲁斯	双方在科西嘉、撒丁岛与西西里交战。
258	奥卢斯·阿提利乌斯·凯亚提努斯 盖乌斯·苏尔庇奇乌斯·帕特尔库鲁斯	罗马人在苏尔奇（Sulci）赢得海战胜利。
257	盖乌斯·阿提利乌斯·雷古卢斯 格奈乌斯·科尔内利乌斯·布拉西奥	罗马人在廷达里斯赢得海战胜利。

* 该表年份均为公元前。

年份	执政官	事件
256	卢基乌斯·曼利乌斯·乌尔索·隆古斯 马库斯·阿提利乌斯·雷古卢斯（替补）(Ⅱ)	罗马人在埃克诺姆斯赢得海战胜利并入侵非洲。雷古卢斯在阿底斯击败迦太基军队。迦太基与罗马和谈失败。
255	塞尔维乌斯·弗尔维乌斯·派提努斯·诺比利奥尔 马库斯·埃米利乌斯·保卢斯	克赞提普斯在突尼斯附近击败雷古卢斯。罗马舰队解救幸存者，并在赫尔迈乌姆角击败迦太基舰队。罗马舰队遭遇风暴，损失惨重。
254	格奈乌斯·科尔内利乌斯·西庇阿·阿西那(Ⅱ) 奥卢斯·阿提利乌斯·凯亚提努斯(Ⅱ)	攻陷潘诺姆斯。
253	格奈乌斯·塞尔维里乌斯·凯比奥 盖乌斯·森普罗尼乌斯·布莱苏斯	罗马舰队在帕里努鲁斯角遭遇风暴。
252	盖乌斯·奥勒留·科塔 普布利乌斯·塞尔维里乌斯·杰米努斯	罗马人在西西里攻占更多城市，包括利帕拉和特尔迈。
251	卢基乌斯·凯奇里乌斯·梅特卢斯 盖乌斯·弗里乌斯·帕奇鲁斯	双方继续在西西里作战；迦太基人向西西里派出援军。
250	盖乌斯·阿提利乌斯·雷古卢斯(Ⅱ) 卢基乌斯·曼利乌斯·乌尔索·隆古斯(Ⅱ)	罗马人在潘诺姆斯城外赢得胜利。黎里贝乌姆攻城战开始。
249	普布利乌斯·克劳狄乌斯·普尔喀 卢基乌斯·尤尼乌斯·普鲁斯 独裁官：奥卢斯·阿提利乌斯·凯亚提努斯 骑兵统帅：凯奇里乌斯·梅特卢斯	迦太基舰队在德雷帕纳取得海战大捷。罗马舰队在卡马里那遭遇风暴，损失惨重。独裁官被派往西西里指挥战斗。
248	盖乌斯·奥勒留·科塔(Ⅱ) 普布利乌斯·塞尔维里乌斯·杰米努斯(Ⅱ)	持续围困黎里贝乌姆和德雷帕纳。
247	卢基乌斯·凯奇里乌斯·梅特卢斯(Ⅱ) 努梅里乌斯·法比乌斯·布泰奥	围困持续。哈米尔卡·巴卡登陆西西里。

续表

年份	执政官	事件
246	马库斯·奥塔齐里乌斯·克拉苏斯（Ⅱ） 马库斯·法比乌斯·李契努斯	双方在西西里继续零星的战斗。
245	马库斯·法比乌斯·布泰奥 盖乌斯·阿提利乌斯·布尔布斯	双方在西西里继续零星的战斗。
244	奥卢斯·曼利乌斯·托夸图斯·阿提库斯 盖乌斯·森普罗尼乌斯·布莱苏斯（Ⅱ）	哈米尔卡移动到厄律克斯山。
243	盖乌斯·弗达尼乌斯·弗杜鲁斯 盖乌斯·苏尔庇奇乌斯·加鲁斯	双方持续在厄律克斯周围战斗。
242	盖乌斯·路塔提乌斯·卡图鲁斯 奥卢斯·波斯图米乌斯·阿尔庇努斯	罗马人建成新舰队。
241	奥卢斯·曼利乌斯·托夸图斯·阿提库斯（Ⅱ） 昆图斯·路塔提乌斯·科尔寇	罗马人在埃加特斯群岛赢得决定性海战胜利。迦太基接受和约。**第一次布匿战争**结束。
240	盖乌斯·克劳狄乌斯·肯透 马库斯·森普罗尼乌斯·图底塔努斯	雇佣兵战争在非洲爆发。
239	盖乌斯·马米利乌斯·图尔里努斯 昆图斯·瓦列里乌斯·法尔托	
238	提比略·森普罗尼乌斯·格拉古 普布利乌斯·瓦列里乌斯·法尔托	罗马吞并撒丁岛，并威胁迦太基要重启战事。
237	卢基乌斯·科尔内利乌斯·楞图鲁斯·考迪努斯 昆图斯·弗尔维乌斯·弗拉库斯	雇佣兵战争结束。哈米尔卡·巴卡被派往西班牙。
236	普布利乌斯·科尔内利乌斯·楞鲁乌斯·考迪努斯 盖乌斯·李契尼乌斯·瓦卢斯	高卢人袭扰意大利北部。
235	提图斯·曼利乌斯·托夸图斯 盖乌斯·阿提利乌斯·布尔布斯（Ⅱ）	

年份	执政官	事件
234	卢基乌斯·波斯图米乌斯·阿尔庇努斯 斯普利乌斯·卡维利乌斯·马克西姆斯	
233	昆图斯·法比乌斯·马克西姆斯 马库斯·庞波尼乌斯·马托	
232	马库斯·埃米利乌斯·莱皮杜斯 马库斯·普布里奇乌斯·马雷奥卢斯	保民官盖乌斯·弗拉米尼乌斯颁布法令，将高卢土地分配给罗马公民。
231	马库斯·庞波尼乌斯·马托 盖乌斯·帕皮利乌斯·马索	
230	马库斯·埃米利乌斯·巴尔杜拉 马库斯·尤尼乌斯·佩拉	
229	卢基乌斯·波斯图米乌斯·阿尔庇努斯（Ⅱ） 格奈乌斯·弗尔维乌斯·坎图马鲁斯	哈米尔卡·巴卡阵亡。他的女婿哈斯德鲁巴接任统帅。第一次伊利里亚战争。罗马在伊利里亚沿岸建立了一个附属国。
228	斯普利乌斯·卡维利乌斯·马克西姆斯（Ⅱ） 昆图斯·法比乌斯·马克西姆斯（Ⅱ）	
227	普布利乌斯·瓦列里乌斯·弗拉库斯 马库斯·阿提利乌斯·雷古卢斯	大法官盖乌斯·弗拉米尼乌斯可能成为了西西里行省的第一位总督。
226	马库斯·瓦列里乌斯·麦撒拉 卢基乌斯·阿普斯提乌斯·弗罗	
225	卢基乌斯·埃米利乌斯·帕普斯 盖乌斯·阿提利乌斯·雷古卢斯	罗马人在忒拉蒙击败高卢入侵者。
224	提图斯·曼利乌斯·托夸图斯（Ⅱ） 昆图斯·弗尔维乌斯·弗拉库斯（Ⅱ）	
223	盖乌斯·弗拉米尼乌斯 普布利乌斯·弗里乌斯·费鲁斯	弗拉米尼乌斯在山南高卢战胜因苏布雷人。

年份	执政官	事件
222	马库斯·克劳狄乌斯·玛尔凯路斯 格奈乌斯·科尔内利乌斯·西庇阿·卡尔乌斯	罗马人在克拉斯提狄乌姆击败因苏布雷人，并占其首都麦迪奥拉努姆（米兰）。
221	普布利乌斯·科尔内利乌斯·西庇阿·阿西那 马库斯·米努奇乌斯·鲁弗斯	哈斯德鲁巴遇刺身亡，汉尼拔继任。
220	卢基乌斯·维图利乌斯·斐罗 昆图斯·路塔提乌斯·卡图鲁斯	建设弗拉米尼乌斯大道。
219	卢基乌斯·埃米利乌斯·保卢斯 马库斯·李维乌斯·萨利那托	第二次伊利里亚战争。汉尼拔围攻并攻陷萨贡图姆。
218	普布利乌斯·科尔内利乌斯·西庇阿 提比略·森普罗尼乌斯·隆古斯	**第二次布匿战争爆发**。汉尼拔进军意大利。罗马人在提契努斯河和特里比亚河战败。格奈乌斯·西庇阿登陆西班牙。
217	格奈乌斯·塞尔维里乌斯·杰米努斯 盖乌斯·弗拉米尼乌斯（Ⅱ） 独裁官：昆图斯·法比乌斯·马克西姆斯 骑兵统帅：马库斯·米努奇乌斯·鲁弗斯	弗拉米尼乌斯在特拉西梅诺湖战败。法比乌斯·马克西姆斯被任命为独裁官。法比乌斯避不与汉尼拔的军队交战，但未能阻止后者逃出坎帕尼亚。米努奇乌斯在一场大规模散兵战中战败。格奈乌斯·西庇阿在埃布罗河附近赢得海战胜利。
216	卢基乌斯·埃米利乌斯·保卢斯（Ⅱ） 盖乌斯·泰伦提乌斯·瓦罗 独裁官：马库斯·尤尼乌斯·佩拉 骑兵统帅：提比略·森普罗尼乌斯·格拉古	汉尼拔在坎尼赢得重大胜利。卡普亚和其他一些城邦变节。格奈乌斯·西庇阿和普布利乌斯·西庇阿在埃布罗河附近击败哈斯德鲁巴。罗马人任命独裁官。双方继续作战，在诺拉周围的战斗尤其激烈。罗马军队在山南高卢惨遭屠杀。
215	昆图斯·法比乌斯·马克西姆斯（Ⅲ） 提比略·森普罗尼乌斯·格拉古	诺拉周围的战斗持续。汉尼拔攻占卡西里努姆。迦太基援军抵达洛克里。希耶罗去世。汉尼拔与马其顿的腓力五世结盟。**第一次马其顿战争爆发**。

续表

年份	执政官	事件
214	昆图斯·法比乌斯·马克西姆斯（Ⅳ） 马库斯·克劳狄乌斯·玛尔凯路斯（Ⅱ）	罗马人夺回卡西里努姆。格拉古在卡洛河击败哈农。希罗尼莫斯被杀，叙拉古倒向迦太基。玛尔凯路斯开始在西西里行动。莱维努斯在阿波罗尼亚击败马其顿人。诺拉周边的战斗持续。
213	小昆图斯·法比乌斯·马克西姆斯 提比略·森普罗尼乌斯·格拉古（Ⅱ）	玛尔凯路斯攻打叙拉古失败，转而开始围城。迦太基军队登陆西西里。
212	阿庇乌斯·克劳狄乌斯·普尔喀 昆图斯·弗尔维乌斯·弗拉库斯（Ⅲ）	汉尼拔占领塔伦图姆。罗马人开始围困卡普亚。哈农于贝文图姆战败。格拉古阵亡。汉尼拔在赫多尼亚取胜。玛尔凯路斯最终攻取叙拉古。
211	普布利乌斯·苏尔庇奇乌斯·伽尔巴·马克西姆斯 格奈乌斯·弗尔维乌斯·坎图马鲁斯·马克西姆斯	汉尼拔进军罗马，但是未能阻止卡普亚陷落。西庇阿兄弟在西班牙双双战败身亡。罗马与埃托利亚同盟结盟。
210	马库斯·瓦列里乌斯·莱维努斯 马库斯·克劳狄乌斯·玛尔凯路斯（Ⅲ）	汉尼拔在赫多尼亚再次取胜。西庇阿·阿非利加努斯被任命为西班牙战场的指挥官。罗马人攻占黎里贝乌姆。希腊战事的情况时好时坏。罗马人袭扰非洲沿岸。
209	昆图斯·法比乌斯·马克西姆斯（Ⅴ） 昆图斯·弗尔维乌斯·弗拉库斯（Ⅳ）	法比乌斯夺回塔伦图姆。西庇阿攻陷新迦太基。希腊战事继续。
208	提图斯·昆克提乌斯·克里斯庇努斯 马库斯·克劳狄乌斯·玛尔凯路斯（Ⅳ）	两名执政官双双遭遇伏击阵亡。罗马人继续袭扰非洲沿岸。西庇阿赢得拜库拉之战，但哈斯德鲁巴·巴卡仍然成功率军离开了西班牙。
207	盖乌斯·克劳狄乌斯·尼禄 马库斯·李维乌斯·萨利那托（Ⅱ）	哈斯德鲁巴·巴卡侵入意大利，但在梅陶鲁斯河战败。腓力五世的盟军在曼丁尼亚战败。罗马人继续袭扰非洲沿岸。

年份	执政官	事件
206	卢基乌斯·维图利乌斯·斐罗 昆图斯·凯奇里乌斯·梅特卢斯	埃托利亚人与腓力五世讲和。西庇阿在伊利帕赢得决定性胜利。凯奇里乌斯·梅特卢斯镇压西班牙部落的叛乱。
205	普布利乌斯·科尔内利乌斯·西庇阿 普布利乌斯·李契尼乌斯·克拉苏斯·迪维斯	**第一次马其顿战争**结束。西庇阿准备入侵非洲。罗马人继续袭扰非洲沿岸。罗马人攻占洛克里。普莱明尼乌斯丑闻。马戈侵入意大利。
204	马库斯·科尔内利乌斯·凯泰古斯 普布利乌斯·森普罗尼乌斯·图底塔努斯	西庇阿侵入非洲。
203	格奈乌斯·塞尔维里乌斯·凯比奥 盖乌斯·塞尔维里乌斯·杰米努斯	西庇阿摧毁敌军的冬营并在大平原之战取胜。迦太基召回汉尼拔和马戈。
202	提比略·克劳狄乌斯·尼禄 马库斯·塞尔维里乌斯·普雷克斯·杰米努斯	西庇阿在扎马击败汉尼拔。
201	格奈乌斯·科尔内利乌斯·楞图鲁斯 普布利乌斯·埃利乌斯·派图斯	双方正式达成和平协议。**第二次布匿战争**结束。
200	普布利乌斯·苏尔庇奇乌斯·伽尔巴·马克西姆斯（II） 盖乌斯·奥勒留·科塔	**第二次马其顿战争**开始。罗马人在山南高卢激战。
199	卢基乌斯·科尔内利乌斯·楞图鲁斯 普布利乌斯·维利乌斯·塔普鲁斯	
198	提图斯·昆克提乌斯·弗拉米尼努斯 塞克斯图斯·埃利乌斯·派图斯·卡图斯	
197	盖乌斯·科尔内利乌斯·凯泰古斯 昆图斯·米努奇乌斯·鲁弗斯	凯泰古斯大胜因苏布雷人。弗拉米尼努斯在辛诺塞法利击败腓力五世，**第二次马其顿战争**结束。西班牙爆发叛乱。

年份	执政官	事件
196	卢基乌斯·弗里乌斯·普尔普雷奥 马库斯·克劳狄乌斯·玛尔凯路斯	玛尔凯路斯击败因苏布雷人。汉尼拔当选苏菲特。
195	卢基乌斯·瓦列里乌斯·弗拉库斯 马库斯·波尔奇乌斯·加图	汉尼拔流亡。加图在西班牙作战，在恩波利翁取得大捷。
194	普布利乌斯·科尔内利乌斯·西庇阿（Ⅱ） 提比略·森普罗尼乌斯·隆古斯	罗马人战胜卢西塔尼亚部落，但战争仍在继续。
193	卢基乌斯·科尔内利乌斯·梅鲁拉 昆图斯·米努奇乌斯·特尔姆斯	
192	卢基乌斯·昆克提乌斯·弗拉米尼努斯 格奈乌斯·多米提乌斯·阿和诺巴尔布斯	**叙利亚战争**开始，罗马人与安条克三世交战。
191	普布利乌斯·科尔内利乌斯·西庇阿·纳西卡 马库斯·阿奇利乌斯·格拉布里奥	罗马人在温泉关击败安条克三世。西庇阿在山南高卢击败波伊人。
190	卢基乌斯·科尔内利乌斯·西庇阿 盖乌斯·莱埃利乌斯	汉尼拔率领的塞琉古舰队战败。
189	格奈乌斯·曼利乌斯·乌尔索 马库斯·弗里乌斯·诺比利奥尔	卢基乌斯·西庇阿在马格尼西亚击败安条克三世，结束了**叙利亚战争**。乌尔索攻打加拉太人。
188	马库斯·瓦列里乌斯·麦撒拉 盖乌斯·李维乌斯·萨利那托	
187	马库斯·埃米利乌斯·莱皮杜斯 盖乌斯·弗拉米尼乌斯	西庇阿兄弟开始被政敌攻击。埃米利乌斯大道和弗拉米乌斯大道在意大利北部建成。
186	斯普利乌斯·波斯图米乌斯·阿尔庇努斯 昆图斯·玛尔奇乌斯·菲利普斯	利古里亚人击败菲利普斯。
185	阿庇乌斯·克劳狄乌斯·普尔喀 马库斯·森普罗尼乌斯·图底塔努斯	
184	普布利乌斯·克劳狄乌斯·普尔喀 卢基乌斯·波尔奇乌斯·李契努斯	西庇阿·阿非利加努斯自愿流放。加图出任监察官。

续表

年份	执政官	事件
183	昆图斯·法比乌斯·拉贝奥 马库斯·克劳狄乌斯·玛尔凯路斯	西庇阿·阿非利加努斯去世。
182	卢基乌斯·埃米利乌斯·保卢斯 格奈乌斯·拜比乌斯·塔姆费鲁斯	
181	普布利乌斯·科尔内利乌斯·凯泰古斯 马库斯·拜比乌斯·塔姆费鲁斯	凯尔特伊比利亚部落爆发大规模反叛。
180	奥卢斯·波斯图米乌斯·阿尔庇努斯·卢斯库斯 盖乌斯·卡普尔尼乌斯·皮索	
179	卢基乌斯·曼利乌斯·阿奇迪努斯·弗尔维阿努斯 昆图斯·弗里乌斯·弗拉库斯	凯尔特伊比利亚人战败。
178	奥卢斯·曼利乌斯·乌尔索 马库斯·尤尼乌斯·布鲁图斯	
177	盖乌斯·克劳狄乌斯·普尔喀 提比略·森普罗尼乌斯·格拉古	
176	格奈乌斯·科尔内利乌斯·西庇阿·西斯帕卢斯 昆图斯·培提里乌斯·斯普利努斯	
175	马库斯·埃米利乌斯·莱皮杜斯（II） 普布利乌斯·穆奇乌斯·斯凯沃拉	
174	斯普利乌斯·波斯图米乌斯·阿尔庇努斯·保卢鲁斯 昆图斯·穆奇乌斯·斯凯沃拉	
173	卢基乌斯·波斯图米乌斯·阿尔庇努斯 马库斯·波皮利乌斯·莱纳斯	
172	普布利乌斯·埃利乌斯·李古斯 盖乌斯·波皮利乌斯·莱纳斯	首次出现两名平民出身的人同时当选执政官的情况。**第三次马其顿战争爆发。**
171	普布利乌斯·李契尼乌斯·克拉苏斯 盖乌斯·卡西乌斯·朗基努斯	

续表

年份	执政官	事件
170	奥卢斯·阿提利乌斯·塞拉努斯 奥卢斯·霍斯提利乌斯·曼奇努斯	
169	格奈乌斯·塞尔维里乌斯·凯比奥 昆图斯·玛尔奇乌斯·菲利普斯（Ⅱ）	
168	卢基乌斯·埃米利乌斯·保卢斯（Ⅱ） 盖乌斯·李契尼乌斯·克拉苏斯	
167	昆图斯·埃利乌斯·派图斯 马库斯·尤尼乌斯·佩努斯	珀尔修斯于皮德纳战败，**第三次马其顿战争**结束。马其顿王国解体。
166	盖乌斯·苏尔庇奇乌斯·伽卢斯 马库斯·克劳狄乌斯·玛尔凯路斯	
165	提图斯·曼利乌斯·托夸图斯 格奈乌斯·屋大维	
164	奥卢斯·曼利乌斯·托夸图斯 昆图斯·卡西乌斯·朗基努斯	
163	提比略·森普罗尼乌斯·格拉古（Ⅱ） 马库斯·尤文提乌斯·塔尔那	
162	普布利乌斯·科尔内利乌斯·楞图鲁斯 格奈乌斯·多米提乌斯·阿和诺巴尔布斯	
161	马库斯·瓦列里乌斯·麦撒拉 盖乌斯·法尼乌斯·斯特拉波	
160	马库斯·科尔内利乌斯·凯泰古斯 卢基乌斯·阿尼奇乌斯·伽卢斯	
159	格奈乌斯·科尔内利乌斯·多拉贝拉 马库斯·弗里乌斯·诺比利奥尔	
158	马库斯·埃米利乌斯·莱皮杜斯 盖乌斯·波皮利乌斯·莱纳斯（Ⅱ）	
157	塞克斯图斯·尤利乌斯·恺撒 卢基乌斯·奥勒留·俄瑞斯忒斯	

年份	执政官	事件
156	卢基乌斯·科尔内利乌斯·楞图鲁斯·卢普斯 盖乌斯·玛尔奇乌斯·费古鲁斯	
155	普布利乌斯·科尔内利乌斯·西庇阿·纳西卡 马库斯·克劳狄乌斯·玛尔凯路斯（Ⅱ）	
154	卢基乌斯·波斯图米乌斯·阿尔庇努斯 马库斯·阿奇利乌斯·格拉布里奥（替补）	罗马人战胜利古里亚人。卢西塔尼亚爆发大规模战争。
153	昆图斯·弗尔维乌斯·诺比奥尔 提图斯·安尼乌斯·卢斯库斯	凯尔特伊比利亚人爆发大规模反叛。
152	卢基乌斯·瓦列里乌斯·弗拉库斯 马库斯·克劳狄乌斯·玛尔凯路斯（Ⅲ）	
151	奥卢斯·波斯图米乌斯·阿尔庇努斯 卢基乌斯·李契尼乌斯·卢库鲁斯	迦太基向马西尼萨宣战。
150	提图斯·昆克提乌斯·弗拉米尼努斯 马库斯·阿奇利乌斯·巴尔布斯	
149	卢基乌斯·玛尔奇乌斯·肯索里努斯 曼尼乌斯·曼尼利乌斯	**第三次布匿战争**爆发。罗马人初期战役失利。安德里斯库斯入侵马其顿。
148	斯普利乌斯·波斯图米乌斯·阿尔庇努斯·马格努斯 卢基乌斯·卡普尔尼乌斯·皮索·凯索尼努斯	罗马军队在非洲持续表现糟糕。
147	普布利乌斯·科尔内利乌斯·西庇阿·埃米利亚努斯 盖乌斯·李维乌斯·德鲁苏斯	西庇阿得到非洲战役的指挥权并加紧了对迦太基的围困。
146	格奈乌斯·科尔内利乌斯·楞图鲁斯 卢基乌斯·穆米乌斯	迦太基陷落并毁灭。**第三次布匿战争**结束。

附录 I

罗马共和国的政治系统

政务官（Magistrates）

监察官（Censors）

2 名，任期 5 年。职责：进行人口普查，修订公民名册；审查元老院成员，增补或剔除元老。

执政官（Consuls）

2 名，任期 1 年。国家最高行政官员。职责：在罗马时主持元老院会议和公民大会；在外治理行省、指挥军队参加所有重要战役。

大法官（Praetors）

最初每年 1 名，从公元前 227 年起增为每年 4 名；公元前 197 年起，因治理西班牙行省的需求而增为每年 6 名。职责：主要负责司法；治理海外行省；指挥不出执政官率领的军队。

营造官（Aediles）

每年 4 名（2 名贵族营造官，2 名平民营造官）。职责：市政管理；筹备谷物供给和节庆等。

平民保民官（Tribunes of the Plebs）

每年 10 名，氏族不得参选。职责：主持平民会议。

财务官（Quaestors）

人数逐渐增长到每年 10 名。职责：在罗马和海外行省管理财政。

元老院（Senate）

成员约 300 名，由监察官控制成员增减。元老院成员必须出自 18 个高级骑兵百人队。元老们没有多少正式权力，但是负责向政务官们，尤其是执政官们，建言献策。元老院也负责接见外国使节。元老们多为前任政务官，因此享有特定的威望，同时因为元老院是永久性建制，因此掌握巨大的权力和影响力。

公民大会（The Assemblies）

1. 平民会议（Concilium Plebis）

只允许平民参加，分为 35 个部落（4 个城市部落，31 个乡村部落），成员资格以血统为基础，由平民保民官主持。

职能：（a）选举 10 名平民保民官、平民营造官和其他特别专员；（b）通过法案。

2. 保民官大会（Comitia Tributa）

由包括氏族在内的公民组成，分为 35 个部落（4 个城市部落，31 个乡村部落），成员资格以血统为基础，由一名执政官、法务官或贵族营造官主持。

职能：（a）选举贵族营造官、财务官和其他特别专员；（b）通过法案。

3. 百夫长大会（Comitia Centuriata）

由公民组成，分为 193 个投票百人队，最初源自公民兵的军事组织，每组的成员资格以其拥有的装备规格为基础。为首的是 18 个骑兵百人队（equites equo publico，每人能够拥有一匹由国家提供的马）。成员资格后来变成了以财产等级为基础。拥有较好装备的富裕阶层率先投票，同时富裕阶层的百人队人数更少，因此他们在投票时握有与成员人数不成比例的优势。由一名执政官或大法官主持。

职能：（a）选举执政官、法务官和监察官；（b）宣战和批准和约，通过部分法案。

附录 II

执政官军队

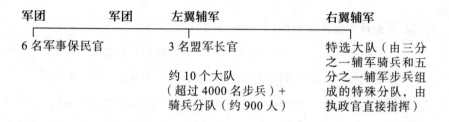

军团	军团	左翼辅军	右翼辅军
6 名军事保民官		3 名盟军长官	特选大队（由三分之一辅军骑兵和五分之一辅军步兵组成的特殊分队，由执政官直接指挥）
		约 10 个大队（超过 4000 名步兵）+ 骑兵分队（约 900 人）	

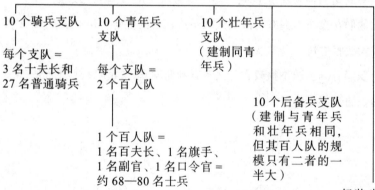

10 个骑兵支队

每个支队 =
3 名十夫长和
27 名普通骑兵

10 个青年兵支队

每个支队 =
2 个百人队

1 个百人队 =
1 名百夫长、1 名旗手、
1 名副官、1 名口令官 =
约 68—80 名士兵

10 个壮年兵支队
（建制同青年兵）

10 个后备兵支队
（建制与青年兵和壮年兵相同，但其百人队的规模只有二者的一半大）

轻装步兵（战术组织形式未知，但可能为了便于管理而附属于各个步兵支队）

出版后记

布匿战争是改变了古代地中海地区政治格局的决定性篇章，为罗马的帝国扩张提供了第一股动能。然而，两千多年前没有人能想到，当时还未走出意大利的罗马人能与地中海西部的霸主——迦太基帝国抗争百余年，即使曾一度被推到毁灭的边缘，最后还是怀着惊人的毅力和不屈的罗马精神，最终倾覆了迦太基屹立了三百多年的帝国。

阿德里安·戈兹沃西于牛津大学获得古代史博士学位，在成为全职作家之前曾在多所大学任教，出版过多部畅销的历史小说和非虚构历史著作。作为一部叙事史，《布匿战争》语言通俗易懂，又具有很强的学术严谨性。迦太基被夷为平地，它的文化虽然没有一夜之间消失，但是现在已没有任何来自迦太基的文献流传下来供我们参考，因此史料中的布匿战争大多是从罗马的视角叙述的。戈兹沃西经过广泛研究，尽可能中立地为我们呈现了这场战争。

服务热线：133-6631-2326　188-1142-1266
读者信箱：reader@hinabook.com

后浪出版公司
2021 年 5 月

图书在版编目（CIP）数据

布匿战争：罗马、迦太基与地中海霸权的争夺 /
（英）阿德里安·戈兹沃西著；李小迟译. — 广州：广
东旅游出版社，2022.4（2024.4 重印）
书名原文：THE PUNIC WARS
（ALSO TITLED THE FALL OF CARTHAGE）
ISBN 978-7-5570-2623-3

Ⅰ.①布… Ⅱ.①阿… ②李… Ⅲ.①布匿战争
Ⅳ.① K126

中国版本图书馆 CIP 数据核字 (2021) 第 211691 号

The Fall of Carthage (also titled The Punic Wars) by Adrian Goldsworthy
Copyright © Adrian Goldsworthy 2000
First published by Weidenfeld & Nicolson, a division of the Orion Publishing Group,
London
This edition arranged with The Orion Publishing Group through Big Apple Agency,
Inc., Labuan, Malaysia.
Simplified Chinese edition copyright © 2022 Ginkgo (Beijing) Book Co., Ltd.
All rights reserved.

本书简体中文版权归属于银杏树下（北京）图书有限责任公司。
图字：19-2021-233 号
审图号：GS（2021）3740 号

出 版 人：刘志松　　　　　　　　　选题策划：后浪出版公司
著　 者：〔英〕阿德里安·戈兹沃西　译　 者：李小迟
出版统筹：吴兴元　　　　　　　　　责任编辑：方银萍
编辑统筹：张鹏　　　　　　　　　　特约编辑：刘佳玥
责任校对：李瑞苑　　　　　　　　　责任技编：冼志良
装帧设计：墨白空间·陈威伸　　　　营销推广：ONEBOOK

布匿战争：罗马、迦太基与地中海霸权的争夺
BUNI ZHANZHENG: LUOMA, JIATAIJI YU DIZHONGHAI BAQUAN DE ZHENGDUO

广东旅游出版社出版发行

（广州市荔湾区沙面北街 71 号首、二层）
邮编：510130
印刷：北京盛通印刷股份有限公司
地址：北京经济技术开发区经海三路18号　　　开本：889毫米×1194毫米　1/32
字数：364千字　　　　　　　　　　　　　　印张：16.25
版次：2022年4月第1版　　　　　　　　　　印次：2024年4月第5次印刷
定价：89.00元